U0929154

临沂大学优秀校本教材

民法（总论　物权）

Civil Law

主　编　王连合

副主编　孙重秀　姚建涛　王连国

山东人民出版社
Shandong People's Publishing House

《民法（总论 物权）》　编委会

主　编：王连合

副主编：孙重秀 姚建涛 王连国

撰稿人：（以姓氏笔画为序）

王连合 王连国 孙重秀 李永格 李　金

葛　旭 胡　伟 姚建涛

前 言

2003年临沂大学法律事务专业进行人才培养方案的修订，“民法”课程修订为“民法一”和“民法二”，前者主要讲述有关民法总论和物权法等方面的内容，后者主要讲述债权法、侵权法和人身权法的主要内容。但是，这两门课程却一直没有相对应的合适的教材，给教与学带来极大不便。另一方面，经过10年建设，这两门课程的授课讲义已经非常成熟，完全达到了教材出版的要求，更重要的是我们又赶上了学校大力开展校本教材建设的难得机遇，这两门课程教材出版的条件已然成熟。我们计划先申请立项出版课程“民法一”的对应教材《民法（总论 物权）》，下一次再申请立项出版“民法二”对应的教材，通过学校校本教材立项建设，填补这两门课程10年来对应教材的缺失。现在《民法（总论 物权）》已顺利获得校本教材建设立项，并即将付梓面世，法学院的教材建设迈出了可喜的一步！

近年来，我们在法学教学中开展‘三四三三’教学法的尝试，大力进行案例教学改革，取得了很好的效果，该教学模式也成功获得校级教改立项，本教材也是该教学改革项目的重要组成部分。我们试图通过建设一批把法学相关理论和实际问题解决进行有机融合的课程教材，为教师和学生提供一个学习的蓝本，实现“知识学习、能力提高”的有机结合，从而实现我们的人才培养目标。本教材以提出案例问题为切入点，以法理知识阐释为主体，以解决案例问题为落脚点，以课后案例思考题引导学生对所学内容再进行训练与巩固，既阐释民法的基本原理，又解决现实问题，融理论性与现实性为一体，从理论和实务层面对民法理论进行全面解读，让学生在解决实际问题中体会法律的真谛和价值。

我国法学界的泰斗江平老师说，案例研习是将民法知识融会贯通的必经之路，自然，其也是贯通民法理论与民法适用隔阂的途径。用案例贯穿整个教材知识的教、学、练是本教材最大的特色。本书对132个案例运用所教授的法理知识进行了深入分析，并提供了案例供学生对所学相关法理知识进行训练，以此提高学生运用知识进行实际操作的能力。

本书由王连合任主编，孙重秀、姚建涛、王连国任副主编，撰稿人如下（以姓氏笔画为序）：王连合、王连国、孙重秀、李永格、李金、胡伟、姚建涛、葛旭。全书由王连合制定编写大纲、体例，初稿完成后，由王连合进行全面修改、通稿并最终定稿。

由于水平有限，书中缺点错误在所难免，恳请广大读者朋友给予批评指正。

编 者

2013年5月

CONTENTS 目　录

前　言　/1

总　论

第一章　民法概述　/3

第一节　民法的含义　/3
第二节　民法的基本原则　/7

第二章　民事法律关系　/13

第一节　民事法律关系概述　/13
第二节　民事权利　/18
第三节　民事义务与责任　/22

第三章　自然人　/35

第一节　自然人概述　/35
第二节　自然人的民事权利能力　/39
第三节　自然人的民事行为能力　/46
第四节　监　护　/50
第五节　宣告失踪与宣告死亡　/57

第四章　法　人　/64

第一节　法人概述　/64
第二节　法人的民事能力　/72
第三节　法人的法定代表人及法人机关　/76
第四节　法人的设立、变更、终止　/81

第五章 非法人组织 /92

第一节 概 述 /92
第二节 合 伙 /96
第三节 个体工商户和农村承包经营户 /109

物 权

第六章 物 /117

第一节 物的含义 /117
第二节 货币和有价证券 /125

第七章 民事行为 /130

第一节 民事行为概述 /130
第二节 几种特殊的民事行为 /133
第三节 民事法律行为 /143

第八章 代 理 /157

第一节 代理概述 /157
第二节 代理权 /162
第三节 无权代理 /170

第九章 诉讼时效、除斥期间和期限 /176

第一节 诉讼时效 /176
第二节 除斥期间 /183
第三节 期 限 /187

第十章 物权概述 /191

第一节 物权的含义 /191
第二节 物权法的基本原则 /196
第三节 物权的变动 /204
第四节 物权的保护 /219

第十一章　所有权　/227

第一节　所有权概述　/227
第二节　国家所有权和集体所有权、私人所有权　/235
第三节　业主的建筑物区分所有权　/240
第四节　相邻关系　/250
第五节　共　有　/256
第六节　所有权取得的特别规定　/263

第十二章　用益物权　/270

第一节　用益物权概述　/270
第二节　土地承包经营权　/273
第三节　建设用地使用权　/283
第四节　宅基地使用权　/290
第五节　地役权　/295

第十三章　担保物权　/302

第一节　担保物权概述　/302
第二节　抵押权　/307
第三节　质　权　/317
第四节　留置权　/326

第十四章　占　有　/332

第一节　占有的概述　/332
第二节　占有的效力　/337
第三节　占有的取得、保护和消灭　/341

参考文献　/347

总 论
ZONG LUN

CHAPTER 1 第一章 民法概述

第一节 民法的含义

一、民法的概念与特征

（一）案例 1 简介

甲乡人民政府为建造办公大楼，向该乡乙工商银行贷款 300 万元，后来因为各种原因，到期未能清偿，于是乙银行以甲乡人民政府为被告向人民法院提起诉讼。①

问题：该案中所述社会关系是否属于民法的调整范围？

（二）相关知识点

1. 民法的概念

“民法”一词来源于古罗马的市民法。古罗马法有市民法与万民法之分。市民法适用于罗马市民，用于调整罗马市民之间的关系；万民法适用于罗马市民以外的人，用于调整罗马市民以外的人相互之间及其与罗马市民之间的关系。后来，市民法演变为民法，万民法演变为国际私法。依通说，汉语中具备现今意义的“民法”一词，是由日本传入我国的。

《中华人民共和国民法通则》（以下简称《民法通则》）第二条规定：“中华人民共和国民法调整平等主体的公民之间、法人之间、公民和法人之间的财产关系和人身关系。”由此，我们能够得出民法的概念，即：民法是调整平等主体之间财产关系和人身关系的法律规范的总称。

---

① 王轶主编. 民法练习题集(第二版). 中国人民大学出版社，2008:5.

2. 民法的特征

（1）民法是私法。将法律分为公法和私法，这是法律最基本的一种分类。“学习法律必须从了解和掌握公私法划分入手。不掌握公私法划分，就不可能正确适用法律。”[①]私法是调整平等主体之间关系的法律，其调整的是私的行为即个体行为，以尊重个人自主选择、意思自治为特征，奉行“法不禁止即可为之”；公法是通过公权力的直接作用，实现对社会关系调整的，其调整的是公的行为即国家行为，以强制或约束为特征，奉行“法无允许即不得为之”。很显然，民法属于私法。尽管“一切涉及私人利益的法都是民法”[②]的说法不一定准确，但是，毫无疑问，民法是私法最主要的组成部分，并且是私法的核心部分。

（2）民法是权利法。整个民法，就是一个授权性法律规范的集合体，它授予民事主体一系列的权利，例如物权、债权、人身权、继承权、知识产权等等，这些权利构成了民法的主要内容。同时民法还通过设定各种规范、规则，既鼓励民事主体行使这些权利，又对这些权利进行全方位保护。权利构成了民法的核心内容，整个民法就是以权利为中心而构建起来的体系。总之，民法“通过将个人利益单元化，创立了‘权利’这一法律细胞，并以‘权利本位’予以贯彻”[③]。这一切使“民法与主要是禁止性法律规范的刑法形成鲜明对比”[④]。

（3）民法调整的是平等主体之间的关系。人们在从事各种活动发生的各种关系中，当事人双方所处的地位会呈现不同的状态，例如某税务机关购买办公桌椅与某家具公司之间发生的买卖关系中，税务机关与家具公司同是平等的主体，同处于平等的地位。但是，在该税务机关与该家具公司之间发生的税务征收关系中，双方则是一种权力与服从的关系，此时税务机关与家具公司所处的地位是不平等的，在税务征收关系中，双方就不是平等的主体。民法调整的社会关系是主体平等时的情形，主体不平等的社会关系不属于民法调整的范围。“所谓平等，是指当事人之间的地位平等，相互间没有隶属关系、管理与被管理的关系、权力与服从的关系。”[⑤]

（4）民法调整的是财产关系和人身关系。财产关系是指基于财产而形成的相互关系，包括财产的归属关系、利用关系和流转关系。人身关系是指基于人格和身份而形成的相互关系，包括人格权和身份权。“民法调整人身关系与其他部门法调整人身关系的重要区别之一，是保护方法的不同：人身权受到非法侵害时，民法用民事方法保护人身权，即要求侵权者承担民事责任，包括停止侵害、恢复名誉、消除影响、赔礼道歉、赔偿损失等；行政法和刑法对人身权的保护，则是行政制裁和刑罚的方法。”[⑥]

3. 形式民法与实质民法

形式民法是指经过系统编纂，以“民法”命名的民法典。实质民法是指所有调整

---

① 梁慧星. 民法总论. 法律出版社，2001：32.

② 龙卫球. 民法总论. 中国政法大学出版社，2001：17.

③ 龙卫球. 民法总论. 中国政法大学出版社，2001：131.

④ 杨立新. 民法总论. 高等教育出版社，2007：5.

⑤ 郭明瑞主编. 民法. 高等教育出版社，2003：5.

⑥ 魏振瀛主编. 民法（第三版）. 北京大学出版社，2007：10.

平等主体财产关系和人身关系的民事法律规范的总称，包括民法典和其他民事法律规范。在我国，目前还没有民法典意义的形式民法，但有一部作为民事基本法的《民法通则》，以及一些民事单行法和散见于其他法律中的民事规范，即我国存在实质意义的民法。

（三）案例1分析

民法是调整平等主体之间财产关系和人身关系的法律规范的总称。调整平等主体之间的关系，是民法的重要特征。人们在从事各种活动发生的各种关系中，当事人双方所处的地位会呈现不同的状态，民法调整的社会关系是主体平等时的情形，主体不平等的社会关系，不属于民法调整的范围。

本案中，甲乡政府虽然是社会管理机构，但是其向银行贷款的行为属于借款合同法律关系，在这一关系中，二者之间不是管理与被管理的不平等关系，而是平等主体之间的有偿财产流转关系。所以，该案中所述二者社会关系属于民法调整的范围。

二、民法的调整对象

（一）案例2简介

张男与李女是网友，常常在网上聊天。后来二人相约于某日在某市某餐厅见面。李女为此专门向单位请了假，并坐长途汽车按约定时间到达某市，但是等了一天始终未见张男前来约会。李女多次打电话联系张男，张男要么支支吾吾，要么干脆不接电话。李女为此将张男诉至法院。

问题：本案所述张男失约一事是否属于民法调整的范围？

（二）相关知识点

民法的调整对象，是指民法调整的社会关系的范围。法律是调整社会关系的，任何一个部门法都有自己特定的调整范围，即有自己特定的调整对象。民法的调整对象是平等主体之间的财产关系和人身关系。

1. 财产关系

财产关系是人们在生产、分配、交换和消费过程中形成的具有经济内容的社会关系。财产关系有多种多样的类型，民法并非调整全部的财产关系，而只是调整其中的一部分，即平等主体之间的财产关系，这种财产关系具有以下特征：

（1）主体地位平等。

（2）当事人意思自由。主体地位的平等，决定了当事人之间的财产关系是建立在意思表达自由基础之上的，当事人根据自己的利益自主、自愿地确立与自己有着直接经济利益关系的财产关系，不受他人意志的支配。

（3）等价有偿。这是主体地位平等在经济利益上的体现。民法调整的财产关系中，双方当事人的权利义务都是平等的，体现了等价交换的特点。①

平等主体之间的财产关系，包括财产归属关系、财产利用关系和财产流转关系。“在这里‘归属’主要是指所有权，而‘利用’主要是指用益物权和担保物权”②，“流转”则是指债权。

2. 人身关系

人身关系是指与人身密不可分，不具有直接经济内容而以特定精神利益为内容的社会关系。人身关系的种类很多，性质各异，民法并非调整全部的人身关系，而只是调整其中的平等主体之间的人身关系。这种人身关系具有以下特征：

（1）主体地位平等。

（2）与主体人身不可分离。人身关系是基于人身而产生的，离开了人身，人身关系就无从谈起。

（3）不直接体现经济利益。人身关系是以特定的精神利益为内容的，不直接体现为经济利益，不能简单地直接地以金钱来衡量。但是，人身关系又往往与经济利益有密切联系，有的人身关系就可以转化为经济利益，或者在受到侵害时可采用经济补偿的方式予以救济。

平等主体之间的人身关系，包括人格关系和身份关系。所谓人格关系是指基于主体的人格利益而发生的社会关系。“人格是社会成员作为独立主体所必须具有的条件，因而人格关系是随主体的产生而当然发生的人身关系。”③“人格在法律上不可抛弃、不得转让且不可剥夺。”④ 人格利益是指人的生命、健康、姓名、名称、肖像、名誉等方面的利益。人格关系在权利上表现为人格权，包括生命权、健康权、姓名权、名称权、肖像权、名誉权等。所谓身份关系是指基于主体一定的身份而产生的社会关系。“身份是主体在特定关系中所处的一种与主体具有不可分离性的地位和资格。因此，身份关系是随主体与他人间形成一种稳定的不可任意转让的地位而发生的社会关系。”⑤ 身份关系仅存在于自然人之间，法人和其他非法人组织之间不存在身份权。身份权不得抛弃和转让。身份关系在权利上表现为身份权，包括亲属权、配偶权、荣誉权等。

民法调整人身关系坚持以人为本，突出对人格利益和身份利益等精神利益进行保护，体现人的尊严，体现人格平等和人格自由，实现对人权的保护。⑥

（三）案例2分析

民法的调整对象，是指民法调整的社会关系的范围。同所有部门法一样，民法有自己特定的调整对象，这就是：平等主体之间的财产关系和人身关系。

本案中，张男和李女的约会，属于私人情谊交往关系，二人虽然属于平等主体，

① 李显冬主编. 案例民法学总论. 中国政法大学出版社，2012：12.
② 王连合. 物权法原理与案例研究. 北京大学出版社，2011：6.
③ 郭明瑞主编. 民法. 高等教育出版社，2003：6.
④ 李显冬主编. 案例民法学总论. 中国政法大学出版社，2012：8.
⑤ 郭明瑞主编. 民法. 高等教育出版社，2003：6.
⑥ 杨立新. 民法总论. 高等教育出版社，2007：46.

但是该关系却不具有财产关系或人身关系的内容，所以二人的这种交往关系应该由道德习俗调整，而不属于法律调整的范围。所以，本案所述张男失约一事不属于民法调整的范围。

【案例思考】

1. 两原告均为被告村村民，其母遵守计划生育政策，已做绝育手术，属双女户。2002 年，被告村委会给该村村民每人分配土地补偿费 45000 元，但在给原告分配土地补偿费时，被告不按有关计划生育奖励政策给原告增加半个人的份额。原告诉至法院，要求被告村委会给付分配土地补偿费 22500 元。[①]

问题：本案是否属于民法调整的范围?

2. 张涛与李萍登记结婚后，关系一直很好，但后来张涛偶然遇到自己的前女友，在得知前女友一直未找对象的情况后，张涛与前女友频频约会，后来还偷偷在外租房同居。李萍知道此事后，非常气愤，但她还是劝丈夫回心转意，张涛不但不听劝告，还非要跟李萍离婚。

问题：张涛对妻子的不忠行为是否属于民法调整的范围?

第二节　民法的基本原则

一、民法基本原则概述

（一）案例 3 简介

张甲偷偷背着妻子李乙，与一年轻女子王丙在外同居。期间张甲立下书面遗嘱，将自己的一处房产赠与王丙，并去公证处对遗嘱进行了公证。后来，张甲去世，王丙就拿着遗嘱要求李乙交付房产。李乙认为该房产是她与张甲婚后所购买，属于夫妻共有财产，拒不交付。王丙遂起诉至法院。

问题：王丙所主张的权利是否应得到法律的保护?

（二）相关知识点

1. 民法基本原则的含义

所谓原则是指观察问题、处理问题所遵循的方针和准则。民法基本原则是指民事立法、民事司法和民事活动所遵循的基本方针和基本准则。它是民事法律精神最集中的体现，是整个民事法律制度的理论基础，也是整个民法制度的灵魂，其效力贯穿于整个民法的始终，是民法本质和特征的体现，它“反映了市民社会和市场经济的根本要求，表达了民法的基本价值取向，是高度抽象的、最一般的民事行为规范和价值判

① 李显冬主编. 案例民法学总论. 中国政法大学出版社，2012：4.

断准则”[①]。

民法基本原则的特征主要有[②]：

（1）非规范性。民法规范具体规定了民事权利和民事义务以及相应的具体法律后果。而民法基本原则是对民事活动当事人的行为提出了一定的要求，这些要求是抽象的而非具体的，它并未提供具体的、可操作性的行为模式。所以，民法基本原则不是具体的民法规范。

（2）不确定性。民法基本原则的不确定性，首先来源于它所使用的许多法律概念的模糊性。其次，基本原则的不确定性是立法者在立法中设置弹性制度的结果。

（3）强行性。所谓强行性规定，是指不能由当事人自由选择而必须无条件地一体遵行的规定，民法基本原则就是强行性规定。

（4）强制补充性。通常情况下，民法基本原则都当然地作为每一个民事法律关系的补充内容。由此，民法基本原则为当事人提供行为准则的功能，通过内化为民事法律关系的内容的方式得以完全地实现。

2. 民法基本原则的功能

民法基本原则的功能，是指民法基本原则的作用，具体如下：

（1）指导功能。由于民法基本原则是民事法律精神最集中的体现，是整个民法制度的灵魂，所以民事立法就必然要符合民法的基本原则，否则，立法者所制定的法律规范就会因违背民法的精神而脱离民法的范畴；在民事司法过程中，也只有按照民法的基本原则来理解、体会民法的精神和真谛，司法者才有可能作出正确的价值判断，从而正确适用法律；同样，民法基本原则也是指导民事主体进行民事活动的基本准则，民法基本原则能够作为评价行为的标准，而成为指导民事主体从事民事活动的行动指南。

（2）约束功能。民事立法、民事司法和民事行为都受民法基本原则的约束。民法规范不能违反民法基本原则；法官解释和适用民法，如果偏离民法的基本原则，就会形成错判；违反民法基本原则的民事行为不受法律保护。[③]

（3）补充功能。大千世界纷繁复杂、无限多样，任何法律规范都不可能穷尽世界上的所有事情，民事法律规范同样如此。当遇到民事法律规范没有规定的情况，即现行民事法上存在法律漏洞时，就需要司法者依据民法基本原则补充法律的漏洞，运用民法基本原则去处理、解决这些无民事法律明确规定的事情，以弥补成文法的局限性。于是法官就有了一定的自由裁量权，但这个自由裁量权必须是以民法基本原则为准则的。由此可见，民法基本原则对于法官的自由裁量权是既进行授权同时又进行限制。

（4）解释功能。“民法的具体规范在适用于各个具体案件时，往往仍显得过于概括和抽象，需要对其进行解释。在进行解释的过程中，无论是立法机关、审判机关，还是其他个人或组织，都必须以民法的基本原则为出发点进行解释。唯有如此，才能使

① 王利明主编. 民法(第四版). 中国人民大学出版社，2008：29.

② 王全弟主编. 民法总论(第二版). 复旦大学出版社，2005：50—52.

③ 魏振瀛主编. 民法(第三版). 北京大学出版社，2007：23.

法律的解释不背离民法的基本精神。所以，民法基本原则是解释民法规范的重要依据”。[①]

（三）案例3分析

民法基本原则是指民事立法、民事司法和民事活动所遵循的基本方针和基本准则。它是民事法律精神最集中的体现，是整个民事法律制度的理论基础，也是整个民法制度的灵魂，其效力贯穿于整个民法的始终，是民法本质和特征的体现。民法基本原则对于民事立法、民事司法和民事活动具有指导功能、约束功能、补充功能和解释功能。任何民事立法、民事司法和民事活动都应在民法基本原则指导下进行，受民法基本原则的约束，并不得违背民法基本原则。

本案中，张甲所立赠与王丙房产的遗嘱，虽然是其真实意思的表示且形式合法，但是由于张甲与王丙的同居行为属于不正当男女关系而产生的行为，该行为有悖于公共秩序和社会公德，即违反了民法基本原则中的公序良俗原则。所以，基于此违反民法基本原则的行为而产生的张甲与王丙之间的赠与关系是不为法律所认可的，即本案中王丙所主张的权利是得不到法律保护的。

二、民法基本原则的内容

（一）案例4简介

何甲以乙公司（该公司未履行工商登记，也没有固定人员）总经理的名义经县建设局同意为其悬挂标语。何甲将标语上端固定后，将标语扔下，下端的木杆落在三楼平台被卡住。三楼平台由采光玻璃铺成，其上积存了过多的灰尘。何甲观察了平台情况，以为平台是水泥板制作的，便从窗户向平台跳出，踩破平台采光玻璃，坠到一楼身亡。何甲之妻周某、之子何丙、之母孔某提起诉讼，要求赔偿。[②]

问题：本案建设局是否承担补偿责任？根据是什么？

（二）相关知识点

1. 主体平等原则

“主体平等原则的基本含义是主体资格平等、主体地位平等、主体享受权利承担义务平等、主体权利受法律保护平等。其中，主体地位平等是关键，只有主体的地位平等了，才能谈得上其他方面的平等，否则一切将无从谈起。”[③]

主体平等原则是民法首要的原则，没有平等原则就没有民法。主体平等原则也是民法其他原则的基础，“其与民法的其他基本原则关系，如同母体性民法基本原则与子嗣性民法基本原则的些许属性——我们虽不能全部但却可以从主体平等原则中逻辑地

---

① 王全弟主编. 民法总论（第二版）. 复旦大学出版社，2005：54.

② 李显冬主编. 案例民法学总论. 中国政法大学出版社，2012：20.

③ 王连合. 法人制度理论与实践若干问题的思考. 昆仑法学论丛（第二卷），北京大学出版社，2005.

推导出诸如意思自治原则、诚实信用原则等”[①]。

我国《民法通则》第三条规定，当事人在民事活动中的地位平等，《合同法》第三条规定，合同当事人的法律地位平等，一方不得把自己的意志强加给对方，就是主体平等原则在现行法上的体现。主体平等原则“在法、德、日本、瑞士等国民法以及中国台湾民法地区中，未有明文规定，学者称为无须明文规定的公理性原则”。[②]

2. 私法自治原则

私法自治原则又称意思自治原则，我国《民法通则》上概括为自愿原则[③]，是指民事主体依照自己的意思（意愿），自主地进行民事活动决定民事事项的原则。

私法自治原则是市民社会自治在私法领域的体现。其与主体平等原则的关系为：主体平等原则是私法自治原则的前提，只有在主体平等基础之上，民事主体才有自己的意志自由，才能依照自己的意思（意愿）从事民事活动；私法自治原则则是主体平等原则的表现，民事主体没有自己的自由，不能按照自己的意愿决定自己的行为，就谈不上主体的平等。

私法自治原则是民法最重要、最有代表性的原则，它“派生出了社团自治、私权神圣、合同自由、婚姻自由、家庭自治、遗嘱自由以及过错责任等民法的理念。这些理念是私法自治原则在民法不同领域的具体体现，也是民法对冲突的利益关系据以作出价值判断的基本依据。在一般的意义上，民法保证了私法自治原则，保证了上述民法理念的实现，就是保证了民法所追求的公平、正义的实现。因为民法上的公平、正义是建立在意思自愿的要素上，而非任何一种内容合理或正确性的要素上，所以法谚云‘对心甘情愿者不存在不公平’”。[④]

当然，私法自治原则不是绝对的，民事主体自主自由地从事民事活动也是相对的、有限制的。因为法律保护主体最大限度获取利益的前提是：主体不得损害他人或社会公共利益。

3. 公平原则

公平原则是否应成为民法的基本原则，学界有争议。[⑤] 本书采用绝大多数学者的观点，将其作为民法基本原则来阐述。

公平提倡利益的均衡，谴责偏私行为，它是一种道德原则，也是一种法律原则。国外民事立法对公平原则大多有明文规定，我国《民法通则》第四条也规定，民事活动应当遵循公平原则。公平原则包括两方面的含义：一是在民事立法和民事司法过程

---

① 董学立. 民法基本原则研究. 法律出版社，2011：107. 也有学者说：“没有平等原则，自愿原则、禁止权利滥用原则等就失去了存在的根基。”见魏振瀛主编. 民法（第三版）. 北京大学出版社，2007：24.

② 梁慧星. 民法总论. 法律出版社，2001：48.

③ 我国《民法通则》第四条规定，民事活动应当遵循自愿原则。但是我国有学者认为：“尽管在解释论上可以将自愿原则解释为私法自治原则，但从立法论的角度出发，‘自愿’一词仅有不受他人强迫的含义，难以涵括‘私法自治’或‘意思自治’的丰富内涵。不妨在我国未来民法典中直接使用‘私法自治’或‘意思自治’来取代‘自愿’。”该观点参见王利明主编. 民法（第四版）. 中国人民大学出版社，2008：33. 注释①，笔者赞同该观点。

④ 王利明主编. 民法（第四版）. 中国人民大学出版社，2008：34.

⑤ 反对观点主要有二：一是主张仅民法“责任法”中方有公平观念之适用；二是主张公平仅为债法的基本原则。详见董学立. 民法基本原则研究. 法律出版社，2011：191.

中，应维持民事主体之间的利益均衡；二是在民事活动中，民事主体应依据社会公认的公平观念，维持当事人之间的利益均衡。

当然，“公平原则的具体运用，必须以私法自治原则的具体运用作为基础和前提，如果当事人之间利益关系的不均衡系自主自愿的产物，就不能认为违反了公平原则”①。

4. 诚实信用原则

诚实信用原则简称诚信原则，是指民事主体在从事民事活动时，应当诚实不欺、讲守信用、恪守诺言，应当以善意的方式行使权利、履行义务。同时诚实信用原则也“是司法者据以解释、补充、协调法律的授权规范”②。

诚实信用原则同公平原则一样，既是道德准则，又是法律准则，是最低限度的道德要求在法律上的体现。诚实信用是商品交换的基础，没有诚实信用就没有社会秩序可言，所以诚实信用原则对于一个市场经济社会而言至关重要。同时，诚实信用原则不仅是当事人行使民事权利和履行民事义务的准则，也是法官解释当事人意思，调整当事人之间以及当事人与社会利益关系的基准。③ 其含义与适用范围极其广泛，因此，诚实信用原则又被称为“帝王条款”。现代社会，世界主要国家和地区都将诚实信用这一道德准则提升到民事立法中，将诚实信用原则规定为民法的一条基本原则。中华民族一向重视诚实信用这一伦理标准，我国《民法通则》第四条也规定，民事活动应当遵循诚实信用原则。

5. 公序良俗原则

公序良俗即公共秩序与善良风俗的简称。公序良俗原则，是指民事主体在从事民事活动时，不得损害社会利益、国家利益，不得违反社会公认的道德规范和良好社会风尚。

公序良俗原则，同样既是道德准则，也是一项法律准则。“在现代市场经济社会，它有维护国家社会一般利益及一般道德观念的重要功能。”④ 公序良俗原则起源于罗马法，至近现代许多国家和地区的民事立法都明文规定了这一原则。我国民事法律没有使用“公序良俗”一词，但我国《民法通则》第七条规定：“民事活动应当尊重社会公德，不得损害社会公共利益，破坏国家经济计划、扰乱社会经济秩序。”这里所规定的就是公序良俗原则。“但是，鉴于上述规定的内容并不能涵盖一切违反公序良俗行为的类型，从有利于国际民事经济交往出发，我国有关立法宜采用国际上通行的‘公共秩序与善良风俗’的概念。”⑤

6. 权利滥用禁止原则

所谓权利滥用禁止原则，是指民事主体在进行民事活动时，其权利的行使不得超

---

① 王利明主编. 民法(第四版). 中国人民大学出版社，2008：36.

② 龙卫球. 民法总论. 中国政法大学出版社，2001：71.

③ 但是，我国有学者认为：将诚实信用原则的调整范围扩大至“当事人与社会利益的平衡”的观点是错误的。诚实信用原则只调整私人间法律关系，不调整公私间法律关系。如果诚实信用原则也调整公私间法律关系，那么，另一项民法基本原则即公序良俗原则的调整领域将被诚实信用原则吞噬。公序良俗原则由此将成为“光杆司令”。所以，私人间利益失衡的法律关系由诚实信用原则调整，公私间利益失衡的法律关系由公序良俗原则调整。该观点见董学立. 民法基本原则研究. 法律出版社，2011：155—156.

④ 王利明主编. 民法(第四版). 中国人民大学出版社，2008：39.

⑤ 马俊驹，余延满. 民法原论. 法律出版社，1998：72.

过正当界限，不得损害他人合法利益和社会公共利益。

权利都有一定的界限，不受任何限制的权利是没有的，权利主体都必须在一定的“度”内行使权利。权利主体一旦突破了这一界限而损害他人利益或公共利益，就是权利的滥用，就要承担损害赔偿责任。“《瑞士民法典》在现代法律上率先确立权利不得滥用之一般条款，以限制私有权神圣和契约自由的过分绝对。”[①] 其他一些国家在法律上也相继确认了这一原则。前述我国《民法通则》第七条的规定，广义上也可解释为包含权利不得滥用的内容。

至于如何认定权利是否滥用，各国学说和判例观点不一。[②] 其中一种观点是，“认定是否权利滥用，主要是从行为人的利益和他人或者社会受到的损害程度的比较，根据不同情况判断”[③]。

（三）案例 4 分析

公平提倡利益的均衡，谴责偏私行为，它是一种道德原则，也是一种法律原则。公平原则包括两方面的含义：一是在民事立法和民事司法过程中，应维持民事主体之间的利益均衡；二是在民事活动中，民事主体应依据社会公认的公平观念，维持当事人之间的利益均衡。

本案中，何甲将积满灰尘的采光玻璃按照一般常识判断为水泥平台，以致发生了坠落身亡的事故。对于何甲死亡结果的发生何甲本人没有过错，在这一事故发生的过程中，建设局也没有过错。但是，本案中何甲作为经营者与建设局之间形成了加工承揽关系，何甲是在为建设局提供服务时遭受损害的，如果建设局不给予一定的补偿，对于受害人一方是不公平的。所以，尽管在何甲死亡一事中，建设局没有过错，但是根据公平原则，建设局应当给予原告一定的补偿。

【案例思考】

1. 刘甲在一自由市场的鞋摊边随手拿起一只皮鞋看了一会儿后放下，当他转身欲走时，被摊主张乙喊住。张乙认为，既然刘甲在鞋摊旁站了很长一段时间且也拿鞋看过，就应该买鞋，否则不能走人。刘甲不同意，二人发生争执。

问题：张乙的行为违反了民法的哪一项基本原则？

2. 甲公司和乙公司签订了一份买卖折扇的合同，不料当年夏天连续降雨，天气一直异常凉爽，折扇销量严重下降。订购方甲向乙折扇制造厂提出要求解除合同，遭到拒绝，诉至法院，法院经过审理，判令解除合同。

问题：法院的判决依据的是民法的哪一项基本原则？[④]

---

① 龙卫球. 民法总论. 中国政法大学出版社，2001：68.

② “根据《国际比较法百科全书》的概括，各国先后一共确立过 6 项判断权利滥用的标准，分别是故意损害、缺乏正当利益、选择有害的方式行使权利、损害大于所取得的利益、不顾权利存在的目的、违反侵权法的一般原则。”参见董学立. 民法基本原则研究. 法律出版社，2011：170.

③ 魏振瀛主编. 民法（第三版）. 北京大学出版社，2007：28.

④ 王轶主编. 民法练习题集（第二版）. 中国人民大学出版社，2008：13.

CHAPTER 2　第二章

民事法律关系

第一节　民事法律关系概述

一、民事法律关系的含义

（一）案例5简介

市工商局执法人员甲在市场上开展办公用品检查时，发现乙商户的办公用品物美价廉，遂在执法之余购买乙方办公用品一宗，花费1000元。

问题：市工商局执法人员甲与经营者乙的买卖关系是否属于民事法律关系？为什么？

（二）相关知识点

1. 民事法律关系的概念

人们在社会交往中会形成各式各样的社会关系，不同的社会关系由不同的社会规范进行规制。法律关系是法律规范在调整人们社会关系中形成的一种以权利义务为内容的特殊社会关系。其中，由民事法律规范确认和保护的法律关系为民事法律关系。民事法律关系就是因民事活动而形成的社会关系之法律表现形式。具体而言，民事法律关系指民事主体基于民事法律事实形成的以民事权利与民事义务为内容的受民法调整与规范的社会关系。

2. 民事法律关系的特征

（1）性质方面，民事法律关系是一种思想社会关系。[①] 社会关系分为物质关系和思想关系两种。物质关系是人们在社会生产活动中形成的、不以人们的意识和意志为转

① 王利明主编. 民法. 中国人民大学出版社，2002:40.

移的必然联系，属于经济基础范畴。思想关系是通过人们的意识形成的关系，它是物质关系的反映，属于上层建筑范畴。民事法律关系作为一种特殊的法律关系，是人们民事活动在法律上的反映，属于思想社会关系。

（2）主体方面，民事法律关系具有平等性。民法是调整平等主体之间发生的人身关系与财产关系的法律规范。民事法律关系就是平等主体之间发生的人身关系与财产关系在法律上的具体反映形式。民事主体法律地位的平等性特征是民事法律关系的首要特征。这种平等性决定了民事法律关系调整方式以意思自治为原则，以国家强制为例外。这与行政法律关系与刑事法律关系主体的不平等性不同。

（3）发生原因看，民事法律关系以民事法律事实为发生基础。如果只存在民法规范，没有具体的民事法律事实出现，就无法产生、变更或消灭民事法律关系。这与行政法律关系与刑事法律关系分别以行政法律事实、刑事法律事实为发生原因不同。

（4）内容方面，民事法律关系以民事权利与民事义务为内容。[①] 法律关系总是以权利与义务的表现形式调整社会关系。民事法律关系亦不例外，它的内容体现为民事权利与民事义务，即民事法律关系的内容是民事法律关系的主体所享有的民事权利和负有的民事义务。

（5）责任方面，民事法律关系具有补偿性。民事法律关系保障责任具有财产补偿性特点，即民事责任以财产补偿为主要内容，惩罚性和非财产性责任不是主要的民事责任形式。这与行政法律关系与刑事法律关系惩罚性责任承担方式不同。

（三）案例5分析

民事法律关系是民事法律规范调整的民事主体之间发生的民事权利义务关系。民事法律关系中民事主体具有平等性，这是民事法律关系的重要特征。不同法律关系中，当事人的主体地位是不同的。民事法律关系是平等主体之间发生的社会关系。不平等主体之间发生的法律关系不属于民事法律关系。

本案中，虽然市工商局属于行政机关，执法人员属于行政管理人员，但执法人员在市场上进行的是办公用品购买活动，而非行政执法活动。在市场上，无论是作为行政机关的买方还是作为经营者的卖方，买卖双方当事人都要按照市场法则进行自由交易，其法律地位平等，双方形成民事法律关系。这与市工商局执法人员进行执法活动完全不同。行政执法过程中，行政机关与相对人是一种支配服从关系，双方地位不平等，形成行政法律关系。因此，该案中市工商局执法人员与经营者的买卖关系属于民事法律行为，二者之间的买卖关系属于民事法律关系。

二、民事法律关系的要素

（一）案例6简介

甲今年10岁，富有绘画天赋。一日，甲在全国儿童绘画比赛中获奖。乙杂志社闻讯

① 魏振瀛主编. 民法学(第三版). 北京大学出版社，2007：32.

后表示，望甲能提供作品供刊登。甲的父亲丙遂给乙杂志社寄去了甲的一幅作品。但乙杂志社一直没有回音。后来丙在乙杂志社的期刊上发现有甲的作品但未署名，便质问乙杂志社为何不署名。乙杂志社称，甲为未成年人，不能享有著作权，因此没必要署名。

问题：该案中甲是否是著作权法律关系的署名权权利主体？为什么？

（二）相关知识点

民事法律关系的要素指构成民事法律关系的必要因素或条件。民事法律关系的要素包括主体、客体和内容三要素。任何民事法律关系都应当由三要素构成，否则，不能成立民事法律关系。具体民事法律关系中任一要素发生变化，民事法律关系就会随之变更。民事法律关系要素理论有利于判断民事法律关系的成立、变更、终止，有利于认定民事法律关系的性质和效力。

1. 民事法律关系的主体

民事法律关系的主体，又称民事主体，指民事法律关系中享有民事权利、承担民事义务的人。民事法律关系是一种人与人之间的社会关系，没有民事主体无法形成民事法律关系。民事主体是民事法律关系的首要要素。

近代民法以来，民事主体主要包括自然人与法人两种。在我国，民事主体包括自然人、法人和其他组织。国家在特殊情况下也可以成为民事主体。例如，国家为国家所有的土地、森林、草原、滩涂、水面等自然资源的所有权人。

民法学上民事主体又称为当事人。当事人分为权利人与义务人两类。权利人，又称为权利主体，指在民事法律关系中享有权利的一方当事人；义务人，又称为义务主体，指在民事法律关系中负有义务的一方当事人。一般情形下，民事法律关系中当事人双方都既享有权利，又负有义务；既是权利主体，又是义务主体。例如买卖合同关系等。少数情况下的民事法律关系中，一方仅为权利人，另一方仅为义务人，例如赠与合同关系等。民事法律关系中当事人应当由双方或多方当事人参加。民事法律关系的一方当事人可以是单一的，也可以是多数的。

2. 民事法律关系的客体

民事法律关系的客体指民事权利和民事义务指向的对象。① 如果缺少民事法律关系的客体，民事权利和民事义务就将无法落实而变得毫无意义。民事法律关系的客体既是民事权利与民事义务的依托，也是确认民事法律关系性质的重要依据。②

民事法律关系的客体应当具有合法性，否则，不属于民事法律关系客体范畴。通说认为民事法律关系的客体主要有五类，即物、行为、智力成果、人身利益和权利。民事法律关系类型不同，其客体不同。物权法律关系的客体主要是物；债权法律关系的客体是行为；知识产权法律关系的客体主要是智力成果；人身权法律关系的客体是人身利益。但部分民事法律关系的客体是权利，例如国有土地使用权。③

---

①② 魏振瀛主编．民法学(第三版)．北京大学出版社，2007：35．

③ 王利明主编．民法．中国人民大学出版社，2002：44．

3. 民事法律关系的内容

民事法律关系的内容指民事法律关系的主体即民事主体所享有的民事权利和承担的民事义务。民事法律关系的内容包括民事权利和民事义务。民事权利和民事义务相互对立，又相互联系。民事权利的内容是通过相应的民事义务来表现的，民事义务的内容是由相应的民事权利来限定的。

民事法律关系的内容是民事法律关系的要素之一。任何一项民事法律关系都必须具备民事权利与民事义务，否则就无法构成民事法律关系。民事法律关系不同，其自身的民事权利与民事义务不同，它的性质可能受到影响。比如，买卖合同与赠与合同的内容不同，导致合同性质迥异。

由于民法的私法性质，大部分民事权利与民事义务具有意定性，即由当事人自行约定；但有些民事权利与民事义务具有法定性，即由法律直接规定。在法定情形下，主要分为两种情形：第一，民事主体未做约定，直接适用法律的补充性授权规定；第二，民事主体未做约定或约定无效，直接适用强行性法律规定。

（三）案例6分析

民事主体是民事法律关系中的当事人。没有民事主体便不存在民事法律关系。民事权利主体享有民事权利。除非当事人自己放弃，任何人不得随意剥夺权利人的民事权利。著作权法律关系属于民事法律关系。署名权属于民事权利之一种。署名权人有权利在自己的作品上署名，不受年龄限制。

本案中，甲创作出绘画作品后，甲作为作者便与他人之间形成了一种著作权法律关系。甲是著作权主体，享有著作权，任何人不得侵犯。署名权属于著作权之一种，当然为作者甲享有。乙杂志社刊登甲的绘画作品时擅自处分，不给权利人甲署名，侵犯了甲的署名权。因署名权没有年龄限制，乙杂志社以年龄为借口侵犯甲的署名权是错误的。因此，本案中甲是该著作权法律关系的署名权权利主体。

三、民事法律事实

（一）案例7简介

王家村有两户养鱼专业户，甲家和乙家，其鱼池相邻。一年夏天，因天气变化，甲家鱼池中的鱼跃入乙家鱼池，当场有村人所见，一共跃入23条鱼。甲家要求乙家返还该23条鱼，乙家认为，该鱼是自己跃入其鱼池之中，拒绝返还。为此双方发生纠纷。[①]

问题：该案中甲家的鱼跃入乙家的鱼池属于民事法律事实吗？为什么？

（二）相关知识点

1. 民事法律事实的概念与特征

民事法律事实是合乎民法规定，能够引起民事法律关系发生、变更、消灭的客观

① 李仁玉，陈敦编. 民法教学案例. 法律出版社，2004：5.

现象。民事法律事实是民事法律关系的发生原因。缺少民事法律事实，不会形成民事法律关系；民事法律事实发生变化，民事法律关系会随之变更或消灭。

民事法律事实的特征：第一，法定性。一事实欲成立民事法律事实，必须合乎民事法律规范的规定。因此，民事法律事实是一个价值判断问题。例如，恋爱不是民事法律事实；结婚登记属于民事法律事实。第二，客观性。民事法律事实是一种客观现象。主观思想不会成为民事法律事实。同时，并非所有客观现象都属于民事法律事实。例如，时效期间属于民事法律事实，日月星辰则不属于民事法律事实。

2. 民事法律事实的分类

依照是否与民事主体的意志有关，民事法律事实可分为行为和事实两类。

（1）行为。行为是指民事主体有意识的活动，是主要的民事法律事实。根据不同的标准，行为可以划分为不同的种类。依据当事人是否主动活动，划分为作为与不作为。作为，又称为积极行为，指民事主体积极的法律行为。例如，民事主体的买卖行为。不作为，又称消极行为，指民事主体消极的法律行为。不作为表现为对一定行为的抑制。例如，物权法律关系中义务人的容忍行为。根据当事人的行为是否为当事人内心意志追求的效果关系，行为可分为表意行为与事实行为。表意行为是当事人通过意思表示，旨在设立、变更或终止民事法律关系的行为。表意行为的民事法律后果的内容因其自身种类不同而有区别，可能是根据当事人意志的内容来确定的，也可能是法律直接规定的。例如，有的表意行为因行为人预期的效果意思合乎法律规定，所以，该行为能产生当事人意欲达到的民事法律关系产生、变更和消灭的效果。这类民事法律行为为合法的表意行为，又称为民事法律行为。有些表意行为不合乎法律规定，无法达到当事人预期的行为目的，会产生与当事人意志相悖的法律效果。事实行为，又称为非表意行为，指当事人主观上没有产生民事法律关系效果的意思表示，客观上却引起法律效果发生的行为。例如，侵权行为，行为人主观上并没有效果意思，但客观上却导致赔偿的发生。又如，拾得遗失物、发现埋藏物等。

（2）事件。事件是指与当事人的意志无关，能够引起民事法律效果的客观现象。事件要成为民事法律事实，必须能够引发民事法律关系的变动。事件的民事法律后果必须由法律直接规定。学界认为，事件分为自然事件与人为事件。自然事件，又称为绝对事件，指该事实的发生与人类活动完全无关的事实。例如，人的生老病死、自然灾害、时效经过等。人为事件，又称为相对事件，指该事实的发生虽与人类活动有关，但民事法律后果根本不考虑该因素的事实。例如，罢工、革命等。

3. 民事法律关系的事实构成

民事法律事实构成是指一个民事法律关系的发生、变更或消灭，其必须是因两个以上的民事法律事实的出现才能发生。这些相互结合，共同引起某一民事法律关系产生、变更或消灭的民事法律事实的总和，称为事实构成。例如，遗嘱继承法律关系，需要遗嘱行为发生和遗嘱人死亡二民事法律事实发生方可。

（三）案例 7 分析

民事法律事实是能够引起民事法律关系发生、变更或者消灭的客观现象。社会生活中，并非所有事实都可以成为民事法律事实，只有合乎法律规定的那些事实才能成为民事法律事实。民事法律事实可以与人的意志相关，称之为行为；也可以与人的意志无关，称之为事件。无论行为还是事件，都具有客观存在性，能够引发民事法律后果。

本案中，甲家的鱼跃入乙家的鱼池中，虽非当事人主观意志所为，但造成甲家的财产减少，乙家的财产增加，在双方之间形成了不当得利之债。因此，甲家的鱼跃入乙家为民法上的事件，属于与人的意志无关的民事法律事实，引发的民事法律后果是乙家应当返还甲家的相应财产损失。

【案例思考】

1. 2001 年 1 月 1 日，原告甲某一行四人入住由被告乙食品批发部开办的宾馆 502 房间。该房为标准间，以甲某两个伙伴名义进行了登记。甲某及另外一人也同居该室，但未办理加铺手续。次日凌晨三时许，该宾馆因 302 房间住室失火，火势迅速蔓延，致使宾馆三层以上发生重大火灾，原告等人为逃生而破窗跳楼，身上有多处被火烧伤，另有跌伤等其他损伤，随身所带物品也付之一炬。①

问题：本案中存在哪些民事法律关系？每一法律关系的要素是什么？

2. 张山在回家的路上拾得一只名贵宠物狗，张山将该狗带回家精心照料，同时登报寻找失主。某日，张山牵着该狗外出散步，遇见领着 10 岁的女儿玩耍的李文田。于是，两人聊起天来，未顾及小孩，结果李文田的女儿被狗咬伤，花去医疗费人民币 500 元，并在脸上留下疤痕。李文田要求张山承担其女儿的 500 元医疗费，并要求赔偿其女儿被狗咬伤脸上留下疤痕的精神损害。此时，狗的主人刘卓从报上得知狗的下落，找到张山认领。李文田也向刘卓提出上述赔偿请求。张、刘二人均以李文田自己未照看好女儿为由，拒绝李文田的请求。②

问题：本案中存在哪些民事法律事实？发生哪些民事法律关系？

第二节 民事权利

一、民事权利的含义

（一）案例 8 简介

甲藏有一幅祖传名画。一日，甲不慎将名画丢失途中，乙拾得该画。甲得知实情后，向乙索要该画，乙不允。甲遂向法院提起诉讼，要求乙返还财产。

问题：该案中法院是否应当支持甲请求乙返还财产的诉求？为什么？

---

① 苏号朋主编. 民法总论案例选评. 对外经济贸易大学出版社，2006：59.

② 李秀平. 民法学简明教程. 中国法制出版社，2008：54.

（二）相关知识点

1. 民事权利的概念

关于民事权利的本质，主要存在三种学说：意志说、利益说、法力说。利益说由德国法学家耶林首创。[①] 该说认为，权利的本质是法律保护的利益。不受法律保护或承认的利益，就不是权利。意志说，又称为主观说，由德国法学家温特夏德首创。[②]该说认为，权利的本质在于意思自由。人的意思能够自由支配的范围即为权利的范围。法力说由德国法学家梅克尔提出。[③]该说认为，权利的本质为享受特定利益的法律上之力。本书采法力说。民事权利是法律为了保障民事主体的特定利益而提供法律之力的保护，是法律之力和特定利益的结合，是类型化的利益，或者说是利益和力量的结合。[④]

2. 民事权利的特征

（1）权利内容上看，民事权利体现为法律利益。民事权利为民事主体享有的民法认可的法律利益。如果没有利益，自然不会成为民事权利。当然，民事权利内容中不仅仅包括个人利益，还包括社会利益。例如，死者权利的保护即体现了此意义。

（2）权利外形上看，民事权利体现为法律自由。民事权利意味着法律准许民事主体意思自治活动的范围。在该限度范围内，民事主体有为某一行为或不为某一行为的自由。

（3）权利保障上看，民事权利体现为法律之力。民事主体实现民事权利的形式为请求义务人为一定行为或不为一定行为。如果义务人拒绝权利人的请求，则产生民事责任，权利人则获得请求公力机关采取强制措施救济的权利。因此，民事权利受到公权力的保障，性质上属于一种法律之力。

（4）权利体系化上看，民事权利具有类型化特征。社会生活复杂多变、社会行为纷繁多样。法律对社会行为的调整存在局限性，无法穷尽也无须穷尽每一种社会行为。一般而言，法律具有普遍性特征，只调整一般性社会行为。因此，民事权利表现为类型化的利益而非所有的利益。

（三）案例8分析

民事权利是民事主体享有的法律利益。对于该种法律利益，民事主体可以主张权利，也可以放弃该权利，这是当事人的选择自由。如果当事人主张权利，义务人应当履行相关义务，以使权利人的民事权利达到圆满状态。没有救济的权利不是权利。如果民事权利受到不法侵害，权利人可以寻求公力救济。因此，民事权利是一种法律之力。

在本案中，祖传名画的所有权属于甲。所有权属于民事权利之一种，依法受法律保护。甲丢失该画只是暂时无法控制与支配该画，并不意味着放弃或丧失对该画享有的所有权。乙拾得该名画的行为属于民法上的拾得遗失物。拾得遗失物并非取得遗失

①②③ 王利明主编. 民法(第四版). 中国人民大学出版社，2009：100.

④ 王利明，杨立新，王轶，程啸. 民法学(第二版). 法律出版社，2008：36.

物的所有权，而是应当返还原物。乙拒绝返还名画的行为侵犯了甲的民事权利，甲有权请求法院依法进行保护。因此，法院应当支持甲请求乙返还财产的诉求。

二、民事权利的分类

（一）案例9简介

2000年1月，甲向某珠宝店购买结婚戒指，标签标明钻石为“国外天然钻石”，买回后经鉴定实为国内人造钻石。经交涉未果，甲于2000年3月将珠宝店诉至法院，请求撤销合同。

问题：该案中甲是否有权撤销该合同？为什么？

（二）相关知识点

1. 财产权和人身权

以民事权利的内容为标准，民事权利可分为财产权和人身权，这是民事权利最基本的分类。财产权是以具有财产利益为直接内容的权利。以权利的效力和内容为标准，财产权可以分为物权、债权和继承权。物权是支配物并具有排他性效力的财产权；债权是得请求债务人为特定行为的财产权；继承权是按遗嘱或法律的直接规定承受被继承人遗产的财产权。财产权可以予以经济评价，并可转让。人身权是以人身利益为内容、与人身不可分离且不直接体现为财产利益的权利。人身权所体现的利益与人的尊严和血缘密切相关，所以人身权与其主体不可分离。人身权可以分为人格权（如生命、健康、姓名、肖像、名誉等权利）和身份权（如亲权、荣誉权等）。人身权除个别权利外不得随意转让。

2. 支配权、请求权、形成权和抗辩权

以民事权利的效力特点为标准，民事权利可分为支配权、请求权、形成权和抗辩权。支配权是民事主体对权利客体进行直接支配并排除他人干涉的权利。支配权的行使无须第三人进行积极行为，只要容忍、不行使同样的支配行为即可。人身权、物权、知识产权等属于支配权。请求权是民事主体请求特定人为一定行为或不为一定行为的权利。请求权人对权利客体不能直接支配，其权利的实现有赖于义务人的协助，没有排他效力。债权是典型的请求权，物权、人身权、知识产权虽为支配权，但在受侵害时，需以请求权作为救济，故请求权在民事权利中的地位殊为重要。形成权是依权利人单方意思表示就能使权利发生、变更或者消灭的权利。形成权的特点在于只要有权利人一方的意思表示就足以使权利发生法律效力。撤销权、解除权、追认权、抵销权等都属于形成权。抗辩权是能够阻止请求权效力的权利。抗辩权主要针对请求权而言。通过行使抗辩权，一方面可以阻止请求权效力，另一方面可以使权利人能够拒绝向相对人履行义务。合同中的同时履行抗辩权、不安抗辩权、先诉抗辩权等都属于抗辩权。

3. 绝对权和相对权

以民事权利的效力范围为标准，民事权利可分为绝对权和相对权。绝对权是权利效力所及相对人为不特定人的权利。绝对权的义务人是权利人之外的一切人，故又称“对世权”。物权、人身权等均属绝对权。相对权是权利效力所及相对人仅为特定人的权利。相对权的效力仅仅及于特定的义务人，故又称“对人权”。债权就是典型的相对权。

4. 主权利和从权利

以在相互关联的民事权利中各权利的地位为标准，民事权利可分为主权利和从权利。主权利是不依赖其他权利为条件而能够独立存在的权利。从权利则是以主权利的存在为前提而存在的权利。在担保中，被担保的债权为主权利，而担保权则是从权利。

5. 专属权和非专属权

以民事权利与权利人的关系为标准，民事权利可分为专属权和非专属权。专属权是指专属于特定民事主体的权利，人格权、身份权等均属于专属权，该权利与主体不能分离，不得转让、继承。非专属权指可以转让、继承的权利，物权、债权等财产权均属于非专属权。

6. 既得权和期待权

以权利是否已经现实取得为标准，民事权利可分为既得权和期待权。既得权是指已经取得并能享受其利益的权利。期待权是指因法律要件未充分具备而尚未取得的权利。如被继承人没有死亡，继承人的继承权就属于期待权。

（三）案例9分析

依据不同的标准，民事权利划分为多种。不同的民事权利，其特征与功能会有差异，实现民事权利的途径亦不同。形成权属于民事权利之一种。形成权具有独特的特征，是单方当事人即能变动法律效力的民事权利。形成权具有多种表现形态，撤销权属于其中之一种。撤销权人在法定期间内单方即可请求法院撤销相关法律行为。

本案中，在甲向珠宝店购买婚戒时，珠宝店将国内人造钻石冒充进口天然钻石出售，属于民事欺诈。民事欺诈行为属于可撤销法律行为。甲作为受害人，享有撤销权。撤销权属于形成权之一种，权利人单方意思即可变动法律效力。在交涉未果情形下，甲在撤销权期间内单方即可请求法院撤销买卖行为，法院也应当支持甲的诉求。因此，甲有权撤销该合同。

【案例思考】

1. 1989年，赵某与其妻子前往外地居住，遂将自己的三间正房及院落全部交给丁某看管，不收房租，并约定直到自己返回后再让其迁出。在此期间，丁某精心照管赵某的房屋，随时修缮。1992年，丁某顿生在该院南端的空地再盖两间偏房的念头。于是，花了将近3000元，就在赵某的院子里盖起了两间偏房。1992年底，赵某与其妻一同返回，要求丁某搬走。但是，丁某住在自己盖的偏房内不肯离去，称此房为自己所盖并拥有所有权。赵某遂向当地人民法院提起诉讼，请求丁某搬出。[①]

问题：本案中法院是否应当支持赵某？为什么？

---

① 龙翼飞主编. 民法案例分析. 中国人民大学出版社，2002:43.

2. 2001年1月，甲、乙公司签订了一项房屋买卖合同，合同约定甲公司于当年9月1日向乙公司交付房屋100套，并办理登记手续，乙公司则向甲公司分三次付款：第一期支付2000万元，第二期支付3000万元，第三期则在9月1日甲公司向乙公司交付房屋时支付5000万元。在签订合同后，乙公司按期支付了第一期、第二期款项共5000万元。

9月1日，甲公司将房屋的钥匙移交乙公司，但并未立即办理房产所有权移转登记手续。因此，乙公司表示剩余款项在登记手续办理完毕后再付。在合同约定付款日期（9月1日）7日后，乙公司仍然没有付款，甲公司遂以乙公司违约为由诉至法院，请求乙公司承担违约责任。乙公司则以甲公司未按期办理房产所有权移转登记手续为由抗辩。

问题：本案中乙是否享有抗辩权？为什么？

第三节 民事义务与责任

一、民事义务

（一）案例10简介

父亲去世，给甲、乙兄弟俩留下带院落的六间房子。后甲、乙进行分家析产，甲分得东面三间房，乙分得西面三间房。东面房四周接临他人民宅，西面房临街，有该院唯一外出通道。后甲、乙关系交恶，乙遂在东面房与西面房交界处砌一围墙，禁止甲自西面房出口通行。

问题：乙是否负有容忍甲自西面房出口通行的民事义务？为什么？

（二）相关知识点

1. 民事义务的概念

权利与义务是法学上的一对核心范畴，二者对立统一。民事权利与民事义务亦是如此，有民事权利必然存在民事义务。法理上关于义务的概念，一般采手段说。① 该说认为，义务指义务人为了满足权利人的利益而为一定行为或不为一定行为的法律手段。同理，民事义务指民事主体依照法定或约定条件为满足权利人的利益而为一定的行为或不为一定行为的法律约束手段。民法中，民事义务作为保障民事权利实现的法律手段，在民法体系中作用重大。

2. 民事义务的特征

（1）从来源看，民事义务来源具有广泛性。民事义务来源非常广泛，既可由民事法律规定，亦可由当事人约定。法律规定的民事义务，存在两种类型。例如，我国

① 魏振瀛. 民法学（第三版）. 北京大学出版社，2007：44.

《合同法》第一百三十八条规定，出卖人应当按照约定的期限交付标的物。该交付标的物的义务属于法律规定的义务。这类义务属于积极义务，又称作为义务。再如，我国《婚姻法》第四条规定，夫妻双方应当互相忠诚。这类义务属于消极义务，又称不作为义务。民法作为私法，允许私法自治。只要不违犯强行性法律规定，民事义务可以依据民事主体的意思而任意约定。现实生活中，大量民事义务是由民事主体通过约定方式设立的，这类义务主要发生在合同法领域，例如，买卖合同中，民事主体可以约定义务人应当交付标的物的数量与质量。

(2) 从目的看，民事义务具有利他性。民事义务的设立是为了满足民事权利人的利益，而不是为了实现义务人的利益。例如，买卖合同中，出卖人交付标的物就是为了实现买受人对于标的物的使用价值。因此，从目的方面看，民事义务具有利他性特征。当然，民事义务的利他性是仅就义务履行层面而言，义务人没有享受利益。实际上，从权利与义务的对立统一关系看，义务人履行义务往往会取得对价，并非毫无受益。

(3) 从内容看，民事义务具有限定性。民事义务的限定性是指民事义务人应当根据民事法律规范的规定或合同的约定实施一定的行为。这种行为的形态表现为两方面：一是积极主动地进行某行为，例如买卖合同中出卖人依照合同的约定交付货物；二是消极地不从事某行为，例如物权关系中，义务人负有不得侵害物权的容忍义务。民事权利的实现依赖于民事作为义务或不作为义务的履行。无论是积极的作为义务还是消极的不作为义务，其本质都属于一种约束义务主体的法律负担。权利是权利主体实施某种行为的自由和可能性，具有选择性。义务与权利恰恰相反，它是义务人应当履行而不可选择的，具有该当性。如果义务人不履行民事义务，民事责任就会产生。因此，民事权利以利益为内容，民事义务则以不利益为内容。当然，民事义务的不利益内容并非无限，它的限度就是法定义务或约定义务界限。

(4) 从效力看，民事义务具有法律拘束性。无论是法定的义务还是约定的义务，都具有法律强制性。只要民事义务具备可履行性，当事人必须履行民事义务。否则，不履行或履行不适当，义务人都应当依法承担民事责任。这点与道德义务、宗教义务不具备强制性效力相区别。

3. 民事义务的分类

民事义务与民事权利属于对立统一关系，它们之间是相互对应的。因此，民事义务的分类与民事权利的分类存在相似之处。例如，民事权利有绝对权与相对权、主权利与从权利、专属权与非专属权之分；与之相对应，民事义务有绝对义务与相对义务、主义务与从义务、专属义务与非专属义务之分。当然，民事义务作为独立存在的价值，也有自身不同的分类。民事义务自身相对独立的分类有：

(1) 约定义务和法定义务。依据民事义务产生来源的不同，民事义务可分为约定义务与法定义务。约定义务，又称为意定义务，指民事主体依据当事人约定应当承担的民事义务。约定义务主要适用于债权法领域。约定义务不得违反法律强行性规定。法定义务指民事主体直接依据民事法律规定应当承担的义务。例如，我国《合同法》第六十条第二款规定，当事人应当遵循诚实信用原则，根据合同的性质、目的和交易习惯履行通知、协助、保密等义务。这些诚实信用义务即属于法定义务。

二者区分的主要意义在于：约定义务体现了私法自治原则，适用当事人协商方式解决纠纷；而法定义务则体现了国家干涉主义，适用强制主义解决纠纷。

（2）作为义务和不作为义务。依据民事主体行为方式的不同，民事义务分为作为义务与不作为义务。作为义务指民事主体通过作出某种积极的行为以满足权利人的要求。例如，在合同法领域中，义务人必须要按照债的规定作出履行，才能使债权得以实现。不作为义务指义务人应当按照法律的规定或当事人的约定，不从事某种行为，以保障权利人的权利实现。这种不作为的义务主要表现在：一是侵权法所设定的任何人不得侵害他人权利和妨碍他人权利行使的不作为义务。二是在绝对权关系中除权利人以外，其他人都是义务人，都负有不得妨碍其权利行使的义务。三是在特定的民事关系中当事人依据法律和合同约定而负有的不作为义务。例如，合伙合同中当事人对竞业禁止的约定。

二者区分的主要意义在于：作为义务需要以积极的行为方式来履行；不作为义务需要以消极的容忍义务方式来履行。

（3）绝对义务和相对义务。依据民事义务主体的范围，民事义务可分为绝对义务和相对义务。绝对义务，又称为对世义务，指民事义务人应当向一切不特定的人承担义务。例如，物权关系中的义务人所承担的义务。相对义务，又称对人义务，是特定义务人仅向特定权利人承担的义务。例如，债务人只对债权人负有的清偿义务。

二者区分的主要意义在于：民事义务主体应当向特定人还是不特定人履行义务。

（4）主给付义务和附随义务。主给付义务指债的关系所固有、必备的、直接影响到债的目的实现的义务。例如，在买卖合同中，买方交付价款的义务，卖方交付标的物的义务，都是买卖合同中的主给付义务。主给付义务确定后，附随义务才能随之而存在。附随义务指合同当事人依据诚实信用原则所产生的，根据合同的性质、目的和交易习惯所应当承担的通知、协助、保密等义务。由于此种义务是附随于主给付义务的，因此，称为附随义务。相对于主给付义务而言，附随义务只是附随的，但这并不意味着附随义务是不重要的。相反，在很多情况下，违反附随义务将会给另一方造成重大损害，甚至构成根本违约。例如，不告知产品的使用方法，使买受人蒙受重大损害。附随义务具有以下特点：附随义务不是由当事人在合同中明确约定的义务，而是依据诚实信用原则产生的，或者说，是诚信原则的具体体现。

（5）私法上的义务和公法上的义务。民事义务，一般都是私法上的义务，极少存在着公法上的义务。但随着现代国家对民事权利干预的加强，民法上也出现了一些公法上的义务，如不得侵害公共利益的义务就属于公法上的义务。这些义务不仅仅是对他人所负有的义务，也是民事主体对于国家所负有的义务。另外，我国有关的民事特别法中也包含了一些对民事权利进行限制的强行性的规范，这种义务虽然是民事义务，但具有公法义务的性质。当然，民事主体行使其权利的过程中，只受法律规定的限制。对民事权利进行限制，仅以为维护宪法基本制度、社会公共利益和社会公共道德、维护社会成员的生命健康和其他重要权益等为限，对于民事权利的限制应当具有合法性和正当性。

4. 民事义务的发展

在现代民法中，民事义务出现了新的发展趋势。它主要表现为以下三个方面：

（1）合同法中义务的来源多样化。合同义务主要是合同当事人约定的义务，现代合同法发展的一个重要趋势是合同义务来源的多样化。合同义务来源的多样化，导致违约行为概念的改变。按照传统的观点，合同是当事人意思表示一致的产物。合同义务是由当事人所设立的，仅仅只是当事人约定的义务才能称为合同义务，违反约定的义务才能称为违约。然而，这一观点因义务来源的多样化而改变，也就是说，违反法定的合同义务以及基于诚信原则产生的附随义务也可以构成违约。义务来源多样化表现在法律规定的义务也可以成为合同的内容。从性质上看，合同法主要是任意性规范，合同本质上就是当事人通过自由协商，决定其相互间权利义务关系，并根据其意志调整他们相互间的关系。只要当事人协商的条款不违背法律的禁止性规定、社会公共利益和公共道德，法律即承认其效力。只有在当事人没有约定或约定不明确的情况下，才适用法律的规定。但除法律的任意性规定以外，也有一些法律及法规规定了合同当事人必须遵守的强行性义务，从而形成了合同法中的法定义务。此外，我国《合同法》中还规定了附随义务。附随义务不仅仅是表现在合同的履行过程中，而且在合同成立以前以及合同终止以后，都会产生附随义务。附随义务的产生实际上是在合同法领域中进一步强化了商业道德，并使这种道德以法定的合同义务的形式表现出来。这对于维护合同的实质正义起到了十分有益的作用。

（2）侵权法中安全注意义务的发展。在现代社会，各种新型权利与利益不断产生，传统大陆法系中侵权行为法的保护范围因“违法性”概念的存在而受到限制，由此发展出各类安全注意义务以扩张侵权法的保护范围。在现代侵权法中，行为人除了负有一般的不得侵害他人财产和人身的义务之外，还存在着一种作为的义务，即行为人应当尽到对特定受害人的安全保护义务。违反保护他人的义务是指行为人违反了在先行为所产生的保护义务、经营者违反了特定的经营场所对特定的顾客所负有的安全保护义务。

一般认为，安全注意义务的概念起源于德国法。安全注意义务概念的产生极大地丰富了侵权行为的形态，同时也使侵权行为所违反的法定义务的内涵发生变化。因为侵权行为不仅包括行为人违反了侵权行为法所设定的任何人不得侵害他人财产和人身的普遍性的义务，违反了侵权法和侵权法之外的其他法律、法规所设定的作为或不作为的强行性义务，还包括行为人违反了因其在先行为所产生的，以及依法律的特别规定而产生的对特定的受害人的安全保护义务。违反这种义务而使受害人因他人的行为遭受损害的，违反义务的人也应当承担责任。由于在违反保护义务的责任中，违反保护义务的人并没有直接针对受害人实施某种侵害行为，所以此种责任也可以视为为自己行为负责的例外。

（3）物权法中公法义务的扩张。在物权法领域，19 世纪的民法受个人主义思潮的影响，过度强调对于私人财产所有权的保护，私人的所有权甚至成为绝对所有权。但自从进入 20 世纪以来，对所有权所采取的公法的限制有了重大的发展。许多国家通过制定公法规范，对财产所有权进行限制。例如，有关的环境法、公害防治法、规划法对私有物业和财产的限制。公法的义务进入私人义务之中，从而产生了财产法上的公法义务。对所有权的公法限制常常被西方学者称为“所有权的社会化”，“变主观的所有权为社会的功能”。此种变化表明所有权已不再是罗马法中所称的绝对的不受限制的所有权，而是受限制的、相对的所有权。

需要指出的是，国家对民事权利进行限制和干预，是为了进一步协调个人利益和社会利益以及国家利益之间的冲突和矛盾。也就是说，作出这种限制的原因，很大程度上是因为权利过于绝对化而产生了弊端。但在我国是否应当采纳对这些义务的限制是值得研究的。我国历来不重视对权利的保护。我国历史上长期受封建专制统治，过去实行高度集中的经济体制，没有给予权利应有的地位，往往注重个人对社会的义务，而对个人的权利尊重不够。在此情况下，应当更多地弘扬权利，而非过多地强调义务。在我国民法中，有关义务的确定应当注意如下几个问题：第一，应当坚持权利本位的观念来确定义务。有些学者认为，因为法律现在已经发展为社会本位，所以可以对主体施加更多的义务，这是不妥当的。社会本位并非对权利本位的否定，而只是对权利本位的部分修正。尤其是在我们这个历来缺乏权利意识的国家，注重权利本位、减少义务对权利的不必要的限制，对于发展市场经济、建立民主政治具有重要意义。第二，应当从私法自治出发，更多地由当事人自己确定义务，而减少公法对权利的限制。义务的设定实际上是对民事主体的权益的一种限制，为了充分保护当事人的利益，对于民事义务的设定主要应当依据当事人的意愿来进行。如果通过公法的规定给民事主体设定一定的义务，必须要有十分充足的理由，并且必须要遵守严格的程序。通常，公法对民事义务的设定必须是为了维护国家利益和社会公共利益，不得从商业利益的角度考虑为民事主体设定义务。第三，应当考虑利益关系对义务的影响。由于民事关系主要是一种交易关系，应当遵循价值规律，因此，在设定义务时，需要充分考虑到当事人从特定的法律关系中所获取的利益，从而确定义务的有无和义务的范围等。第四，西方国家民法中的许多义务常常是法官通过判例创设的，在此过程中，法官享有了很大的自由裁量权。在我国，由于法官的整体素质有待提高，不能给予法官过大的权力来增设当事人的义务，否则会妨碍人们的行为自由。但是，在法治水平较高、民事权利保障较充足的时候，则可以考虑对民事权利设置更多的义务。

（三）案例 10 分析

民事义务是以利他性为目的的权利保障手段。在民事主体没有约定义务或法律有强行性规定的情形下，当事人应当承担法定义务。相邻关系中义务人的通行容忍义务属于法定义务。法定义务体现了国家干涉主义色彩，当事人应当履行法定义务。民事义务具有法律拘束性，违反义务会产生法律责任。

在本案中，甲、乙兄弟比邻而居，属于相邻关系。甲、乙同处一个院落，甲只能经过乙家出口通行，乙负有容忍义务。这种义务的内容直接由法律规定，性质上属于法定义务，当事人应当积极履行。乙砌墙禁止甲通行的行为违反了法定义务，会受到民事义务拘束性效力的限制。因此，乙负有容忍甲自西面房出口通行的民事义务。

二、民事责任

(一) 案例 11 简介

甲为乙之好友，乙在动脑瘤手术后回到单位。甲不知乙动过手术，因较长时间未见乙而向乙表示亲热，其亲热的表示方式为在他人的脑袋上拍三下。结果甲重重地拍了乙三下，导致乙病情恶化住院治疗，花去医疗费 1 万元。乙诉至法庭，要求甲赔偿损失 1 万元。[①] 后在法官主持调解下，甲向乙表示道歉，乙未再追究甲其他法律责任。

问：该案中甲是否应当承担民事责任？为什么？

(二) 相关知识点

1. 民事责任的概念

民事责任作为保障民事主体权利的法律手段，“乃是现代民法之生命力所在”。关于民事责任的概念，通常参考法理学上法律责任概念。关于法律责任概念，法学界主要有三种观点，即义务说、制裁说和后果说。义务说认为，法律责任是违反约定或法定第一性义务而派生出来的第二性义务。[②] 制裁说认为，法律责任是与法律义务相关联的概念，一个人在法律上要对一定行为负责，或者他为此承担法律责任，意思就是他做相反行为时，他应受制裁。[③] 或者说，依其内容而言，法律责任意味着最终要实施法律制裁（法律规定或合同约定的制裁）。[④] 后果说认为，法律责任指有违法行为或违约行为，也即未履行合同义务或法定义务，或仅因法律规定，而应承受的某种不利的法律后果。[⑤] 法律后果说为民法界通说。本书采后果说。民事责任指民事主体违反约定义务或法定义务而依法应承担的不利法律后果。

2. 民事责任的特征

（1）民事责任以违反民事义务为前提。民事责任是违反民事义务的法律后果，而并非民事义务本身。因此，民事责任应当以民事义务为前提，即先有民事义务，而后才可能产生民事责任。没有民事义务，就不会产生民事责任；有民事义务而未违反，民事主体也不会承担民事责任。[⑥]

关于民事责任与民事义务的关系，不同历史时期和不同法系观点不一。罗马法未作义务和责任的区别，也未作债务和责任的区别。“债权、债务、债之关系，夫此三种不同之名词，拉丁文均作‘obligatio’罗马法上无单独之文字也。”[⑦] 英美法系认为，责任是债务不履行的当然结果，民事义务与民事责任合二为一，属于同一法律关系而

---

① 李仁玉，陈敦. 民法教学案例. 法律出版社，2004：300.

② 张文显. 法的一般理论. 辽宁大学出版社，1988：222.

③ 〔奥〕凯尔森. 法与国家的一般理论. 沈宗灵译. 中国大百科全书出版社，1996：73.

④ 〔苏〕巴格里—沙赫马托夫. 刑事责任与刑罚（中译本）. 韦政强等译. 法律出版社，1984：3.

⑤ 沈宗灵. 法理学. 高等教育出版社，1994：404.

⑥ 李建华等. 民法总论. 科学出版社，2007：205.

⑦ 陈朝璧. 罗马法原理（上册）. 商务印书馆，1944：123.

无须区分。[①] 日耳曼法首次将民事义务与民事责任区分开来。日耳曼法认为，民事义务属于“当为”范畴，不含有法律的强制性；民事责任属于“必为”范畴，具有了强制性拘束力。[②] 后来，大陆法系继受了该观念，《法国民法典》与《德国民法典》中首次出现了民事义务与民事责任的概念。我国民法沿承大陆法系及前苏联的民法思想，严格区分了民事义务与民事责任的概念。[③] 例如，我国《民法通则》第六章专门规定了民事责任制度。

（2）民事责任具有双重责任性质。民事责任双重性质指民事责任既是对国家的一种责任，也是对权利人的一种补偿责任。民事责任是运用国家强制力保障当事人利益的权利救济机制。如果民事主体不履行义务，在权利人请求公力救济的情形下，国家就会干涉当事人之间的民事关系，追究当事人的违法行为。因此，民事主体承担民事责任是对国家所承担的责任。

法律责任的功能体现为预防、惩罚和补偿三个方面。一般而言，一种法律责任往往具有多种功能，但每种法律责任的主要功能会有所侧重。例如，刑事责任、行政责任侧重于惩罚功能，通过处罚不法行为人的人身或财产来达到稳定社会秩序的目的。尽管刑事责任与行政责任中受害人也能获得心理补偿，但这仅属于刑事责任与行政责任的附随效应而非主要目的。民事责任则侧重于补偿功能。从民事责任的补偿功能看，其发生作用主要是为了救济受害人而不是惩罚加害人，即民事责任是为了补偿受害人的全部损失，重新平衡当事人之间的利益关系。因此，与行政责任、刑事责任相比，民事责任主要是对当事人的一种补偿责任。

当然，民事责任侧重于补偿功能并不意味着完全否定惩罚功能。例如，我国《消费者权益保护法》第四十九条规定，经营者提供商品或者服务有欺诈行为的，应当按照消费者的要求增加赔偿其受到的损失，增加赔偿的金额为消费者购买商品的价款或者接受服务的费用的一倍。该条规定就属于惩罚性责任。同时，现代民法中民事责任的预防功能也在增强。例如，我国《民法通则》第一百三十四条规定的消除危险即属于预防性责任。

（3）民事责任具有强制性和一定程度的任意性。民事责任作为一种法律责任，自然具有法律责任强制性的特征。法律责任作为当事人权利的保障手段和法律措施，体现为公权力对责任人财产或人身自由的限制或剥夺。因此，法律责任作为一种不利的法律后果，为了保障其实施，责任的承担必须依赖公权力的强制性。同样，民事责任作为民事权利的救济手段，也只有依赖于其强制性方可完成维护权利人利益的使命。民事责任的强制性表现在：如果责任人拒绝履行民事义务时，法院可以根据权利人的请求强制责任人承担民事责任。同时，为了保障民事主体利益的公平，法律规定可以撤销或变更当事人之间不合乎法律规定的民事责任约定。例如，我国《合同法》第一百一十四条第二款规定，约定的违约金低于造成的损失的，当事人可以请求人民法院

① 魏振瀛主编. 民法学(第三版). 北京大学出版社，2007：46.

② 梁慧星主编. 民法总论. 法律出版社，1996：76.

③ 杨立新主编. 民法总论. 高等教育出版社，2007：241.

或者仲裁机构予以增加；约定的违约金过分高于造成的损失的，当事人可以请求人民法院或者仲裁机构予以适当减少。该款规定即体现了民事责任的强制性。

当然，民事责任不同于行政责任、刑事责任等其他法律责任，民事责任还具有任意性特点。民事责任的任意性指在法律允许的范围内当事人可以任意处理民事责任。也就是说，在法律规定的范围内，权利人可以放弃追究责任人的民事责任，权利人也可以与责任人协商确定民事责任承担方式与数额，而且当事人还可以事先约定特定的民事责任等。例如，我国《合同法》第一百一十四条第一款规定，当事人可以约定一方违约时应当根据违约情况向对方支付一定数额的违约金，也可以约定因违约产生的损失赔偿额的计算方法。该款规定即属于事先约定的民事责任。

(4) 民事责任主要是财产责任。就民事责任承担方式而言，民事责任体现为财产责任。从民法学发展史看，民事责任经历了从人身责任向财产责任的发展过程。现代民法中的民事责任主要是财产责任并严厉禁止限制或剥夺责任人的人身自由。这体现了法律文明的进步。另外，从民事法律关系的内容看，民事权利与民事义务往往体现为一定的经济利益，民事主体违反民事义务的行为，往往造成民事主体财产损失，为了救济受到损害的民事权利，在大多数情况下需要由加害人对受害人予以赔偿。因此，民事责任主要是财产责任。[①] 例如，我国《合同法》第一百零七条规定的继续履行、采取补救措施、赔偿损失等责任方式，都属于财产责任范畴。但民事责任也不限于财产责任，例如，我国《民法通则》第一百三十四条第一款规定的恢复名誉、赔礼道歉、消除影响等责任方式就属于非财产责任范畴。

3. 民事责任的分类

民事责任可从不同角度分类。不同类型的民事责任，民事责任的构成要件和适用范围亦不同，其适用规则和方法也有差异。因此，掌握民事责任的不同分类，有利于正确地运用民事责任制度化解民事纠纷。[②] 常见的民事责任分类有以下四种：

(1) 财产责任和非财产责任。以民事责任是否含有财产性内容为标准，民事责任可分为财产责任与非财产责任。财产责任指以一定的财产为内容的民事责任。如返还财产、赔偿损失、支付违约金。财产责任是对财产利益损失的救济，即在财产责任中，责任人承担财产上的不利后果，使受害人得到财产上的补偿。非财产责任指不具有财产内容的民事责任。如消除影响、恢复名誉。非财产责任是对精神利益损失的救济，即在非财产责任中，责任人承担责任是为防止或消除损害后果，使受损害的非财产权利得到恢复。

财产责任和非财产责任的区别：二者适用领域不同。财产责任既可适用于侵害财产权领域，也可适用于侵害人身权领域；非财产权责任仅适用于侵害人身权领域。

(2) 违约责任、侵权责任和其他民事责任。以民事责任发生原因的不同为标准，民事责任可分为违约责任、侵权责任和其他民事责任。违约责任指民事主体因违反合同约定的义务或合同法规定的义务而应当承担的民事责任。违约责任违反的民事义务

---

① 李建华等. 民法总论. 科学出版社，2007：206.

② 魏振瀛主编. 民法学(第三版). 北京大学出版社，2007：47.

主要包括意定义务和法定义务两种。侵权责任指民事主体因实施侵权行为而依法应当承担的民事责任。侵权责任适用于侵害他人人身权与财产权情形。违约责任与侵权责任属于民法领域最为广泛的两类责任。有学者认为，从发生原因看，只包括这两类民事责任。[①] 但通说认为，民事责任还包括其他民事责任。其他责任指违约责任与侵权责任之外的其他民事责任，例如因不当得利、无因管理产生的责任，以及缔约过失责任和因违反后合同义务产生的责任等。[②]

违约责任、侵权责任和其他民事责任的区别：第一，构成要件不同。违约责任主要适用无过错责任。侵权责任则以过错责任归责为主，但也存在大量无过错责任适用情形，还存在公平责任适用情形。其他责任主要适用过错责任原则。第二，违反义务的性质不同。违约责任主要违反约定义务。侵权责任与其他责任属于因违反法定义务产生的民事责任。第三，侵害对象不同。违约责任主要侵害相对权即合同债权，侵权责任与其他责任主要侵害绝对权。第四，侵害后果不同。违约责任仅限于财产损失赔偿。侵权责任与其他责任既包括财产责任又包括非财产责任。[③]

（3）过错责任、无过错责任和公平责任。以民事责任归责原则的不同为标准，民事责任可分为过错责任、无过错责任与公平责任。过错责任指实行过错责任原则的民事责任。过错责任严格考察民事主体的主观过错要件，即行为人只对因自己的行为造成的他人损害承担法律责任。例如，我国《侵权责任法》第六条第一款规定，行为人因过错侵害他人民事权益，应当承担侵权责任。我国《合同法》第三百零三条第一款规定，在运输过程中旅客自带物品毁损、灭失，承运人有过错的，应当承担损害赔偿责任。这里规定的侵权责任、承运人责任都属于过错责任。无过错责任指实行无过错责任原则的民事责任。无过错责任中，只要行为人因自己的行为给他人造成了损害，不管其主观上是否有过错，都应当承担法律责任，只有在行为人有法律规定的免责事由情形下才可免除责任。例如，我国《合同法》第一百零七条规定，当事人一方不履行合同义务或者履行合同义务不符合约定的，应当承担继续履行、采取补救措施或者赔偿损失等违约责任。该条并未规定过错要件，因此，一般而言我国违约责任采取无过错责任的归责原则。再如，我国《民法通则》第一百零六条第三款规定，没有过错，但法律规定应当承担民事责任的，应当承担责任。这里规定的责任也是无过错责任。公平责任指当事人均无过错，但如果一方当事人承担损失则显失公平的情况下，由当事人分担损失的责任。[④] 公平责任旨在实现损害的合理分担和风险的妥善分配，合理调整当事人之间失衡的利益。例如，我国《民法通则》第一百三十二条规定，当事人对造成损害都没有过错，可以根据实际情况，由当事人分担民事责任。这里规定的责任即属于公平责任。但是，公平责任会赋予法官以极大的自由裁量权，所以一定要严格限定其适用范围。

过错责任、无过错责任和公平责任的区别：第一，构成要件不同。过错责任构成

① 李锡鹤. 民法原理论稿. 法律出版社，2009：678.

② 魏振瀛主编. 民法学（第三版）. 北京大学出版社，2009：48.

③ 王利明，杨立新，王轶，程啸. 民法学（第二版）. 法律出版社，2008：166.

④ 李秀平. 民法学简明教程. 中国法制出版社，2008：48.

要件中必须具备过错要件。无过错责任构成要件中则不考虑存在主观过错与否。公平责任则要求当事人均无过错。第二，目的不同。过错责任体现了自己责任原理，强调民事主体为自己的过错负责。过错责任属于归责原则的主要形式。无过错责任设置的目的在于加重行为人的责任。公平责任属于一种损失分摊制度，目的在于稳定社会秩序。

（4）单独责任与共同责任。以民事主体人数的不同为标准，民事责任可分为单独责任与共同责任。单独责任指责任主体为一个人的民事责任。共同责任指责任主体为二人以上的民事责任。共同责任为多数人责任。根据责任人之间在承担责任上的关系，共同责任可分为按份责任与连带责任。按份责任指各责任人按照各自份额承担责任。份额可以是法定的，也可以是约定的。如果法律没有规定或者当事人没有明确约定份额时，应当推定责任人承担等额责任。某个债务人清偿债务超过自己应分担的份额的，有权向其他债务人追偿。连带责任指各责任人不分份额地承担责任。连带责任中权利人有权要求责任人中的任何一个人承担全部的或者部分的责任，责任人也有义务承担部分的或者全部的责任。例如，我国《民法通则》第八十七条规定，负有连带义务的每个债务人，都负有清偿全部债务的义务，履行了义务的人，有权要求其他负有连带义务的人偿付他应当承担的份额。根据该条规定，每个连带责任人都负有清偿全部债务的义务。连带责任通常产生于连带债务和共同侵权行为领域。不真正连带责任指基于同一损害事实产生数个损害赔偿责任的请求权，而数个请求权在客观上具有同一目的，权利人只能选择其中一个请求权行使，之后，其他的请求权归于消灭的民事责任。① 例如，甲在保管期间将他人保管物借给乙使用，乙使用时故意摔毁。这时甲的违约责任与乙的侵权责任即构成不真正连带责任。再如，我国《侵权责任法》第四十三条规定，因产品存在缺陷造成损害的，被侵权人可以向产品的生产者请求赔偿，也可以向产品的销售者请求赔偿。产品缺陷由生产者造成的，销售者赔偿后，有权向生产者追偿。因销售者的过错使产品存在缺陷的，生产者赔偿后，有权向销售者追偿。这里规定的产品侵权责任也属于典型的不真正连带责任。

（5）双方责任和单方责任。以民事主体责任承担者为一方当事人还是双方当事人为标准，民事责任可分为双方责任和单方责任。双方责任指民事主体双方当事人均应对损害的发生承担民事责任。至于双方责任中责任人的份额承担问题，在所不论。例如，我国《民法通则》第一百一十三条规定，当事人双方都违反合同的，应当分别承担各自应负的民事责任。这里规定的就是双方责任。单方责任，是指民事主体一方当事人向对方承担的民事责任。

双方责任与单方责任的区别：双方责任往往与混合过错联系在一起，可以适用过失相抵原则。单方责任则不适用过失相抵原则。②

（6）有限责任和无限责任。以民事主体承担责任是否有财产限制为标准，民事责任可分为有限责任和无限责任。有限责任指民事主体仅以其部分财产为限承担民事责

① 杨立新. 民法总论. 高等教育出版社，2007：248.

② 李秀平. 民法学简明教程. 中国法制出版社，2008：48.

任。例如，抵押人仅以抵押财产对外承担担保责任，有限责任公司的股东仅以其出资为限对公司债务承担责任。无限责任指民事主体以其全部财产承担民事责任。例如，合伙人对合伙债务对外承担无限责任。

无限责任与有限责任的区别：有限责任仅以部分财产对外承担民事责任，责任程度轻；无限责任须以全部财产对外承担民事责任，责任程度重。另外，民法将无限责任规定为一般原则，有限责任规定为例外情形。

4. 民事责任的形式

传统的民事责任形式主要局限于损害赔偿，因此无论是违约损害赔偿还是侵权损害赔偿都统一在债法中作出规定，但现代民法中的责任形式出现了多样化的特点，即不仅包括损害赔偿，还包括其他的责任形式。民事责任的多样化适应了对受害人的合法权益提供更充分的救济和保障的要求。

（1）停止侵害。行为人实施侵害他人财产和人身的行为仍在继续进行中，受害人可依法请求法院责令侵害人停止其侵害行为。任何正在实施侵权行为的不法行为人都应立即停止其侵害行为，所以，停止侵害的责任形式可适用于各种侵权行为。此种责任形式的主要作用在于：能够及时制止侵害行为，防止侵害后果扩大。但这种责任形式以侵权行为正在进行或仍在延续中为适用条件，对尚未发生的或业已终止的侵权行为则不能适用。责令停止侵害，实际上是要求侵害人不实施某种侵害行为，即不作为。

（2）排除妨碍。不法行为人实施的侵害行为使受害人无法行使或不能正常行使自己的财产权利、人身权利，受害人有权请求排除妨碍。例如，在通道上施工、设置障碍影响路人通行的，应将障碍除去；在他人窗前堆放物品，妨碍他人通风采光的，应将物品搬走。若不法行为人自己不排除妨碍，受害人可请求人民法院责令不法行为人排除妨碍。

（3）消除危险。行为人的行为对他人人身或财产安全造成威胁，或存在着侵害他人人身或财产的可能，他人有权要求行为人采取有效措施消除危险。例如，房屋的所有人或管理人不修缮房屋，致使房屋处于随时倒塌、危及他人人身或财产安全的状态时，其应负消除危险的民事责任。适用消除危险的责任形式必须是损害尚未实际发生，也没有妨碍他人的民事权利的行使，但行为人的行为又确有可能造成损害的后果，对他人造成威胁。适用此种责任方式，能有效地防止损害的发生，充分保护民事主体的民事权利。

（4）返还财产。我国《民法通则》第一百三十四条所规定的返还财产形式，是一种普遍适用于侵权责任、合同责任和返还不当得利责任的责任方式。因此，返还财产包括两种情况：一是返还不当得利。我国《民法通则》第九十二条规定，没有合法根据，取得不当利益，造成他人损失的，应当将取得的不当利益返还受损失的人。若不当得利人不予返还，受损失方可请求人民法院责令其返还。我国《民法通则》第六十一条规定，民事行为被确认为无效或者被撤销后，当事人因该行为取得的财产，应当返还给受损失的一方。这里所谓的“返还财产”既可能是不当得利返还，也可能是基于物权请求权的返还原物。二是指不法侵占他人财产，应当返还原物。我国《民法通则》第一百一十七条规定，侵占国家的、集体的财产或者他人财产的，应当返还财产。作为侵权责任形式的返还财产指返还原物，因返还原物提起的诉讼称为返还之诉。在各种返还财产的请求中，返还财产责任都是因不法行为人非法占有财产而产生的。有权请求返还原物的人，一般是财产的所有人、合法占有人和使用人。权利人只能针对非法占有人提出返还原物，而不能要求合法占有人返还原物。否则，合法占有人可依据其合法占有权，拒绝所有人的请求。所有人提出返还时可以向占有人提出，而不必证明占有人是否构成非法占有，但合法占有人可提出抗辩。权利人请求返还原物，必须是原物依然存在。如果原物已经灭失，返还原物在客观上已经不可能，所有人只能要求赔偿损失，而不能要求返还原物。如果原物虽然存在，但已经遭受毁损，则原物所有人可以根据其利益，请求返还原物或提出恢复原状等请求。

(5) 恢复原状。恢复原状有广义和狭义之分。广义的恢复原状是指恢复到权利被侵犯前的原有的状态。例如，通过返还财产使财产关系恢复到合同订立以前的状态，通过恢复名誉使受侵害的名誉权得到恢复。狭义的恢复原状是指将损害的财产修复，即所有人的财产在被他人非法侵害遭到损坏时，如果能够修理，则所有人有权要求加害人通过修理，恢复财产原有的状态。如甲将乙的电视机非法损坏，乙可请求甲修复，其费用由甲承担。在侵权责任中适用的恢复原状，主要是指狭义上的恢复原状。适用此种责任形式，应当具备几个条件：第一，须有修复的可能。恢复原状可以通过多种方式实现，但无论通过何种形式，恢复原状不仅要在实际上可能，而且要在经济上合理，否则，就不应该采取这种方式。第二，须有修复的必要。如果财产被破坏得已无法修复，或者虽可修复，但所有人已不需要，则不能适用恢复原状的民事责任，而应当折价赔偿。在恢复原状时，应由加害人以自己的费用进行修理，受害人进行监督。

恢复原状主要是针对物遭受损害情况而适用的，并非针对给付行为，也非针对人格利益遭受损害的情形而适用。人格利益遭受损害可以通过恢复名誉、赔礼道歉等方式实现，但它们不同于恢复原状。恢复原状在不同的场合有不同的内涵。在合同法上，恢复原状主要适用于在合同无效或被撤销场合，当事人可以请求恢复原状，通过恢复原状使当事人达到如同合同没有订立时的情形。在物权法上，恢复原状是一种物权请求权，通过此种请求权的行使，可以使权利人恢复对物的原有的支配状态。恢复原状在侵权法上也可以适用，在行为人侵害受害人的财产后，通过修理、重作、更换等恢复原状。当然，如果采取修理等方式仍不足以保护受害人的利益，则受害人仍可以要求赔偿损失。①

(6) 赔偿损失。“损失”不同于“损害”，损失仅指财产的损失，而损害除包括损失外，还包括人身伤害和精神损害，所以严格来说，以“赔偿损害”来指称更为周延。但考虑到惯常用法，此处仍沿用“赔偿损失”的提法，实指赔偿损害之意。赔偿损失是指行为人因违反合同或侵权行为而给他人造成损害，应以其财产赔偿受害人所受的损害的一种责任形式。赔偿损失是适用得最广泛的一种责任形式，既可以适用于违约责任，也可以适用于侵权责任。在适用于侵权责任时，赔偿损失包括三方面的内容：一是所有人的财产遭受他人的不法侵害，致使财产损坏不能修复，或者原物已经灭失，不能返还的，所有人可以请求不法行为人赔偿因财产遭受损害而造成的损失。二是不法

① 杨立新.民法总论.高等教育出版社，2007：248.

行为人侵害他人的知识产权，造成他人的财产损失的，应赔偿受害人所受的损失。三是不法行为人侵害他人的人身权，造成他人的财产损失、人身伤害和精神损害的，应赔偿受害人所受的损害。损害赔偿是侵权责任中最基本的责任形式，也是因侵权行为而产生的债的关系。法律允许受害人作为请求权人向加害人（债务人）提出赔偿请求，对于有效地保护受害人的利益、维护社会秩序、消除违法行为的后果具有极为重要的意义。

（7）消除影响、恢复名誉。消除影响，是指行为人因其侵害了公民或法人的人格权应承担在影响所及的范围内消除不良后果的一种责任形式；恢复名誉，是指行为人因其行为侵害了公民或法人的名誉应在影响所及的范围内将受害人的名誉恢复至未受侵害时的状态的一种责任形式。消除影响、恢复名誉是侵害公民、法人的人身权所承担的责任形式。一般来说，在什么范围内造成损害的，就应当在什么范围内消除影响。在适用消除影响、恢复名誉的责任方式时，应明确消除影响、恢复名誉的范围（如在某地区、某学校等消除影响）、方式（采取口头或书面以及其他形式）。

（8）赔礼道歉。赔礼道歉是指责令违法行为人向受害人公开认错、表示歉意，主要适用于侵害人身权的情况。赔礼道歉既可由加害人向受害人口头表示承认错误，也可以由加害人以写道歉书的书面形式进行。当事人在诉讼中以赔礼道歉的方式承担了民事责任的，应当在判决书中叙明。赔礼道歉作为一种承担民事责任的方式，与一般道义上的赔礼道歉不同，它是依靠国家的强制力保障实施的。单纯的赔礼道歉虽不会给侵害人的财产带来什么影响，但反映了国家、社会对该人的不法行为的强烈谴责，这种责任方式的适用，可以缓和矛盾、促进当事人之间的和睦团结。

（三）案例 11 分析

民事责任是民事主体权利的保障措施。对于责任人而言，民事责任是一种财产或人身方面的不利后果。民事责任具有强制性，如果当事人不承担该不利后果，公力机关可以强制当事人承担民事责任。当然，民事责任具有任意性，在法律允许的范围内权利人可以任意处分私权。

本案中，甲虽不知情乙动手术之事，将乙打伤，但已侵害了乙的人身权，应当承担民事责任。因甲的侵权行为导致乙花费治疗费用 1 万元，乙有权要求甲赔偿财产损失，否则，乙可以请求法院强制甲承担民事责任，这体现了民事责任的强制性特征。后在法官的调解下，乙接受了甲的赔礼道歉，放弃了财产赔偿，符合民事责任的任意性规定。因此，该案中甲应当承担民事责任。

【案例思考】

1. 甲在酒店就餐，邻座乙、丙因喝酒发生争吵，继而动手打斗，酒店保安见状未出面制止。乙拿起酒瓶向丙砸去，丙躲闪，结果甲头部被砸伤。

问题：该案中酒店是否应当负民事责任？为什么？

2. 甲有一只烈犬。一日，甲给烈犬戴上犬链，准备带出去散步。此时，恰逢邻居乙站在门口。这时路过一个小男孩丙，丙朝烈犬扔了一个小石头。烈犬受到惊扰，竟朝乙扑来。乙在躲闪时摔倒在沟里，受伤住院并花去医疗费用 2 万元。

问题：该案应该适用什么民事责任归责原则处理？为什么？

CHAPTER 3 第三章 自然人

第一节 自然人概述

一、自然人与公民

（一）案例 12 简介

2012 年 8 月 1 日，中国公民张小虎与美籍华人李文文登记结婚，婚后两人定居韩国。最近几天李文文感觉身体不舒服去医院检查，负责为李文文检查的主治医生是具有韩国国籍的金泽西，经查李文文已怀孕，胎儿现已经 3 个月。

问题：本案中自然人都有谁?

（二）相关知识点

1. 自然人的含义

在民法上，“人”包括自然人、法人以及其他非法人组织。“自然人”的概念最早引入民法规定中是 1900 年的《德国民法典》。在 1922 年的苏俄民法典首次使用“公民”的概念后，各国民法中有的使用“公民”的概念，有的继续沿用“自然人”的概念。自然人，是指“依自然规律产生，具有五官百骸，区别于其他动物的人。自然人既是一个法律概念，又是一个生物学意义的概念”[①]。所谓自然人是指基于自然规律出生而享有法律人格的人，是相对于作为法律上的人格的法人的称谓。[②] 自然人包括本国公民、外国公民和无国籍人。自然人是相对于法人和其他非法人组织而言的，在法人

① 王利明. 民法总论. 中国人民大学出版社，2009：135.

② 魏振瀛主编. 民法（第四版）. 北京大学出版社、高等教育出版社，2010：51.

制度确立前，人仅仅指自然人，但在法人制度确立后，法律已赋予一定的社会组织以人格，在此情形下，民法上所称的人就包括自然人、法人以及其他非法人组织，亦即包括所有民事主体。

2. 公民的含义

公民是指具有某国国籍的自然人。因此，公民只是自然人中的一部分。我国《宪法》第二十三条第一款规定："凡具有中华人民共和国国籍的人都是中华人民共和国公民。"我国《民法通则》第二章标题为公民（自然人），没有对二者进行严格区分，将公民和自然人这两个概念等同。

3. 自然人与公民的区别

（1）使用领域不同。公民是指具有一国国籍的自然人，属于公法范畴。自然人是个私法概念，主要在私法领域使用。

（2）范围不同。公民仅指具有某一国家国籍的自然人，而自然人不仅包括本国公民，也包括外国公民和无国籍的人。可见，自然人的范围大于公民的范围。

鉴于以上区别，在民法上更适合用"自然人"的概念，原因如下：一是自然人既包括本国公民又包括外国公民和无国籍人，如果在民法中仅仅使用公民这一概念，外国公民或无国籍人将无法获得民法所赋予的民事主体资格，不利于保护他们的民事权利。二是采用"自然人"这一概念，进一步强调各个自然人之间，不受国籍限制，权利能力上一律平等，为权利能力的平等奠定了基础。[①] 我国《民法通则》之后颁布施行的例如《合同法》等私法范畴的法律法规不再使用"公民"，而直接使用"自然人"这一概念。

（三）案例 12 分析

自然人是指基于自然规律出生而享有法律人格的人，是相对于作为法律上的人格的法人的称谓。自然人既是一个法律概念，又是一个生物学意义的概念。自然人不仅包括本国公民，也包括外国公民和无国籍的人。

本案中，中国公民张小虎、美籍华人李文文以及具有韩国国籍的主治医生金泽西都是自然人。李文文所怀有 3 个月的胎儿因为尚未出生不属于自然人。

二、自然人的姓名、住所与身份证明

（一）案例 13 简介

陈某户籍所在地是北京。从 1983 年起，陈某与张某合伙在深圳开了一家饭店，住在深圳经营饭店成了他的主要工作。1990 年，陈某与张某因合伙发生纠纷。

问题：张某欲起诉陈某需到哪里的法院？

---

① 王利明. 民法总论. 中国人民大学出版社，2009：135.

（二）相关知识点

1. 自然人的姓名

姓名是姓氏和名字的结合，是自然人借以相互识别的文字符号标记。在法律上，姓名的意义主要体现在两个方面：其一，姓名是使自然人特定化的社会标志。自然人是独立的民事主体，得以自己的名义享受权利和承担义务，自然人在具体的民事法律关系中通过姓名相互标识和区别，彼此作为独立的人格而对待，特定的姓名，代表特定的民事主体，从而姓名成为民事主体资格的外在表现。其二，姓名是自然人维持其个性所必不可少的要素，其性质与生命、名誉、肖像、隐私等一样，是自然人作为人所必须具备的人格利益。①

2. 自然人的住所

所谓住所，一般是指“一个人生活关系之中心所处的地方或者其空间上之重点所处的地方”②。史尚宽先生认为，住所，谓人的全部生活之空间的中心点。③ 梁慧星先生认为，住所，指民事主体发生法律关系之中心地域。④ 也有学者认为，住所，是人的长期生活中心点。⑤ 换言之，住所是指自然人参与的各种法律关系集中发生的中心地域⑥，是自然人生活和活动的主要基地和中心场所。

我国《民法通则》第十五条规定：“公民以他的户籍所在地的居住地为住所，经常居住地与住所不一致的，经常居住地视为住所。”最高人民法院《关于贯彻执行〈中华人民共和国民法通则〉若干问题的意见（试行）》（以下简称《民通意见》）第九条规定：“公民离开住所地最后连续居住一年以上的地方，为经常居住地。但住医院治病的除外。公民由其户籍所在地迁出后到迁入另一地之前，无经常居住地的，仍以其原户籍所在地为住所。”

自然人的住所，在民法上具有重要意义，主要体现在以下几个方面：

（1）住所是确定民事主体状态及其管辖的地点。宣告失踪或者宣告死亡，以该公民离开住所地下落不明为前提。《民通意见》第二十六条规定：“下落不明是指公民离开最后居住地后没有音讯的状况。”同时该司法解释第二十八条第二款规定：“宣告失踪的案件，由被宣告失踪人住所地的基层人民法院管辖，住所在地与居住地不一致的，由最后居住地的基层人民法院管辖。”

（2）住所是确定婚姻登记管辖地点以及未成年人和精神病人的监护人的依据。例如《婚姻登记管理条例》第九条规定：“当事人结婚，必须双方亲自到一方户口所在地的婚姻登记机关申请结婚登记。”《民法通则》第十六条第四款规定：“没有第一款、第二款规定的监护人的，由未成年人的父、母的所在单位或者未成年人的住所地的居民

---

① 翟新辉主编. 民法学总论. 中国政法大学出版社，2010：44.

② ［德］梅迪库斯. 德国民法总论. 邵建东译. 法律出版社，2001：792.

③ 史尚宽. 民法总论. 中国政法大学出版社，2000：131.

④ 梁慧星. 民法总论. 法律出版社，2001：138.

⑤ ［德］卡尔·拉伦茨. 德国民法通论. 谢怀栻等译. 法律出版社，2002：161.

⑥ 王利明. 民法总论. 中国人民大学出版社，2009：156.

委员会、村民委员会或者民政部门担任监护人。”

（3）住所是确定诉讼案件管辖的依据。我国《民事诉讼法》第二十二条规定：“对公民提起的民事诉讼，由被告住所地人民法院管辖；被告住所地与经常居住地不一致的，由经常居住地人民法院管辖。”“同一个诉讼的几个被告住所地、经常居住地在两个以上人民法院辖区的，各该人民法院都有管辖权。”第二十四条规定：“因合同纠纷提起的诉讼，由被告住所地或者合同履行地人民法院管辖。”

（4）住所是确定涉外民事法律关系适用的准据法。例如最高人民法院《关于适用〈中华人民共和国民事诉讼法〉若干问题的意见》第十三条规定：“在国内结婚并定居国外的华侨，如定居国法院以离婚诉讼须由婚姻缔结地法院管辖为由不予受理，当事人向人民法院提出离婚诉讼的，由婚姻缔结地或一方在国内最后居住地人民法院管辖。”

3. 自然人的身份证明

自然人证明其个人身份的法定凭证是居民身份证。2004年1月1日起施行的《中华人民共和国居民身份证法》第三条规定：“居民身份证登记的项目包括：姓名、性别、民族、出生日期、常住户口所在地住址、公民身份号码、本人相片、证件的有效期和签发机关。”自2012年1月1日起施行的《全国人民代表大会常务委员会关于修改〈中华人民共和国居民身份证法〉的决定》将居民身份证登记的项目增加了指纹信息，使得居民身份证信息更加可靠。随着市场经济的发展和改革开放的不断深化，人口流动日渐频繁，原有的户籍制度已经不能适应需求，居民身份证简单明了、便于携带，是对户籍制度的有力补充。我国《居民身份证法》第二条规定：“居住在中华人民共和国境内的年满十六周岁的中国公民，应当依照本法的规定申请领取居民身份证；未满十六周岁的中国公民，可以依照本法的规定申请领取居民身份证。”

（三）案例13分析

公民以他的户籍所在地的居住地为住所，经常居住地与住所不一致的，经常居住地视为住所。对公民提起的民事诉讼，由被告住所地人民法院管辖；被告住所地与经常居住地不一致的，由经常居住地人民法院管辖。

本案中，陈某户籍所在地虽在北京，但他长年住在深圳，经营的饭店也在深圳，合伙纠纷的发生地当然也是深圳，其经常居住地为深圳，所以以深圳为陈某的住所，原告张某应该到深圳起诉陈某。

【案例思考】

1. 李庄村公民臧某将其户口从李庄村迁出，欲落户到王庄村，还没有办理落户手续，经朋友劝说，去济南打工。在济南打工9个月，因事故受伤，被送到北京大学附属医院治疗1年零6个月。

问题：臧某应当以何地为其住所地？

2. 甲户籍所在地是北京，2008年5月与同在北京大学攻读博士学位的A国女孩登记结婚，同年10月二人博士毕业去B国定居。2010年甲以双方感情不和为由起诉离婚。但是，B国法院以离婚诉讼必须由婚姻缔结地法院管辖为由不予受理。

问题：本案中的离婚诉讼可否由我国法院管辖？

第二节 自然人的民事权利能力

一、民事权利能力的含义

(一) 案例 14 简介

张富与妻子住在农村，生有两子张文和张光，大儿子张文已婚，住在城里。小儿子张光出家当了和尚。1998 年 2 月，恰逢农闲时节，张富与妻子乘车去城里大儿子家看望出生不久的孙子，不料在返乡途中，客车开下悬崖，张富与妻子及其他所有乘客全部丧生。经查张富与妻子生前有民房一套、存款 8 万元。

问题：本案中小儿子张光是否有继承权?

(二) 相关知识点

1. 民事权利能力的概念

民事权利能力，是指自然人依法享有民事权利和承担民事义务的资格。[①] 民事权利能力，是自然人参加民事法律关系，取得民事权利、承担民事义务的法律依据，也是自然人享有民事主体资格的标志。

“权利能力”一词源于 1896 年通过的《德国民法典》第一条规定：“人的权利能力始于出生。”然而，该法典未对“权利能力”一词明确定义，导致了学者对这一概念有不同的表述。卡尔·拉伦茨认为：“权利能力是指一个人作为法律关系主体的能力，也即作为权利享有者和义务承担者的能力。”[②] 梅迪库斯认为：“一般说来权利能力是指成为权利和义务载体的能力。”[③] 日本学者四宫和夫认为：“法律人格即权利能力。”[④] 1961 年公布的《苏联和各加盟共和国民生立法纲要》第八条规定：“凡是苏联公民，都平等地具有享受民事权利和承担民事义务的能力（民事权利能力）。”苏联学者根据此规定认为民事权利能力是享有民事权利承担民事义务的能力。我国学者对民事权利能力这一概念也有不同的表述。梁慧星认为，权利能力是据以充当民事主体、享受民事权利和承担民事义务的法律地位或者资格，其为人格的另一种表达。[⑤] 台湾地区学者梅仲协认为：“权利能力为人格之别称。”[⑥] 施启扬认为：“在法律上能够享受权利并负担义务的能力，称为权利能力”，“权利主体、权利能力或人格三者的含义相同”。[⑦]我国《民法

---

① 魏振瀛主编. 民法(第四版). 北京大学出版社、高等教育出版社，2010：51.

② [德]卡尔·拉伦茨. 德国民法总论. 王晓晔等译. 法律出版社，2003：119—120.

③ [德]迪特尔·梅迪库斯. 德国民法总论. 邵建东译. 法律出版社，2000：781.

④ [日]四宫和夫. 日本民法总则. 唐晖，钱孟珊译，台湾五南图书出版公司，1995：45.

⑤ 梁慧星. 民法总论. 法律出版社，1996：56.

⑥ 梅仲协. 民法要义. 中国政法大学出版社，1998：53.

⑦ 施启扬. 民法总则. 台湾大地印刷厂，1993：65.

通则》第九条规定："公民从出生时起到死亡时止，具有民事权利能力，依法享有民事权利，承担民事义务。"第十条规定："公民的民事权利能力一律平等。"我国《民法通则》规定的民事权利能力制度，沿用了《苏俄民法典》中的"民事权利能力"这一概念，以区别于法理学中的一般权利能力。民事权利能力的规范目的在于：一个人是否能够作为民事主体在民法上享有权利和承担义务。因此，权利能力是一个人能够取得权利和承担义务的前提与基础，但不是具体的权利或者义务。①

2. 民事权利能力的特征

（1）主体的平等性。我国《民法通则》第十条规定："公民的民事权利能力一律平等。"任何公民，无论年龄、性别、职业、地位等，都平等地享有民事权利能力。这是我国公民在法律上一律平等的反映，依照法律，不得对公民的民事权利能力加以限制或剥夺。

（2）民事权利与民事义务的统一性。自然人的民事权利能力，既包括自然人享受民事权利的资格，也包括其承担民事义务的资格。即他们既可以享受法律赋予的民事权利，同时，也必须承担法律所要求的义务。自然人所享有的民事权利和承担的民事义务是统一的，没有无义务的权利，也没有无权利的义务。

（3）民事权利能力范围、内容的法定性。自然人的民事权利能力的范围、内容是由法律预先规定的，与民事主体的个人意志无关，个人意志无权予以变更。

（4）民事权利能力的人身性。即自然人的民事权利能力具有与民事主体的人身不可分离和不可转让的属性。自然人的民事权利能力除依法律规定并经法定程序加以限制和剥夺外，任何人不得限制和剥夺。②

（三）案例 14 分析

自然人的民事权利能力是指自然人依法享有民事权利和承担民事义务的资格。公民从出生时起到死亡时止，具有民事权利能力，依法享有民事权利，承担民事义务。据此，自然人的民事权利能力终于死亡。死亡为自然人民事权利能力终止的唯一原因，并且自然人民事权利能力一律平等，不因其他方面的差异而有所不同。

本案中，张光虽然出家当了和尚，但其民事权利能力并不因其出家而与其他公民有所不同，更不会因其出家而终止，张光仍然可以依法享有各项民事权利。所以张光可以和张文享有同等的继承权，一同继承他们父母的遗产。

二、民事权利能力的开始

（一）案例 15 简介

2006 年 5 月 12 日，驾驶出租车的张三为抢客源，见附近没有交警，便闯红灯飞速行驶。到一个农贸市场时，因出租车速度行驶太快、没能及时刹住车，将已怀孕 6 个

① 李永军. 论权利能力的本质. 比较法研究，2005：2.
② 王利明. 民法总论. 中国人民大学出版社，2009：136.

月的王某撞倒在地。交警部门出具的事故责任认定书认为，该交通事故的发生由张三负全部责任，且张三无驾驶资格。经法医鉴定，王某构成十级伤残。王某分娩后，发现孩子（后取名李晓彤）残疾，经鉴定，李晓彤残疾是因王某受伤后服用的恢复药物（为治疗而必须服用）所致。于是，在检察机关对张三以交通肇事罪提起公诉的时候，王某也提起了附带民事诉讼，请求法院判决张三赔偿其医疗费、护理费、后续治疗费以及对胎儿所造成的伤害费等。

问题：根据我国法律，李晓彤是否享有损害赔偿请求权？

（二）相关知识点

1. 自然人民事权利能力的开始

各国民法典关于自然人的民事权利能力的开始立法例大致可分为两种：

（1）对自然人民事权利能力没有规定具体的开始时间。例如《法国民法典》第八条的规定，“一切法国人均享有民事权利”，对自然人民事权利能力没有规定具体的开始时间，根据其立法意图，在法国，司法实践中自然人的民事权利能力的开始时间也是出生时。

（2）对自然人民事权利能力的开始时间作出具体规定。对此又分两种情况：一种是自然人民事权利能力始于出生，包括我国《民法通则》在内的绝大多数国家和地区都是此种情形。例如《德国民法典》第一条规定：“人的权利能力始于出生。”第一千九百二十三条第二款规定：“在继承开始时尚未出生但是已经受孕者，视为在继承开始之前已出生。”《意大利民法典》第一条规定：“人的权利能力始于出生。”“法律承认的胎儿权利的取得，以出生为条件。”第七百八十四条规定：“同样可以对已经受孕的或者某一生存的、确定之人的、即使在作出赠与之时尚未受孕的子女进行赠与。”《日本民法典》第一条之三规定：“私权的享有，始于出生。”第八百八十六条规定：“（一）胎儿就继承视为已出生。（二）前款规定，不适用于胎儿以死体出生情形。”《俄罗斯联邦民法典》第十七条第二款规定：“公民的权利能力自其出生之时产生，因其死亡而终止。”《瑞士民法典》第三十一条规定：“权利能力自出生开始，死亡终止。”台湾地区“民法典”第六条规定：“人之权利能力，始于出生，终于死亡。”第七条规定：“胎儿以将来非死产者为限，关于其个人利益之保护，视为既已出生。”第二种是规定自然人民事权利能力始于受孕，出生后是活体的人的民事权利能力从受孕时开始。采取这种立法例的国家很少，只有《匈牙利民法典》规定：“人，如活着出生，其权利能力应从受孕时算起。出生前第 300 天作受孕时间，但是允许证明受孕时间早于或者迟于第 300 天，出生日包括在 300 天内。”该法典以受孕时作为人的民事权利能力开始时间，但以出生后是活体为前提。

我国《民法通则》第九条规定：“公民从出生时起到死亡时止，具有民事权利能力，依法享有民事权利，承担民事义务。”根据此条规定，自然人的民事权利能力始于出生，终于死亡。对于出生的认定，我国通说为“独立呼吸说”，该说认为应以胎儿能够独立呼吸之时为出生时间。在我国的司法实践中，自然人出生的时间主要是根据最高人民法院《关于贯彻执行〈中华人民共和国民法通则〉若干问题的意见（试行）》第一条的规定："公民的民事权利能力自出生时开始。出生的时间以户籍为准。没有户籍证明的，以医院出具的出生证明为准。没有医院证明的，参照其他有关证明认定。"

2. 关于胎儿利益的保护

纵观各国，对于胎儿利益的保护主要有三种立法模式：

（1）总括的保护主义。此种模式的立法观点是当涉及胎儿利益时，视为其已经出生具有民事权利能力，"母体中的胎儿像活人一样被看待，尽管在他出生以前这对他人毫无裨益"①。如《瑞士民法典》第三十一条规定："子女，只要其出生时尚生存，出生前即具有权利能力。"《匈牙利民法典》规定："人，如活着出生，其权利能力应从受孕时算起。出生前第300天作受孕时间，但是允许证明受孕时间早于或者迟于第300天，出生日包括在300天内。"我国台湾地区"民法典"第七条规定："胎儿以将来非死产者为限，关于其个人利益之保护，视为既已出生。"

（2）个别的保护主义。即胎儿原则上尚未出生也不具有民事权利能力，但对于一些特殊情形视为其具有民事权利能力。例如《法国民法典》第九百零六条第一项规定："为有受生前赠与能力，以于赠与时已受胎为已足。"第一千九百二十三条规定："在继承开始时尚未出生，但已怀孕的胎儿，视为在继承开始前出生。"《德国民法典》第一千九百二十三条第二项规定："在继承开始时尚未出生但是已经受孕者，视为在继承开始之前已出生。"第二千一百零八条第一项规定：第一千九百二十三条关于胎儿继承权的规定"对后位继承相应适用"；第二千一百七十八条规定："如果应得馈赠者在继承开始之时尚未受孕或者其身份要通过在继承开始之后方才发生的事件确定，则遗赠归属在前一情形随出生、在后一情形随事件的发生而发生。"第八百四十四条规定："第三人在被害人被侵害当时虽为尚未出生的胎儿者，亦发生损害赔偿义务。"《日本民法典》第七百二十一条规定："胎儿，就损害赔偿请求权，视为已出生。"第八百八十六条规定："（一）胎儿就继承视为已出生。（二）前款规定，不适用于胎儿以死体出生情形。"在美国，判例法规定，每一个人都被保护，不受侵权性行为之害，包括胎儿在内。②

（3）绝对主义。此种立法认为胎儿本身不具有民事权利能力，法律不能为了保护胎儿的某种特殊的利益而改变民事权利能力制度，赋予胎儿权利主体资格。③1964年《苏俄民法典》（第四百一十八条）和我国《民法通则》即采用此种立法模式。我国《民法通则》第九条规定："公民从出生时起到死亡时止，具有民事权利能力，依法享有民事权利，承担民事义务。"《民法通则》未承认胎儿具有民事权利能力。我国《继承法》第二十八条规定："遗产分割时，应保留胎儿的应继承的份额。胎儿出生时是死体的，保留的份额按照法定继承办理。"依照这一规定，遗产分割时，胎儿的继承份额应当予以"保留"，即遗产之权利并非由胎儿即时取得。很显然，《中华人民共和国继承法》虽然规定了应保留胎儿的应继承的份额，但此时胎儿并没有真正享有该项遗产

① [意]彼德罗·彭梵得.罗马法教科书.黄风译.中国政法大学出版社，1992:30—31.
② [美]彼得·哈伊.美国法概论.许庆坤译.北京大学出版社，1983:91.
③ 王利明.民法总论.中国人民大学出版社，2009:138.

权利，此权利的享有需等到该胎儿出生时，特留份仅仅是留，“留而不给”，所以我国现行民法既未实行总括的保护主义，也未实行个别的保护主义，而是根本不承认胎儿的民事主体资格。①

笔者认为，总括的保护主义更为科学，作为大陆法系国家，我国现行立法采绝对主义，不符合胎儿利益保护的需要。自然人的权利能力始于出生，胎儿尚未出生，尚系母体之一部分，当然不能取得权利能力，不能成为民事主体。任何人均有从母体受孕到出生之过程。此间，不仅其未来的利益需要保护，某些现实的利益也需要保护，对于胎儿，“只因出生时间的纯粹偶然性而否定其权利是不公平的”。② 随着社会的发展，关于胎儿利益的保护也日益为人们所关注。胎儿虽然尚未出生，但是法律如不对其利益加以保护，将会严重影响其出生以后作为一个自然人应有权利的享有和行使。个别的保护主义立法体例关于胎儿权利的范围清楚明确，适用虽较简单，但是立法难以避免出现漏洞，会导致对胎儿利益的保护不够全面。同时随着社会的不断发展，有关胎儿利益保护的事项也会日渐复杂，立法者很难预见。实践中，个别保护主义在德国、法国等国家不断被突破，体现出个别的保护主义对胎儿利益保护的局限性。而就“个别的保护主义”和“总括的保护主义”相比较，“以适用范围之明确言，固以前者为优；但以避免遗漏而对胎儿之保护周到言，则仍以后者为愈也”。③“就对胎儿利益的保护而言，总括的保护主义最有力，而个别的保护主义次之，尤以第三种主义（指绝对主义——笔者注）最次。”④ 凡涉及胎儿利益保护的，视胎儿具有民事权利能力；涉及胎儿利益保护的事项，准用法律有关监护的规定；胎儿出生时为死体的，其民事权利能力视为自始不存在。所以，在胎儿保护方面不妨规定胎儿是有民事权利能力的，但这种权利能力有成立要件：一是要能够活着出生；二是在权利关系发生时已是胎儿；三是胎儿仅仅享有权利，而不承担任何义务。⑤ 能够活着出生的胎儿具有民事权利能力，这样更有利于胎儿利益的保护。

（三）案例 15 分析

自然人的民事权利能力是指自然人依法享有民事权利和承担民事义务的资格。是自然人参加民事法律关系，取得民事权利、承担民事义务的法律依据，也是自然人享有民事主体资格的标志。自然人的民事权利能力从出生时起到死亡时止，具有民事权利能力，依法享有民事权利，承担民事义务。

本案中，该交通事故发生时，王某怀孕 6 个月，李晓彤尚未出生，在我国现行的法律框架下其不具有民事权利能力。因此李晓彤出生后并不享有损害赔偿请求权，不能够以独立的主体身份要求加害方承担赔偿责任。

---

① 梁慧星. 民法总论. 法律出版社，1996:91.

② ［日］四宫和夫. 日本民法总则. 唐晖，钱孟珊译. 台湾五南图书出版公司，1995:47.

③ 郑玉波. 民法总则. 中国政法大学出版社，2003:106.

④ 梁慧星. 民法总论. 法律出版社，2001:110—111.

⑤ 张俊浩主编. 民法学原理. 中国政法大学出版社，2000. 98；江平主编. 民法学. 中国政法大学出版社，2000. 103.

三、民事权利能力的终止

（一）案例 16 简介

丈夫张三与妻子李四带领 4 岁的独生女儿张晓旅游途中发生车祸，救援人员赶到时，发现张三、李四、张晓均已死亡，无法确定死亡的先后顺序。但是，继承问题需要确定死亡的顺序。张三唯一的亲人为哥哥张达明，李四唯一的亲人为姐姐李芬。

问题：该案中死亡顺序如何确定？

（二）相关知识点

1. 自然人的权利能力终于死亡

我国《民法通则》第九条规定："公民从出生时起到死亡时止，具有民事权利能力，依法享有民事权利，承担民事义务。"根据此条规定，自然人的民事权利能力终于死亡。死亡包括生理死亡和宣告死亡。

（1）生理死亡。生理死亡又称自然死亡、真实死亡或者绝对死亡，是指自然人生命的终结。① 生理死亡时间的认定，历来有不同学说，例如脉搏停止说、心脏搏动停止说、呼吸停止说，等等。有德国学者认为，为了器官移植可以选择脑死亡说，从权利能力以及继承发生的角度来看，对于死亡时间的认定，应当在几种可能考虑的时间中选择最后那个时间。② 我国一般以心脏停止跳动，自主呼吸消失，血压为零作为判断自然人生理死亡的标准。随着现代医学的发展，移植器官手术日趋成功和完善，各国又普遍提出脑死亡的学说。近年来我国越来越多的学者也认为脑死亡比心脏死亡更科学、标准更可靠。脑死亡后，有时候通过人工方法可以维持较长时间的呼吸、心跳，这样对于器官移植有着非常重要的意义。

在我国的司法实践中，生理死亡的时间一般以医院和有关部门开具的死亡证明时间为准。但是如果死亡证书上记载的时间与公民死亡的真实时间有出入，应以事实为准。几个互有继承关系的人在同一事件中死亡，又不能确定死亡先后时间的，如何确定死亡顺序各国立法不一。对此，我国在最高人民法院《关于贯彻执行〈中华人民共和国继承法〉若干问题的意见》第二条中规定："相互有继承关系的几个人在同一事件中死亡，如不能确定死亡先后时间的，推定没有继承人的人先死亡。死亡人各自都有继承人的，如几个死亡人辈分不同，推定长辈先死亡；几个死亡人辈分相同，推定同时死亡，彼此不发生继承，由他们各自的继承人分别继承。"

（2）宣告死亡。宣告死亡是指通过法定程序确定失踪人死亡。我国《民通意见》第三十六条规定："被宣告死亡的人，判决宣告之日为其死亡的日期。……被宣告死亡和自然死亡的时间不一致的，被宣告死亡所引起的法律后果仍然有效，但自然死亡前实施的民事法律行为与被宣告死亡引起的法律后果相抵触的，则以其实施的民事法律

① 魏振瀛主编. 民法(第四版). 北京大学出版社、高等教育出版社，2010：54.

② ［德］迪特尔·梅迪库斯. 德国民法总论. 邵建东译. 法律出版社，2000：788—189.

行为为准。”一般认为被宣告死亡的自然人其民事权利能力终止，民事主体资格消灭。我国《民法通则》第二十四条规定：“有民事行为能力人在被宣告死亡期间实施的民事法律行为有效。”据此，如果被宣告死亡的自然人没有死亡，则其民事权利能力并不终止，其民事主体资格依然存在。（宣告死亡制度详见本章第五节宣告失踪与宣告死亡）

2. 自然人死亡后的利益保护

关于死者是否具有民事权利能力，在学理上有肯定说和否定说两种不同的观点。肯定说认为，自然人的权利能力终于死亡，但这只是一般性规定，对此存在例外。例如死者的名誉权仍受保护，意味着死者仍有名誉权方面的权利能力，对此，我国法院已经有判例（已故之荷花女名誉权被侵犯案以及已故之海灯法师名誉权被侵犯案）。此外，我国《著作权法》第二十条规定：“作者的署名权、修改权、保护作品完整权的保护期不受限制。”《著作权法实施条例》第十五条第一款又规定：“作者死亡后，其著作权中的署名权、修改权、保护作品完整权由作者的继承人或者受遗赠人保护。”可见，死者保有著作权方面的权利能力，对著作权中的精神权利，永久享有。对著作权中的经济权利，可于死亡后享有50年，由其继承人行使，这是我国著作权法的规定。[①] 即死者仍有著作人格权的权利能力，只是法律推定作者已授权其继承人或受遗赠人行使而已。[②] 但这些例外的存在是以法律的规定为限的。[③] 否定说认为，自然人死亡则民事权利能力终止，死者不具有民事权利能力和民事主体地位。自然人在死亡后，其民事权利即告终止，因此不可能再继续享有民事权利。名誉权作为法律赋予公民的一种人身权利，当享有权利的主体即自然人死亡之后，即因主体消灭而丧失。在法律上，不可能有无主体的权利，也不可能使死者成为主体，死者既然不是权利主体，也就不可能继续享有名誉权。[④]至于对死者包括名誉权在内的某些利益的维护在理论上主要有某些权利仍然存在说、遗族利益维护说、社会利益维护说、遗族利益与社会利益共同维护说、死者人格利益延伸说等。[⑤] 我国大多数学者持社会利益维护说。[⑥]

笔者认为，否定说符合我国《民法通则》的规定，其使民事权利能力理论具有逻辑上的统一。死者不能成为民事主体，不具有民事权利能力。对死者名誉、肖像、姓名、隐私等利益的保护，是对死者近亲属利益的保护。[⑦] 我国最高人民法院《精神损害赔偿解释》第三条规定，侵害死者姓名、肖像、名誉、荣誉、隐私，造成近亲属精神痛苦的，近亲属有权请求精神损害赔偿。

---

① 彭万林主编. 民法学. 中国政法大学出版社，1999：86.

② 马俊驹，余延满. 民法原论. 法律出版社，1998：103.

③ 魏振瀛主编. 民法(第四版). 北京大学出版社、高等教育出版社，2010：55.

④ 王利明，杨立新，姚辉. 人格权法. 法律出版社，1997：135.

⑤ 马俊驹，余延满. 民法原论(第三版). 法律出版社，2007：87.

⑥ 王利明. 民法总论. 中国人民大学出版社，2009：139. 该说认为民事权利以利益为内容，这种利益是社会利益和个人利益的结合，一个人死亡后，他已不可能再享有实际权利中包含的个人利益，但权利中包含了社会利益的因素，因此在自然人死亡后，仍需对这种利益进行保护。而且损害这些利益，将直接影响到曾经作为民事主体存在的该自然人的人格尊严，法律保护这些利益，体现了法律对民事主体权益保护的完整性，也有利于引导人们重视生前死后的声誉，维护社会公共道德和秩序。

⑦ 魏振瀛主编. 民法(第四版). 北京大学出版社、高等教育出版社，2010：55.

（三）案例 16 分析

自然人的民事权利能力终于死亡，相互有继承关系的几个人在同一事件中死亡，如不能确定死亡先后时间的，推定没有继承人的人先死亡。死亡人各自都有继承人的，如几个死亡人辈分不同，推定长辈先死亡；几个死亡人辈分相同，推定同时死亡，彼此不发生继承，由他们各自的继承人分别继承。

本案中张晓除张三、李四之外，没有其他的继承人；而张三还有继承人张达明，李四还有继承人李芬。因此，应推定张晓先死亡。张三、李四均有继承人，且辈分相同，应当推定为同时死亡。因此，本案中张晓先死亡，张三、李四同时死亡。

【案例思考】

1. 李阳在某市画协组织的儿童比赛中获得一等奖。某家美术杂志社闻讯后即来信表示，他们将出一期儿童作品专刊，希望李阳能寄来几幅作品供他们挑选。李阳的父亲收到信后给杂志社寄去了两幅作品，但之后一直没有回音。第二年 6 月，李阳的父亲在该杂志社的期刊上发现有李阳的两幅作品但没有给李阳署名，便立即找到杂志社，质问为何不通知他作品已被选用，而且既不支付稿酬也不署名。然而该杂志社称，李阳年仅 8 岁，还是未成年人，还不能享有著作权，因此没必要署名。①

问题：李阳是否有著作权？

2. 武大郎与潘金莲为夫妇，没有子女，双方父母也早已死亡。武大郎有一个 22 岁的弟弟武松，尚未成家。潘金莲有一兄一姐，都已结婚成家。一日，武大郎与潘金莲双双在家遭遇歹徒袭击，恰逢武松来看武大郎，发现武大郎与潘金莲受伤，于是送医院急救。武大郎与潘金莲经抢救无效死亡。

问题：如果不能确定武大郎与潘金莲死亡的先后时间，遗产该如何继承？

第三节　自然人的民事行为能力

一、民事行为能力的含义

（一）案例 17 简介

8 岁的女孩张小玲，自幼深得其外祖母王氏的疼爱。1992 年夏天，张小玲在外祖母家居住。王氏对张说：你好好学习，我给你 1 万元，将来上大学用。其后王氏以张小玲的名义在银行为张小玲存上 1 万元，并告知张小玲。张听后十分高兴，回家后即将此事告知其母王荣。1996 年 10 月王氏去世。王荣兄妹三人在分遗产时，王荣提出，其母为张小玲存入银行的 1 万元存款应归张小玲，不能作为遗产。而其兄弟则认为，存款上的名字虽为张小玲，但张小玲在存入存款时，尚不到 10 周岁，为无民事行为能

① 刘金霞主编. 民法与相关案例解析. 人民法院出版社，2008：41.

力人，其不能实施民事法律行为。因而，王氏与张小玲间的赠与行为不能有效成立。况且，张小玲并未取得该存款，因而也不能认定赠与成立，该存款仍应作为遗产，进行继承。

问题：王氏与张小玲间的赠与行为是否有效？

（二）相关知识点

1. 民事行为能力的概念

行为能力，是“指得以自己的意思表示，使其发生法律上效果的资格”①。自然人的民事行为能力是指自然人能以自己的行为享有民事权利、承担民事义务的资格。法律设置了民事行为能力制度，通过排除行为人不具备行为能力、不能正确识别的民事活动的法律效力，保障行为主体和相对方当事人的利益，维护交易秩序。例如，我国《民法通则》规定不满十周岁的未成年人是无民事行为能力人，由他的法定代理人代理进行民事活动。法律之所以规定不满十周岁的未成年人是无民事行为能力人，目的是为保护他们的利益和维护正常的社会秩序，因此法律又规定无民事行为能力人、限制民事行为能力人接受奖励、赠与、报酬等纯获利益的行为，他人不得以行为人无民事行为能力、限制民事行为能力为由，主张以上行为无效。

2. 民事行为能力的特征

自然人的民事行为能力与民事权利能力是两个既有联系又有区别的概念，通过对二者的比较，可以看出自然人的民事行为能力具有以下特征：②

（1）强制性。民事行为能力是国家法律确认的，为强制性规定，非依法定条件和程序，他人不得限制和剥夺，本人亦不得抛弃，废除或限制行为能力的意思表示或约定应属无效。这是自然人民事行为能力和民事权利能力的共同点。

（2）差异性。民事行为能力与自然人的年龄、智力和精神状态相联系。自然人根据年龄、智力和精神状态可以划分为完全民事行为能力人、限制民事行为能力人和无民事行为能力人；而自然人的民事权利能力则与年龄、智力和精神状态无关，一切自然人都享有平等的民事权利能力。因而，具有民事权利能力的自然人，不一定具有民事行为能力；反之，具有民事行为能力的自然人，肯定具有民事权利能力。这是自然人民事行为能力与民事权利能力之间的重要区别。

（3）可变性。自然人的民事行为能力可因其年龄、智力或精神健康状态的变化而发生变化。这是自然人民事行为能力与其民事权利能力的又一重要区别。

（三）案例 17 分析

自然人的民事行为能力是指自然人能以自己的行为享有民事权利、承担民事义务的资格。不满十周岁的未成年人是无民事行为能力人，由他的法定代理人代理进行民事活动。法律之所以规定不满十周岁的未成年人是无民事行为能力人，目的是为保护

① 王泽鉴. 民法总则（增订版）. 中国政法大学出版社，2001：119.
② 马俊驹，余延满. 民法原论（第三版）. 法律出版社，2007：88.

他们的利益和维护正常的社会秩序，因此法律又规定无民事行为能力人、限制民事行为能力人接受奖励、赠与、报酬等纯获利益的行为，他人不得以行为人无民事行为能力、限制民事行为能力为由，主张以上行为无效。

本案中，王氏将该存款赠与张小玲的意思表示明确、真实，张小玲当时也表示接受，王氏以张小玲的名义将款存入银行，就表示已将该款交付给张小玲。虽然张小玲为无民事行为能力人，但这种赠与行为是纯获利益的行为，该行为有效。所以王氏与张小玲之间的赠与行为有效。

二、民事行为能力的划分

（一）案例 18 简介

南宫琴是某中学学生，15 岁。一天在放学回家的路上，南宫琴看到商场正在进行有奖销售，每消费 20 元可领取奖券一张，最高奖金额为 5000 元，便买了一瓶价值为 20 元的洗发水，领到一张奖券。几天后，抽奖结果公布，南宫琴所持奖券中了最高奖，南宫琴非常高兴，将中奖的消息告诉了母亲萧雨，母女二人马上去商场兑了奖，萧雨把这 5000 元钱放到家里的柜子中。

第二天，南宫琴与萧雨发生争执，南宫琴一气之下，便偷偷将柜子中的 5000 元钱拿出，到商场中购物消气，其见到商场中正在促销钻戒，便花了 4800 元买了一只钻戒。几天后，萧雨要购买股票，想用柜中的钱，却发现柜中的钱已不见，于是质问南宫琴，南宫琴在质问之下说出真相。但南宫琴认为钱是自己中奖所得，自己有权决定想买什么就买什么。萧雨则认为南宫琴还小，钱应当由自己和南宫琴的父亲支配。于是马上拉着南宫琴到商场，说南宫琴购买钻戒未征得父母同意，要求退货。售货员说钻戒售出无法退货。

问题：（1）南宫琴购买洗发水的行为的法律效力如何？奖金究竟属谁所有？为什么？

（2）南宫琴购买钻戒的行为的法律效力如何？萧雨能否要求退货？为什么？

（二）相关知识点

按照我国《民法通则》的规定，依据年龄、智力和精神状况的不同，自然人的民事行为能力分为以下三类：

1. 完全民事行为能力

完全民事行为能力，是指能够以自己独立的行为取得民事权利和承担民事义务的能力。法律上以年龄、智力和精神状况作为判断行为能力的基本依据，因此已经成年且精神状况完全正常的人，是完全民事行为能力人。

我国《民法通则》第十一条规定："十八周岁以上的公民是成年人，具有完全民事行为能力，可以独立进行民事活动，是完全民事行为能力人。十六周岁以上不满十八周岁的公民，以自己的劳动收入为主要生活来源的，视为完全民事行为能力人。"这一条规定包含两种情况：第一种为普通的完全民事行为能力人，即年满十八周岁，且精神状态正常的人。第二种为特殊的完全民事行为能力人，是十六周岁以上不满十八周岁，但是能以自己的劳动收入为主要生活来源的人。

2. 限制民事行为能力

限制民事行为能力，又称不完全民事行为能力或部分民事行为能力，指法律赋予那些已达到一定年龄但尚未成年和虽已成年但精神不健全、不能完全辨认自己的行为后果的自然人所享有的可以从事与自己的年龄、智力和精神健康状况相适应的民事活动的能力。

我国《民法通则》第十二条第一款规定："十周岁以上的未成年人是限制民事行为能力人，可以进行与他的年龄、智力相适应的活动；其他民事活动由他的法定代理人代理，或者征得他的法定代理人的同意。"一般来说，十周岁以上的未成年人可以从事如下方面的活动：第一，进行满足其日常生活需要的数额不大的民事行为。例如理发、购买零食和购买文具用品等。第二，纯获利益的行为。例如接受赠与和奖励，我国《民通意见》第六条规定，无民事行为能力人、限制民事行为能力人接受奖励、赠与、报酬，他人不得以行为人无民事行为能力、限制民事行为能力为由，主张以上行为无效。第三，接受以自己的行为获得的人身权利和财产权利。我国《民法通则》第十三条第二款规定："不能完全辨认自己行为的精神病人是限制民事行为能力人，可以进行与他的精神状况相适应的民事活动；其他民事活动由他的法定代理人代理，或者征得他的法定代理人的同意。"不能完全辨认自己行为的精神病人进行的民事活动是否与其精神健康状况相适应，可以从行为与本人生活相关联的程度，本人的精神状态能否理解其行为，是否能预见相应的行为后果以及行为标的的数额等方面加以认定。

3. 无民事行为能力

无民事行为能力，指完全不具有以自己的行为从事民事活动以取得民事权利和承担民事义务的资格。

我国《民法通则》第十二条第二款规定："不满十周岁的未成年人是无民事行为能力人，由他的法定代理人代理进行民事活动。"第十三条第一款规定："不能辨认自己行为的精神病人是无民事行为能力人，由他的法定代理人代理进行民事活动。"不满十周岁的未成年人，生理和心理发育都没有成熟，对其行为的性质和相应的后果缺乏认识和判断能力。为保护他们的利益和维护正常的社会秩序，法律只允许其法定代理人代理进行必需的民事活动。但是，在实践中，不满十周岁的未成年人进行与他的年龄和智力相适应的民事活动，根据日常生活习惯，应认定其民事行为的效力。无民事行为能力人纯获法律上利益的行为，应认定其有效。[1]

（三）案例 18 分析

10 周岁以上的未成年人是限制民事行为能力人，可以进行与他的年龄、智力相适应的活动；其他民事活动由他的法定代理人代理，或者征得他的法定代理人的同意。10 周岁以上的未成年人可以从事如下方面的活动：第一，进行满足其日常生活需要的数额不大的民事行为。第二，纯获利益的行为。无民事行为能力人、限制民事行为能力

---

① 魏振瀛主编. 民法（第四版）. 北京大学出版社、高等教育出版社，2010：59.

力人接受奖励、赠与、报酬，他人不得以行为人无民事行为能力、限制民事行为能力为由，主张以上行为无效。

本案中，南宫琴15岁，属于限制民事行为能力人。所以，其一，其购买洗发水的行为，因数额较小，与其年龄相符，具有法律效力；奖金应归南宫琴所有，因为属于纯获利益的行为。其二，购买钻戒的行为与其年龄不符，因数额较大，须得到其监护人的追认才具有法律效力，萧雨当然可以要求退货。

【案例思考】

1. 张某去年只有17岁，在本镇的啤酒厂做临时工，每月有600元的收入。为了上班方便，张某在镇里租了一间房。7月份，张某欲花500元钱从李某处买一台旧彩电，此事遭到了其父母的强烈反对，但李某还是买了下来。同年10月，张某因患精神分裂症丧失了民事行为能力。随后，其父找到李某，认为他们之间的买卖无效，要求李某返还钱款，拿走彩电。

问题：此买卖是否有效？

2. 付某7岁的儿子小强平时非常淘气，经常用石头砸别人的窗户，攀摘树木花草等。一日，当小强在马路边玩耍时，遇见有人用三轮车拉着镜子。邻居萧某见状说："你有本事把那个镜子砸碎，算你厉害。"小强听完当即就拿起石头砸过去，结果致价值400多元的镜子被砸碎。事后，镜子的主人找到付某要求赔偿，付某支付了相当的价款。但随即得知小强乃萧某唆使，便要萧某赔偿。萧某说，自家小孩调皮惹祸当然由自己负责，以此拒绝赔偿。

问题：小强砸坏的东西应由谁赔偿？为什么？

第四节　监　护

一、监护的概念与意义

（一）案例19简介

1995年，周某在丈夫去世后经人介绍与丧偶的刘某结婚，但他们的婚事一直遭到刘某儿子小刘的反对。1998年，刘某患上精神病，并久治无效，生病期间一直由周某悉心照料。1999年5月，小刘提出要担任父亲刘某的监护人，保管父亲的所有财产，并要以其父的名义向法院提起诉讼，要求与周某离婚。

问题：刘某患精神病期间是否需要监护人？

（二）相关知识点

1. 监护的概念

监护就是对未成年人和精神病人（无民事行为能力人和限制民事行为能力人）的人身、财产及其他合法权益进行监督和保护的一项民事法律制度。履行监督和保护职责的人，称为监护人；被监督和保护的人，称为被监护人。[①]

监护制度起源于罗马法的“监护和保佐”制度。罗马古时设置监护和保佐制度是为了保护家族和法定继承人的利益，由最有希望继承财产的人充当监护和保佐人，监督被监护人，防止他们因缺乏自制和判断能力被他人侵吞财产；到共和末叶，随着家族制度崩坏，监护和保佐制度的目的逐步演变为保护被监护人和被保佐人利益的制度，这和现代的监护制度目的比较接近。发展到现在，世界各国立法对无民事行为能力人和限制民事行为能力人的监督和保护制度作出了规定，例如德国设定了广义的监护（包括监护和保护）制度；瑞士民法除了广义的监护（与德国民法同，包括监护和保护），尚设有保佐；日本则设有无亲权人之未成年监护与禁止产监护。英美法系与大陆法系体制不同，但各单行法仍设置有以亲权为中心的保护教养义务和以子女财产管理为中心的权利。我国台湾地区“民法典”规定了未成年人的监护和禁止产人之监护；我国现行《民法通则》规定了监护制度。

2. 监护制度设立的意义

为无完全民事行为能力人设立保护人，一方面是为保护未成年人和精神病人的合法权益；另一方面是为约束未成年人和精神病人的行为，防止其对社会或他人造成损害。因为无民事行为能力人或限制民事行为能力人，或由于智力尚未发育成熟，或由于精神障碍，对自己的行为不具有完全的识别能力，这样其既不能保证正确地以自己的行为去行使权利和履行义务，也不能做到正确判断和选择自己的合法行为从而避免对他人造成不法损害。

（三）案例 19 分析

监护设立的意义一方面是为保护未成年人和精神病人的合法权益；另一方面是为约束未成年人和精神病人的行为，防止其对社会或他人造成损害。因为无民事行为能力人或限制民事行为能力人，或由于智力尚未发育成熟，或由于精神障碍，对自己的行为不具有完全的识别能力，这样其既不能保证正确地以自己的行为去行使权利和履行义务，也不能做到正确判断和选择自己的合法行为从而避免对他人造成不法损害。

本案中，刘某患精神病期间对自己的行为不具有完全的识别能力，为保护刘某的合法权益，同时也为约束刘某的行为，防止其对社会或他人造成损害，所以，刘某患精神病期间需要监护人。

二、监护人的设立

（一）案例 20 简介

某市煤矿医院女医师李某因家庭出身问题，“文革”中受打击，精神长期压抑，经常言词过激，话语不同常人，与门诊部同事常发生争吵，因此，门诊部报告院领导，要求对李某作出处理。院党委会研究决定，李某为精神病人，宣布其为无行为能力人，

① 魏振瀛主编. 民法(第四版). 北京大学出版社、高等教育出版社，2010：60.

停职发给生活费，并指定其丈夫袁某作为监护人，在家照顾李某生活，不用再上班，并在院内宣传栏内公开张榜公布。为此，李某家人向法院起诉，称医院侵犯李某名誉权，要求医院立即停止侵害，消除影响，公开赔礼道歉并赔偿损失 2 万元。该案经一审法院审理判决：（一）医院宣布李某为无行为能力人，并为其指定监护人为越权行为；（二）医院应承担侵犯李某名誉权的法律责任，立即停止侵害，消除影响，并赔偿李某精神损失费 2000 元。判决后，原、被告双方均持有异议，均上诉至市中级人民法院。中级法院经过审理，认为一审法院的判决有事实根据，适用法律正确，故维持原判。[①]

问题：医院宣布李某为精神病人并为其指定监护人的行为是否合法？

（二）相关知识点

1. 未成年人监护人的设立

我国《民法通则》第十六条规定："未成年人的父母已经死亡或者没有监护能力的，由下列人员中有监护能力的人担任监护人：（一）祖父母、外祖父母；（二）兄、姐；（三）关系密切的其他亲属、朋友愿意承担监护责任，经未成年人的父、母的所在单位或者未成年人住所地的居民委员会、村民委员会同意的。对担任监护人有争议的，由未成年人的父、母的所在单位或者未成年人住所地的居民委员会、村民委员会在近亲属中指定。对指定不服提起诉讼的，由人民法院裁决。没有第一款、第二款规定的监护人的，由未成年人的父、母的所在单位或者未成年人住所地的居民委员会、村民委员会或者民政部门担任监护人。"据此，在我国未成年人的监护人主要有以下几种情形：

（1）父母为未成年人的当然法定监护人。其监护资格因未成年人出生而当然取得，无须任何手续或程序。在收养的情况下，养父母因收养成立而成为监护人。继父母因与继子女有抚养关系而成为监护人。父母因正当理由，不能亲自履行监护职责的，实践中也允许父母委托他人代为履行部分或者全部监护职责，但父母仍是法定监护人。[②]

（2）未成年人的父母已经死亡或者没有监护能力的，由下列人员中有监护能力的人担任监护人：祖父母、外祖父母；兄、姐；关系密切的其他亲属、朋友。其中，祖父母、外祖父母、兄、姐属于法定监护人，其担任监护人属于法定义务。关系密切的其他亲属、朋友不属于法定监护人，他们担任监护人，除具有监护能力外还必须具备两个条件：一是他们愿意承担监护责任；二是经未成年人的父、母的所在单位或者未成年人住所地的居民委员会、村民委员会同意。法律对于近亲属、朋友担任监护人，设有一定顺序。对于未成年人，其祖父母、外祖父母为第一顺序，兄姐为第二顺序，关系密切的其他亲属、朋友为第三顺序。

（3）未成年人的单位监护人。没有《民法通则》第十六条第一款、第二款规定的监护人的，由未成年人的父、母的所在单位或者未成年人住所地的居民委员会、村民

① 郭明瑞. 监护的设立和监护人的职责. 中国民商法律网(www.civillaw.com.cn)，2002-03-19.

② 魏振瀛主编. 民法(第四版). 北京大学出版社、高等教育出版社，2010：61.

委员会或者民政部门担任监护人。上述单位担任监护人没有顺序限制，依照方便监护和有利于被监护人的原则加以确定。

(4) 未成年人的指定监护人。我国《民法通则》第十六条第三款规定："对担任监护人有争议的，由未成年人的父、母的所在单位或者未成年人住所地的居民委员会、村民委员会在近亲属中指定。对指定不服提起诉讼的，由人民法院裁决。"对于担任监护人所产生的争议包括两种情况：一是争着担任未成年人的监护人；二是都不愿意担任监护人。当出现这些争议时，由有关单位指定。指定单位包括两种：一是有关组织，二是人民法院。有权指定未成年人监护人的有关组织是未成年人父母的所在单位或者未成年人住所地的居民委员会、村民委员会。当事人不服上述单位指定的，可以向人民法院提起诉讼，由人民法院加以裁决。未经有关组织指定而直接提起诉讼的，人民法院不予受理。可见，有关组织指定是人民法院指定的必经程序。在指定未成年人的监护人时，应当遵照我国《民法通则》第十六条第二款所规定的顺序。前一顺序有监护资格的人无监护能力或者对被监护人明显不利的，有关组织或人民法院可以根据对被监护人有利的原则，从后一顺序有监护资格的人中择优确定。未成年人有识别能力的，还应征求未成年人的意见。监护人可以是一人，也可以是同一顺序的数人。一旦指定就不允许擅自变更，如果擅自变更，则由变更前和变更后的监护人共同承担监护责任。

2. 精神病人监护人的设立

对于精神病人必须经利害关系人申请由人民法院宣告其为无民事行为能力人或限制民事行为能力人后，才能为其设立监护人。精神病人的利害关系人，可以向人民法院申请宣告精神病人为无民事行为能力人或者限制民事行为能力人。宣告公民为无民事行为能力或者限制行为能力人是法院的职权，其他任何机关或组织都不具有这一职权，而且法院的这一职权不能主动行使，必须有利害关系人的申请。我国《民通意见》第七条规定："当事人是否患有精神病，人民法院应当根据司法精神病学鉴定或者参照医院的诊断、鉴定确认。在不具备诊断、鉴定条件的情况下，也可以参照群众公认的当事人的精神状态认定，但应以利害关系人没有异议为限。"对于不能完全辨认自己行为的精神病人应宣告为限制民事行为能力人，对于完全不能辨认自己行为的精神病人则应宣告为无民事行为能力人。我国《民通意见》第七条规定："在诉讼中，当事人及利害关系人提出一方当事人患有精神病（包括痴呆症），人民法院认为确有必要认定的，应当按照民事诉讼法规定的特别程序，先作出当事人有无民事行为能力的判决。确认精神病人（包括痴呆症人）为限制民事行为能力人的，应当比照民事诉讼法规定的特别程序进行审理。"

我国《民法通则》第十七条规定："无民事行为能力或者限制民事行为能力的精神病人，由下列人员担任监护人：（一）配偶；（二）父母；（三）成年子女；（四）其他近亲属；（五）关系密切的其他亲属、朋友愿意承担监护责任，经精神病人的所在单位或者住所地的居民委员会、村民委员会同意的。对担任监护人有争议的，由精神病人的所在单位或者住所地的居民委员会、村民委员会在近亲属中指定。对指定不服提起诉讼的，由人民法院裁决。没有第一款规定的监护人的，由精神病人的所在单位或者住所地的居民委员会、村民委员会或者民政部门担任监护人。”据此，在我国精神病人的监护人主要由以下几种情形：(1) 精神病人的法定监护人。此处的精神病人仅指已经成年的精神病人，未成年精神病人的监护适用未成年人监护人的规定。精神病人的法定监护人范围和顺序如下：第一，配偶；第二，父母；第三，成年子女；第四，其他近亲属。以上四种亲属担任监护人是其法定义务，不可以借故推托。关系密切的其他亲属、朋友由于不是法定监护人，不具有法定监护义务，他们担任监护人除了具备完全民事行为能力外，还需要同时具备以下两个条件：一是本人愿意担任精神病人的监护人；二是经精神病人的所在单位或者住所地的居民委员会、村民委员会同意。(2) 精神病人的单位监护人。如果没有上述监护人，或者上述监护人不具有监护能力，则由精神病人的所在单位或者住所地的居民委员会、村民委员会或者民政部门担任监护人。(3) 精神病人的指定监护人。我国《民法通则》规定：对担任监护人有争议的，由精神病人的所在单位或者住所地的居民委员会、村民委员会在近亲属中指定。对指定不服提起诉讼的，由人民法院裁决。所以精神病人的指定监护人也分两种情形：一是有关组织的指定；二是人民法院的指定。有权指定精神病人监护人的有关组织是精神病人所在单位或者精神病人住所地的居民委员会、村民委员会。当事人不服上述单位指定的，可以向人民法院提起诉讼，由人民法院加以裁决。未经有关组织指定而直接提起诉讼的，人民法院不予受理。可见，有关组织指定是人民法院指定的必经程序。在指定精神病人的监护人时，应当遵照我国《民法通则》第十七条第一款所规定的顺序。即精神病人的配偶为第一顺序，父母为第二顺序，成年子女为第三顺序，其他近亲属为第四顺序，关系密切的其他亲属、朋友为第五顺序。前一顺序有监护资格的人无监护能力或者对被监护人明显不利的，人民法院可以根据对被监护人有利的原则，从后一顺序有监护资格的人中择优确定。被监护人有识别能力的，应视情况征求被监护人的意见。精神病人的监护人可以是一人，也可以是同一顺序的数人。一旦指定就不允许擅自变更，如果擅自变更，则由变更前和变更后的监护人共同承担监护责任。

（三）案例 20 分析

为精神病人设立监护人首先须确认当事人为精神病人。精神病人的利害关系人，可以向人民法院申请宣告精神病人为无民事行为能力人或者限制民事行为能力人。宣告公民为无民事行为能力或者限制行为能力人是法院的职权，其他任何机关或组织都不具有这一职权，而且法院的这一职权不能主动行使，必须有利害关系人的申请。当事人是否患有精神病，人民法院应当根据司法精神病学鉴定或者参照医院的诊断、鉴定确认。在不具备诊断、鉴定条件情况下，也可以参照群众公认的当事人的精神状态认定，但应以利害关系人没有异议为限。对于不能完全辨认自己行为的精神病人应宣告为限制民事行为能力人，对于完全不能辨认自己行为的精神病人则应宣告为无民事行为能力人。

在本案例中，李某的所在单位确认李某为精神病人，宣布其为无民事行为能力人，直接指定其丈夫为监护人。这一行为既侵夺了法院的职权，也侵害了利害关系人的权利，是不合法的。因此法院认定被告的行为为越权行为是正确的。①

三、监护人的职责

（一）案例21简介

原告乔永兰之子张永信于1977年病故，其妻史玉芬于1981年秋与被告张家华结婚，带去儿子张波（10岁）。1982年元月，史玉芬与乔永兰因处理张永信的遗产发生争执诉诸法院，经调解双方自愿达成如下协议：（1）张永信所遗全部财产全留归张波所有，他人无权私自处理；（2）房屋暂借给张德文居住，并由其看管房院和树木。1984年秋，史玉芬病故，张波仍随张家华生活。1985年秋，张家华将上述张永信所遗房产卖给了张德生，价款2000元（已交付）。因借住人一时不能搬走未能交付买主使用。原告得知后于1986年元月诉至法院，要求保护张波的合法权益及宣布买卖关系无效。法院受理该案后，依据《民法通则》第十八条之规定，判决张家华与张德生的房屋买卖合同无效。张家华自动退还了张德生的2000元现金，并保证不再处理张波的财产。②

问题：被告的行为属于何种性质的行为？

（二）相关知识点

1. 保护被监护人的人身、财产及其他合法权益

监护人应当保护被监护人人身方面的合法权益，主要包括被监护人的生命健康权、姓名权、肖像权、名誉权、荣誉权等。监护人应当保护被监护人的财产及其他合法权益，应当妥善地管理和保护被监护人的财产以及应得的合法收益。为了被监护人的利益，监护人可以合理利用或处分被监护人的财产。对于被监护人财产的管理和处分，监护人应尽善良管理人的注意。③

2. 担任被监护人的法定代理人

我国《民法通则》第十四条规定：“无民事行为能力人、限制民事行为能力人的监护人是他的法定代理人。”如果被监护人是无民事行为能力人，则其全部民事活动由监护人代理。如果被监护人是限制民事行为能力人时，其只能进行与其年龄、智力、精神健康状况相适应的民事行为，例如，日常生活必需行为，纯获益等。其他比较复杂或重大的民事法律行为应由其监护人代理或征求其监护人的同意后进行。

3. 教育和照顾被监护人

监护人应当教育被监护人，使他们在品德、智力、体质等方面全面发展。《中华人民共和国义务教育法》第十一条规定：“父母或者其他监护人必须使适龄的子女或者被监护人按时入学，接受规定年限的义务教育。监护人应当关心照顾被监护人的生活，

---

① 郭明瑞.监护的设立和监护人的职责.中国民商法律网(www.civillaw.com.cn),2002-03-19.

② 郭明瑞.监护的设立和监护人的职责.中国民商法律网(www.civillaw.com.cn),2002-03-19.

③ 魏振瀛主编.民法(第四版).北京大学出版社、高等教育出版社,2010:64.

使他们健康成长或维持正常生活，不得虐待和遗弃。”对于精神病人也要进行监督和管理，防止他们受到伤害或者伤害别人。

4. 代理被监护人进行诉讼

当被监护人的人身、财产和其他合法权益受到非法侵害或者与他人发生争议时，监护人作为法定代理人有权代理被监护人请求人民法院给予保护，代为参加民事诉讼活动，以维护其合法权益。

5. 给被监护人造成财产损失的，应当赔偿损失

我国法律对此进一步规定，监护人不履行监护职责，侵害被监护人的合法权益的，应当承担赔偿责任；给被监护人造成财产损失的，应当赔偿损失。人民法院可以根据有关人员或者有关单位的申请，撤销监护人的资格。如果因监护人管教不严，致使被监护人实施不法行为造成他人损失的，由监护人承担民事责任。监护人尽了监护职责的，可以适当减轻其民事责任。监护人在承担赔偿责任时，应首先从被监护人的财产中支付赔偿费用，不足部分由监护人以自己的财产适当承担。监护人可以将监护职责部分或者全部委托给他人。因被监护人的侵权行为需要承担民事责任的，应当由监护人承担，但另有约定的除外；被委托人确有过错的，负连带责任。在幼儿园、学校学习、生活的无民事行为能力人或者在精神病院治疗的精神病人，受到伤害或者给他人造成伤害的，幼儿园、学校、精神病院有过错的，应承担适当的赔偿责任。例如：某幼儿园一群幼儿围炉烤火，老师李某擅自离开岗位与人聊天。幼儿甲玩要中不慎洒水于炉上致使电炉短路漏电，幼儿乙触电休克，经抢救脱离危险，共花费5000元，该损失由幼儿甲的监护人承担，同时责令幼儿园根据其过错程度予以适当赔偿。

（三）案例21分析

监护人应当履行监护职责，保护被监护人的人身、财产及其他合法权益，除为被监护人的利益外，不得处理被监护人的财产。监护人不履行监护职责或者侵害被监护人的合法权益的，应当承担责任；给被监护人造成财产损失的，应当赔偿损失。

本案中，被告为张波的监护人，也就是张波的法定代理人，因此，被告对于张波的财产有管理和保护的义务和权利。监护人管理被监护人的财产，其目的是保护被监护人的合法权益。张家华将上述张永信所遗房产（张波的财产）卖给张德生，并不是维护被监护人利益的需要，因此，应属于侵害被监护人利益的行为。[①]

【案例思考】

1. 2000年5月李四的丈夫张三病故，李四带着5岁的儿子张小川嫁给了王五，2004年2月，李四因车祸丧生，此后张小川仍随王五家生活。现查明王五有个哥哥，李四上有父母，张三尚有母亲。

问题：李四去世后张小川应由谁来看管？

2. 王某的丈夫张三因意外事故死亡。王某想带着3岁的儿子张文明改嫁。但是王某的公公婆婆提出：王某自己改嫁可以，不能将张文明带走，张文明是张家的后代，

① 郭明瑞. 监护的设立和监护人的职责. 中国民商法律网(www.civillaw.com.cn)，2002-03-19.

自然应当由张家抚养。

问题：本案中，张文明的监护人是谁？

第五节 宣告失踪与宣告死亡

一、宣告失踪

（一）案例22简介

钱某与王某于1987年结婚，婚后生育一女孩。王某自1990年外出打工回来后，整天在外吃喝玩乐，甚至与其他女性发生不正当关系，对钱某母女不尽任何家庭义务。1993年2月，王某再次外出打工，但此后再也没有回来，也未跟家中有任何联系。1996年4月，钱某向法院起诉，要求与王某离婚。案件审理期间，王某经公告传唤仍未到庭参加诉讼。

问题：法院能否宣布王某为失踪人？

（二）相关知识点

1．宣告失踪的概念

“宣告失踪是指自然人离开自己的住所，下落不明达到法定期限，经利害关系人申请，由人民法院宣告其为失踪人的法律制度。”① 现实生活中，有人离开住所杳无音信的事件常有发生，例如，由于自然灾害、意外事件、战争等造成一些人下落不明杳无音信。为消除因自然人长期下落不明所造成的不利影响，我国《民法通则》设立了宣告失踪制度，宣告下落不明人为失踪人，并为其设立财产代管人。使得这种不确定的自然事实状态得到法律的认定，目的在于结束失踪人财产关系不确定的状态，保护失踪人和利害关系人的利益。

2．宣告失踪的条件

（1）自然人下落不明达法定期限。下落不明是指自然人离开自己的住所杳无音信，根据《民法通则》第二十条规定，只有公民下落不明满二年利害关系人才可以申请。二年的起算点是从该失踪人离开自己的住所而下落不明的次日开始计算；战争期间下落不明的，下落不明的时间从战争结束之日起计算。例如抗日战争中王某1939年失踪并非1941年即可宣告失踪，而要到1945年8月15日日本投降之日才能起算，所以其利害关系人只有到抗战结束之日再向后两年即1947年8月才可以申请。

（2）利害关系人的申请。利害关系人的申请是宣告失踪的条件之一，同时也是宣告失踪的程序要求。利害关系人主要是指下落不明人的近亲属以及其他与被申请人有民事权利义务关系的人。根据我国《民通意见》第二十四条规定，下落不明人的近亲

① 魏振瀛主编．民法（第四版）．北京大学出版社、高等教育出版社，2010：68.

属主要包括：配偶、父母、子女、兄弟姐妹、祖父母、外祖父母、孙子女、外孙子女；其他与被申请人有民事权利义务关系的人主要包括：下落不明人的债权人、债务人、共同经营的合伙人等与之有利害关系的人。有权申请自然人为失踪人的利害关系人不分先后顺序，只要属于利害关系人提出的申请，人民法院都可以受理而不管其他利害关系人是否反对。利害关系人在提出申请时应为完全民事行为能力人，并且应当向下落不明人住所地的基层人民法院提出申请，住所地与居所地不一致的，应向最后居住地的基层人民法院提出。宣告失踪必须经利害关系人申请，法院不得主动为之。自然人下落不明满二年，并不必然被宣告失踪，除非有利害关系人申请，宣告失踪的程序才可以启动。法院对宣告失踪采取不告不理的办法，没有利害关系人申请，法院就不能宣告一个自然人为失踪人。

（3）人民法院依法定程序宣告。宣告失踪只能由人民法院作出判决，任何其他机关和个人都无权作出宣告失踪的决定。人民法院受理申请以后应当发出寻找失踪人的公告，公告期为 3 个月。3 个月的公告期满后，失踪人仍然杳无音信时，人民法院才可以通过作出判决来宣告该公民为失踪人。人民法院作出宣告失踪判决的，该失踪自然人即为失踪人。否则，如果公告期间有该自然人的音信，则人民法院应当作出驳回申请的判决。

3. 宣告失踪的法律后果

自然人被宣告为失踪人以后，其民事主体资格依然存在，因此不会产生财产所有权的转移，其配偶等人身法律关系也不会变化。宣告失踪的法律后果主要是为失踪人设立财产代管人。

（1）失踪人财产代管人的确立。我国《民法通则》第二十一条的规定："失踪人的财产由他的配偶、父母 、成年子女或者关系密切的其他亲属、朋友代管。代管有争议的，没有以上规定的人或者以上规定的人无能力代管的，由人民法院指定的人代管。失踪人所欠税款、债务和应付的其他费用，由代管人从失踪人的财产中支付。"我国《民通意见》第三十条规定："人民法院指定失踪人的财产代管人，应当根据有利于保护失踪人财产的原则指定。没有民法通则第二十一条规定的代管人，或者他们无能力作代管人，或者不宜作代管人的，人民法院可以指定公民或者有关组织为失踪人的财产代管人。无民事行为能力人、限制民事行为能力人失踪的，其监护人即为财产代管人。"在实践中财产代管人一般遵循配偶、父母 、成年子女这样的顺序，如果前一顺序代管人管理失踪人财产明显不利时，则由后一顺序的近亲属进行管理。财产代管人必须是完全行为能力人，无行为能力或限制行为能力人不具有代管资格。

（2）失踪人财产代管人的地位。《民通意见》第三十二条规定："失踪人的财产代管人拒绝支付失踪人所欠的税款、债务和其他费用，债权人提起诉讼的，人民法院应当将代管人列为被告。失踪人的财产代管人向失踪人的债务人要求偿还债务的，可以作为原告提起诉讼。"

（3）失踪人财产代管人的管理权限与职责。失踪人财产代管人的管理权限包括保存行为、改良行为以及必要的经营行为和处分行为。财产代管人在对财产进行保管、维护、收益时，应尽与管理自己的财产同一的注意，在对财产进行必要的经营行为和处分行为时，应尽善良管理人的注意。[①] 代管人应当从失踪人的财产中支付失踪人所欠的税款、债务和其他费用，例如应付的赡养费、扶养费、抚育费以及因代管财产所需的管理费等必要费用。代管人应当履行失踪人被宣告失踪前所签订的合同等。代管人有权追索失踪人的债权，所得财产归失踪人所有，由代管人代管。代管人负有管理失踪人财产的职责，代管人不履行代管职责或者侵犯失踪人财产的，失踪人的利害关系人可以向人民法院请求财产代管人承担民事责任，也可请求变更财产代管人。

4. 失踪宣告的撤销

我国《民法通则》第二十二条规定："被宣告失踪的人重新出现或者确知他的下落，经本人或者利害关系人申请，人民法院应当撤销对他的失踪宣告。"人民法院撤销对失踪人的宣告后，财产代管人的代管权终止，代管人应停止代管行为，将其代管财产返还给被撤销宣告失踪的人，并将代管期间财产管理和处分的详细情况告知被撤销宣告失踪的人。

(三) 案例22分析

宣告失踪是指自然人离开自己的住所，下落不明达到法定期限，经利害关系人申请，由人民法院宣告其为失踪人的法律制度。公民下落不明满二年的，利害关系人可以向人民法院申请宣告他为失踪人。非经利害关系人的申请，人民法院不能依职权主动宣告失踪。

本案中，虽然王某已经符合宣告失踪的时间条件，但其配偶钱某只向法院提起离婚诉讼，没有申请宣告失踪，王某的其他利害关系人也没有申请，因此人民法院不能依职权主动宣告王某为失踪人。

二、宣告死亡

(一) 案例23简介

农民田某于1991年去外国打工时在途中遇海难失踪，从此杳无音讯。1996年其妻胡某向当地人民法院申请宣告田某死亡，人民法院经审理判决宣告田某死亡。由于年幼的女儿田燕一直身体不好，家中又没有足够的经济能力给田燕治疗，1997年胡某将田燕送给膝下无子的邻村姚某收养，并办理了合法的手续。1998年，失踪多年的田某突然返回，法院随即撤销了对田某的死亡宣告。田某要求与胡某恢复夫妻关系，并提出田燕的收养未征得他的同意，违反我国《收养法》，是无效的，要求撤销收养合同。姚某与胡某都不同意，田某诉至法院。

问题：田某与胡某间的夫妻关系是否还存在？田某可否撤销收养？

(二) 相关知识点

1. 宣告死亡的概念

所谓宣告死亡，是指"自然人下落不明达到法定期限，经利害关系人申请，人民

① 马俊驹，余延满. 民法原论(第三版). 法律出版社，2007：85.

法院宣告其死亡的法律制度”[①]。

宣告死亡制度设置的目的重在解决失踪人生死不明所引起的民事法律关系不确定的问题，结束被宣告死亡人生前住所地为中心的民事法律关系。宣告死亡制度重在保护被宣告死亡人利害关系人的利益。这与宣告失踪不同，宣告失踪制度设置的目的是为失踪人指定财产代管人，终止不确定的财产关系。宣告失踪制度重在保护失踪人的利益。

2. 宣告死亡的条件

（1）自然人下落不明达法定期限。宣告死亡的前提是自然人下落不明达法定期限。所谓下落不明或失踪，是指按情况原可期待应有音讯，然而事实上全无音讯而生死不明，而且生存相当可疑的状况。[②] 根据我国《民法通则》第二十三条规定，申请宣告公民死亡的，通常情况下只有自然人下落不明满 4 年，利害关系人才可以申请，起算点是从该自然人下落不明的次日开始计算。战争期间下落不明的，下落不明的时间从战争结束之日起计算；因意外事故下落不明的，下落不明的期限为 2 年，此期限从事故发生之日起计算。另外根据《民事诉讼法》第一百六十七条规定，自然人因意外事故下落不明，经有关机关证明该自然人不可能生存，利害关系人申请宣告其死亡的，不受 2 年期限的限制。

（2）利害关系人的申请。利害关系人的申请是宣告死亡的条件之一，同时也是宣告死亡的程序要求。由于宣告死亡涉及公民的民事主体资格问题，宣告死亡必须经利害关系人申请，法院不得主动为之。自然人生死不明达到法定期限，并不必然被宣告死亡，除非有利害关系人申请，宣告死亡的程序才可以启动。法院对宣告死亡采取不告不理的办法，没有利害关系人申请，法院就不能宣告一个自然人的死亡。利害关系人主要是指下落不明人的近亲属以及其他与被申请人有民事权利义务关系的人。利害关系人申请宣告死亡有明确的顺序，前一顺序未申请宣告死亡的，后一顺序利害关系人不得申请宣告死亡，但同一顺序不受影响。[③] 根据《民通意见》第二十五条规定，申请宣告死亡的利害关系人的顺序是：（一）配偶；（二）父母、子女；（三）兄弟姐妹、祖父母、外祖父母、孙子女、外孙子女；（四）其他有民事权利义务关系的人。其他有民事权利义务关系的人主要是指：被申请人的债权人、债务人、合伙人、接受遗赠的人等等。申请撤销死亡宣告不受上列顺序限制。

（3）人民法院依法定程序宣告。宣告死亡案件只能由人民法院受理，人民法院在受理宣告死亡的案件后，应当发出寻找失踪人的公告，公告期间为 1 年。但因意外事故下落不明，经有关机关证明被申请人不可能生存的，公告期为 3 个月。公告期满后，下落不明人仍然杳无音信时，人民法院才可以通过作出判决来宣告该公民的死亡。否则，如果公告期间有了该自然人的音信，则人民法院应当作出驳回申请的判决。人民法院判决中宣告死亡的日期，就是推定失踪人死亡的日期。判决中没有确定死亡日期的，判决宣告之日为其死亡的日期。

---

① 魏振瀛主编. 民法(第四版). 北京大学出版社、高等教育出版社，2010：71.

② 马俊驹，余延满. 民法原论(第三版). 法律出版社，2007：80.

③ 马原主编. 中国民法教程. 人民法院出版社，1989：64—65.

3. 宣告死亡的法律后果

被宣告死亡的人，判决宣告之日为其死亡的日期。判决书除发给申请人外，还应当在被宣告死亡的人住所地和人民法院所在地公告。我国《民法通则》没有明确规定宣告死亡所产生的具体效力。通说认为，自然人宣告死亡发生与自然死亡相同的效力，即导致被宣告死亡的公民在法律上被认定为已经死亡，其财产关系和人身关系都要发生变动。这就是说，其婚姻关系自然解除，其个人合法财产变为遗产开始继承，清理生存时的债权债务关系等。但是，宣告死亡与自然死亡毕竟不同，宣告死亡只是依法对失踪人死亡的一种推定，事实上该失踪人的生命不一定终结，他可能还在另一地方生存，其宣告死亡和自然死亡的日期可能不同。对此我国《民通意见》第三十六条第二款规定，被宣告死亡和自然死亡的时间不一致的，被宣告死亡所引起的法律后果仍然有效，但自然死亡前实施的民事法律行为与被宣告死亡引起的法律后果相抵触的，则以其实施的民事法律行为为准。

宣告死亡能否导致民事权利能力的终止？对此有不同的观点：第一种观点认为，宣告死亡会引起与生理死亡同样的法律后果，自人民法院判决中确定的死亡之日，宣告死亡的人即丧失了民事主体资格，民事权利能力终止，但考虑到宣告死亡仅仅是依法对失踪人死亡的推定，事实上失踪人也可能没有死亡，对于我国《民法通则》第二十四条第二款特别作出“有民事行为能力人在被宣告死亡期间实施的民事法律行为有效”的规定，既保护了行为人的合法权益，也是符合交易安全和稳定社会经济秩序的要求的。[①] 第二种观点认为，宣告死亡并非为了绝对地消灭或剥夺被宣告死亡人的主体资格，而在于结束以被宣告死亡人原住所地为中心的民事法律关系。[②] 宣告死亡只是部分地丧失民事权利能力，权利能力并没有完全终止。这种权利能力主要是对于婚姻主体、已经取得的财产主体而言的，这部分的权利能力被剥夺了，其他能力仍然存在。[③] 第三种观点认为，自然死亡与宣告死亡时间不一致的，二者在各自法定的范围内均为有效，但在自然死亡前实施的与宣告死亡后果相抵触的处分行为中，除失踪人或其利害关系人依法撤销死亡宣告的外，该处分行为在判决生效的范围内无效。在立法技术上有必要对宣告死亡后果与实际死亡后果或实际实施的法律行为的范围内加以适度的限制。[④]

自然人的宣告死亡与自然死亡毕竟不同，宣告死亡只是依法对失踪人死亡的推定，事实上该失踪人的生命不一定终结。例如某甲在某地被宣告死亡，但他在其他地方生存时，仍享有民事权利能力，其实施的民事法律行为应当有效，因为只要是人，只要他还生存着，我们就不能否认他的人格。但也不能完全认定被宣告死亡的自然人在生存时实施的所有的民事法律行为都有效。根据《民通意见》第三十六条第二款规定，被宣告死亡和自然死亡的时间不一致的，被宣告死亡所引起的法律后果仍然有效，但自然死亡前实施的民事法律行为与被宣告死亡引起的法律后果相抵触的，则以自然人实施的民事法律行为为准。这一条款说明了被宣告死亡的自然人在宣告死亡期间所实

① 李由义. 民法学. 北京大学出版社，1988：102.

② 转引自王利明. 民法总论. 中国人民大学出版社，2009：148.

③ 王利明. 民法总论. 中国人民大学出版社，2009：148.

④ 赵俊劳. 论宣告死亡后果与实际死亡后果的冲突与协调. 宝鸡文理学院学报. 2001：2.

施的民事法律行为具有优先性。但是这种绝对的优先性是不合理的，其理由在于失踪人对于这种利益冲突的出现主观上是有过错的，甚至是故意或严重有过失的。① 对于这种过错理应承担相应的责任，除非能说明有正当理由可以解释在下落不明的法定期间，没有将自己生存的信息传回原住所地，以消除失踪引起的不稳定状态。因为，以今时今日科技的发达和普及，失踪人传递生存信息在技术上通常不存在障碍。因此对被宣告死亡的自然人在生存时的行为能力，笔者趋向于第三种观点。也就是应当在加以限制的基础上承认被宣告死亡的人生存时所作的与宣告死亡所引起的法律后果相冲突的民事法律行为。

4. 宣告死亡的撤销

（1）宣告死亡撤销的条件。第一，被宣告死亡人仍然生存。如果不能确定被宣告死亡人是否还活着，则不可以撤销。第二，必须经本人或者利害关系人申请。关于利害关系人的范围，与申请宣告死亡的利害关系人的范围是一致的，但是此处没有顺序限制。第三，必须由人民法院作出撤销宣告。其他任何单位和个人都没有此项权力。我国《民事诉讼法》第一百六十九条规定："被宣告失踪、宣告死亡的公民重新出现，经本人或者利害关系人申请，人民法院应当作出新判决、撤销原判决。"撤销死亡宣告案件，属于《民事诉讼法》规定的特别程序。

（2）宣告死亡撤销后的效力。第一，被宣告死亡的人与配偶的婚姻关系，自死亡宣告之日起消灭。死亡宣告被人民法院撤销，如果其配偶尚未再婚的，夫妻关系从撤销死亡宣告之日起自行恢复；但是，如果已经再婚的，应保护现行婚姻关系；如果配偶再婚后又离婚或者再婚后配偶他方又死亡的，则不得认定夫妻关系自行恢复。第二，被宣告死亡的人在被宣告死亡期间，其子女被他人依法收养，被宣告死亡的人在死亡宣告被撤销后，仅以未经本人同意而主张收养关系无效的，一般不应准许，但收养人和被收养人同意的除外。第三，被撤销死亡宣告的人可以请求返还财产，但是，其原物已被第三人合法取得的，第三人可不予返还。但依继承法取得原物的公民或者组织，应当返还原物或者给予适当补偿。所谓适当的补偿，主要是考虑返还义务人取得的财产价值、返还能力以及获得的利益。②利害关系人隐瞒真实情况使他人被宣告死亡而取得其财产的，除应返还原物及孳息外，还应对造成的损失予以赔偿。

5. 宣告失踪与宣告死亡的区别

（1）二者设立宗旨不同。宣告失踪是为失踪人指定财产代管人，终止不确定的财产关系。宣告死亡，旨在结束被宣告死亡人生前住所地为中心的民事法律关系。

（2）宣告失踪不是宣告死亡的前置程序。既符合宣告死亡又符合宣告失踪的，由申请人选择。

（3）宣告失踪的申请人没有顺序限制，而宣告死亡的申请人有顺序性。所谓顺序性，是指前一顺序申请人没有申请的，后顺序人无权申请。例如，张三失踪5年，其配偶李四申请宣告失踪，父母申请宣告死亡的，法院不能判决宣告死亡，应该宣告失

① 苏雄华．论宣告死亡结果在刑事法中的效力．福建公安高等专科学校学报．2005:4.

② 王利明．民法总论．中国人民大学出版社，2009:149.

踪。同一顺序人有申请宣告死亡的，有申请宣告失踪的，则应当宣告死亡。

(4) 法律后果不同。宣告失踪，法院指定财产代管人，财产代管人有顺序性，而且财产代管人具有诉讼主体资格。宣告死亡，被宣告死亡自然人的财产所有权依法继承，婚姻关系归于消灭，其子女可被他人依法收养。被宣告死亡的人与配偶的婚姻关系，自死亡宣告之日起消灭。死亡宣告被人民法院依法撤销，如果其配偶尚未再婚的，夫妻关系从撤销死亡宣告之日起自行恢复；如果其配偶再婚后又离婚或者再婚后配偶又死亡的，则不得认定夫妻关系自行恢复。

(三) 案例23分析

被宣告死亡的人与配偶的婚姻关系，自死亡宣告之日起消灭。死亡宣告被人民法院撤销，如果其配偶尚未再婚的，夫妻关系从撤销死亡宣告之日起自行恢复。被宣告死亡的人在宣告死亡期间，其子女被他人依法收养的，被宣告死亡的人在死亡宣告被撤销以后仅以收养关系未经本人同意而主张收养关系无效的，一般不予准许，但收养人和被收养人同意的除外。在此期间其配偶是子女现实的唯一的法定监护人，送养只能由其配偶决定。

本案中，田某被宣告死亡后胡某一直没有再婚，所以它们的夫妻关系从撤销死亡宣告之日起自行恢复。田某被宣告死亡期间，其女儿田燕被姚某依法收养，并办理了合法的手续。收养合法有效，而且田某要求撤销收养合同时，姚某与胡某都不同意，所以，田某不得要求撤销收养。

【案例思考】

1. 东方制药公司业务员李刚，2001年5月12日出差联系业务未归，直到2007年仍杳无音信。6年来，李刚的妻子刘娟和李刚的父母以及东方制药公司多方打探仍杳无音信。李刚是因公外出下落不明，东方制药公司仍按月将李刚的工资发给其妻刘娟。至2007年，李刚下落不明已达6年，东方制药公司准备向人民法院提出申请宣告李刚死亡。李刚的父母则认为不能直接申请宣告李刚死亡，应该先申请宣告失踪，否则不让东方制药公司申请。东方制药公司认为自己有权申请，于是2007年8月向法院提出宣告死亡的申请。2007年9月，李刚的妻子未经李刚父母同意直接向人民法院申请宣告死亡。

问题：(1) 李刚的妻子刘娟申请宣告死亡的请求能否得到法院的支持？为什么？

(2) 李刚的父母认为应先宣告失踪，这种想法是否正确？为什么？

2. 甲在一次意外事故中下落不明，在人民法院依法宣告其死亡后，其财产被继承人继承。其妻子乙继承甲所有的房屋，价值2万元；其父亲继承了吉普车一辆；其子丙继承存款3万元。1年后，乙将继承所得房屋卖与邻居张某，并与他人结婚，但2年后，其再婚之夫因病去世。3岁的丙由同村的丁收养。甲在意外事故中并未死亡，但脑部受伤成为植物人。8年后，甲康复，人民法院应其申请撤销了死亡宣告。

问题：(1) 甲要求乙归还财产，但乙认为是合法继承取得，拒绝归还。请问如何处理？

(2) 甲要求张某归还其房屋，但张某说其是合法买的，也拒绝归还。请问张某可否拒绝归还房屋？为什么？

第四章 CHAPTER 4 法 人

第一节 法人概述

一、法人的含义

（一）案例 24 简介

光明有限责任公司是一家企业法人，2001 年 9 月该公司向某银行申请了一张信用卡，交法人代表张三为企业办理业务使用，张三办理企业事务透支了 2 万元。后来光明有限责任公司破产，破产时银行未能索回 2 万欠款。企业破产后，银行委派律师向企业原法人代表张三个人索款，理由是信用卡由张三使用，其申办信用卡时，也有张三的签章。

问题：光明有限责任公司破产后，某银行可否向光明有限责任公司的法人代表张三索款？

（二）相关知识点

1. 法人的概念

法人制度始于罗马法，早在古罗马时期，罗马法学家就已经注意到除自然人之外还存在着另一类主体，即社团（Universitas）。① 在罗马法中，有关法人的术语非常多，例如，universitas，corporations，corpus，collegiasociatas 等。② 罗马法有关法人人格的理念主要体现在“团体”之类的组织中，“为了形成一个真正的团体，即具有法律人

① “Universitas”是罗马法中团体概念的总称，有时也仅用于公共团体法人，即现代西方学者所称的公法人。从事经济活动一类的团体，罗马法学家常用“societas”或“collegia”一词。但是罗马法学家并没有提出明确的法人概念。

② 江平，米健. 罗马法基础. 中国政法大学出版社，1987：63.

格的团体，必然有数个（至少为三人）为同一合法目标而联合并意图建立单一主体的人”①。罗马法中对“团体”之法律人格的赋予，被认为是民法理论研究和制度设计中最富想象力和技术性的创造。我国法人制度的建立较晚，1986年的《民法通则》对法人作了相关规定，自此才开始建立有关法人制度。

在我国民事立法中，《民法通则》首次界定了法人的概念。《民法通则》第三十六条规定：“法人是具有民事权利能力和民事行为能力，依法独立享有民事权利和承担民事义务的组织。”法人是与自然人相对应的民事主体，是社会组织在法律上的人格化。

2. 法人的特征

（1）法人是具有民事权利能力和民事行为能力的社会组织。与自然人不同，法人是一种社会组织，是一种集合体，是由法律赋予法律人格的组织集合体。这是法人与自然人的根本区别。不以组织集合体名义出现的民事主体不能为法人。它可以自己的名义，通过自己的行为享有和行使民事权利，设定和承担民事义务。

（2）法人是依法独立享受民事权利和承担民事义务的社会组织。它有自己独立的权益，可以自己的名义独立享受权利和承担义务。能否独立承担民事责任是法人区别于非法人组织的一个关键特征和重要标志。法人有自己能独立支配的财产，对自己从事各项活动的后果，必须能以自己的财产独立承担民事责任。法人的设立人、成员以及工作人员对此不承担连带责任。

（三）案例24分析

法人是具有民事权利能力和民事行为能力，依法独立享有民事权利和承担民事义务的组织。法人有自己能独立支配的财产，对自己从事各项活动的后果，以自己的财产独立承担民事责任。法人的设立人、成员以及工作人员对此不承担连带责任。

本案中，光明有限责任公司是一家企业法人，张三作为代表法人执行职务，其行为视为法人的行为，其后果亦应当由法人承受，张三个人没有偿还义务。尽管该信用卡由张三使用并有张三的签章，但这些都是张三以法人代表人的名义行使的职务行为。因此，光明有限责任公司破产后，某银行不可以向光明有限责任公司的法人代表张三个人索款。

二、法人应具备的条件

（一）案例25简介

某学校为了庆祝建校六十五周年，组成校庆筹委会筹办校庆事宜。校庆前一周，筹委会和该市某剧院签订了租用该剧院的合同，用于举办校庆联欢晚会等事宜，协议约定租用剧院费用为10000元。租用完毕以后，该租金一直拖欠未付，该市某剧院一纸诉状将某学校起诉到人民法院，请求法院判令该校校庆筹委会偿付欠款。

问题：校庆筹委会是不是法人？

① ［意］彼德罗·彭梵得. 罗马法教科书. 黄风译. 中国政法大学出版社，1992：52.

（二）相关知识点

1. 依法成立

指法人必须符合法律规定和依法定程序才能成立。法人成立的合法包括实体合法和程序合法。法定程序也是国家法律对法人资格的确认过程。

2. 有必要的财产和经费

这是法人以自己的名义进行民间活动并对其行为后果独立承担责任的物质基础。这种财产或经费首先必须是独立的，其次必须具有一定的数额规模。有限责任公司的注册资本不得少于一定最低限额。股东出资不足，而实有注册资本又达到最低限额的，仍应认定法人资格。股东出资不足，而实有注册资本不能达到最低限额的，则不具法人资格。

3. 有自己的名称、组织机构和场所

法人名称是法人区别于其他法人的标志。法人组织机构是法人对内管理事务，对外代表法人进行民事活动的常设机关。法人场所是法人进行业务活动的地方。

（三）案例 25 分析

法人是具有民事权利能力和民事行为能力，依法独立享有民事权利和承担民事义务的组织。法人必须是依法成立，有必要的财产或者经费，有自己的名称、组织机构和场所，并能够独立承担民事责任的组织。

本案中，某学校校庆筹委会没有依法进行法人登记，没有独立的财产或者经费，当然它也不能单独享有民事权利，承担民事义务，不能够独立承担民事责任。所以校庆筹委会只是某学校为筹备校庆活动而设置的临时机构，不是法人。

三、法人的分类

（一）案例 26 简介

2008 年 5 月 11 日，张某、王某等 5 人发起设立了旭阳经贸有限公司。公司注册资本为人民币 200 万元，主要从事石油化工、矿山冶金、港口机械、水电铁道设备等厂家的备品备件经营服务。各出资人约定了出资比例，其中张某出资 20 万元，出资比例为 10%；王某出资 60 万元，出资比例为 30%。

问题：依照我国法人的分类标准，本案中旭阳经贸有限公司属于哪一类法人？

（二）相关知识点

1. 我国《民法通则》对法人的分类

我国的法人类型分为企业法人和非企业法人两大类。其中，非企业法人又包括机关法人、事业单位法人、社会团体法人等诸种。[①] 我国《民法通则》第三章“法人”第

① 刘凯湘. 民法总论(第二版). 北京大学出版社，2008：182.

二节规定了企业法人，第三节规定了机关、事业单位和社会团体法人。

(1) 企业法人。企业法人是指以营利为目的，独立从事商品生产和经营活动的法人。我国的企业法人主要有以下特征：

第一，企业法人是以营利为目的法人。企业法人以营利为目的包含以下三方面的含义：首先，企业法人具有依法营业的特点。《民法通则》第四十二条规定："企业法人应当在核准登记的经营范围内从事经营。"企业法人应当通过营业来营利，营业是手段，营利是目的。只有通过合法的营业，才能达到营利的目的。其次，企业法人具有连续营业的特点。企业法人的经营活动具有连续性，而不是具有一时性。只有通过连续的营业，其营利目的才能得到实现。再次，企业法人以将其所获利润分配给出资者为目的。一个非企业法人也可进行非营利性质的民事活动，比如一个慈善性质的基金会，可将钱存于银行获得利息，还可以"按照合法、安全、有效的原则实现基金的保值、增值"(《基金会管理条例》第 28 条)。这些民事活动的目的在于增加法人的财产，但这些财产却不能分配给其捐赠人，而是必须用于章程规定的慈善目的。

第二，企业法人必须具有独立财产。企业法人的财产是与其出资者的财产彼此分离的。企业法人的独立财产是其独立进行生产经营和独立承担民事责任的基础。

第三，企业法人是依核准登记程序成立的法人。企业法人是生产经营活动的主要参与者，为了规范经济秩序，企业法人的成立必须经过核准登记。[①]

(2) 机关法人。机关法人是指因行使职权的需要而享有相应的民事权利能力和民事行为能力的国家机关。[②] 机关法人是我国立法特有的概念，包括权力机关法人、行政机关法人、司法机关法人和军事机关法人。机关法人的基本特征是：

第一，在设立上，国家机关依照法律或者行政命令设立，不需要进行核准登记程序，即可取得机关法人资格。

第二，在身份上，机关代表国家行使职权时，并不以法人的身份出现，它与有关社会组织或者自然人之间是领导与被领导或者监督与被监督的关系；机关因行使职权的需要而从事民事活动时，如购置办公用品、租用房屋或者交通工具等，便是以法人的资格进行活动的，这时它与其他当事人处于平等的法律地位。但机关不得经商办企业。[③]

---

① 应予特别说明的是，依我国《铁路法》第七十二条规定，铁路运输企业法人为各铁路局和铁路分局，火车站不具有法人资格。依我国《邮政法》第十二条规定，邮政企业法人为省会城市的邮电局、邮政局、电信局以及市、县、大型矿山、部队等所在地设置的邮电局、电话局、长途电话局等，邮电所不具有法人资格。依我国《商业银行法》第二十二条规定，人民银行总行和各商业银行总行具有法人资格，各银行分行、支行不具有法人资格。依我国《保险法》第八十条规定，保险分公司不具有法人资格。依我国《航空法》及有关规定，各航空公司为独立法人，各机场也为独立法人。见魏振瀛主编. 民法(第四版). 北京大学出版社、高等教育出版社，2010：78.

② 魏振瀛主编. 民法(第四版). 北京大学出版社、高等教育出版社，2010：78. 关于机关法人的定义，民法教科书中的表述不尽一致，有的只承认享有行政权力的机关，认为"机关法人是指依法享有国家赋予的行政权力，并因行使职权的需要而享有相应的民事权利能力和民事行为能力的国家机关"。参见马俊驹，余延满. 民法原论(第三版). 法律出版社，2007：117. 有的只承认享有行政权力和司法权力的机关，认为"国家机关是依法行使国家行政职权和司法职权的政权性组织，只包括国家行政机关和国家司法机关，不包括立法机关"。参见刘凯湘. 民法总论(第二版). 北京大学出版社，2008：183.

③ 魏振瀛主编. 民法(第四版). 北京大学出版社、高等教育出版社，2010：80.

第三，在财产上，机关法人的独立经费是由中央或者地方财政拨款而来，它主要用于参加各项必要的民事活动。机关法人以自己的名义参加民事活动产生的债务，应由它的独立经费给予偿还，若超过经费而另需抵补的，应由国家有关立法加以保证。[①]

(3) 事业单位法人。事业单位法人是指为了社会公益事业目的，从事文化、教育、卫生、体育、新闻等公益事业的单位。[②] 事业单位法人具有如下特征：

第一，在性质上，以公益为目的，而非以营利为目的。事业单位法人一般从事文化、教育、卫生、体育、新闻等公益事业活动，而不以营利为目的，一般不参与商品生产和经营活动，虽然有时也能取得一定利益，但属于辅助性质，且其所获利益只能用于其目的的事业，不能分配给出资人。[③]

第二，在设立上，依照法律规定或者行政命令组建的事业单位，从成立之日起，即具有法人资格；由自然人或者法人自愿组建的事业单位，应依法办理法人登记，方可取得法人资格。

第三，在财产上，事业单位所取得的收入可以作为预算外资金留作自用。它的独立经费主要来源于国家的财政拨款，也可以通过集资入股或者由集体出资等方式取得。事业单位以法人名义从事民事活动所产生的债务，应以其独立经费负清偿责任。[④]

(4) 社会团体法人。社会团体是指自然人或者法人自愿组成，为实现会员共同意愿，按照其章程开展活动的非营利性社会组织。[⑤] 社会团体不是大陆法系之“社团”，社会团体法人的概念不同于社团法人的概念。按照中国社会生活中的习惯用语，除国家机关、企业、事业单位以外的社会组织，均称为社会团体，社会团体概念比传统民法中的“社团”概念的外延宽。[⑥] 社会团体法人具有下列特征：

第一，在性质上，社会团体是一种民间组织，而非行政组织，其既不行使国家职能，也不是为了实现国家的文教、卫生、科学、体育等社会公益职能。但社会团体也不是为了设立人和其成员的自身利益，故多属中间法人。[⑦]

---

① 魏振瀛主编. 民法(第四版). 北京大学出版社、高等教育出版社，2010：80.

② 1998年10月25日，国务院颁布的《事业单位登记管理暂行条例》第2条的规定与此不同，强调事业单位法人由国家机关或其他组织利用国有资产举办。魏振瀛主编. 民法(第四版). 北京大学出版社、高等教育出版社，2010：79.

③ 例如，学校收取一定的学费；医院收取医疗费、住院费等。但无论何种事业单位，在涉及收费之类的经济问题上，应当遵从两个原则：一是应当遵守国家相关法律、法规和政策，不得滥设项目乱收费，二是不能将此必要的收费行为转化为营利目的。

④ 魏振瀛主编. 民法(第四版). 北京大学出版社、高等教育出版社，2010：79.

⑤ 参见《社会团体登记管理条例》第2条。依该条例第4条的规定，社会团体不得从事营利性经营活动，社会团体虽可收费或者从事一些赚取利润的活动，但各种活动所取得的财产只能用于其目的的事业，不能分配给会员。

⑥ 梁慧星. 民法总论(第四版). 法律出版社，2011：125.

⑦ 我国《社会团体登记管理条例》第四条第二款明确规定，“社会团体不得从事营利性活动”，但营利性目的和营利性手段是不同的概念，社会团体法人“不得从事营利性活动”是指其不得将从事任何有经济利益的活动而取得的收益在成员之间进行分配。而非指其不能从事任何以营利为手段的、有经济收益的行为，如集邮协会通过举办集邮展览而出售门票，进而取得收入，法律不应禁止。又如律师协会举办律师培训项目，向参加培训的律师收取一定的费用，法律应当允许。参见刘凯湘. 民法总论(第二版). 北京大学出版社，2008：184—185. 然而，社会团体的收费行为与前文所述事业单位的收费行为一样，在收费原则上仍然应当遵守相关法律、法规和政策，不应滥设项目乱收费，同时不应转化为纯粹营利性质的行为。

第二，在设立上，社会团体是在符合我国宪法和法律精神的原则下，为达到一定目的，由自然人或法人自愿结合而成。也就是说，社会团体法人的设立不是由国家设立，而是根据成员的自愿联合而设立。

第三，在管理上，各成员参加本团体事务的管理工作。会员大会是社会团体的最高权力机关，社会团体的宗旨、业务范围、重大活动、管理机构等均由会员大会决定。

第四，在财产上，由参加成员出资或由国家资助的办法建立团体财产和活动基金①，这些财产和基金属于社会团体所有，除依法规定的特别基金外，应以其担负社会团体的债务责任。②

根据1950年政务院颁布的《社会团体登记暂行办法》规定，社会团体包括党派团体、人民群众团体、社会公益团体、学术研究团体、文学艺术团体、宗教团体等。根据国务院1989年发布的《社会团体登记管理条例》规定，社会团体包括协会、学会、联合会、研究会、基金会、联谊会、促进会、商会等。比较前后两个规定可以发现，对于“党派团体”和“人民群众团体”，前者明确规定为社会团体法人，后者则未予言明。有学者认为，其应当归属于社会团体法人③，也有学者认为应当属于机关法人或准机关法人。④

2. 国外立法和学理对法人的分类

（1）公法人与私法人。由于大陆法系公法与私法划分的传统，相应的公法上的法人与私法上的法人则是一种合乎逻辑的分类。⑤ 公法人与私法人的划分是传统民法的基本分类。所谓公法人是指以社会公共利益为目的，由国家或者公共团体依公法所设立的行使或者分担国家权力或者政府职能的法人；所谓私法人是指以私人利益为目的，由私人依私法而设立的法人。对于那些以私人目的而设立但又与公众有密切联系并被授予某些公共职能的法人，如桥梁、铁路、市内交通、电话电报等公司，有的学者主张应定为准公法人或者中间法人。⑥ 严格说，私法人是最纯粹的民法上的法人，公法人得为法人，应指其涉及私法领域时的主体性的一面，而不指其行使公权力的一面。⑦

① 在我国，各种社会团体的活动经费的来源一般有三种途径：一是成员出资，包括社会团体成立之时的初始出资和成立后的继续出资；二是接受其他自然人或组织的捐助；三是通过从事有经济收益的活动获得收入。实务中，接受捐助往往是社会团体取得经费的主要途径，社会团体接受自然人和组织的捐助受下列规则的约束：其一，接受捐赠和资助应当符合其章程规定的宗旨和业务范围；其二，应当根据与捐赠者或资助人约定的方式使用经费，以及根据约定向捐赠人或资助人报告经费的使用情况；其三，应当向业务主管单位报告接受、使用捐赠、资助的有关情况，并以适当的方式向社会公布。参见刘凯湘．民法总论（第二版）．北京大学出版社，2008：185.

② 此外，社会团体法人均须制定章程，并经国家主管部门审核批准予以登记后，才能在其核准登记的业务范围及活动地区进行活动。参见马俊驹，余延满．民法原论（第三版）．法律出版社，2007：117—118.

③ 江平主编．法人制度论．中国政法大学出版社，1994：71．龙卫球．民法总论（第二版）．中国法制出版社，2002：343.

④ 张俊浩主编．民法学原理．中国政法大学出版社，1991：181．佟柔主编．民法原理．中国人民大学出版社，1990：110.

⑤ 李永军．民法总论．法律出版社，2006：296.

⑥ 魏振瀛主编．民法（第四版）．北京大学出版社、高等教育出版社，2010：82．严格说来，由于这类法人拥有私法人的一切权能，因此在本质上属于私法人，但鉴于其被授予某些公共职能，又具有公法人的特点，因而在行使公共职能时有关公法人的法律规范亦适用于此类法人。参见马俊驹，余延满．民法原论（第三版）．法律出版社，2007：114.

⑦ 龙卫球．民法总论（第二版）．中国法制出版社，2002：335.

传统民法区分公法人和私法人的意义具体说来包括：一是诉讼方式不同。对于公法人因行使公共权力所生争执，依行政救济程序解决，或行政复议或行政诉讼；对于私法人间所生争执，依民事诉讼程序或者仲裁程序解决。二是损害赔偿依据不同。公法人及其职员因侵权行为所生损害，依国家赔偿法或者特别规定承担损害赔偿责任；私法人及其职员因侵权行为所生损害，依民法规定承担损害赔偿责任。[①] 我国《民法通则》未区分公法人与私法人。我国多数学者认为，区分公法人与私法人在理论上和实务上意义不大。[②]

（2）社团法人与财团法人。以法人成立的基础为标准，私法人可分为社团法人与财团法人。社团法人与财团法人的划分是传统民法的基本分类，也是大陆法系最重要的分类。所谓社团法人是指以社员为基础的人的集合体，也称为人的组合，公司、合作社、各种协会与学会等都是典型的社团法人。财团法人是指为一定目的而设立的，并由专门委任的人按照规定的目的使用的各种财产，也称财产组合。各种基金会组织、寺院、慈善组织、诺贝尔奖等都是典型的财团法人。[③]

社团法人和财团法人的区分意义在于前者以人为基础，后者以特定财产为基础，导致设立行为、设立程序、设立人地位、变更和解散的条件等制度的差别。社团法人以社员大会为意思机关或权力机关，董事会或理事会系依据其指示进行管理。财团法人则无社员大会或意思机关[④]，只有一个管理机关，依章程目的进行管理；财团有时设有受益人。我国《民法通则》未区分社团法人与财团法人，但结合我国具体实际，实务上区分社团法人与财团法人的意义在于：有些社会组织，例如村民委员会、居民委员会等群众自治组织进行民事活动时，无法归于企业法人、机关法人、事业单位法人和社会团体法人的范围，而将其归于社团法人较为准确。[⑤]

（3）公益法人、营利法人与中间法人。根据法人成立或者活动的目的不同，法人可分为营利法人、公益法人和中间法人。[⑥] 营利法人是指以营利并分配给其成员为活动目的的法人，例如公司等。公益法人是指以公益事项为其活动目的的法人，例如学校、医院、慈善组织等。中间法人是指既非以营利为目的又非以公益为目的法人，例如商

① 魏振瀛主编．民法（第四版）．北京大学出版社、高等教育出版社，2010：82．

② 张俊浩主编．民法学原理．中国政法大学出版社，1991：167．魏振瀛主编．民法（第四版），北京大学出版社、高等教育出版社，2010：82．但也有学者认为，在我国区分公法人和私法人有其独特的重要意义，尤其对于解决至今仍然广泛存在的政企不分体制有重要的意义。公法人以公权力为目的，当然不得进行带有任何商业目的的营利性行为，否则不仅混淆了公私的界限，模糊了公权力和私权利的区分价值，对于有序、公平的市场秩序的建立更为有害，并且对于民主政治的建立也十分不利。详细论述参见刘凯湘．民法总论（第二版）．北京大学出版社，2008：176—177．

③ 魏振瀛主编．民法（第四版）．北京大学出版社、高等教育出版社，2010：81．

④ 社团法人有自己的意思机关，故又称自律法人；财团法人则没有该机关，故又称他律法人。参见魏振瀛主编．民法（第四版）．北京大学出版社、高等教育出版社，2010：81．需要指出，通说认为财团法人没有意思机关，只有一个执行任务的管理机关。参见[德]卡尔・拉伦茨．《德国民法通论》（上）．王晓晔等译．法律出版社，2003：179．史尚宽．民法总论．中国政法大学出版社，2000：142．但也有学者认为，任何法人均有其意思机关，董事或理事应视为财团法人的意思机关。参见尹田．民事主体理论与立法研究．法律出版社，2003：222—223．

⑤ 魏振瀛主编．民法（第四版）．北京大学出版社、高等教育出版社，2010：81．

⑥ 对此，德国、瑞士等国民法将社团法人分为经济社团法人与非经济社团法人两种；我国台湾地区民法分为营利法人和非营利法人，非营利法人又可分为公益法人和中间法人。特此说明。

会、工会、行业联合会、同乡会、校友会等。

传统民法区分营利法人与公益法人的意义是：第一目的不同。营利法人以营利并分配给其成员为目的；公益法人以公益为目的。第二设立准则不同。营利法人的设立依特别法如公司法的规定设立；而公益法人除有特别法外，一般依民法的规定设立。第三设立程序不同。营利法人的设立，除有特别规定外，一般不需要得到主管机关的许可；公益法人则必须得到这种许可后才能成立。第四法律形式不同。营利法人只能采取社团法人的形式；公益法人既可采取社团法人形式，又可采取财团法人形式。第五民事活动的范围不同。营利法人可从事各种营利性事业；公益法人无权从事以向其成员分配营利为目的的营利性事业，否则构成违法。①

（三）案例 26 分析

我国的法人类型分为企业法人、机关法人、事业单位法人和社会团体法人。企业法人是指以营利为目的，独立从事商品生产和经营活动的法人。依组织形态的不同，企业法人可进一步分为公司和非公司企业法人。

本案中，旭阳经贸有限公司主要从事石油化工、矿山冶金、港口机械、水电铁道设备等厂家的备品备件经营，属于企业法人。其注册资本为人民币 200 万元，符合公司注册资本的有关要求，因此旭阳经贸有限公司属于企业法人中的公司法人。

【案例思考】

1. 公民陈某是四海贸易公司的业务科长。1992 年 6 月因其个人债务急需用钱，找到吕国栋，说是因公司的业务需要借款 5 万元，吕国栋同意借款，但要求陈某提供担保。陈某找到自己的小学同学王某，说是四海贸易公司有一笔业务很紧急，因资金不足向吕国栋临时借 5 万元，7 月份就可还钱，请求王某为借款作担保。王某是当地有名的个体户，资金充裕，吕国栋见王某是保证人，遂同意借款。吕国栋与陈某签了 5 万元借款合同，在“借款人”一栏，陈某填上了四海贸易公司，并签了自己的名字，没有盖公司的公章。在“保证人”一栏，王某也签上了自己的名字。陈某拿到款后，即用以偿还其个人债务。现借款期满，陈某无力偿还借款，吕国栋要求保证人王某还款，王某则认为自己是因被欺诈而担保的，拒绝代为偿还。

问题：该案中四海贸易公司是否应当偿还借款？

2. 甲、乙、丙经协商共同成立金日搬家有限责任公司，甲为董事长并担任公司的法定代表人，乙为业务经理，丙为财务负责人。在一次搬运的过程中，公司员工王某、李某工作中打闹嬉戏不慎将客户赵某阳台上的一盆花碰落，恰好砸在行人刘某的头上，刘某为此支付了医疗费和其他费用 8 万元。

问题：刘某所受损害应该由谁承担责任？为什么？

① 魏振瀛主编. 民法(第四版). 北京大学出版社、高等教育出版社，2010：81—82. 马俊驹，余延满. 民法原论(第二版). 法律出版社，2005：117. 王利明，杨立新，王轶，程啸. 民法学(第二版). 法律出版社，2008：62.

第二节 法人的民事能力

一、法人的民事权利能力

（一）案例27简介

2005年8月15日，某银行与恒达水泥厂、林西建材厂签订了一份由恒达水泥厂借款100万元并由林西建材厂提供抵押担保的最高额抵押担保借款合同。银行依约履行借款义务后，恒达水泥厂却未能按约归还借款本息，林西建材厂也未履行担保义务。银行经催要未果，遂于2011年5月20日以恒达水泥厂为第一被告、林西建材厂为第二被告向法院提起诉讼。法院经审理查明，恒达水泥厂因未按规定参加2008年度企业年检，已于2009年9月20日被吊销了企业法人营业执照。

问题：被吊销营业执照后，恒达水泥厂还能否从事民事活动?

（二）相关知识点

1. 法人民事权利能力的含义

法人民事权利能力，是指法人依法享有民事权利和承担民事义务的资格。法人的民事权利能力是法人在参与市场经济活动中所应当享有的能力，不包括法人在行政关系中享有权利和承担义务的资格。从这个意义上说，法人的权利能力只限于市民社会的生活而不能及于政治国家的生活。①我国《民法通则》第三十六条第二款规定："法人的民事权利能力和民事行为能力，从法人成立时产生，到法人终止时消灭。"

2. 法人民事权利能力的特征

同自然人的民事权利能力相比，法人的民事权利能力具有如下特征：

（1）法人不享有自然人与人身不可分离的权利。法人非如自然人有肉体之生理的存在，不得享受自然人固有之权利，即：①以生理存在为前提的人格权，例如生命权、身体权、身体自由权，不得享有，但不以此为前提的人格权，例如名誉权、名称权、信用权、精神的自由权等，不妨享有。②由血族团体关系所生亲属上的权利，例如亲权、配偶权，不得享有。②

（2）法人的权利能力受到法律、行政法规的限制。自然人的权利能力具有普遍性和平等性，但法人只能在法律或行政命令的范围内，具有享有权利和承担义务的能力。各种法人享有的能力也不相同。每个法人的社会职能不同，它也只能享有法律依据其

① 江平主编.法人制度论.中国政法大学出版社，1994:22.

② 参见史尚宽.民法总论.中国政法大学出版社，2000:153.该书还分析了法人财产继承权和监护权的问题，认为，以财产继承为目的的财产继承权，其享有不必为不可能，因民法以继承人限于其与被继承人有一定身份关系，所以法人无继承权，但法人不妨接受遗赠。法人不得为法定监护人，甚为明确，但对指定或选定监护人，对于受监护人无须有一定身份关系，有主张法人不妨为监护人。

社会职能而享有的权利能力。[①] 例如，我国《商业银行法》第四十三条规定："商业银行在中华人民共和国境内不得从事信托投资和股票业务，不得投资于非自用不动产。商业银行在中华人民共和国境内不得向非银行金融机构和企业投资。"

（3）法人的权利能力受其章程和目的的限制。这就是说，法人的权利能力要受到其设立人的意志的约束，其设立人在设立法人时确立的目的范围也直接决定了法人的能力范围。相应地，法人的权利能力应当在其章程等文件中加以确定。[②] 德国通说认为，法人的权利能力不应受目的的限制（公法人的权利能力受目的限制，是例外），因为与法人交易的相对人难以确知法人的权利能力，将法人目的之外的行为一律认定无效，有碍交易安全。[③] 就我国立法和司法实践而言，法人所为超越目的范围以外的行为是否有效，应根据不同的情况分别处理。对于企业法人超越经营范围之行为，应当从鼓励交易的立场加以判断其效力。例如我国《合同法》第五十条规定："法人或者其他组织的法定代表人、负责人超越权限订立的合同，除相对人知道或者应当知道其超越权限的以外，该代表行为有效。"但对机关法人的经营商业，显然超出了机关法人设立的目的，其经商行为无效。[④]

3. 法人民事权利能力的开始和终止

（1）法人民事权利能力从法人成立时开始。我国《民法通则》第三十六条第二款规定："法人的民事权利能力和民事行为能力，从法人成立时产生，到法人终止时消灭。"具体而言，企业法人从其办理完登记手续并领取法人营业执照之日享有民事权利能力。事业单位法人和社会团体法人需要办理工商登记的，从其办理完登记手续之日享有民事权利能力；不需要办理登记的，从成立之日起具有民事权利能力。国家机关法人自批准成立时即告成立，享有民事权利能力。[⑤]

（2）法人的权利能力到法人终止时消灭。法人因解散、破产、依法被撤销或者其他原因终止时，其民事主体资格原则上就不复存在，但是，根据我国《民法通则》第四十条规定："法人终止，应当依法进行清算，停止清算范围外的活动。"据此，清算阶段的法人仍享有权利能力，法人资格并未消灭，但此时的权利能力限于清算范围内的活动。[⑥] 我国《民法通则》第四十六条规定："企业法人终止，应当向登记机关办理注销登记并公告。"即法人自注销登记之日起丧失民事主体资格，其民事权利能力和民事行为能力终止。

（三）案例27分析

法人的权利能力到法人终止时消灭。法人因解散、破产、依法被撤销或者其他原因终止时，其民事主体资格原则上就不复存在，但是，清算阶段的法人仍享有权利能

① 王利明，杨立新，王轶，程啸. 民法学（第二版）. 法律出版社，2008：64.
② 王利明. 民法总论. 中国人民大学出版社，2009：168.
③ 黄立. 民法总则. 中国政法大学出版社，2002：121—126. 龙卫球. 民法总论. 中国法制出版社，2001：390—393.
④ 魏振瀛主编. 民法（第四版）. 北京大学出版社、高等教育出版社，2010：84.
⑤ 刘凯湘. 民法总论（第二版）. 北京大学出版社，2008：192. 王利明. 民法总论. 中国人民大学出版社，2009：168.
⑥ 王利明. 民法总论. 中国人民大学出版社，2009：168.

力，法人资格并未消灭，但此时的权利能力限于清算范围内的活动。企业法人终止，应当向登记机关办理注销登记并公告。即法人自注销登记之日起丧失民事主体资格，其民事权利能力和民事行为能力终止。

本案中，恒达水泥厂2009年9月20日被吊销了企业法人营业执照，此时，其法人资格并未消灭，但此时的权利能力仅限于清算范围内的活动，应当依法进行清算，不能再从事其他民事活动。

二、法人的民事行为能力

（一）案例28简介

某公司与外商签订了一份20年期限的供货合同，外商已按照合同的约定向该公司支付了合同总标的额1/3的首付款。但是，由于该公司未按规定参加每年一度的企业年检注册，已被当地工商行政管理机关吊销了营业执照，现在外商向该公司提出：要么继续履行合同，要么由该公司承担相应的违约赔偿责任。

问题：该公司的合同还能否继续履行？

（二）相关知识点

1. 法人民事行为能力的概念

法人的民事行为能力，是指法人能以自己的行为取得民事权利和承担民事义务的资格。也就是法律赋予法人独立进行民事活动的能力。法人的民事行为能力，不仅包括法人为民事法律行为的能力，也包括承担民事责任的责任能力。

2. 法人民事行为能力的特征

与自然人的民事行为能力相比较，法人的民事行为能力有以下特征：

（1）法人民事行为能力享有的时间与其民事权利能力享有的时间一致。而自然人的民事权利能力和民事行为能力在取得时间和消灭时间上并不一致。我国《民法通则》第三十六条第二款规定："法人的民事权利能力和民事行为能力，从法人成立时产生，到法人终止时消灭。"可以看出法人民事行为能力从法人成立时开始。具体而言，企业法人从其办理完登记手续并领取法人营业执照之日具有民事行为能力。事业单位法人和社会团体法人需要办理工商登记的，从其办理完登记手续之日具有民事行为能力；不需要办理登记的，从成立之日起具有民事行为能力。国家机关法人自批准成立时即告成立，具有民事行为能力。法人民事行为能力到法人终止时消灭。即法人因解散、破产、依法被撤销或者其他原因终止时，其民事行为能力原则上就不复存在。根据我国《民法通则》第四十条规定："法人终止，应当依法进行清算，停止清算范围外的活动。"据此，清算阶段的法人仍具有民事行为能力，此时的民事行为能力仅限于清算范围内的活动。我国《民法通则》第四十六条规定："企业法人终止，应当向登记机关办理注销登记并公告。"即法人自注销登记之日起民事行为能力才真正终止。而自然人的民事权利能力和民事行为能力在取得时间和消灭时间上并不一致，有关内容前文已述，此不多言。

（2）法人民事行为能力的范围与民事权利能力的范围在通常是一致的。自然人的行为能力与其权利能力可以是一致的，也可以是不一致的，该不一致以法律设立监护人或代理人制度化解。

(3) 法人民事行为能力由法人机关或者代表人实现。法人机关具体指法人的组织机构，组织机构是法人的必备条件之一。法人机关或者代表人以自己的意思表示，代表着法人的团体意志，根据法律、章程而实施的民事行为，就应认为是法人的行为，其法律后果由法人承担。在企业法人，该代表机构谓之法定代表人。法定代表人必须是有完全民事行为能力的自然人，在以法人的名义实施民事法律行为时，法定代表人所作的意思表示，就是法人本身的意思表示，而不是法定代表人个人的意思表示。所以，应由法人承受法定代表人意思表示的效果。相比之下，自然人的民事行为能力通常由其自身行为实现。

(三) 案例28分析

法人的民事行为能力，到法人终止时消灭。法人终止，应当依法进行清算，停止清算范围外的活动。清算阶段的法人仍具有民事行为能力，法人资格并未消灭，但此时的民事行为能力仅限于清算范围内的活动。

本案中，某公司未按规定参加每年一度的企业年检注册，已被当地工商行政管理机关吊销了营业执照，此时其民事行为能力仅限于清算范围内的活动，应当依法进行清算，停止清算范围外的活动。因此不能继续履行合同，应承担相应的违约赔偿责任。由于该公司被当地工商行政管理机关吊销了营业执照而终止，应当由清算组织负责向外商清偿债务。

【案例思考】

1. 1997年5月，A市商贸公司与B市农业生产资料综合门市部签订了一份钢材购销合同，合同规定，由商贸公司供给该综合门市部250吨进口螺纹钢，总价款为40万元，商贸公司应于同年10月底在天津港报关、商检后交货。同年10月25日，商贸公司从俄罗斯进口螺纹钢250吨抵达天津港后，立即通知综合门市部前往接货并支付价款，后者则以种种借口拖延。为避免支付更多的仓储费用，商贸公司于11月10日将钢材从港口取回，堆放在自己的露天货场，后被盗走50吨，另有部分钢材生锈。由于多次催促提货未果，商贸公司遂向法院起诉，要求综合门市部提货、支付货款及违约金并赔偿损失。被告则称自己为农业生产资料综合门市部，购销钢材为超越经营范围，要求确认合同无效。

问题：本案涉及企业法人超越经营范围订立的合同的效力如何？应如何处理？

2. 2007年12月22日，原告明亿有限责任公司（以下简称明亿公司）与被告五色金属线材厂（以下简称五线厂）订立供货合同一份，约定明亿公司每月为五线厂提供原料钢材，五线厂于每月20日前给付上月货款。在履行合同的过程中，五线厂累计欠明亿公司货款12.8万元。因追索货款未果，明亿公司诉至法院要求被告五线厂给付货款。庭审中，被告五线厂提交《处理协议》一份，证明原告的业务员黄某代表明亿公司就货物的质量问题赔偿五线厂10.4万元，明亿公司诉求的款项应扣除该赔偿款。

问题：被告五线厂提交的《处理协议》是否有效？

第三节　法人的法定代表人及法人机关

一、法定代表人

（一）案例29简介

甲、乙、丙经协商共同成立德利搬家有限责任公司，甲为董事长并担任公司的法定代表人，乙为业务经理，丙为财务负责人。公司章程约定：购置公司财产超过10万元的，应当经过三人协商同意。为更换车辆，更好地承接任务，甲未经与乙、丙协商即定购了一辆价值20万元的运货车。在购买车辆问题上，甲与乙、丙产生纠纷。

问题：甲所签订车辆买卖合同效力如何？为什么？

（二）相关知识点

1. 法定代表人的概念和特征

根据我国《民法通则》第三十八条规定，法人的法定代表人是指依照法律或者法人组织章程规定，代表法人行使职权的负责人。法定代表人是法人的组成部分，是法人的主要负责人，有权执行法人章程、条例或者设立命令所规定的事项以及法人权力机关所决定的事项，有权代表法人对外进行民事活动。法定代表人以法人名义实施的行为就是法人的行为。法定代表人的更换属于法人的变更，但不会导致法人主体资格的变化。法定代表人具有以下特点：

（1）法定代表人是由法律或者法人的组织章程规定的。我国实行单一法定代表人制，因为"法人是一个整体，为了保证法人意志及行为的完整性、统一性，只能由一个人来作为法人的法定代表人"①。一般认为法人的正职行政负责人为其法定代表人。例如我国《全民所有制工业企业法》第七条规定法定代表人为厂长或经理；我国《公司法》第十三条规定法定代表人为董事长或执行董事或总经理；我国《证券法》第一百零七条规定证券交易所的法定代表人为总经理等。联营企业的法定代表人一般是通过章程规定由总经理或董事长担任。企业组织章程规定法定代表人的代表地位，必须符合国家有关法律、法规规定。

（2）法定代表人是代表法人行使职权的负责人。法定代表人对内负责法人的全面工作，对外代表法人，按照法人的意志行使权利。法定代表人必须是法人的主要行政负责人。最高人民法院《关于适用〈中华人民共和国民事诉讼法〉若干问题的意见》第三十八条规定："法人的正职负责人是法人的法定代表人。没有正职负责人的，由主持工作的副职负责人担任法定代理人。设有董事会的法人，以董事长为法定代表人；没有董事长的法人，经董事会授权的负责人可作为法人的法定代表人。不具备法人资

① 转引自王连合.法人制度理论与实践若干问题的思考.昆仑法学论丛(第二卷).北京大学出版社，2005.

格的其他组织，以其主要负责人为代表人。”

（3）法定代表人是代表法人进行业务活动的自然人。法定代表人只能是自然人，且该自然人只有代表法人从事民事活动和民事诉讼活动时才具有这种身份。当自然人以法定代表人的身份从事法人业务时，并不是独立的民事主体，而是法人这一民事主体的代表。[①]

2. 法定代表人的条件

（1）必须具有完全民事行为能力。

（2）必须具有一定的管理能力和业务知识。

（3）须不存在不得担任法定代表人的情形。依我国《公司法》第一百四十七条规定，有下列情形之一的，不得担任公司的董事、监事、高级管理人员：①无民事行为能力或者限制民事行为能力；②因犯有贪污、贿赂、侵占财产、挪用财产罪或者破坏社会经济秩序罪，被判处刑罚，执行期满未逾5年，或者因犯罪被剥夺政治权利，执行期满未逾5年；③担任因经营不善破产清算的公司、企业的董事或者厂长、经理，并对该公司、企业的破产负有个人责任的，自该公司、企业破产清算完结之日起未逾3年；④担任因违法被吊销营业执照、责令关闭的公司、企业的法定代表人，并负有个人责任的，自该公司、企业被吊销营业执照之日起未逾3年；⑤个人所负数额较大的债务到期未清偿。

（4）已担任一个法人的法定代表人者，原则上不得再担任其他法人的法定代表人。我国《公司法》第七十条规定，国有独资公司的董事长、副董事长、董事、高级管理人员，未经国有资产监督管理机构同意，不得在其他有限责任公司、股份有限公司或者其他经济组织兼职。

3. 法定代表人越权代表的效力

我国《民法通则》第三十八条规定：“依照法律或者法人组织章程规定，代表法人行使职权的负责人，是法人的法定代表人。”由此可知，法定代表人代表权的范围就是法律或者法人组织章程的有关规定。这就要求法定代表人需在其职权范围内行使其职权，对此我国《民法通则》第四十九条专门作出了规定。但是，在现实生活中常有法定代表人越权代表现象，对于越权代表所产生的法律效力问题，理论界亦有不同的主张：有人主张应归于无效，但多数人不同意此种观点，认为其效力不可一概而论。例如有学者主张为了法人的利益，可赋予法人追认权，但这显然对第三人不利。因此，基于维护交易安全并保护善意第三人的利益，根据第三人主观上的善意或恶意而认定越权行为的效力是较合理的做法。[②] 具体而言，法人要为法定代表人的越权代表行为对善意第三人负责，这就是法人代表制度中的表见代表。但是，对于恶意的第三人，该行为应纯属法定代表人的无权代表行为，即个人行为，法人不承担任何责任。[③] 我国《合同法》第五十条规定：法人或者其他组织的法定代表人、负责人超越权限订立的合

① 马俊驹，余延满. 民法原论(第三版). 法律出版社，2007：130. 魏振瀛主编. 民法(第四版). 北京大学出版社、高等教育出版社，2010：88.

② 王连合. 法人制度理论与实践若干问题的思考. 昆仑法学论丛(第二卷)，北京大学出版社，2005.

③ 张学文. 董事越权代表公司法律问题研究. 中国商法学精粹(2001年卷). 机械工业出版社，2002.

同，除相对人知道或者应当知道其超越权限的以外，该代表行为有效。即法人的法定代表人超越权限与善意第三人签订的合同有效。法定代表人的权限可以受到法人的章程或者法人相关机关决议的限制，但该项限制不得对抗第三人，除非该第三人知道或者应当知道此限制。

（三）案例29分析

法人或者其他组织的法定代表人、负责人超越权限订立的合同，除相对人知道或者应当知道其超越权限的以外，该代表行为有效。即法人的法定代表人超越权限与善意第三人签订的合同有效。法定代表人的权限可以受到法人的章程或者法人相关机关决议的限制，但该项限制不得对抗第三人，除非该第三人知道或者应当知道此限制。

本案中，公司章程虽然约定，购置公司财产超过10万元的，应当经三人同意，但是该内部约定对于善意第三人来说不具有约束力。甲作为法定代表人，其超越权限与第三人订立的合同应为有效合同。所以甲所签订车辆买卖合同是有效的。

二、法人机关

（一）案例30简介

淮海制药股份有限公司与乙企业订立了一份买卖合同，约定由乙企业向淮海制药股份有限公司提供一套设备，淮海制药股份有限公司应于收货后向乙企业付款160万元。后淮海制药股份有限公司因原董事会换届，新董事长上任后改变了该公司的经营计划，原订的设备不再需要。因此，在乙企业按合同交付该套设备时，淮海制药股份有限公司的新任董事长指令拒收，并提出这是原董事长签订的合同，现在要对以前的合同进行清理，原来所签订的买卖合同无效。

问题：淮海制药股份有限公司新董事长能否拒收乙企业提供的设备？

（二）相关知识点

1. 法人机关的概念

法人机关是指根据法律或法人章程的规定，对内管理决定法人内部事务，对外代表法人从事民事活动并对其进行监督的个人或者集体。① “法人机关对法人意义重大，是法人得以完成其目的的事务和实际承受法律关系的执行力量。”② 法人机关是法人组织体的核心组成部分，负有形成法人意思和代表法人活动的职能。没有法人机关，法人就无法实现其民事权利能力和民事行为能力，无法成为独立的民事主体。

2. 法人机关的特征

（1）法人机关是根据法律、章程或者条例的规定而设立。我国企业法人、机关法人、事业单位法人的机关是依法律或者条例的规定而设立的；依照《公司法》规定，

① 王连合.法人制度理论与实践若干问题的思考.昆仑法学论丛(第二卷).北京大学出版社，2005.

② 龙卫球.民法总论.中国法制出版社，2001:412.

公司法人的机关依法律和章程设立；社会团体法人的机关主要依章程而设立。①

(2) 法人机关由单个的个人或者集体组成。法人机关由一个自然人组成的，为独任制机关。法人机关由两个以上自然人组成的，为合议制机关。合议制机关有职工代表大会、理事会、董事会、管理委员会等形式。独任制机关有厂长、经理等形式。法人的意思机关通常采用合议制形式；法人的执行机关通常采用独任制形式。②

(3) 法人机关是法人的有机组成部分，有权代表法人进行活动。法人为组织体，组织必有其构成组织之各种部分，此各种部分，即为法人机关。③ 但法人机关并非独立主体，它不能独立于法人之外而单独存在，而是依附于法人，并且作为法人组织机构的一个重要组成部分而存在。同时，任何社会组织要成为法人，也必须设立自己的机关，法人的机关与法人同时产生。否则，法人就无法实现其民事权利能力和民事行为能力，就无法成为独立的民事主体。④

法人机关对内负责法人的生产经营或者业务管理，对外代表法人进行民事活动。在法律、章程规定的范围内，法人机关所为的民事行为就是法人的民事行为，其法律后果由法人承担，不需要法人就这些行为进行特别授权。因此，法人机关是法人的权利能力和行为能力的行使者。⑤

(4) 法人机关的活动具有连续性。由于作为法人机关的自然人在进行法人活动时并不代表自己，而代表法人，因此，在充当法人机关的自然人发生更替时，继任者要受前任行为的约束，不得以充当法人机关的自然人发生更替为由拒绝承任其前任所为的法律行为的效果。⑥

3. 法人机关的构成

(1) 法人的权力机关。权力机关也称意思机关或决策机关，它是形成法人的意志，对法人的生产经营或业务管理即法人事务中的重大问题作出决定的机关，是产生并领导和监督法人其他机关的机关。如股份有限公司中的股东大会、有限责任公司中的股东会等。

(2) 法人的执行机关。执行机关也称管理机关，是法人权力机关的执行机关，是法人意志的执行和实现机关，它行使法律、法令或章程规定的权利，执行权力机关的决议，负责实现业已形成的法人意志，组织指挥法人内部各部分之间协调运转，由其主要负责人代表法人对外进行民事活动。其主要负责人就是法人的法定代表人，是法人的代表机关。任何法人皆须有执行机关，否则法人的目的事业无法完成。执行机关由单个自然人担任时，称为执行董事；由自然人团体担任时称董事会。例如有限责任公司中的执行董事和股份有限公司中的董事会等。

(3) 法人的监督机关。监督机关是指对法人的执行机关的行为进行监督的机关。监督机关可由单个自然人担任，也可以由自然人团体担任。例如有限责任公司的监事、

① 魏振瀛主编. 民法(第四版). 北京大学出版社、高等教育出版社，2010:87.

② 彭万林主编. 民法学(修订版). 中国政法大学出版社，2007:95.

③ 郑玉波. 民法总则. 中国政法大学出版社，2003:187.

④ 魏振瀛主编. 民法(第四版). 北京大学出版社、高等教育出版社，2010:87.

⑤ 彭万林主编. 民法学(修订版). 中国政法大学出版社，2007:95.

⑥ 彭万林主编. 民法学(修订版). 中国政法大学出版社，2007:95.

股份公司的监事会等。一般情况下，法人的权力机关、监督机关是法人的任意机关，由法人根据需要设立，而法人的执行机关是法人的必设机关，而且是常设机关；但是依据法律规定或者法人性质，法人必须设权力机关、监督机关的，权力机关、监督机关亦为必设机关。

4. 法人机关与法人的关系

传统民法中对于法人机关与法人的关系主要有两种学说：一是代理说。该说认为法人只是拟制人，它本身无意思能力和行为能力。因此法人进行民事活动由作为法人机关的自然人代理。法人机关是法人的代理人。法人机关负责人是法人的法定代理人，其相互之间的关系依代理规则处理。二是代表说。该说主要被法人实在说所采纳，认为法人是实在的社会组织体，有民事权利能力和行为能力，其民事活动由作为其本身构成部分的法人机关代表进行，法人机关是法人意志的形成者和执行者，法人机关在其权限范围内的活动为法人本身的活动。法人机关是法人的代表者，法人机关与法人的关系是代表关系。

通说认为，法人机关是法人的组成部分，法人机关与法人只有一层法律人格。法人机关在其权限范围内所为的一切行为，均为法人本身的行为，其行为后果由法人承担。法人机关不是独立的权利主体，而是法人的有机组成部分。法人机关与法人的关系是部分与全体之间的关系。这种关系不同于代理关系。[①] 具体来说，法人与法人机关的关系与代理关系之不同表现在以下几个方面[②]：其一，在代理关系中，代理人与被代理人是两个独立的民事主体，亦即存在代理人与被代理人的二元对立关系；而法人机关与法人的关系，为部分与全体的一元关系。其二，在代理关系中，必须有代理人的意思和被代理人的意思，即存在两个意思；而在法人机关与法人的关系中，只有一个意思，即法人意思。其三，在代理关系中，代理行为是代理人的行为，不是被代理人的行为，只不过这种行为后果依代理规则直接由被代理人承担；而法人机关的行为，就是法人的行为，其行为后果自然归属于法人。

我国民法采法人实在说，明确规定依照法律规定或法人章程代表法人行使职权的负责人是法人的法定代表人。法人机关作为法人的核心的有机构成部分，与法人具有同一法律人格。法人机关在其权限范围内所为的一切行为，均为法人本身的行为，其行为后果由法人承担。包括法定代表人在内的法人机关组成人员的更换属于法人的变更，但不会导致法人的主体资格变化。

（三）案例30分析

法人的执行机关也称管理机关，负责实现业已形成的法人意志，组织指挥法人内部各部分之间协调运转，由其主要负责人代表法人对外进行民事活动。其执行机关主要负责人就是法人的法定代表人，是法人的代表机关。股份有限公司的执行机关是由

① 魏振瀛主编.民法(第四版).北京大学出版社、高等教育出版社，2010：89.

② 梁慧星.民法总论(第三版).法律出版社，2007：141.魏振瀛主编.民法(第四版).北京大学出版社、高等教育出版社，2010：89.

作为自然人团体的董事会组成。包括法定代表人在内的法人机关组成人员的更换属于法人的变更，不会导致法人的主体资格变化。

本案中，淮海制药股份有限公司因执行机关即董事会换届，新董事长上任后仍然对外代表原来的淮海制药股份有限公司。因此，淮海制药股份有限公司董事会换届以及新任董事长的产生不能改变其法人的主体资格，原订立的合同仍然有效，淮海制药股份有限公司新董事长不能拒收乙企业提供的设备。

【案例思考】

1. 江西省鄱阳县的陈女士与朋友饶某和薛某共同注册了一家网络科技公司，饶某占60%的股份并担任法人代表，陈女士占20%股份、薛某占20%股份，公司的主要财产是一家大型的网吧。由于数月来网吧一直亏损，于是饶某就想把网吧转让出去，陈女士明确表示不同意，正在二人对公司的去向争执不休时，陈女士的父亲突然生病住院，陈女士只好放下手中的工作照顾父亲。在陈女士不在的期间，饶某与A公司签订了一份由饶某签名并加盖公司印章的房屋转让合同，将公司的网吧以80万的价格转让给A公司。陈女士得知情况后，遂向法院提起诉讼要求确认网吧买卖合同无效。

问题：饶某与A公司签订的该网吧买卖合同效力如何？

2. 旭阳经贸公司具有法人资格，2008年5月其向甲服装厂订购了价值50万元的服装，约定2008年12月份送货，由于两家常年有经济往来就没有预付定金。后来旭阳经贸公司法定代表人更换为张某，张某与甲服装厂领导曾有过节儿，其上任后改变了公司的计划，决定从乙服装厂进货，于是和乙服装厂签订了60万元的合同。在甲服装厂按合同时间交货时，张某指令拒收，并提出这是原公司法定代表人签订的合同，现在已经换了领导，原订的服装买卖合同无效。

问题：法定代表人更换后旭阳经贸公司可否拒收从甲服装厂订购的服装？

第四节 法人的设立、变更、终止

一、法人的设立

（一）案例31简介

2006年5月，西南创业有限责任公司与另外3家公司达成协议：共同出资设立一家具公司。之后，西南创业有限责任公司草拟了章程，新公司暂定名为“临安家具有限公司”。公司章程草案经4家公司审核后认可。公司章程中确定公司资本为700万元，其中西南创业有限责任公司出资320万，其余投资由另外3家公司承担。交足出资后，临安家具有限公司筹备处委托某会计师事务所进行验资并出具了验资证明。同年11月，临安家具有限公司的筹备处向市工商行政管理局申请设立登记，并提交了必要的文件。市工商行政管理局经审查后认为，临安家具有限公司的条件是合格的，但是本地已有6家家具厂，再设立一家家具公司对本地经济无大的促进作用，因此不予以登记。临安家具有限公司筹备处把市工商行政管理局不予登记的通知转达给西南创业有限责任公司等公司后，这些单位不服，以市工商行政管理局为被告，向人民法院提起诉讼，要求市工商行政管理局对他们设立新公司的申请予以登记。

问题：市工商行政管理局对家具公司的申请不予登记的做法是否正确？

（二）相关知识点

1. 法人设立的含义

（1）法人设立的概念。所谓法人的设立，是指为创办法人组织，使其具有民事主体资格而进行的多种连续准备行为。

（2）法人设立与成立的关系。法人的设立是法人成立的前置阶段，法人不经过设立就谈不上成立的问题，因而法人的设立与成立之间有着密切联系。但由于它们是法人产生过程中的两个阶段，因而又有如下区别[①]：

第一，两者的性质不同。法人的设立是一种准备行为，属于法人产生的“准备阶段”，因而这种准备行为既有法律性质的，也有非法律性质的；而法人的成立则不同，它属于法人产生的“形成阶段”，其行为性质均属于法律意义上的行为。

第二，两者的要件不同。法人的设立一般要有合法的设立人、存在设立基础和设立行为本身合法等要件；而法人的成立一般应具备依法成立、有必要的财产或者经费以及有自己的名称、组织机构和场所等条件。正是由于两者的要件不同，法人的设立并不当然导致法人的成立，当设立无效时，法人就不能成立。

第三，两者的效力不同。法人在设立阶段，仍不具有法人资格，其行为是法人设立人的行为，所发生的债权债务，一般应由法人的设立人享有和承担；而法人成立后，即享有民事主体资格，可以以自己的名义对外进行民事活动，所发生的债权和债务，由法人享有和承担。

2. 法人设立的原则

因法人类型和时代不同，其设立原则亦不相同。综观各国民事立法，法人设立的原则可以归为以下几种：

（1）自由设立主义。即对法人的设立凭设立人的自由，法律不规定标准或条件，不作认可形式上的要求，行政不加任何干预。这种设立原则对法人的设立采取放任自由的态度，又称自由放任主义。[②] 欧洲中世纪商事公司发展时期，此种设立原则一度盛行。因放任主义弊端显现，自由设立主义逐渐被“特许设立主义”所取代。除瑞士民法对非营利法人仍采此种设立原则之外，其他国家已鲜有采用。[③]

（2）特许设立主义。即国家对法人的设立，采取经特别立法或者国家元首的许可。

① 马俊驹，余延满. 民法原论（第三版）. 法律出版社，2007：118. 魏振瀛主编. 民法（第四版）. 北京大学出版社、高等教育出版社，2010：92.

② 李永军. 民法总论. 法律出版社，2006：314—316. 也有学者在总结法人设立原则时，并未将放任主义或自由主义列入，而只介绍特许主义、准则主义和核准主义三原则，参见彭万林主编. 民法学（修订版）. 中国政法大学出版社，2007：92.

③ 魏振瀛主编. 民法（第四版）. 北京大学出版社、高等教育出版社，2010：93.

此种设立原则曾在中世纪及近代初期的英国采用。由于此种设立原则对法人的设立采取禁止、遏制态度，干涉和限制过多，现代各国立法已经很少采用。

(3) 许可主义。即国家对法人的设立，采取由国家有关机构根据普通程序进行许可的设立原则。日本民法不论财团还是社团，凡公益法人，皆采取此种设立原则。① 德国民法则对商法外的营利社团采取许可制，对于财团法人的设立，亦采此种设立原则。②

(4) 准则主义，亦称登记主义。即法律对于法人的设立，预先规定一定的条件，设立人须遵照此条件设立，无须先经行政机关许可，依照法定条件设立后，仅须向登记机关登记，法人即可成立。德国民法对于非营利性社团法人的设立，日本民法对于营利法人的设立采此种主义。③

(5) 严格准则主义。即在法人设立时，除了具备法律规定的要件外，还应符合法律所规定的限制性条款。④ 相对于此严格准则主义，上述“准则主义”则又被称为“单纯准则主义”。⑤

(6) 强制设立主义。即国家对于法人的设立，实行强制设立主义，此种主义仅适用于特殊产业或者特殊团体。日本的相关立法即对健康保险工会、律师公会、土地改良区、农业互助会、健康保险公会等采取此种设立主义。⑥

需要指出，法人设立的上述原则仅仅是因不同时期、不同国家、不同法人而采取的设立原则，具体到特定国家或地区，其民商事立法所采取的原则也并非单一，而往往是根据不同的法人类型作出不同的立法选择，即所谓“混合主义”。⑦ 我国现行法律对法人设立的原则主要有⑧：

其一，非营利法人的设立原则。所谓非营利法人包括我国《民法通则》规定的机关法人、事业单位法人和社会团体法人。其中机关法人的设立取决于宪法和国家机关组织法的规定，相当于特许设立主义。事业单位法人和社会团体法人依法不需要办理法人登记的，如中国科学院、中国社会科学院、中华全国总工会、全国妇联等，其设立原则应属于特许设立主义。事业单位和社会团体法人依法需要办理登记的，例如各种协会、学会、行业团体、基金会等，应当经过业务主管部门审查同意，向登记机关申请登记，其设立原则应属行政许可主义。

其二，营利法人的设立原则。所谓营利法人即我国《民法通则》所称的企业法人。企业法人的设立一般实行准则主义，例如有限责任公司等。但对于商业银行、保险公司等特殊法人，采取许可设立主义。

---

① 尹田. 民事主体理论与立法研究. 法律出版社，2003：214.

② 龙卫球. 民法总论（第二版）. 中国法制出版社，2002：384.

③ 魏振瀛主编. 民法（第四版）. 北京大学出版社、高等教育出版社，2010：93.

④ 马俊驹、余延满. 民法原论（第三版）. 法律出版社，2007：119.

⑤ 魏振瀛主编. 民法（第四版）. 北京大学出版社、高等教育出版社，2010：93. 梁慧星. 民法总论（第三版）. 法律出版社，2007：140.

⑥ 尹田. 民事主体理论与立法研究. 法律出版社，2003：215.

⑦ 林诚二. 民法总则（上册）. 法律出版社，2005：190.

⑧ 魏振瀛主编. 民法（第四版）. 北京大学出版社、高等教育出版社，2010：93.

3. 法人设立的方式①

（1）发起设立。即由发起人一次性认足法人成立所需资金而设立法人。这种方式主要适用于集体所有制企业法人、私营企业法人、股份合作企业法人、有限责任公司和一些股份公司。

（2）募集设立。即法人组织所需的资金，在发起人未认足之时，向社会公开募集的一种法人设立方式。这种方式主要适用于股份有限公司。

（3）命令设立。即政府以其命令设立法人的方式。这种设立方式主要适用于国家机关和事业单位法人以及非公司制的全民所有制企业等。

（4）捐助设立。即由法人或者自然人募足法人所需资金的一种法人设立方式。这种方式主要适用于基金会法人。

4. 法人设立的要件

（1）设立人或者发起人。法人的设立需要有设立人或者发起人。设立人或者发起人除必须具备民事权利能力和民事行为能力外，法律一般都有关于资格的规定。机关法人的设立人只能是国家；企业法人的设立人可以是自然人、法人，也可以是国家。法律对各类法人的发起人或者设立人的人数亦有限制性规定。例如我国《公司法》规定，股份有限公司的设立，应当有 2 人以上 200 人以下的发起人，其中有过半数以上在我国境内有住所。事业单位法人的设立人基本上仍由国家或者集体组织充当；社会团体法人的发起人可以是自然人，也可以是组织。②

（2）设立基础。设立某类法人，必须是现行法律加以调整或确认的。如果现行法律尚未确认，设立人不得自行创立一种类型加以设立。

（3）设立行为本身合法。设立人设立法人所实施的行为应符合法律规定，不得实施法律所禁止的行为或者利用不正当手段谋求资格要件的实现。③

5. 法人设立的民事责任

在法人设立过程中，发起人往往要实施一系列的民事行为，这些民事行为所产生的民事责任应由谁承担呢？在德国普通法时代，学说及判例一般认为设立中的组织是一种合伙，1896 年《德国民法典》继承了这一观点，该法典第五十四条规定："无权利能力之社团，适用合伙的规定。以此种名义对于第三人所为之法律行为，由行为人个人负责。多数为之者，为连带债务人负其责任。"日本民法无此规定，然而历来学说、判例均认为，无权利能力社团不能适用民法中关于合伙的条款，因为构成统一体的各个组织成员已丧失了个性，但合伙关系则是在重视构成成员个性的基础上形成的结合关系，合伙的运营要依靠全体成员的共同行为，其权利义务也共同归属于全体成员。至于如何适用法律，则认识不一。④ 在我国台湾地区，理论与实务均认为，"与设立人

---

① 魏振瀛主编. 民法(第四版). 北京大学出版社、高等教育出版社，2010：93.

② 魏振瀛主编. 民法(第四版). 北京大学出版社、高等教育出版社，2010：94.

③ 马俊驹，余延满. 民法原论(第三版). 法律出版社，2007：119.

④ ［日］山本敬三. 民法讲义(1). 解亘译. 北京大学出版社，2004：326—343. 史尚宽. 民法总论. 中国政法大学出版社，2000：148—150.

有关者，应由设立后法人负责，无关者应由筹备人负责”[①]。

我国现行民事立法对此问题未作出系统规定。依我国《公司法》第九十五条的规定，股份有限公司的发起人应当承担下列责任：（1）公司不能成立时，对设立行为所产生的债务和费用负连带责任；（2）公司不能成立时，对认股人已缴纳的股款，负返还股款并加算银行同期存款利息的连带责任；（3）在公司设立过程中，由于发起人的过失致使公司利益受到损害的，应当对公司承担赔偿责任。至于公司成立以后，在设立公司过程中的民事责任由成立后的公司承担。

（三）案例 31 分析

我国《公司法》对于有限责任公司的成立，原则上采取准则主义，即除某些特定行业外，法律预先规定公司成立的条件，申请人以此为准，符合条件即可申请注册。即符合相关法律关于有限责任公司成立条件的，仅需到公司登记机关申请设立登记，公司即可成立。

本案中，西南创业有限责任公司等公司申请设立的家具公司并不属于特殊行业，应当适用准则主义。市工商局对临安家具有限公司的设立申请进行了实质性审查，以我国《公司法》规定之外的理由对设立申请予以驳回，其做法违背了我国《公司法》关于有限责任公司登记的准则主义的立法原则。所以市工商行政管理局对家具公司的申请不予登记的做法是不正确的。

二、法人的变更

（一）案例 32 简介

南昌建筑安装公司从邻省的安电设备制造厂购进了 2000 只电源开关，但回来一检测，发现有 1/3 质量不合格。经双方协商，安电制造厂同意全部退货。但是南昌建筑安装公司却一直没有收到 2000 只电源开关的退货款，几经催讨都没有结果，于是安装公司以安电设备制造厂为被告向法院起诉。但此时安电设备制造厂已经被另一省的电力设备有限公司所兼并，成为其一个生产分厂。原制造厂领导以制造厂已经不存在为由，拒绝归还欠款；而电力设备有限公司认为，此债务属原制造厂，与公司业务没有任何关系，也拒绝承担责任。

问题：此债务应该由谁来承担？

（二）相关知识点

1. 法人变更的概念

法人的变更，是指法人在存续期间和活动过程中所发生的组织机构、活动宗旨以及业务范围等方面的变化。[②] 民法学上，法人的变更在概念上有广义和狭义之分。广义

① 史尚宽. 民法总论. 中国政法大学出版社，2000：159.

② 江平主编. 民法学. 中国政法大学出版社，2000：146.

的法人变更既包括涉及法人主体资格的变化，例如法人的合并、法人的分立等，也包括不涉及主体资格的登记事项的变化，例如法人在其存续期间发生的注册资本、法定代表人、股东、责任的形式、经营范围等事项发生变化。狭义的法人变更则仅指不涉及法人主体资格的变化，例如法人法定代表人、经营范围、住所地、法人成员等因素的变更。[①]

法人的变更，是为了适应复杂的市场形势，追求自身利益最大化的需要。就企业法人而言，企业法人变更自身形式的自由，是企业自由的重要内容。一旦法人发现已选定的企业形式于达到自己的经营目标不利时，可在履行有关手续的前提下变更企业形式，改择其他企业形式，或将本企业与其他企业合并，或将本企业分立，以此调整经营规模、分散经营风险，实现资源的优化配置。[②]

2. 法人变更的类型

（1）法人的合并。法人的合并，是指两个以上的法人合并为一个法人。法人合并分为新设合并和吸收合并。新设合并，也称为创设合并，是指两个以上的法人合并为一个新法人，原来的法人全部归于消灭的法人合并形式。例如吉林师范学院、吉林医学院、吉林林学院、吉林电气化高等专科学校合并为北华大学就属于此种情况。企业法人合并应经债权人同意或者向债权人提供担保，否则不得合并。吸收合并，也称为存续合并，是指一个法人归并到另一个现存的法人中去，参加合并的两个法人，只消灭一个法人，另一个法人继续存在并吸收了已消灭的法人。企业法人兼并或者事业单位法人合并多属这种形式。[③] 例如山东大学、山东工业大学、山东医科大学等合并为山东大学就属于此情况。吸收合并的特殊形式为一个法人分成若干部分并入其他法人之中，吸收已消灭的法人的，不是一个法人，而是几个法人。[④]

法人合并后，首先产生对法人资格的影响。在吸收合并的场合，吸收方的法人资格继续存在，包括法人名称继续使用，被吸收方的法人资格终止，应当办理注销登记。在新设合并的场合，合并各方的法人资格均终止，产生新的法人。其次产生债权债务的法定概括转移。我国《合同法》第九十条规定："当事人订立合同后合并的，由合并后的法人或者其他组织行使合同权利，履行合同义务。"在新设合并的场合，合并各方的债权债务由新的法人概括承受，原债权人有权请求新设法人承担债务清偿义务。在吸收合并的场合，被吸收各方的原债权人有权请求吸收方（兼并方）承担债务清偿义务。[⑤]

（2）法人的分立。法人的分立，是指一个法人分成两个以上的法人。法人分立有新设分立和派生分立两种。新设分立，又称为创设分立，即解散原法人，而分立为两个以上的新法人。例如中国人民保险公司分为中国人民财产保险公司和中国人寿保险

① 刘凯湘. 民法总论(第二版). 北京大学出版社，2008：203.

② 彭万林主编. 民法学(第7版)，中国政法大学出版社，2011：87. 魏振瀛主编. 民法(第四版). 北京大学出版社、高等教育出版社，2010：95.

③ 魏振瀛主编. 民法(第四版). 北京大学出版社、高等教育出版社，2010：95.

④ 魏振瀛主编. 民法(第四版). 北京大学出版社、高等教育出版社，2010：95.

⑤ 刘凯湘. 民法总论(第二版). 北京大学出版社，2008：204—205.

公司等就属此类。派生分立，又称为存续分立，即原法人存续，但从中分出新的法人。企业法人的分立应经债权人同意或者向债权人提供担保，否则债权人反对的，不得分立。①

法人分立后，一方面会产生对法人人格的影响。在派生分立的场合，原法人资格继续存在，包括法人名称继续使用，从中分出的新的法人资格同时产生。在新设分立的场合，原法人资格终止，两个以上的新法人产生。另一方面法人的分立会导致债务承担的变化。我国《合同法》第九十条规定："当事人订立合同后分立的，除债权人和债务人另有约定的以外，由分立的法人或者其他组织对合同的权利和义务享有连带债权，承担连带债务。"因此，法人分立前的债务由分立后的法人承担连带责任。但是，法人在分立前与债权人就债务清偿达成的书面协议另有约定的，则从其约定。

（3）法人组织形式的变更。法人组织形式的变更，主要是指法人成立后组织类型发生变化。出于法律对法人组织形式强行归类的需要，法人组织形式是必须明确公示的事项，因此，其变更需要依照法律规定进行。② 我国《公司法》第九条规定："有限责任公司变更为股份有限公司，应当符合本法规定的股份有限公司的条件。股份有限公司变更为有限责任公司，应当符合本法规定的有限责任公司的条件。有限责任公司变更为股份有限公司的，或者股份有限公司变更为有限责任公司的，公司变更前的债权、债务由变更后的公司承继。"因此，对于公司法人而言，存在公司组织形式的变更问题。有限责任公司在符合法定条件的前提下，经全体股东一致同意，可以变更为股份有限公司。股份有限公司依照规定也可以变更为有限责任公司。

（4）法人其他重要事项的变更。法人其他重大事项的变更是指法人的活动宗旨和业务范围等事项的变化。根据《企业法人登记管理条例》第十七条的规定，企业法人改变名称、住所、经营场所、法定代表人、经济性质、经营范围、经营方式、注册资金、经营期限以及增设或者撤销分支机构，均属重要事项的变更。我国《民法通则》第四十四条规定："企业法人分立、合并或者有其他重要事项变更，应当向登记机关办理登记并公告。"因此，为了保护交易安全，法人重要事项变更，必须到登记管理部门办理变更登记。否则，不可对抗善意第三人。

（三）案例 32 分析

法人的变更，是指法人在存续期间和活动过程中所发生的组织机构、活动宗旨以及业务范围等方面的变化。当事人订立合同后合并的，由合并后的法人或者其他组织行使合同权利，履行合同义务。在新设合并的场合，合并各方的债权债务由新的公司法人概括承受，原债权人有权请求新设公司承担债务清偿义务。

本案中，安电设备制造厂被电力设备有限公司所兼并，已没有独立的财产，也不再是一个独立的法人，因此已无力偿还以前所欠的债务；电力设备有限公司已取代它成为原有法律关系的主体，也是原有债务的债务人。所以此债务应该由电力设备有限

① 魏振瀛主编. 民法(第四版). 北京大学出版社、高等教育出版社，2010：95.

② 李永军. 民法总论(第二版). 法律出版社，2009：331.

公司来承担。

三、法人的终止

（一）案例33简介

北京某策划公司于2007年8月27日成立，注册资本为20万元，股东张某出资6.8万元，陈某出资6.6万元，钱某出资6.6万元。2008年5月28日，北京某服务公司与策划公司签订服务合同，约定服务公司为策划公司提供物料和安装服务，策划公司应给付服务公司29万元，其中合同签订之日给付6万元，活动结束后两周内给付4万元，活动结束后一个月内给付19万元；合同成立后，单方终止或拒不执行合同，违约方应赔偿合同50%的金额给守约方，作为经济损失补偿，并负担由此引发的相关责任。合同订立后，服务公司为策划公司提供了服务，策划公司只支付了5万元，余款未付。服务公司在向策划公司催要欠款过程中，突然发现策划公司于2009年1月12日已注销，股东张某、陈某、钱某向工商部门提交了虚假的清算报告和股东会决议，骗取工商部门办理了注销登记。现服务公司起诉要求张某、陈某、钱某赔偿服务公司合同价款24万元及违约金14.5万元。

问题：本案债权人要求公司股东承担清偿责任，应否得到支持？

（二）相关知识点

1. 法人终止的概念

法人的终止，又称法人的消灭，是指法人丧失民事主体资格，不再具有民事权利能力与民事行为能力的一种状态。[①] 法人终止后，其民事权利能力和民事行为能力消灭，民事主体资格也丧失，不能再以法人的名义对外从事民事活动。

2. 法人终止的原因

（1）依法被撤销。依法被撤销是指法人依照法律的直接规定或者因违反法律的规定而被撤销的情况。例如，利用法人名义从事走私、贩毒等违法犯罪行为，被有权机关依法撤销。有权撤销该法人的机关应该是批准该法人成立的机关。

（2）自行解散。自行解散主要指法人的目的事业完成或者无法完成，法人机关的决议、法人章程规定的存续期限届满或者解散事由的发生而自动解散的情况。法人解散的主要原因包括[②]：一是因为设立法人的目的已经实现或者确定无法实现而解散。某些企业法人是为完成特定的目的而成立的，当这些任务完成后，企业法人也就没有必要继续存在。如果法人的目的已经确定不能完成，法人也应当解散。二是因为法人成员的共同意志而解散。例如，经全体股东大会决定解散法人，或经出资人全体会议决定歇业。如果法人章程规定不允许法人解散，而全体成员共同决定解散，则应当视为对原章程进行了修改。三是因章程所规定的存续期间届满或所规定的解散事由出现而

① 江平主编．法人制度论．中国政法大学出版社，1994：154.

② 王利明，杨立新，王轶，程啸．民法学(第二版)．法律出版社，2008：73.

解散。应当指出，法人的解散通常是由法人自己决定的，解散法人一般要体现法人的自主自愿；而法人的撤销一般不由法人自己决定，而是由法律规定或由行政命令决定的。

(3) 依法宣告破产。企业法人不能清偿到期债务时，人民法院可根据债权人或债务人的申请，依法宣告其破产。

(4) 其他原因。例如法人的合并、分立、国家经济政策的调整和发生战争等。

3. 法人的清算

(1) 法人清算的概念。法人清算，是指法人在终止前，应当对其财产进行清理，对债权债务关系进行了结的行为。[①] 对于营利性法人而言，清算是其终止前的必经程序；对非营利性但曾实施了营利性活动的法人，例如社会团体法人、事业单位法人而言，也必须经过清算才能使法人归于消灭；对不从事任何营利性活动的国家机关法人、事业单位法人等公法人而言，一般不需要经过清算而可直接归于消灭。[②]

(2) 法人清算的种类。法人清算可分为破产清算和非破产清算两种。破产清算又称为特别清算，是指依破产法规定的清算程序进行清算。即法人在宣告破产后，由主管机关或人民法院组织有关人员成立清算组织，依照破产程序进行清算，有关程序应适用我国《企业破产法》的规定。非破产清算又称为一般清算，是不依破产法规定的程序进行的清算。营利性法人即使未发生资不抵债的情形，只要打算终止，就必须进行清算，但此时的清算并非破产清算。一般清算适用于非破产企业法人的清算和其他有营利性活动的法人，例如社会团体法人、事业单位法人终止时的清算。但在清算时发现企业法人具有破产原因时，即按破产程序处理。如我国《公司法》第一百八十八条规定："清算组在清理公司财产、编制资产负债表和财产清单后，发现公司财产不足清偿债务的，应当依法向人民法院申请宣告破产。"

(3) 清算活动。在法人清算期间，其清算活动应当遵循的规则可归纳为：一是，在清算期间，法人只能为消极行为，不能为积极行为。即在清算期间，清算法人可以从事清算范围内的活动，包括清理财产、清偿债务，从事清算活动所必要的资金借贷、变卖法人的财产、追回被他人占有的财产、在法院起诉和应诉等。凡与清算直接相关的活动，都属于清算范围内的活动。在清算期间，法人应停止清算范围以外的活动，这就意味着清算法人不能实施超出清算范围的活动。已经实施的，应当立即停止。清算法人更不能擅自处理财产、抽逃资金、隐匿财产、逃避债务，否则，将依法追究法人及其法定代表人的法律责任。[③] 法人未经清算即注销，股东应当对法人注销前所欠债务承担清偿责任。股东为逃避债务处理或者占有法人的财产，在未通知债权人申报债权的情况下，恶意注销，不履行清算义务，侵犯债权人合法利益的，应当承担责任。二是，在破产清算中，自破产宣告后，法人人格消灭，处于假存续状态。此时破产财

① 王利明，杨立新，王轶，程啸. 民法学(第二版). 法律出版社，2008：74. 也有学者从"程序"的角度对法人清算进行定义，认为法人的清算是指清理将终止的法人的财产，了结其作为当事人的法律关系，从而使法人归于消灭的必经程序。参见魏振瀛主编. 民法(第四版). 北京大学出版社、高等教育出版社，2010：96.

② 刘凯湘. 民法总论(第二版). 北京大学出版社，2008：206.

③ 王利明，杨立新，王轶，程啸. 民法学(第二版). 法律出版社，2008：74.

团具有人格，为目的性财产。[①]

（4）清算组织。所谓清算组织，是指负责进行清算的组织或者个人，又称清算人。法人清算时的清算组织依其成立方式的不同，有两种类型[②]：一是法人自己组成的清算组织。此种情形适用于法人依意思自治的原则，依据法人章程的规定，自行决定解散法人而进行的清算。清算组织由法人自己成立，其成员由法人的意思机关例如股东会、董事会等依法人章程规定的条件和程序选任产生。在无法依此方式选任产生时，利害关系人可以申请法院指定清算人员组成清算组织。在清算人不能胜任清算工作的情况下，利害关系人也可以申请法院予以撤销并重新指定清算人。二是由主管机关或法院组成的清算组织。此种情形适用于法人因被撤销、被宣告破产而进行的清算。主管机关和法院组织有关机关和有关人员成立清算组织，此处的"有关机关"包括财政、审计、工商、税收、银行、劳动等行政部门；"有关人员"包括注册会计师、律师、经济师、审计师等人员。企业法人在被撤销和被宣告破产的情况下，不能自行成立清算组织进行清算工作。

根据我国《公司法》第一百八十五条规定，清算组织在清算期间的职责如下：①清理公司财产，分别编制资产负债表和财产清单；②通知或公告债权人；③处理与清算有关的公司未了结的业务；④清缴所欠税款；⑤清理债权、债务；⑥处理公司清偿债务后的剩余财产；⑦代表公司参与民事诉讼活动。

（5）法人在清算期间的性质。法人在清算期间的性质多有争议。归纳起来主要有三种观点[③]：一是清算法人说。此说认为，法人一经解散，即为法人的终止，法人的民事主体资格消灭。但是为了便于清算，应在清算时把原法人视为一个以清算为目的的清算法人，清算法人不享有原法人的民事权利能力和民事行为能力。二是同一法人说。此说认为，法人的解散并不等同于法人的消灭，只有清算终结时，法人资格才归于消灭。虽然法人在清算期间，已经不能进行各种积极的民事活动，但它还必须以原法人的名义，对外享有债权和负担债务。在法人清算期间，法人资格仍然存在。[④]三是拟制法人说。此说认为，法人解散即为法人消灭，只是为了清算的目的，法律上拟制法人在清算目的范围内享有民事权利能力，从法人解散至清算完结视为法人仍然存续。拟制法人说与清算法人说在客观实效上并无差别，只是原理上前者视法人在清算阶段主体资格继续存在，但受有限制，后者则视法人在清算阶段的主体资格已不复存在，由清算人取而代之。[⑤]

我国民法学界以同一法人说为通说，民事立法亦采此说。我国《民法通则》第四十条规定，"法人终止，应当依法进行清算，停止清算范围外的活动"。采反推解释方法，应解释为：不经清算，法人不消灭。因此，可以认为，我国《民法通则》系采同

① 彭万林主编．民法学（第七版）．中国政法大学出版社，2011：89．

② 刘凯湘．民法总论（第二版）．北京大学出版社，2008：207．

③ 魏振瀛主编．民法（第四版）．北京大学出版社、高等教育出版社，2010：96．

④ 日本民事立法采此说。《日本民法典》第73条规定："解散的法人，在清算目的范围内，至其清算完结，仍视为存续。"参见龙卫球．民法总论（第二版）．中国法制出版社，2002：407．

⑤ 刘凯湘．民法总论（第二版）．北京大学出版社，2008：208．

一法人说。[①] 这也表明，清算是法人的终止程序，清算中的法人与清算前的法人具有同一人格，只是其民事权利能力与民事行为能力受清算目的的限制而已。

(6) 清算终结。清算终结，即清算人完成上述清算职责。清算终结，应由清算人向登记机关办理注销登记并公告。我国《民法通则》第四十六条规定："企业法人终止，应当向登记机关办理注销登记并公告。"我国《公司法》第一百八十九条规定："公司清算结束后，清算组应当制作清算报告，报股东会、股东大会或者人民法院确认，并报送公司登记机关，申请注销公司登记，公告公司终止。"据此，法人自注销登记之日起，其民事权利能力和民事行为能力终止，此时法人民事主体资格才真正丧失，法人即告消灭。

(三) 案例 33 分析

法人清算，是指法人在终止前，应当对其财产进行清理，对债权债务关系进行了结的行为。法人未经清算即注销，股东应当对法人注销前所欠债务承担清偿责任。股东为逃避债务处理或者占有法人的财产，在未通知债权人申报债权的情况下，恶意注销，不履行清算义务，侵犯债权人合法利益的，应当承担责任。

本案中，张某、陈某、钱某在对策划公司进行清算时，未通知债权人服务公司，也未在报纸上公告，没有依法清算，之后以虚假的清算报告骗取工商部门办理策划公司的注销登记，张某、陈某、钱某应对策划公司的债务承担赔偿责任。所以本案债权人要求公司股东承担清偿责任，应得到支持。

【案例思考】

1. 1993 年，某市邮电局从某银行贷款 450 万元，用于在该市郊县建设程控电话系统。1994 年，该邮电局分解为邮政局和电信局两个企业法人。至 1998 年，电信局又分解为电信公司和移动通信公司。在此期间，某银行每年都向邮电局发送催款通知，要求邮电局清偿贷款。在 2008 年某银行再次向邮电局要求还贷款之时，被告知早年贷款的邮电局已经先后两次分解，变成了现在的电信公司、移动通信公司和邮政局三个独立的法人单位。而这三者相互推诿，谁都不愿意承担偿还 450 万元的责任。于是，某银行以电信公司、移动通信公司和邮政局为共同被告提起诉讼，要求对方共同清偿贷款。

问题：某银行如何实现其 450 万元的债权？

2. 宏达集团公司分立为清泰建筑有限公司、东升材料有限公司两家公司，原宏达集团公司欠汇东商务公司债务 1000 万元。分立时清泰建筑有限公司、东升材料有限公司达成协议，约定清泰建筑有限公司负责偿还 300 万元，东升材料有限公司负责偿还 700 万元。现汇东商务公司要求清泰建筑有限公司偿还 1000 万元，清泰建筑有限公司拒绝，表示自己仅偿还 300 万元，其余 700 万元欠款由东升材料有限公司负责偿还。

问题：清泰建筑有限公司的主张是否合理？

---

① 江平主编. 法人制度论. 中国政法大学出版社，1994：159.

第五章 CHAPTER 5

非法人组织

第一节 概 述

一、非法人组织的含义

(一) 案例 34 简介

甲乙二人合伙经营，因一笔大生意急需资金，于是向建设银行市北支行办理了 50 万元的贷款。后来因为生意亏损，到期未能清偿，于是建设银行市北支行以甲乙二人为被告向人民法院提起诉讼。

问题：该案中建设银行市北支行是否具有诉讼资格？

(二) 相关知识点

1. 非法人组织的概念

非法人组织亦称非法人团体，是指不具有法人资格但能以自己的名义进行民事活动的组织。[①] 非法人组织，在德国仅指无权利能力社团；在日本包括非法人社团和非法人财团；在我国台湾地区称为非法人团体。[②]

从民事主体理论与立法的发展过程来看，民事主体有一个从单一主体向多元主体发展的趋势。1804 年颁布的《法国民法典》只有关于自然人的规定，不承认法人的民事主体地位，1900 年施行的《德国民法典》确立了法人的民事主体地位，以此区别于

---

① 魏振瀛主编.民法(第四版).北京大学出版社、高等教育出版社，2010：99.也有学者认为非法人团体是“依法成立，不具备法人条件，依法享有民事权利和承担民事义务，但不能独立地承担民事责任的社会组织”。参见孔祥俊.民商法新问题与判解研究.人民法院出版社，1996：51.

② 梁慧星.民法总论(第四版).法律出版社，2011：143.

传统的仅仅规定自然人的民事主体地位。“二战”以后，非法人组织迅速发展，民法学界对非法人组织有了进一步的认识，开始承认非法人组织亦具有一定的民事权利能力、民事行为能力和诉讼能力，无论德日还是我国台湾地区的学说判例上均有所反映。

我国《著作权法》第二条规定：“中国公民、法人或者其他组织的作品，不论是否发表，依照本法享有著作权。”我国《合同法》第二条规定：“本法所称合同是平等主体的自然人、法人、其他组织之间设立、变更、终止民事权利义务关系的协议。”我国《民事诉讼法》第四十九条规定：“公民、法人和其他组织可以作为民事诉讼的当事人。法人由其法定代表人进行诉讼。其他组织由其主要负责人进行诉讼。”以上规定中的“其他组织”就是指非法人组织，应当说，我国立法承认非法人组织具有民事权利能力、民事行为能力和诉讼能力，即承认非法人组织的主体性。

2. 非法人组织的特征

(1) 非法人组织是组织体。非法人组织首先表现为一种人的组合，这种组合是比较稳定的，一般情况下，它们也有自己的名称和组织机构、议事规则等。而且，它们通常也有相对独立的财产或经费，对于这些财产或经费它们虽然不享有所有权，但非法人组织可以支配和使用。非法人组织也存在设立的程序问题，也具有机构设置、议事规则等事项，但这些更多地是由非法人组织成员自己决定，法律对此一般不作规定。相对非法人组织而言，法律对法人的设立程序、财产数额、机构设置、议事规则等均有较为明确的规定。

(2) 非法人组织具有相应的民事权利能力和民事行为能力。在现代社会，非法人组织作为另一种民事主体，与自然人、法人一样，享有民事权利能力和民事行为能力。但是，其民事权利能力和民事行为能力要受到相应的限制。与自然人、法人的民事权利能力和民事行为能力有所不同，这种限制一般由法律明确加以规定，例如非法人组织不享有肖像权，作为企业法人分支机构的非法人组织未经上级授权就无权为他人提供担保。

(3) 非法人组织不能完全独立地承担民事责任。不能完全独立地承担民事责任，这是非法人组织与法人的重要区别之一。法人的责任与其出资人及其成员严格区分，其出资人以其出资财产为限承担有限责任。为了保障债权人的合法权益，法律对法人有较为严格的财产要求。法律对非法人组织则没有严格的财产要求，这样，非法人组织对外承担民事责任的能力有可能远远不足。为切实保障债权人的合法权益，当非法人组织不能清偿到期债务时，就应当由非法人组织的出资人或开办单位承担连带责任。[①]

(三) 案例34分析

非法人组织是指不具有法人资格但能以自己的名义进行民事活动的组织。《民事诉讼法》规定公民、法人和其他组织可以作为民事诉讼的当事人。法人由其法定代表人进行诉讼。其他组织由其主要负责人进行诉讼。此处的“其他组织”就是指非法人组

① 魏振瀛主编．民法(第四版)．北京大学出版社、高等教育出版社，2010：100.

织，非法人组织包括各专业银行设在各地的分支机构。

本案中，建设银行市北支行属于非法人组织，不具有法人资格，但能够以自己的名义进行诉讼，具有诉讼资格。所以该案中建设银行市北支行具有诉讼资格。

二、非法人组织的分类

（一）案例35简介

一位周姓女士刚买了一辆新车，还没有上牌。因为小区没有专门的停车场，周女士就把车停在自家楼下，当天晚上她的车不幸被偷走了。周女士去中国平安保险公司临沂支公司索赔却被拒绝，理由是：车没有上牌，其所投保险还没生效。周女士以中国平安保险公司临沂支公司为被告向人民法院提起诉讼。

问题：中国平安保险公司临沂支公司属于哪种非法人组织？

（二）相关知识点

1. 非法人组织的种类

由于各国的社会政治、经济情况不尽相同，所以非法人组织的种类也有不同。在日本，非法人组织包括非法人社团和非法人财团，非法人社团主要是指律师协会、学术团体、政治性团体等；非法人财团主要是指正在筹建中的厂矿、企业等。在我国，根据最高人民法院《关于适用〈民事诉讼法〉若干问题的意见》第四十条规定，非法人组织包括：（1）依法登记领取营业执照的私营独资企业、合伙组织；（2）依法登记领取营业执照的合伙型联营企业；（3）依法登记领取我国营业执照的中外合作经营企业、外资企业；（4）经民政部批准登记领取社会团体登记证的社会团体；（5）法人依法设立并领取营业执照的分支机构；（6）中国人民银行、各专业银行设在各地的分支机构；（7）中国人民保险公司设在各地的分支机构；（8）经核准登记领取营业执照的乡镇、街道、村办企业；（9）符合本条规定的其他组织。

2. 非法人组织的分类

非法人组织按照不同的分类标准，可以进行不同的分类：

（1）根据是否以营利为目的，可以分为营利性非法人组织和非营利性非法人组织。营利性非法人组织是指以营利为目的的不具有法人资格但能以自己的名义进行民事活动的组织。主要有：个人独资企业、合伙、个体工商户、农村承包经营户、非法人乡镇村办企业、非法人外商投资企业、企业法人的分支机构、行政事业单位开办的不具有法人资格的经营实体等；非营利性非法人组织是指不以营利为目的的不具有法人资格但能以自己的名义进行民事活动的组织。包括学生团体、同乡会、校友会、不具有法人资格的社会团体等。

（2）根据是否需要以登记作为成立要件，可以分为需要登记的非法人组织和不需登记的非法人组织。需登记的非法人组织，是指非法人组织的成立原则上以登记为要件，不经登记则不成立。在我国，社会团体以及营利性非法人组织需要办理登记手续，领取《社会团体证书》或《营业执照》后方能取得相应的主体资格。不需登记的非法人组织，是指非法人组织的成立不以登记为要件，不需办理登记手续仍可以成立的非法人组织。例如，农村承包经营户依法不需办理登记手续。

（三）案例35分析

根据是否以营利为目的，非法人组织可以分为营利性非法人组织和非营利性非法人组织。营利性非法人组织是指以营利为目的的不具有法人资格但能以自己的名义进行民事活动的组织；非营利性非法人组织是指不以营利为目的的不具有法人资格但能以自己的名义进行民事活动的组织。根据是否需要以登记作为成立要件，非法人组织可以分为需要登记的非法人组织和不需登记的非法人组织。需登记的非法人组织的成立原则上以登记为要件，不经登记则不成立。在我国，社会团体以及营利性非法人组织需要办理登记手续，领取《社会团体证书》或《营业执照》后方能取得相应的主体资格。

本案中，中国平安保险公司临沂支公司是以营利为目的而设立的不具有法人资格但能以自己的名义进行民事活动的组织，属于营利性非法人组织；中国平安保险公司临沂支公司的成立需要以登记为要件并领取营业执照，属于需要登记的非法人组织。

【案例思考】

1. 章某于1986年4月成立一汽车运输队，性质登记为挂靠乡政府的乡镇集体企业。1990年5月该车队由工商部门颁发了企业法人营业执照，颜某系法定代表人，章程上有章、颜二人签名。车队平时由章某经营管理。1998年12月，车队因未依法办理年检被工商部门吊销企业法人营业执照。后车队一直处于关闭、歇业状态，但未办理注销登记。2008年4月，章某去世。车队现存财产有土地、店面，颜某则将土地、店面对外租赁获取租金。乡政府出具证明，证明车队为章某个人投资的私营企业。章某继承人遂起诉颜某，要求确认车队及车队的财产归章某与其妻共有，颜某停止对车队的使用。

问题：1998年12月车队被吊销企业法人营业执照后其性质如何？

2. 分宜华星机械贸易有限责任公司（下称华星公司）成立于2008年3月，注册资本为100万元。黄某、彭某、梁某为公司股东，其中黄某占公司股份的40%，彭某、梁某各占公司股份的30%。2009年10月，华星公司租赁徐某小型挖掘机，为其工程施工，约定每月租赁费为2700元，施工过程中的修理费由徐某自己承担。工程完工后，经双方结算，公司应付徐某挖掘机租赁费20400元。2010年10月，华星公司陷入难以维系状态，公司股东黄某、彭某、梁某决定宣布解散公司，此后即下落不明，未对公司的财产债权、债务进行清理，所欠徐某的20400元挖掘机租赁费亦分文未付。2011年4月，徐某在久索租赁费不着的情况下，向法院提起诉讼，要求追回拖欠的租赁费。

问题：华星公司解散后至清算前属于什么性质？

第二节 合 伙

一、合伙的含义

（一）案例36简介

甲与乙订立一份协议，合伙进行煤炭贩运，由甲负责组织货源和进行运输，乙提供资金，到期由甲向乙返还本金，并支付较高的利息。后因甲未按协议时间返还本金和支付利息，乙起诉到法院。

问题：该案中甲与乙是否属于合伙？

（二）相关知识点

1. 合伙的概念和特征

合伙是指两个以上的人互约出资，共同经营事业。这里说的人包括自然人、法人和其他组织，这里说的事业包括多种行业，可以是盈利性的事务，也可以是非盈利性的事务。[①] 合伙的法律特征主要表现在：

（1）合伙是两个以上合伙人组成的联合体。根据我国《合伙企业法》第十四条和第六十一条规定，合伙必须由两个以上的自然人、法人或者其他组织组成。一般情况下，合伙人资格并没有太多限制，但是，我国《合伙企业法》第三条规定："国有独资公司、国有企业、上市公司以及公益性的事业单位、社会团体不得成为普通合伙人。"

（2）合伙以合伙人订立合伙协议为基础。合伙是合伙人之间的自愿结合，其存在的前提是合伙人就出资、利润分享等事项达成一致协议。合伙协议相当于合伙组织最为重要的法律文件，全体合伙人都应当按照协议的约定享有权利和履行义务。

（3）合伙以经营共同事业为目的。合伙的目的就是合伙人经营共同的事业，这决定了合伙人之间具有共同的目的和密不可分的利益关系。这种事业既可以是延续性的，也可以是临时性的。[②]

（4）合伙以共同出资为前提。共同出资是合伙进行生产和经营活动必须具有的物质基础和前提。至于出资的种类、数额等由合伙人协议确定。出资种类可以是货币、实物、知识产权、土地使用权等；出资的数额可以均等也可以不均等。

（5）在对外责任方面，除了法律特别规定（例如有限合伙人仅承担有限责任）以外，合伙人对外承担无限连带责任。各个合伙人的个人财产仍是合伙债务的担保。[③]

---

① 魏振瀛主编．民法（第四版）．北京大学出版社、高等教育出版社，2010：101．

② 王利明．民法总论．中国人民大学出版社，2009：192．

③ 王利明．民法总论．中国人民大学出版社，2009：192．

2. 合伙的法律地位

对于合伙是否是一种独立的民事主体，理论上存有分歧。反对者认为合伙不是一种独立的民事主体，主要是因为作为独立的民事主体必须具有独立的人格、独立的财产、能独立承担责任，合伙不具备这些条件，因此不能成为民事主体，即不具有民事主体资格。笔者认为，合伙属于非法人组织，具有民事主体资格，主要原因如下：

（1）合伙人格的相对独立性。合伙拥有自己的字号或名称，能以注册登记的合伙的名义进行经营，可以作为诉讼上的当事人参与诉讼。由此看出合伙人格具有相对独立性。

（2）合伙财产的相对独立性。我国《合伙企业法》第二章用专节阐明了合伙企业财产问题。我国《合伙企业法》第二十条规定："合伙人的出资、以合伙企业名义取得的收益和依法取得的其他财产，均为合伙企业的财产。"第二十一条第一款规定："合伙人在合伙企业清算前，不得请求分割合伙企业的财产；但是，本法另有规定的除外。"可以看出，合伙企业的财产具有相对的独立性。合伙财产为合伙人共同共有，其与合伙人的个人财产是相互独立的。

（3）合伙民事责任的相对独立性。合伙的对外负债，首先以合伙的财产清偿，只有在合伙的财产不足以清偿时，才要求普通合伙人以个人财产偿还，此时才要求合伙人承担无限连带责任。这体现了合伙民事责任的相对独立性。

3. 合伙的分类

（1）民事合伙与商事合伙。根据设立和存在的基础，合伙可以分为民事合伙与商事合伙。民法作为其设立和存在基础的是民事合伙；商法作为其设立和存在基础的是商事合伙。一般而言，民事合伙是指不以营利为目的向社会提供专业服务的合伙。例如律师事务所、会计师事务所。商事合伙是指营利为目的从事商品生产经营活动的合伙。大陆法系的一些国家，由于存在民商分立的立法模式，所以出现了民事合伙与商事合伙的分类。我国实行的是民商合一，不区分民事合伙与商事合伙。①

（2）显明合伙与隐名合伙。根据是否存在不公开合伙人姓名并不参与合伙事务执行的合伙人，合伙可以分为显明合伙与隐名合伙。显名合伙是指所有合伙人都公开合伙人身份和姓名，并参与合伙事务的经营管理活动的合伙。② 隐名合伙是指合伙中存在一个以上不公开合伙人姓名并不参与合伙事务执行的合伙人。隐名合伙人只出资而由其他合伙人经营，隐名合伙人在合伙内部关系中所承担的责任性质与其他合伙人一样，只是他并不为外人知晓，不直接对外承担责任。

（3）普通合伙和有限合伙。根据合伙中是否存在负有限责任的合伙人，合伙可以分为普通合伙和有限合伙。普通合伙，是指两个以上的人根据协议，互约出资，经营共同事业，并对合伙债务承担无限连带责任的社会组织。根据我国《民法通则》《合伙企业法》及相关法律规定，普通合伙的成立应具备以下条件：第一，有两个以上合伙人，合伙人为自然人的，应当具有完全民事行为能力。无民事行为能力和限制民事行

① 王利明. 民法总论. 中国人民大学出版社，2009：194.

② 转引自王利明. 民法总论. 中国人民大学出版社，2009：196.

为能力的自然人不能成为普通合伙人。第二，有书面合伙协议。合伙协议是合伙成立的基础，合伙协议应采用书面形式。但根据我国《民通意见》第五十条规定："当事人之间没有书面合伙协议，又未经工商行政管理部门核准登记，但具备合伙的其他条件，又有两个以上无利害关系人证明有口头合伙协议的，人民法院可以认定为合伙关系。"所以，个人合伙人事先未订立书面协议，有口头合伙协议且有两个以上无利害关系人证明的，该口头协议具有效力。但该规定是否适用于合伙企业，有待探讨。第三，有合伙人认缴或者实际缴付的出资。合伙须以一定的财产作为其进行经营活动的基础，因此要求合伙人共同出资。合伙人可以用货币、实物、知识产权、土地使用权或者其他财产权利出资，也可以用劳务出资。合伙人以实物、知识产权、土地使用权或者其他财产权利出资，需要评估作价的，可以由全体合伙人协商确定，也可以由全体合伙人委托法定评估机构评估。合伙人以劳务出资的，其评估办法由全体合伙人协商确定，并在合伙协议中载明。合伙人应当按照合伙协议约定的出资方式、数额和缴付期限，履行出资义务。否则应当承担相应的责任。第四，有合伙企业的名称和生产经营场所。合伙企业的名称应当注明"普通合伙"字样，以便与合伙企业交易的人了解该合伙的类型及合伙人对其债务应承担的责任。

有限合伙是指由对合伙债务承担有限责任的有限合伙人和对合伙债务承担无限责任的普通合伙人共同组成的合伙。[①] 有限合伙的成立除具备普通合伙应具备的条件外，还需要具备法律所规定的与普通合伙不同的条件：第一，有限合伙由 2 个以上 50 个以下合伙人设立，但是，法律另有规定的除外。其中至少应当有 1 个普通合伙人。第二，有与普通合伙协议内容不同的合伙协议。除了具备普通合伙协议的内容外，有限合伙的合伙协议还应当载明下列事项：一是普通合伙人和有限合伙人的姓名或者名称、住所；二是执行事务合伙人应具备的条件和选择程序；三是执行事务合伙人的权限与违约处理办法；四是执行事务合伙人的除名条件和更换程序；五是有限合伙人入伙、退伙的条件、程序以及相关责任；六是有限合伙人和普通合伙人相互转变程序。第三，有限合伙企业名称中应当标明"有限合伙"字样。第四，有限合伙人的出资。有限合伙人可以用货币、实物、知识产权、土地使用权或者其他财产权利作价出资。有限合伙人不得以劳务出资，这主要是因为有限合伙人对合伙债务承担有限责任，如果以劳务出资，就会造成其出资和责任不易确定的状态，不利于保护债权人。[②] 有限合伙人应当按照合伙协议的约定按期足额缴纳出资；未按期足额缴纳的，应当承担补缴义务，并对其他合伙人承担违约责任。有限合伙企业登记事项中应当载明有限合伙人的姓名或者名称及认缴的出资数额。这主要是为了维护交易安全、保护交易相对人的利益。在有限合伙中，普通合伙人负责合伙的事务执行，并对合伙企业债务承担无限连带责任；有限合伙人则不参与合伙的事务执行，不得对外代表有限合伙，对合伙债务仅以其认缴的出资额为限对合伙企业债务承担责任。我国《合伙企业法》将合伙分为普通合伙和有限合伙。

---

① 魏振瀛主编. 民法(第四版). 北京大学出版社、高等教育出版社，2010：111.

② 魏振瀛主编. 民法(第四版). 北京大学出版社、高等教育出版社，2010：112.

（三）案例 36 分析

合伙是指两个以上合伙人就出资、利润分享等事项达成一致协议。互约出资，共同经营事业、共负盈亏、共担风险，这是合伙的基本要求。

本案中，甲与乙通过协议约定由乙提供资金，到期由甲向乙返还本金，并支付较高的利息，不符合合伙中全体合伙人共同经营事业、共负盈亏、共担风险的特征，因此甲与乙之间不属于合伙，应当属于借款合同。

二、合伙的财产关系

（一）案例 37 简介

张三、李四、王五 2008 年 6 月达成协议，共同开设一家合伙企业四海商场。张三以自己的一座沿街楼作为出资，李四出资 30000 元现金，王五则以劳务作为出资。

问题：如果王五属于有限合伙人，可否以劳务作为出资？

（二）相关知识点

1. 合伙财产的来源

合伙财产是指合伙人作为出资投入的财产、合伙经营积累的财产以及依法取得的其他财产总和。我国《合伙企业法》第二十条规定："合伙人的出资、以合伙企业名义取得的收益和依法取得的其他财产，均为合伙企业的财产。"合伙财产来源主要包括三部分：一是合伙人作为出资投入的财产。普通合伙人可以用货币、实物、知识产权、土地使用权或者其他财产权利出资，也可以用劳务出资。但是，有限合伙人不得以劳务出资。二是合伙经营积累的财产。三是依法取得的其他财产，例如接受赠与的财产等。

2. 合伙财产的性质

合伙经营的是共同事业，全体合伙人共同出资、共同经营、收益共享、风险共担，因此，合伙财产在性质上应为全体合伙人共同共有。在学理上，对于合伙财产的性质存有分歧，有学者认为属于按份共有，有学者认为是共同共有。笔者认为合伙财产在性质上应为全体合伙人共同共有。我国《合伙企业法》第三十三条第一款规定："合伙企业的利润分配、亏损分担，按照合伙协议的约定办理；合伙协议未约定或者约定不明确的，由合伙人协商决定；协商不成的，由合伙人按照实缴出资比例分配、分担；无法确定出资比例的，由合伙人平均分配、分担。"在没有约定或者无法确定出资比例的情况下，合伙企业的利润分配和亏损分担，由合伙人平均分配和分担，可以推定合伙财产采用的是共同共有机制。① 共有是指两个以上的人对同一物享有所有权，合伙财产不限于所有权，还有土地使用权、知识产权等。因此说合伙财产的性质是共同共有，

---

① 王利明. 民法总论. 中国人民大学出版社，2009：198.

包括准共同共有。①

3. 合伙财产的保全

合伙财产是实现合伙人共同事业的物质基础，该财产为全体合伙人共同共有。为了保证实现合伙人的共同事业，保护第三人的合法权利，需要对合伙人的财产权利适当限制，保全合伙财产。主要的保全措施有：一是对分割合伙财产的限制。合伙人在合伙清算前，除合伙协议约定或全体合伙人一致同意外，不得请求分割合伙的财产，包括返还出资等。我国《合伙企业法》第二十一条规定："合伙人在合伙企业清算前，不得请求分割合伙企业的财产；但是，本法另有规定的除外。合伙人在合伙企业清算前私自转移或者处分合伙企业财产的，合伙企业不得以此对抗善意第三人。"二是财产份额转让或出质的限制。《合伙企业法》第二十二条第一款规定："除合伙协议另有约定外，合伙人向合伙人以外的人转让其在合伙企业中的全部或者部分财产份额时，须经其他合伙人一致同意。"第二十五条规定："合伙人以其在合伙企业中的财产份额出质的，须经其他合伙人一致同意；未经其他合伙人一致同意，其行为无效，由此给善意第三人造成损失的，由行为人依法承担赔偿责任。"三是合伙债权抵销与合伙人的债权人代位权的限制。我国《合伙企业法》第四十一条规定："合伙人发生与合伙企业无关的债务，相关债权人不得以其债权抵销其对合伙企业的债务；也不得代位行使合伙人在合伙企业中的权利。"

（三）案例 37 分析

普通合伙人可以用货币、实物、知识产权、土地使用权或者其他财产权利出资，也可以用劳务出资。有限合伙人可以用货币、实物、知识产权、土地使用权或者其他财产权利出资，但是，不得以劳务出资。

本案中，王五属于有限合伙人，所以不能以劳务作为出资。

三、合伙的内部关系

（一）案例 38 简介

2001 年年底，张某、常某和李某共同设立了合伙企业，但企业成立后，经营效益很差，对外欠款较多，截至 2002 年年中，合伙企业对外欠款 20 万元。债务到期后，债权人某商业银行找到合伙企业，要求偿还欠款。合伙企业并不拒绝偿还债务，但是由于合伙企业账户里没有钱，于是银行找到合伙人张某，要求他偿还合伙企业的债务。张某考虑到合伙企业的存续问题，因此偿还了银行的 20 万元，但实际上张某出资只占合伙企业资本的 10%，合伙协议中也约定张某只承担 10%的债务，于是张某请求常某与李某偿还其超额偿还的部分。

问题：张某可否请求常某与李某偿还其超额偿还的部分？

---

① 魏振瀛主编. 民法（第四版）. 北京大学出版社、高等教育出版社，2010：104.

（二）相关知识点

1. 合伙事务的执行

（1）普通合伙事务的执行。合伙事务是指合伙关系存续期间，所有与合伙事业相关的、涉及团体利益的事务。[①] 我国《合伙企业法》第二十六条第一款规定："合伙人对执行合伙事务享有同等的权利。"即合伙人均有执行合伙事务的权利和义务。在处理重大事项时原则上要经全体合伙人共同决定。具体而言，合伙事务的执行有三种情况：一是由全体合伙人共同执行；二是由数名合伙人共同执行合伙事务，合伙人可以约定某几名合伙人为合伙事务的执行人，也可以约定某些合伙事务由某几名合伙人为合伙事务执行人；三是由一名合伙负责人执行合伙事务，即全体合伙人推荐一名威望高、能力强的合伙人为其负责人，由该负责人执行合伙事务。按照合伙协议的约定或者经全体合伙人决定，可以委托一个或者数个合伙人对外代表合伙企业，执行合伙事务。（《合伙企业法》第二十六条第二款）合伙企业对合伙人执行合伙事务以及对外代表合伙企业权利的限制，不得对抗善意第三人。（《合伙企业法》第三十七条）

普通合伙事务执行人享有以下权利：一是报酬请求权。执行合伙事务如果约定有报酬的，合伙事务执行人有请求合伙组织支付报酬的权利。二是损害赔偿请求权。合伙事务执行人在执行合伙事务时，因不可归责于自己的原因而受损害，有请求合伙组织给予赔偿的权利。三是提出异议权。合伙人分别执行合伙事务的，执行合伙人可以对其他合伙人执行的事务提出异议。

普通合伙事务执行人应履行以下义务：根据我国《合伙企业法》的规定，合伙人在执行合伙事务中的义务主要包括以下内容：一是忠实处理合伙事务的义务。合伙人不得从事损害本合伙企业利益的活动。合伙人在执行合伙事务过程中，不得为了自己的私利，坑害其他合伙人利益，也不得与其他人恶意串通，损害合伙企业的利益。合伙人怠于行使合伙事务给合伙组织或其他合伙人造成损失的，应当承担赔偿责任。二是报告义务。由一个或者数个合伙人执行合伙事务的，执行事务合伙人应当定期向其他合伙人报告事务执行情况以及合伙企业的经营和财务状况，其执行合伙事务所产生的收益归合伙企业，所产生的费用和亏损由合伙企业承担。三是遵守竞业禁止和交易禁止义务。我国《合伙企业法》第三十二条规定："合伙人不得自营或者同他人合作经营与本合伙企业相竞争的业务。除合伙协议另有约定或者经全体合伙人一致同意外，合伙人不得同本合伙企业进行交易。"我国《合伙企业法》第九十九条规定："合伙人违反本法规定或者合伙协议的约定，从事与本合伙企业相竞争的业务或者与本合伙企业进行交易的，该收益归合伙企业所有；给合伙企业或者其他合伙人造成损失的，依法承担赔偿责任。"

（2）有限合伙事务的执行。有限合伙由普通合伙人执行合伙事务，对外代表有限合伙。前面关于普通合伙中合伙人执行事务的相关规定同样适用于此处的有限合伙企业由普通合伙人执行合伙事务的情形。执行事务合伙人可以要求在合伙协议中确定执

---

① 王利明. 民法总论. 中国人民大学出版社，2009：201.

行事务的报酬及报酬提取方式。有限合伙人不执行合伙事务，不得对外代表有限合伙企业。有限合伙人的下列行为，不视为执行合伙事务：第一，参与决定普通合伙人入伙、退伙；第二，对企业的经营管理提出建议；第三，参与选择承办有限合伙企业审计业务的会计师事务所；第四，获取经审计的有限合伙企业财务会计报告；第五，对涉及自身利益的情况，查阅有限合伙企业财务会计账簿等财务资料；第六，在有限合伙企业中的利益受到侵害时，向有责任的合伙人主张权利或者提起诉讼；第七，执行事务合伙人怠于行使权利时，督促其行使权利或者为了本企业的利益以自己的名义提起诉讼；第八，依法为本企业提供担保（《合伙企业法》第六十八条）。以上八项行为，都属于保护有限合伙人利益的行为，不属于执行合伙事务。第三人有理由相信有限合伙人为普通合伙人并与其交易的，该有限合伙人对该笔交易承担与普通合伙人同样的责任。有限合伙人未经授权以有限合伙企业名义与他人进行交易，给有限合伙企业或者其他合伙人造成损失的，该有限合伙人应当承担赔偿责任。（《合伙企业法》第七十六条）

和普通合伙相比较而言，有限合伙人特有的权利与特殊规定具体表现在以下几个方面：第一，有限合伙人没有竞业禁止义务和交易禁止义务。普通合伙中，根据我国《合伙企业法》第三十二条规定，合伙人负有竞业禁止义务和交易禁止义务。对于有限合伙，法律上并没有作出此种限制。根据我国《合伙企业法》第七十条、第七十一条规定，除非合伙协议另有约定，有限合伙人可以同本有限合伙进行交易，可以自营或者同他人合作经营与本有限合伙企业相竞争的业务。此处有限合伙与普通合伙具有明显的差异，主要原因是：一方面有限合伙人不参与合伙企业的经营活动，一般也不会对有限合伙企业的经营活动产生重大影响，因此，其与合伙企业进行交易一般也不会出现不公平交易的现象；另一方面，由于有限合伙人不执行合伙事务，一般并不了解合伙企业的商业秘密等信息，其从事与合伙企业相竞争的业务就不会发生争夺商业机会的情况。[①] 第二，财产份额出质。除非合伙协议另有约定，有限合伙人可以将其在有限合伙企业中的财产份额出质，不需要经其他合伙人一致同意。第三，财产份额转让。有限合伙人可以按照合伙协议的约定向合伙人以外的人转让其在有限合伙企业中的财产份额，不需要经其他合伙人一致同意，但应当提前30日通知其他合伙人。

2. 合伙内部的损益分配

（1）普通合伙内部的损益分配。我国《合伙企业法》第三十三条规定：“合伙企业的利润分配、亏损分担，按照合伙协议的约定办理；合伙协议未约定或者约定不明确的，由合伙人协商决定；协商不成的，由合伙人按照实缴出资比例分配、分担；无法确定出资比例的，由合伙人平均分配、分担。合伙协议不得约定将全部利润分配给部分合伙人或者由部分合伙人承担全部亏损。”

（2）有限合伙内部的损益分配。我国《合伙企业法》第六十九条规定：“有限合伙企业不得将全部利润分配给部分合伙人；但是，合伙协议另有约定的除外。”即原则上不允许有限合伙企业将全部利润分配给部分合伙人，但如果在合伙协议中约定将全部

---

① 李飞主编. 中华人民共和国合伙企业法释义. 法律出版社，2006：116.

利润分配给部分合伙人的，则按照合伙协议的约定执行。本条仅允许对有限合伙利润分配的限制作出例外规定，但在亏损分担问题上，有限合伙企业不得约定由部分合伙人承担全部亏损，假如在合伙协议中有类似的约定，则该约定无效。一定要注意普通合伙中合伙协议不得约定将全部利润分配给部分合伙人或者由部分合伙人承担全部亏损。

（三）案例38分析

合伙企业的利润分配、亏损分担，按照合伙协议的约定办理；合伙协议未约定或者约定不明确的，由合伙人协商决定；协商不成的，由合伙人按照实缴出资比例分配、分担；无法确定出资比例的，由合伙人平均分配、分担。

本案中，张某偿还了银行的20万元，但实际上张某出资只占合伙企业资本的10%，合伙协议中也约定张某只承担10%的债务。因此，张某可以请求常某与李某偿还其超额偿还的部分。

四、合伙的债务承担

（一）案例39简介

公民李某、赵某、谭某于2000年2月达成口头协议，李出资3000元、赵出资3000元、谭出资4000元，共同开设通海商店，按比例分享利益，分摊亏损。年底结算时，略有盈余，按协议进行了分配。2003年5月，合伙人之间发生意见分歧。6月李某退伙，并抽走自己的投资3000元。但未进行结算。2003年年底进行年终结算，亏损4000元，这时赵某要求退伙，合伙遂于2003年年底散伙。赵、谭二人协商，将商店现存商品按进价计算，分别分得2000元和2700元商品，但对合伙债务未作处理。2005年3月，债权人某乡镇企业前来催要2000年货款2000元时，方知通海商店已经散伙。债权人找到谭某，谭某说：“按协议我只应承担800元。”又找赵某，赵某说：“我没有钱。”而李某则说：“我早已退伙。”该乡镇企业无奈，诉至法院。

问题：该案中李某的说法是否正确?

（二）相关知识点

1. 普通合伙债务的承担

合伙债务，是指于合伙关系存续期间，合伙以其字号或全体合伙人的名义，在与第三人发生的民事法律关系中所承担的债务。我国《合伙企业法》第三十八条规定：“合伙企业对其债务，应先以其全部财产进行清偿。”第三十九条规定：“合伙企业不能清偿到期债务的，合伙人承担无限连带责任。”因此，合伙债务应首先由合伙企业的全部财产承担，不足部分才由普通合伙人负无限连带责任。所谓无限责任是指合伙人对各合伙债务的承担不以其出资额为限。当合伙人的出资不足以清偿合伙人应承担的合伙债务时，合伙人应以其个人财产清偿。所谓连带责任，是指每一个合伙人都有责任代替其他合伙人清偿合伙财产不足清偿合伙债务的部分，即合伙的债权人对合伙的债务可以向任何一个合伙人主张，该合伙人不得拒绝。连带责任是针对第三人而言的，指全体合伙人对外就合伙的债务承担连带责任；但就合伙人内部而言，各合伙人之间是按份承担合伙债务。因此，当某合伙人由于承担连带责任，对合伙企业债务清偿数额超过其应当承担的数额时，有权向其他合伙人追偿。

合伙人发生与合伙企业无关的债务，相关债权人不得以其债权抵销其对合伙企业的债务；也不得代位行使合伙人在合伙企业中的权利。合伙人的自有财产不足以清偿其与合伙企业无关的债务的，该合伙人可以以其从合伙企业中分取的收益用于清偿；债权人也可以依法请求人民法院强制执行该合伙人在合伙企业中的财产份额用于清偿。人民法院强制执行合伙人的财产份额时，应当通知全体合伙人，其他合伙人有优先购买权；其他合伙人未购买，又不同意将该财产份额转让给他人的，应当依法为该合伙人办理退伙结算，或者办理削减该合伙人相应财产份额的结算。

如果同时存在合伙债务与合伙人个人债务，当合伙与合伙人都处于资不抵债的情况时，如何确定清偿这两种债务的先后顺序，对此，英美等国家采取了双重优先原则，就是合伙人个人的债权人优先于合伙的债权人从合伙人的个人财产中得到清偿，合伙的债权人优先于合伙人个人的债权人从合伙财产中得到清偿。换句话说，合伙的财产优先清偿合伙的债务，合伙人个人的财产优先清偿个人的债务。这样处理比较公平，我国多数学者赞成这种办法。①

2. 特殊的普通合伙债务的承担

特殊的普通合伙是指以专业知识和专门技能为客户提供有偿服务，在特定情况下，不由全体合伙人对合伙债务承担无限连带责任的普通合伙。② 特殊的普通合伙具有以下特征：第一，特殊的普通合伙是普通合伙的一种特殊形式。其特殊性在于，在特定情况下不由全体合伙人对合伙债务承担无限连带责任，除此之外，都是适用普通合伙的有关规定。第二，在特定情况下不由全体合伙人对合伙债务承担无限连带责任。我国《合伙企业法》第五十七条规定："一个合伙人或者数个合伙人在执业活动中因故意或者重大过失造成合伙企业债务的，应当承担无限责任或者无限连带责任，其他合伙人以其在合伙企业中的财产份额为限承担责任。合伙人在执业活动中非因故意或者重大过失造成的合伙企业债务以及合伙企业的其他债务，由全体合伙人承担无限连带责任。"第三，特殊的普通合伙企业名称中应当标明"特殊普通合伙"字样。第四，特殊的普通合伙业务范围的特殊性。普通合伙主要是从事生产经营活动的企业，而特殊的普通合伙主要是以专业知识和专门技能为客户提供有偿服务的专业服务机构，例如律师事务所为当事人代理案件，会计师事务所为企业进行审计。③

一个合伙人或者数个合伙人在执业活动中因故意或者重大过失造成合伙企业债务的，应当承担无限责任或者无限连带责任，其他合伙人以其在合伙企业中的财产份额为限承担责任。合伙人在执业活动中非因故意或者重大过失造成的合伙企业债务以及

① 魏振瀛主编. 民法(第四版). 北京大学出版社、高等教育出版社，2010：104.
② 魏振瀛主编. 民法(第四版). 北京大学出版社、高等教育出版社，2010：109.
③ 王利明. 民法总论. 中国人民大学出版社，2009：208.

合伙企业的其他债务，由全体合伙人承担无限连带责任。此处的“造成的合伙企业债务”应当理解为故意或者重大过失引起的侵权之债，不包括一般过失引起的侵权之债及合同之债。①

3. 普通合伙人入伙、退伙时的债务承担

（1）入伙。所谓入伙，是指合伙成立后，第三人加入合伙并取得合伙人资格的行为。新合伙人入伙，除合伙协议另有约定外，应当经全体合伙人一致同意，并依法订立书面入伙协议。订立入伙协议时，原合伙人应当向新合伙人如实告知原合伙企业的经营状况和财务状况。（《合伙企业法》第四十三条）入伙的新合伙人与原合伙人享有同等权利，承担同等责任。入伙协议另有约定的，从其约定。新合伙人对入伙前合伙企业的债务承担无限连带责任。（《合伙企业法》第四十四条）

（2）退伙。是指合伙人退出合伙，从而丧失合伙人资格。根据退伙的原因不同，合伙人退伙的形式可以分为声明退伙、法定退伙和除名退伙。

声明退伙，即合伙人通过向其他合伙人作出退伙的正式表示而退伙。合伙协议约定合伙期限的，在合伙企业存续期间，有下列情形之一的，合伙人可以退伙：第一，合伙协议约定的退伙事由出现；第二，经全体合伙人一致同意；第三，发生合伙人难以继续参加合伙的事由；第四，其他合伙人严重违反合伙协议约定的义务。（《合伙企业法》第四十五条）合伙协议未约定合伙期限的，合伙人在不给合伙企业事务执行造成不利影响的情况下，可以退伙，但应当提前30日通知其他合伙人。（《合伙企业法》第四十六条）合伙人违反《合伙企业法》第四十五条、第四十六条的规定退伙的，应当赔偿由此给合伙企业造成的损失。（《合伙企业法》第四十七条）

除名退伙又称强制退火，是指当合伙人出现除名事由时，经全体合伙人一致同意，将合伙人开除，使其丧失合伙人资格。合伙人有下列情形之一的，经其他合伙人一致同意，可以决议将其除名：第一，未履行出资义务；第二，因故意或者重大过失给合伙企业造成损失；第三，执行合伙事务时有不正当行为；第四，发生合伙协议约定的事由。（《合伙企业法》第四十九条）对合伙人的除名决议应当书面通知被除名人。被除名人接到除名通知之日，除名生效，被除名人退伙。被除名人对除名决议有异议的，可以自接到除名通知之日起30日内，向人民法院起诉。

法定退伙又称当然退火，是指合伙人基于法律规定的事由而退伙。合伙人有下列情形之一的，当然退伙：第一，作为合伙人的自然人死亡或者被依法宣告死亡；第二，个人丧失偿债能力；第三，作为合伙人的法人或者其他组织依法被吊销营业执照、责令关闭、撤销，或者被宣告破产；第四，法律规定或者合伙协议约定合伙人必须具有相关资格而丧失该资格；第五，合伙人在合伙企业中的全部财产份额被人民法院强制执行。合伙人被依法认定为无民事行为能力人或者限制民事行为能力人的，经其他合伙人一致同意，可以依法转为有限合伙人，普通合伙企业依法转为有限合伙企业。其他合伙人未能一致同意的，该无民事行为能力或者限制民事行为能力的合伙人退伙。退伙事由实际发生之日为退伙生效日。

---

① 李飞主编. 中华人民共和国合伙企业法释义. 法律出版社，2006：93.

合伙人退伙，其他合伙人应当与该退伙人按照退伙时的合伙企业财产状况进行结算，退还退伙人的财产份额。退伙人对给合伙企业造成的损失负有赔偿责任的，相应扣减其应当赔偿的数额。退伙时有未了结的合伙企业事务的，待该事务了结后进行结算。退伙人在合伙企业中财产份额的退还办法，由合伙协议约定或者由全体合伙人决定，可以退还货币，也可以退还实物。退伙人对基于其退伙前的原因发生的合伙企业债务，承担无限连带责任。

4. 有限合伙债务的承担

在有限合伙中，普通合伙人对合伙债务负无限连带责任，而有限合伙人则仅以其认缴的出资额为限承担责任。当然，第三人有理由相信有限合伙人为普通合伙人并与其交易的，该有限合伙人对该笔交易承担与普通合伙人同样的责任。

5. 有限合伙人入伙、退伙时的债务承担

新入伙的有限合伙人对入伙前有限合伙的债务，以其认缴的出资额为限承担责任。新入伙的普通合伙人对入伙前有限合伙的债务，承担无限连带责任。

有限合伙人的退伙与普通合伙人的退伙条件有很大差异，主要表现在以下方面：一是作为有限合伙人的自然人在有限合伙企业存续期间丧失民事行为能力的，其他合伙人不得因此要求其退伙。（《合伙企业法》第七十九条）这是因为有限合伙人不执行合伙事务，其丧失行为能力对合伙事业没有实质性影响。[①] 二是作为有限合伙人的自然人死亡、被依法宣告死亡或者作为有限合伙人的法人及其他组织终止时，其继承人或者权利承受人可以依法取得该有限合伙人在有限合伙企业中的资格。（《合伙企业法》第八十条）这是因为有限合伙人不执行合伙事务，有限合伙人的出资转让给有限合伙以外的人，对合伙事业没有实质性影响。[②]

有限合伙人退伙后，对基于其退伙前的原因发生的有限合伙企业债务，以其退伙时从有限合伙企业中取回的财产承担责任。（《合伙企业法》第八十一条）这与普通合伙的合伙人退伙的条件不同，普通合伙的合伙人退伙对基于其退伙前的原因发生的合伙企业债务，承担无限连带责任。（《合伙企业法》第五十三条）

6. 有限合伙人与普通合伙人相互转变时的债务承担

除合伙协议另有约定外，普通合伙人转变为有限合伙人，或者有限合伙人转变为普通合伙人，应当经全体合伙人一致同意。（《合伙企业法》第八十二条）有限合伙人转变为普通合伙人的，对其作为有限合伙人期间有限合伙企业发生的债务承担无限连带责任。（《合伙企业法》第八十三条）普通合伙人转变为有限合伙人的，对其作为普通合伙人期间合伙企业发生的债务承担无限连带责任。（《合伙企业法》第八十四条）

有限合伙企业仅剩有限合伙人的，应当解散；有限合伙企业仅剩普通合伙人的，转为普通合伙企业。（《合伙企业法》第七十五条）

---

① 魏振瀛主编. 民法（第四版）. 北京大学出版社、高等教育出版社，2010：114.

② 魏振瀛主编. 民法（第四版）. 北京大学出版社、高等教育出版社，2010：114.

（三）案例39分析

合伙人退伙，其他合伙人应当与该退伙人按照退伙时的合伙企业财产状况进行结算，退还退伙人的财产份额。退伙人对给合伙企业造成的损失负有赔偿责任的，相应扣减其应当赔偿的数额。退伙时有未了结的合伙企业事务的，待该事务了结后进行结算。退伙人对基于其退伙前的原因发生的合伙企业债务，承担无限连带责任。

本案中，李某在2003年6月退伙，并抽走自己的投资且未进行结算。李某应当对2003年6月以前的合伙债务承担无限连带责任。当乡镇企业找他还钱时，李某以“已经退伙”为抗辩是没有根据的。所以，该案中李某的说法不正确，他必须为退伙前的债务和其他合伙人共同承担连带责任。

五、合伙的终止与清算

（一）案例40简介

2008年7月12日，原告郭某向孔某、杨某、付某、李某、张某、王某六被告合伙经营的砖窑厂购买50000块砖，并向砖窑厂交砖款9500元，由孔某为其出具收到条。不久该砖窑厂因国家政策原因被取缔，不再经营。六被告至今未让原告郭某运砖，也未将砖款退还郭某。故原告郭某将六被告起诉至法院，请求法院判令六被告退还其9500元砖款。被告孔某、杨某、付某辩称，欠原告的砖款9500元应该给原告，但这钱用于扩建窑厂，应由窑厂的共同财产偿还，李某卖了窑厂的房屋，应由李某偿还。被告张某、王某认为钱不是他们收的，谁收的谁还，也未到庭参加诉讼。

问题：砖窑厂六被告对所欠原告郭某的9500元砖款应承担什么责任？

（二）相关知识点

1. 合伙的终止

合伙的终止又称合伙的解散，是指由于法定原因的出现，或当事人约定的原因而使合伙企业消灭。[①] 我国《合伙企业法》第八十五条规定：“合伙企业有下列情形之一的，应当解散：（一）合伙期限届满，合伙人决定不再经营；（二）合伙协议约定的解散事由出现；（三）全体合伙人决定解散；（四）合伙人已不具备法定人数满三十天；（五）合伙协议约定的合伙目的已经实现或者无法实现；（六）依法被吊销营业执照、责令关闭或者被撤销；（七）法律、行政法规规定的其他原因。”

2. 合伙的清算

（1）清算人。合伙企业解散，应当由清算人进行清算。清算人由全体合伙人担任；经全体合伙人过半数同意，可以自合伙企业解散事由出现后十五日内指定一个或者数个合伙人，或者委托第三人，担任清算人。自合伙企业解散事由出现之日起十五日内未确定清算人的，合伙人或者其他利害关系人可以申请人民法院指定清算人。

---

① 王利明. 民法总论. 中国人民大学出版社，2009：206.

（2）清算事务。清算人在清算期间执行下列事务：第一，清理合伙企业财产，分别编制资产负债表和财产清单；第二，处理与清算有关的合伙企业未了结事务；第三，清缴所欠税款；第四，清理债权、债务；第五，处理合伙企业清偿债务后的剩余财产；第六，代表合伙企业参加诉讼或者仲裁活动。（《合伙企业法》第八十七条）

清算人自被确定之日起十日内将合伙企业解散事项通知债权人，并于六十日内在报纸上公告。债权人应当自接到通知书之日起三十日内，未接到通知书的自公告之日起四十五日内，向清算人申报债权。债权人申报债权，应当说明债权的有关事项，并提供证明材料。清算人应当对债权进行登记。清算期间，合伙企业存续，但不得开展与清算无关的经营活动。（《合伙企业法》第八十八条）

（3）清偿与分配顺序。清算时合伙财产首先用于支付清算费用，然后按照下列顺序清偿：一是支付职工工资、社会保险费用、法定补偿金；二是缴纳所欠税款；三是清偿债务。剩余财产依照各合伙人应得比例进行分配。

（4）合伙注销后合伙人对合伙债务的承担。合伙注销后，原合伙人对合伙存续期间的债务，仍应承担清偿责任。原普通合伙人对合伙企业存续期间的债务仍应承担无限连带责任；特殊的普通合伙人一般也是承担无限连带责任，但是对于部分合伙人在执行合伙事务的活动中因故意或者重大过失造成的合伙债务，其他合伙人以其在合伙中的财产份额为限承担责任。在有限合伙中，普通合伙人承担无限连带责任，有限合伙人以其出资为限承担有限责任。

（5）注销登记。清算结束，清算人应当编制清算报告，经全体合伙人签名、盖章后，在十五日内向企业登记机关报送清算报告，申请办理合伙企业注销登记。

（三）案例40分析

合伙的终止是指由于法定原因的出现，或当事人约定的原因而使合伙企业消灭。合伙终止应当由清算人进行清算，处理与清算有关的合伙企业未了结事务；合伙注销后，原合伙人对合伙存续期间的债务，仍应承担清偿责任，原普通合伙人对合伙企业存续期间的债务仍应承担无限连带责任。

本案中，砖窑厂属于普通合伙，当砖窑厂因国家政策原因被取缔不再经营时，应当进行清算，清偿郭某的债务。但是该砖窑厂没有进行清算，所以，该砖窑厂注销后，原合伙人对合伙存续期间的债务，仍应承担清偿责任。所以，本案中砖窑厂所欠原告郭某的9500元砖款应由六被告承担无限连带责任。

【案例思考】

1. 2008年5月甲某、乙某、丙某和丁某四人出资设立A有限合伙企业，其中甲某、乙某为普通合伙人，丙某、丁某为有限合伙人。合伙企业存续期间，发生以下事项：2008年7月由于流动资金缺乏，经过四人讨论决定，A合伙企业向B银行贷款100万元。2008年8月，经全体合伙人一致同意，普通合伙人乙某转变为有限合伙人，有限合伙人丙某转变为普通合伙人。2008年9月，甲某、丁某提出退伙，乙某和丙某表示同意。经退伙结算，甲某从A合伙企业分回10万元，丁某从A合伙企业分回20万元。2008年12月20日，B银行100万元的贷款到期，而此时A合伙企业的全部财产只有40万元。在用该合伙企业的全部财产抵债后，债权人B银行要求甲某、乙某、丙某和丁某承担清偿责任。

问题：本案中乙某、丙某对此A合伙企业向B银行的贷款应承担何种责任？

2. 2005年4月2日，原告李某与被告黄某等人共同设立了一合伙企业。2007年1月20日，因为种种原因，原告经被告（其他合伙人）一致同意退出了该合伙企业，并且双方就当时合伙企业的资产状况进行了结算，结算结果是被告应当向原告分配2.1万元的利润，故原、被告双方签订了一张2.1万元的欠条，并约定了该利润的支付日期。期限届满后，被告却分文未付，经过原告的多次追索，被告认为在原告退伙后，合伙企业发生了亏损，对于这笔亏损原告也应承担责任，故不愿向原告支付利润。

问题：对于这笔亏损原告是否应当承担责任？

第三节 个体工商户和农村承包经营户

一、个体工商户

（一）案例41简介

陈某与王某是夫妇，1992年，陈某辞职开办了一家个体服装店。但陈某开店的想法一直都遭到丈夫王某的反对，所以双方签订了一份协议，协议约定：陈某开店的一切责任自负，双方的各自收入归个人支配。陈某在经营中效益时好时坏，但王某从不过问。陈某开店后并没有与王某分伙，她也经常以营业收入为家中购置共同的生活用品，但两人的收入的确各自保管。1994年，陈某由于几次进货失误，造成商品严重积压，并欠下8万多元的债务。1995年初，债主纷纷前来讨债，陈某将全部货物及自己的存款还债，结果仍欠林某2万多元。林某因向陈某要不到全部欠款，便向法院起诉，请求以王某的存款偿还。法院经查实，王某在银行有5万元的存款。

问题：林某是否有权请求王某偿还陈某所欠的债务？

（二）相关知识点

1. 个体工商户的概念与特征

个体工商户，是指在法律允许的范围内，依法经核准登记，从事工商业经营的自然人或者家庭。[①] 个体工商户的特征是：

（1）从事工商业经营的是单个自然人或家庭。自然人或以个人为单位，或以家庭为单位从事工商业经营，均为个体工商户。“户”既包括个体劳动者，也包括从事工商

① 魏振瀛主编. 民法(第四版). 北京大学出版社、高等教育出版社，2010：116. 也有学者认为个体工商户是指公民个人或家庭依法经核准登记，以个人资产或家庭资产为经营资本，在法律允许的范围内从事工商业经营的一种特殊民事主体。参见佟柔主编. 中国民法学(民法总则). 人民法院出版社，2008：93.

劳动经营的家庭。

（2）个体工商户必须依法核准登记。自然人或其家庭从事个体工商业经营必须依法向工商行政管理部门提出申请，并由受理机关核准登记。个体工商户的登记机关是县级以上工商行政管理机关。个体工商户的申请由受理机关核准登记，取得营业执照后，始取得个体工商户资格，才可以开始工商经营。个体工商户转业、合并、变更登记事项或歇业，也应办理登记手续。

（3）个体工商户必须在法律允许的范围内从事工商经营活动。根据法律和相关政策，这里的工商经营活动，包括工业、手工业、建筑业、交通运输业、商业、饮食业、服务业、修理业等行业。但不管从事上述哪一种工商经营活动，均应在法律允许的范围内进行，方能受到法律的保护。同时还要依照工商行政管理机关核准登记的生产经营方式、项目、范围进行生产经营活动。在生产经营活动中，也必须遵守国家的法律、法规、政策。[①]

2. 个体工商户责任的承担

个体工商户作为特殊民事主体，可以在法律允许的范围内以自己的名义独立从事民事活动，取得民事权利，承担民事义务。就对外所负债务而言，它们是以户的财产来承担责任。具体来说，其财产责任主要表现在以下方面：

（1）公民个人出资，独立经营，自担风险、收益的个体工商户，其对外所欠的债务应以其个人财产承担责任。

（2）以个人名义申请登记的个体工商户，以家庭财产共同投资，或主要收益由家庭成员享用的，其债务由家庭共有财产清偿。

（3）个体工商户是由部分家庭成员出资经营和收益，对外所欠债务由该部分家庭成员对外负连带清偿责任。

（4）在夫妻关系存续期间，一方从事个体经营的，其收入为夫妻共有财产，对外所欠债务应以夫妻共有财产清偿。

（5）全体家庭成员共同出资、共同经营、共同收益的个体工商户，对外所欠债务由家庭共有财产承担清偿责任。

3. 个体工商户的法律地位

对于个体工商户的法律地位，学界有不同的观点。一种观点认为个体工商户属于自然人，只不过属于自然人的特殊形式而已。其理由是，《民法通则》将个体工商户置于自然人一章中。另一种观点认为，个体工商户属于非法人组织，且属于盈利性非法人组织。[②] 笔者认为个体工商户属于非法人组织，理由如下[③]：

（1）个体工商户是准组织体。依我国现行法律，个体工商户可以雇工经营，表明其具有准组织体的性质。此外个体工商户可以起字号、可以在银行开设账户、可以刻印章、有权申请商标专用权等，都表明个体工商户具有组织体的性质。

① 佟柔主编．中国民法学（民法总则）．人民法院出版社，2008：93—94．

② 梁慧星．民法总论（第四版）．法律出版社，2011：147．

③ 魏振瀛主编．民法（第四版）．北京大学出版社、高等教育出版社，2010：117．

（2）个体工商户具有明确的目的，即经营范围。个体工商户具有明确的经营范围，并在其经营范围内享有相应的有别于自然人的民事权利能力和民事行为能力。个体工商户依法享有经营权、起字号权、商标注册申请权等自然人不享有的权利。

（3）个体工商户具有相对独立的财产，该财产主要用于其所从事的工商经营活动。当然个体工商户的财产与个人财产、家庭财产不是严格区分的。

（三）案例 41 分析

个体工商户作为特殊民事主体，可以在法律允许的范围内以自己的名义独立从事民事活动，取得民事权利，承担民事义务。就对外所负债务而言，它们是以户的财产来承担责任。个体工商户的债务，个人经营的，以个人财产承担；家庭经营的，以家庭财产承担。在夫妻关系存续期间，一方从事个体经营的，其收入为夫妻共有财产，对外所欠债务应以夫妻共有财产清偿。

本案中，在夫妻关系存续期间，陈某虽然是一方从事个体经营，但是也经常以营业收入为家中购置共同的生活用品。因此对外所欠债务应以夫妻共有财产清偿，王某仍要以他的收入对陈某的债务负责。所以林某有权请求王某偿还陈某所欠的债务。

二、农村承包经营户

（一）案例 42 简介

甲父于 1990 年请求承包村里长期荒废的一片荒山。村委会经过开会研究、表决，同意了甲父的请求。甲与其兄共同参加了劳动，种上优良桃树，收益甚好。2年后，甲娶妻。10 年后，甲父病逝。甲与其兄由于经营不善，加之气候异常，桃园经营困难，负债累累。家中存款不足以清偿债务，而当年约定的上交款项也没有现金支付。村委会要求甲与其兄支付约定的上交款项。甲则声称，其父已病逝，承包合同自然失效，自己不受合同约束，没有再支付上交款项的义务。为讨回欠款，村委会遂诉至法院。

问题：甲父死亡后该承包经营合同是否继续有效？

（二）相关知识点

1. 农村承包经营户的概念与特征

农村承包经营户，是指在法律允许的范围内，按照承包合同规定从事商品经营的农村经济组织的成员。[①] 我国《民法通则》第二十七条规定：“农村集体经济组织的成员，在法律允许的范围内，按照承包合同规定从事商品经营的，为农村承包经营户。”农村承包经营户的法律特征如下[②]：

（1）农村承包经营户是我国农村劳动群众集体所有制经济的分散生产经营方式的法律形式。由于农村的土地等主要生产资料属于集体所有，承包经营者则是农村集体

① 魏振瀛主编. 民法(第四版). 北京大学出版社、高等教育出版社，2010：117.

② 佟柔主编. 中国民法学(民法总则). 人民法院出版社，2008：95.

经济组织的成员，因此农村承包经营户并不属于个体经济范畴，而是农村集体经济组织的一种生产经营方式的法律表现。

（2）农村承包经营户从事的是商品生产、经营活动。农村承包经营户进行生产经营，主要是以商品交换为目的，将所收获的农、林、牧、副、渔等产业的产品作为商品投入市场而满足社会的需要，而不是仅仅为了满足家庭消费需要。

（3）农村承包经营户按照与集体经济组织订立的承包合同从事经营活动。从农村承包经营户的角度来看，它必须按照与集体经济组织签订的承包合同规定的内容从事经营活动，否则须承担相应的法律责任。农村承包经营户主体与家庭成员密切相关，为了便利承包经营的稳定性和承包质量，国家规定，在有关土地承包经营期间，家庭成员的增减，只要不影响承包方履行义务，不能再变更或解除合同。

（4）农村承包经营户以自己的名义独立为民事法律行为。依照法律规定，农村承包经营户不论是个人经营还是家庭经营，都必须以户的名义独立参加民事法律关系，取得民事权利，承担民事义务。

2. 农村承包经营户责任的承担

农村承包经营户作为特殊民事主体，可以在法律允许的范围内以自己的名义独立从事民事活动，取得民事权利，承担民事义务。就对外所负承担债务而言，它们是以户的财产来承担责任。其财产责任主要表现同上文“个体工商户责任的承担”，此不赘言。

3. 农村承包经营户的法律地位

我国《民法通则》第二十八条规定：“农村承包经营户的各项民事权益，受法律保护。”农村承包经营户具有相对独立的商品生产者和经营者的地位，在其承包经营范围内，具有从事生产经营活动的民事权利能力和民事行为能力，对承包的土地和其他生产资料享有使用权、收益权，但不享有处分权。农村承包经营户在承包期间无力经营或转营他业的，应将承包的土地和其他生产资料退还集体，如果转包他人，必须取得集体的同意，并且不能改变承包合同规定的内容。农村承包经营户享有对外订立合同的权利，有权自行处分其投入承包经营的自有资产和合法收益。当农村承包经营户的权利受到侵犯时，其可以作为独立的诉讼主体向人民法院提起诉讼。

（三）案例42分析

农村承包经营户是指农村集体经济组织的成员在法律允许的范围内按照承包合同规定从事商品经营。农村承包经营户以自己的名义独立为民事法律行为。依照法律规定，农村承包经营户不论是个人经营还是家庭经营，都必须以户的名义独立参加民事法律关系，取得民事权利，承担民事义务。农村承包经营户主体与家庭成员密切相关，为了便利承包经营的稳定性和承包质量，国家规定，在有关土地承包经营期间，家庭成员的增减，只要不影响承包方履行义务，不能再变更或解除合同。

本案中，甲父签订的承包合同属于家庭共同承包。签约人甲父的死亡并不能导致合同效力的自然消灭，因为承包方还有甲及其兄的情况下可以继续从事经营，合同主体没有发生法律上的变更。所以甲父死亡后原承包经营合同应当继续有效。

【案例思考】

1. 李某与妻子周某、儿子李某某、儿媳黄某一起居住。2005 年 9 月李某以个人名义与村委会签订合同，承包了村里的 15 亩果园，承包期 10 年，承包费每年 4000 元。承包之后妻子、儿子、儿媳一起在果园帮忙，仍然人手不够，就又雇了同村的村民辛某做工。由于管理不善，果园连年亏损，四年来共欠下承包款 4000 元，以及贷款 6000 元、帮工的工钱 700 元。2009 年 9 月，李某中途毁约，按照合同交纳占剩余年份承包费总额的违约金，共 7000 元。李某家中的财产共计价值两万元，村委会、银行、辛某要求以其家庭财产清偿债务，遭到周某、李某某、黄某等人的反对，声称财产中有他们的份额，而承包人是李某，他们只是帮忙，不能以他们的财产偿还债务。村委会、银行、辛某便向人民法院起诉。

问题：本案中能否以周某、李某某、黄某等人的财产偿还债务？为什么？

2. 刘洪与被告刘金系父子关系，没有分家在一块共同生活，胡一与刘家父子系同一村民组村民。2009 年，刘洪承揽了某小区的部分工程，多次向胡一借款，2009 年 12 月 5 日，胡一向刘洪催要，刘洪向胡一出具了 75150 元借条一张，保证五日内归还借款，并署名刘洪。之后刘洪外出无音讯，胡一向刘金追要被拒绝。无奈，2010 年 5 月胡一一纸诉状将刘家父子告上法庭，要求二被告共同偿还该项借款。法庭受理后还查明，刘家父子及其他家庭成员均参与工程施工、管理，先期刘洪给雇工发放工钱，刘洪外出后刘金管理、结算工程款。

问题：本案中胡一的请求能否得到法院的支持？为什么？

物权

WU QUAN

CHAPTER 6 第六章
物

第一节 物的含义

一、物的概念

（一）案例 43 简介

1980 年 11 月，美国人丹尼斯·霍普在美国旧金山土地管理部门登记了对月亮的所有权，在交纳相关费用后向当地法院、美国、前苏联和联合国递交了一份所有权声明，宣布丹尼斯·霍普为月球、太阳系除地球外的八大行星及其卫星的土地拥有者。随后，他开始大肆销售月球土地，并在日本、澳大利亚等其他七国建立了分支机构。25 年后，中国人李捷成了丹尼斯的中国代理商，于 2005 年 9 月 5 日在朝阳区工商部门正式注册后成立“月球大使馆”。同年 10 月 19 日，“月球大使馆”正式开盘，以每英亩（约合 4000 平方米）298 元人民币的价格销售月球土地。开业仅仅 3 天，就有 34 名顾客购买了 49 英亩的月球土地，总金额为 14304 元。3 天后，销售月球土地的行为被叫停。11 月 23 日，朝阳工商分局告知“月球大使馆”：拟对其作出责令退款、吊销营业执照和罚款 5 万元的处罚决定。但李捷并未就此罢休，于 12 月 11 日发表《所有权声明》：“从 2005 年 12 月 11 日起，我是整个月球亮面和暗面的所有权人和最高行政管理者（俗称‘月球村 CEO’）。整个月球表面以及下层的一切自然资源（矿物、水资源、气体等）均归李捷所有；在此区域内的任何开发建设计划、资源勘察、开采以及所有权交易都必须在我的同意下方可进行。”

问题：月球的土地能否成为民法上的物？丹尼斯和李捷能分别拥有月球亮面和背面的所有权吗？

（二）相关知识点

1. 物的概念

何者为物？哲学上、物理上、法律上的概念莫衷一是。哲学上，物是人以外存在于自然界的一切东西。[①] 物理上，物是指世间一切动物、植物、矿物，当然也包括人。法律上，物是重要的权利客体，是一切财产关系最基本的要素。[②] 但即使在法律上，关于物的概念，观点也不一致。罗马法认为，“除自由人外而存在于自然界的一切东西，不管是对人有用的，无用的，甚至是有害的，均属于广义的物”。[③] 法国民法典沿袭了罗马法对物的理解，德国和日本民法典认为民法上的物仅指有体物。我国《民法通则》中没有涉及物的概念，《物权法》仅规定：“本法所称物，包括不动产和动产。”学界对于这个问题众说纷纭。王泽鉴先生认为：“物者，指除人之身体外，凡能为人力所支配，独立满足人类社会生活需要的有体物及自然力而言。”[④] 梁慧星先生认为：“物是指能够为人力控制并具有价值的有体物。能够为人力控制并具有价值的特定空间视为物。人力控制之下的电气，亦视为物。”[⑤] 魏振瀛先生认为：“民法上的物，作为民事权利客体之一，是指存在于人身之外，能够满足人们的社会需要而又能为人所实际控制或支配的物质客体。”[⑥]

纵观上述观点，他们对物的定义在用语和范围上存在差别，有的认为物包括自然力，有的则持相反的观点。笔者认为，民法是个开放的体系，物的范围也应当是开放的，随着科学技术的不断发展，物的范围不断扩张，自然力作为一种客观存在在过去是人力所不及的，因为其是无形的，但现在逐步被人支配甚至作为商品进行交换，已然能够满足人的需求并有其价值，理应纳入物的范围。我国《物权法》将无体物和无形物排除在外，沿袭了19世纪近代民法中有关物的规定，具有局限性。因此，民法上所称的物，是指存在于人身之外，能为人们所实际控制和支配并能够满足人们某种需要的物质实体或自然力。物质实体包括固态物、液态物和气态物，其有一定的形体，在物质上占据一定的空间，能被人感知。自然力例如电、热、声、光等无体物，它不具备一定的形体，但能够为人所支配，可以满足人类某种需求，也是民法上所说的物。

2. 物的特点

（1）物须存在于人身之外，能够成为权利客体。与物理意义上的物不同，在法律上，人是权利主体，物是权利客体，人与物之间有着严格的区别。物必须存在于人身之外，人身不是物，任何人不能拥有对他人的所有权。现代民法中，自然人虽有物化的趋势，但“人之身体为人格所附，不能为物”[⑦]。物只能是存在于人身之外的一切有

---

① 徐国栋. 民法总论. 高等教育出版社，2007：181.
② 梁慧星. 民法总论. 法律出版社，2001：97.
③ 周枏. 罗马法原论. 商务印书馆，1994：276.
④ 王泽鉴. 民法总则. 中国政法大学出版社，2001：208.
⑤ 梁慧星. 中国物权法草案建议稿. 社会科学文献出版社，2000.
⑥ 魏振瀛主编. 民法. 北京大学出版社、高等教育出版社，2000：118.
⑦ 梁慧星. 民法总论. 法律出版社，2001：98.

体物。人身不以生理上所生成的部分为限，假牙、假肢等一旦成为人体的一部分就不再是物。然而，若人身的某一部分同人体分离，则可视为民法上的物，例如剪下的头发、脱落的牙齿等。随着科技的发展，活体的一部分也可以成为民法上的物，但以尚未与人体分离的身体的一部分为处分标的的，应当以不违反公序良俗为限，例如造血干细胞和器官的移植、代孕的子宫等。

对于尸体是否为物，学界颇有争议，"有谓尸体为物，但非民法上之物者；有谓尸体为物，属于继承人所有者；有谓尸体不能为物，仅为人格之残余者。要之此一问题，不能纯依理论判断，而应根据其国社会上一般之心理解决之"①。笔者认为，人是思维和肉体的统一，人死后就成了没有思维、没有生命迹象的肉体，尸体不是人，但它是一种客观存在的物质实体，它曾经承载着特定的人格，在一定程度上能够满足人的某种需要，例如寄托哀思、作为科学研究的对象等，可为人支配，理应成为民法意义上的物，由继承人所有。

（2）物主要以有体物为限。有体物和无体物的划分从罗马法时期就存在，有体物是指"实体存在于自然界之物质，而为人之五官所可觉及者也，如土地、房屋等"；无体物是指"法律上拟制之关系，而为人之五官所不可觉及者也，如用益权、地役权"。②民法上的物必须具备客观存在的物质实在性，人的精神活动、意识活动的产物不能成为物。例如智力成果是无形财产，不是物，但智力成果的载体是物。不能够被人们看见但客观存在，能为人们所支配的自然力，属于民法上的物，例如电、气等。另外，有明确范围的空间，如果人们可以排他地支配使用，也属于"物"。

（3）物能满足人们的需要。民法上的物必须具有一定的价值和使用价值，能够满足人们的某种需要，这种需要可以是物质层面的需要也可以是精神层面的需要。例如电脑、房屋等具有特定的经济价值和用途，能够满足人们的物质需要，但是一粒米、一滴水、一滴油虽然是有体物，具备一定的形态，但其不能独立满足人们的需要，不能成为物权的客体。特定的照片、书信等具备特定的情感价值，能够满足人们的精神生活的需要，可以成为民法上的物。物可以是由劳动创造的劳动产品，也可以是天然存在的东西，土地和水与房屋、电脑一样可以成为民法上的物。"不过，随着科技的发展，物的使用价值也不断地发生变化，所以说物的有用性也是一个历史的概念。"③

（4）物能为人们所实际控制和支配。民法上的物为有体物，但并不是所有的有体物都是民法上的物，民法上的物应当能够被人力控制和支配。"只有能为人们所控制或支配的物，人们才能以此为客体设定各种权利、义务关系。"④ 否则纵然为有体、有巨大的经济价值，如果不能被人力实际控制也不能成为民法上的物，例如日、月、星辰、火山喷发产生的热能等。

① 郑玉波.民法总则.中国政法大学出版社，2003：265.

② 陈朝璧.罗马法原理(上册).商务印书馆，1936：84.

③ 王连合.物权法原理与案例研究.北京大学出版社，2011：3.

④ 王连合.物权法原理与案例研究.北京大学出版社，2011：3.

（三）案例43分析

民法上的物须存在于人身之外，能够成为权利客体，并且以有体物为限，能满足人们的需要并能为人们所实际控制和支配。

本案中，月球的土地是一种存在于人身之外的客观存在，是有体物，有一定的价值。但作为民法上的物还应当能够被人们实际支配和控制。月球远离地球，登月工程是一个庞大而系统的国家工程，任何个人或企业的力量都无法实现，因此，无论是美国人丹尼斯·霍普还是中国人李捷都没有能力支配和控制月球，月球的土地只能是物理意义上的物，而不能成为民法上的物，不能作为所有权的客体，故丹尼斯和李捷不能拥有对月球亮面和背面的所有权。

二、物的分类

（一）案例44简介

甲有一套住房和一幅名画，甲、乙二人分别就住房和名画签订了两份买卖合同。在房屋买卖合同签订后，乙立即支付了全部款项，并且办理了房屋过户手续，但房屋仍由甲占有，约好三天后交房。名画买卖合同签订后，乙当场支付了1万元的价款，约好三天后取画。不料，合同签订后的第二天，一场大火烧毁了该套住房及名画，乙要求甲返还全部房款及1万元的买画钱。甲认为房子和名画都已经是乙的了，意外灭失的风险应当由乙承担。双方就此无法达成一致发生纠纷。

问题：房子的所有权人是谁？名画的所有权人是谁？甲是否应当将乙支付的房款和买画钱返还？

（二）相关知识点

1. 动产与不动产

依据物是否可以移动并且移动是否会损害其价值为标准，可以将物分为动产和不动产。

动产是指在空间上能够移动且不损害其价值和用途的物，例如电脑、桌椅等，它是不动产之外的所有物。不动产是指不能移动或移动会损害其价值和用途的物，主要包括土地和地上附着物。土地包括农用地、建设用地和未利用地。农用地指耕地、林地、草地、农田水利用地、养殖水面等；建设用地指建造建筑物、构筑物的土地，包括城乡住宅和公共设施用地、工矿用地、交通水利设施用地、旅游用地、军事设施用地等；未利用土地是农用地和建设用地之外的土地。地上附着物包括在土地上建造的一切建筑物、构筑物（例如桥梁、信号塔等）及地上定着物（例如生长在土地上的各类植物、铺设的电缆等）。需要注意的是，植物的果实尚未采摘、收割之前，树木尚未砍伐之前，都是地上的定着物，属于不动产，一旦采摘、收割、砍伐下来，脱离了土地，则属于动产。

在实践中，有些物具备动产的特性，能够移动且移动不损害其价值，但是法律基于这些物价值巨大，在交易上需特别慎重，故在法律上将其作为不动产对待，例如汽车、船舶、航空器等。这类不动产是法律拟制的，属于准不动产。

区分动产和不动产的意义在于：（1）物权变动的法定要件不同。不动产以其价值巨大凸显特色，而且具有稀缺性，在物权变动上以登记为要件，不经登记不发生物权变动的效力。动产以占有和交付为公示方式，标的物的交付即是物权的转移。（2）可设立的物权类型不同。用益物权只能设立在不动产上，留置权和质权只存在动产之上。不动产抵押以登记为生效要件，动产抵押不登记不能对抗善意第三人。（3）纠纷管辖法院不同。因不动产发生的纠纷，由不动产所在地法院专属管辖。动产纠纷的管辖比较灵活，没有专属管辖的规定。（4）法律适用不同。就不动产发生的纠纷，适用不动产所在地的法律。

2. 主物与从物

依据两物在效用上的彼此关系，可以将物分为主物和从物。

当两种以上的物相互配合、按照一定的经济目的组合在一起时，起主要作用的物是主物；起辅助和配合作用的物是从物。在法律上，一般先确定从物，从物之外为主物。从物应当具备以下条件：（1）从物须具有独立性，而非主物的构成部分。物的构成部分是指物的成分。物的成分分为重要成分与非重要成分。重要成分是指对物在整体上发挥功能和效用起决定作用的构成部分，例如房屋的栋梁，图画的颜色等。重要成分以外的部分是非重要成分，例如房屋的窗户等。重要成分不能脱离物的整体而独立成为物权的客体，例如，安装在楼房内的电梯与楼房有不可分离的关系，是楼房的构成部分，买卖楼房应包括电梯在内。① 从物不同于物的构成部分，其独立于主物，但必须依附于主物才有存在的意义。例如，钥匙和锁，钥匙是从物，锁是主物；汽车和备胎，备胎是从物，汽车是主物。（2）从物与主物同属于一人。从物独立于主物，它们是两个独立的所有权，但是这两个所有权主体为同一个人。例如，借用他人的备胎供自己的汽车使用，该备胎则不是自己汽车的从物，因为二者分属不同的人所有。（3）从物须经常辅助主物使用。这是决定从物的最为重要的条件。主物和从物的区分，立足于彼此之间的关系，该关系体现在效用上，即从物须经常辅助主物使用。“经常”意味着并非暂时，不限于无间断。“辅助”意味着两物必须一物为主要，一物为从属。如果两者虽然相依使用，但无辅助关系，则无主从可言，例如碗和筷子等。②

主物和从物区分的意义在于：（1）物权法上的意义。在双方当事人没有明确约定或者法律没有明确规定的时候，从物所有权要随着主物所有权的转移而转移。换句话说，如果没有相反的证据，主物归谁，从物归谁；如果没有相反的约定，主物转移，从物转移，处分主物的效力及于从物。例如，在一栋附有厨房的房屋上设定抵押，抵押的效力及于从物厨房。（2）债权法上的意义。在当事人没有特别约定的情况下，解除主物合同的效力及于从物，但解除从物合同的效力不及于主物。例如，甲与乙签订一份买卖合同，丙为甲的债权提供抵押担保，与乙签订了担保合同，买卖合同被解除

① 梁慧星. 民法总论. 法律出版社，2001：103—104.

② 郑玉波. 民法总则. 中国政法大学出版社，2003：280.

后，担保合同一并解除。但是，担保合同的解除并不影响买卖合同的效力。

3. 原物与孳息

依据两物之间存在着原有物产生新物的关系，可将物划分为原物和孳息。

原物是指依据法律关系或依其自然性质产生新物的物。原物是产生孳息的物，亦即母物。例如，产生幼畜的母畜，产生利息的存款等。对于原物是否以物为限，各国立法不一，有的国家规定以物为限，例如日本、泰国的民法，有的不仅局限在物上，权利所生的收益也是孳息，权利亦可成为原物，德国和我国台湾地区民法典有类似规定。①

孳息为原物所生之物，是指因物或权利而生的收益，包括天然孳息和法定孳息。天然孳息，是指原物依自然属性而产生的收益物。“天然孳息的范围非常广泛，它们主要来自于种植业、养殖业”②，例如果树结出的果实，养殖牲畜获得的仔畜和奶产品等。需要注意的是，天然孳息必须与原物分离后始得成立，否则仅为原物的一部分，不是独立的物。另外，宰牛获得的牛肉、开垦的农田以及利用现代技术产生的电力都不是孳息。法定孳息，是指原物依法律关系产生的收益物。法定孳息必须基于法律关系而产生，亦即法定孳息的原物必须供他人使用，使用自己的金钱、房屋虽也有利益，但这种利益是基于事实关系所享有的利益，并非基于法律关系所产生的收益，不能成为法定孳息。诸如房屋出租的租金、银行存款的利息等基于特定的民事法律关系获得的收益才能称为法定孳息。

区分原物与孳息的意义在于：确定孳息的归属和收取权。除当事人另有约定，天然孳息归原物所有权人所有，既有所有权人又有用益物权人的，归用益物权人。天然孳息的收取受权利存续期间的限制，权利消灭后丧失孳息收取权，权利消灭前孳息尚未与原物分离的，也不能收取孳息。法定孳息的归属，有约定的，按照约定；没有约定或者约定不明确的，依交易习惯确定。一般认为，法定孳息归属于原物的所有权人、持有人或者其他合法占有人。

4. 流通物、限制流通物与禁止流通物

依据物在市场上能否自由流通，可将其分为流通物、限制流通物与禁止流通物。

流通物是指法律允许民事主体之间以法定程序自由流转的物。民事主体可以就流通物依照法定程序自由买卖。例如，日常生活中的一般商品就是流通物。限制流通物是指基于法律和社会公共利益，在流转过程中受到法律和行政法规一定程度限制的物。禁止流通物是指法律和行政法规禁止自由流转的物。限制流通物和禁止流通物都是由法律明确规定的，我国的限制流通物主要包括非国家专有的自然资源、麻醉药品、文物、运动枪支弹药等，禁止流通物主要包括国家专有的财产、假币、毒品、淫秽物品等。③

区分流通物、限制流通物与禁止流通物的意义在于：物的种类不同直接影响合同

---

① 郑玉波. 民法总则. 中国政法大学出版社，2003：282.

② 孙宪忠. 中国物权法总论. 法律出版社，2003：144.

③ 陈训敬，曹艳春，冯瑞琳主编. 民法总则. 中国政法大学出版社，2010：168.

的效力。合同标的物是流通物的，具备合同的生效要件即可生效；合同标的物是限制流通物的，除需具备合同的生效要件外，还需要履行批准或登记手续方可生效；合同标的物是禁止流通物的，合同无效。

5. 特定物与种类物

依据物是否具备独立特征或者是否因权利人的指定而特定化，可以将物分为特定物和种类物。

种类物又称“可替代物”，是指具有共同特征，能以度、量、衡等标准加以确定，并可以用同种类物替代的物。例如质量、价格相同的大米，同一型号的自行车等。特定物又称“不可替代物”，是指自身具有独立的特征，或者被权利人指定而特定化，不能以其他物代替的物。特定物主要有两种，一种是独一无二的物，例如特定年月照的一张照片、写的一封信等；另一种是因权利人的指定而特定化的种类物，例如从同一型号的电视机中挑选出的一台电视机。

区分特定物与种类物的意义在于：（1）不同法律关系对物的要求不同。在所有权、租赁等法律关系中只能以特定物为客体，在买卖法律关系中，其客体既可以是特定物也可以是种类物。（2）标的物意外灭失的责任不同。以特定物为客体的法律关系中，特定物因不可归责于双方当事人的原因而毁损灭失时，债务人免除给付该特定物的义务，但是应当赔偿对方所遭受的损失；以种类物为客体的法律关系中，在履行之前发生灭失的，债务人应当以同种类、同质量、同数量的种类物代为履行。（3）标的物返还的要求不同。特定物受到侵害，若依然存在则返还原物，若能修理则通过修理恢复原样，若灭失则损害赔偿；种类物受到侵害应返还同种类物。

6. 可分物与不可分物

依据物能否分割以及分割后是否损害其用途和价值，可以将其分为可分物与不可分物。

可分物是指可以进行分割，分割不会降低其价值或者影响其使用的物。例如大米、黄豆等粮食。不可分物是指一旦予以分割就会降低其价值和实际效用的物。例如电脑、汽车等。

区分可分物与不可分物的意义在于：在共有财产关系中，如果是可分物，分割时要进行实物分割；如果是不可分物，不能进行实物分割，有的共有人获得共有物，有的共有人只能获得价值补偿；对于便于明确多数人之债的债权债务，以可分物为标的物的，是按份之债，债权人享有按份债权，债务人承担按份债务；以不可分物为标的物的，是连带之债，债权人享有连带债权，债务人承担连带债务。

7. 有主物与无主物

依据物在一定期限内是否有所有权人，可以将其分为有主物与无主物。

有主物是指所有权人明确的物。例如张三的自行车，李四的电视机。无主物是指在一定期限内没有所有权人或者所有权人不明确的物。所谓所有权人不明，是指在事实上无法明确所有权人。

区分有主物与无主物的意义在于：确定无主物的权利归属。一般来说，无主物归国家所有。我国《民法通则》第七十九条规定：“所有人不明的埋藏物、隐藏物，归国家所有。”我国《继承法》第三十二条规定：“无人继承又无人受遗赠的遗产，归国家所有；死者生前是集体所有制组织成员的，归所在集体所有制组织所有。”另外，具体的制度设计中也存在差别，例如先占的客体只能是无主物。

8. 消耗物与非消耗物

依据物可否反复使用可将物分为消耗物与非消耗物。消耗物是指依其性质，只能使用一次的物，例如馒头、啤酒等。非消耗物是指能够反复使用的物，例如汽车、电视机等。

区分消耗物与非消耗物的意义在于：其存在的某些民事法律关系不同。消耗物可以成为消费借贷、买卖等民事法律关系的客体，而非消耗物除了可以作为买卖合同的标的物，还可以存在于租赁合同、借用合同等民事法律关系中。

（三）案例 44 分析

物有动产和不动产之分。动产是指在空间上能够移动而不损害其价值和用途的物；不动产是指不能移动或移动会损害其价值和用途的物。物权变动上不动产以登记为要件，不经登记不发生物权变动的效力；动产以占有和交付为公示方式，标的物的交付即是物权的转移。

本案中，买卖合同涉及的标的物分别是房子和名画。房子属于不动产，尽管在本案中房子还被甲实际占有，但是已经办理了过户登记手续，房子的所有权发生了转移，因此房子归乙所有，意外灭失的风险由乙承担，其不能要求甲返还已支付的购房款。另外，名画属于动产，其在甲手中，并未交付，不发生物权变动的效果，仍然归甲所有，意外灭失的风险由甲承担，故甲应当返还乙支付的 1 万元买画钱。

【案例思考】

1. 1997 年 3 月 20 日，农民张某与某肉联厂口头商定：由肉联厂将其两头黄牛宰杀，宰杀后按净得牛肉以每斤 2 元 2 角的价格进行结算，由肉联厂收购；牛头、牛皮、牛内脏归肉联厂，再由张某给付宰杀费 7 元，结算在 5 月 1 日进行。在宰杀过程中，肉联厂屠宰工人王某在一头牛的下水中发现牛黄 70 克，告知厂长。厂长决定将这些牛黄出售，得款 2100 元。张某于 5 月 1 日去肉联厂结算款项时，听到工人们议论此事，去厂长那儿证实后说，早知道牛下水中有牛黄，下水就不给你们了。但之后张某并未过问此事，直到 1999 年 4 月 20 日，张某去肉联厂要 2100 元牛黄款被拒绝后，即向法院起诉。

问题：在本案中，牛黄在性质上属于从物还是孳息？牛黄应当归谁所有？

2. 甲经过合法批准兴建房屋一栋，旁边盖了一个车库。屋内有两间卧室，两张床，每张床各配两个床头柜、一个床头灯，床头灯上配以美国进口灯罩。全屋铺满名牌瓷砖，镶以铝合金门窗。①

问题：本例中哪些物存在主物与从物的关系？甲将房屋抵押给乙时，其效力及于何物？甲将床出卖给乙时，有无交付床头柜和床头灯的义务？

---

① 王泽鉴. 民法总则. 中国政法大学出版社，2001：223—224.

第二节　货币和有价证券

一、货币

（一）案例 45 简介

甲急需用钱，向朋友乙借款 2 万元，双方订立了借款合同后，乙给甲 2 万元。后来双方因某事意见不合产生纠纷，乙要求甲返还其出借的 2 万元，甲随即从朋友丙处借了 2 万元还给乙，乙认为此 2 万元并不是其出借的 2 万元，拒绝接受，双方矛盾激化。

问题：乙拒绝接受 2 万元的行为是否正确？

（二）相关知识点

1. 货币的概念

货币是指充当一般等价物的特殊商品。货币能以其票面金额表现其价值，是民法上的物，属于特殊的动产。

2. 货币的特征

（1）货币是具有高度替代性的种类物。货币是市场交换的媒介，是价值判断的标准，是债务支付的手段。货币可以以同种类同数量的货币相互替代，即便是不同种的货币也可以相互替代。在流通中，货币的个性特征完全被泯灭，交易主体的关注点仅在其表面所示货币单位金额代表的价值。因此，作为种类物的货币，具有高度的替代性。

（2）货币是典型的消耗物。货币作为交换媒介和流通手段，以时时易主为其常态。货币一经所有权人使用，就发生所有权的转移，转入他人之手，同一人不能就同一货币再以相同目的反复使用。基于这一特点，货币上只能成立消费借贷而不能成立使用借贷。货币之债，不发生履行不能和因不可抗力而免责的问题，债务人于履行迟延时，无论有无过失，即应负债务不履行的责任，即使无明确约定，债务人也应偿付法定利息。①

（3）货币的所有权不能与占有分离，也就是说“占有即所有”。货币是充当一般等价物的特殊商品，为了方便流通，货币的所有权与占有权归同一人享有，占有货币的人就是货币的合法所有权人，但有相反证据的除外。所有权人丧失对货币的占有即丧失所有，寻求救济时，只能主张不当得利返还请求权而不能主张所有物返还请求权。

（4）货币具有高度的流通性。货币是一般等价物，其流通性远远超过任何其他财产，当然作为藏品收藏是例外。在中国境内，以人民币支付的一切公共的和私人的债

① 张广兴. 债法总论. 法律出版社，1997：138.

务，任何单位和个人不得拒收。德国著名古典社会学家西美尔在其《货币哲学》中对此有深刻认识："再没有比货币更明确的象征世界绝对的动态特征的记号了。货币的意义就在于被花掉；当货币静止不动时，根据其特有的价值与意义，就不再称其为货币了。……货币可以说是纯粹的行动，它的存在就是不断使自我摆脱任一既定的地点，因此货币构成了所有独立存在的对等物，以及对其的直接否定。"①

（三）案例 45 分析

货币是典型的消耗物，具有高度的流通性，其作为交换媒介和流通手段，以占有作为所有权的表彰，"占有即所有"。所有权人丧失对货币的占有即丧失所有，寻求救济时，不能主张所有物返还请求权。

本案中，乙将 2 万元出借给甲，即丧失该笔货币的所有权，借用人甲取得该笔货币的所有权，借用期满后，借用人甲只需返还相同数额的货币即可。乙拒绝接受甲从丙处借来的 2 万元没有法律依据，是不正确的。

二、有价证券

（一）案例 46 简介

甲公司与乙公司签订了一份货物买卖合同。甲公司出售给乙公司 150 万元的钢材。在支付了 100 万的现金后，乙公司向甲公司出具了一张以招商银行某分行为承兑人的 50 万的银行承兑汇票，该汇票记载事项完全符合票据法的要求。后来甲公司将汇票贴现给工商银行某分行。工商银行某分行向承兑行招商银行某分行提示付款时，遭到拒付。理由是：乙公司来函告知，因钢材存在瑕疵，该汇票不能解付，请协助退回汇票。工商银行某分行认为，自己是该汇票的善意持有人，货物买卖合同纠纷不影响自己的票据权利。于是起诉至法院，向甲公司追索权利。

问题：工商银行某分行的观点是否正确？为什么？工商银行某分行可否向甲公司追索权利？为什么？

（二）相关知识点

1. 有价证券的概念

有价证券是指设立并证明持券人有权取得一定财产权利的书面凭证。有价证券持有人享有两种不同性质的权利：一是对有价证券本身的所有权；二是有价证券上所记载的权利。② 前者是物权，后者是债权、股权或其他财产权利。有价证券是一种与权利结合在一起的法律文书，是权利的证明。同时，其本身也是财产，有一定的价值，可以成为所有权的客体，是民法上的物。

---

① ［德］西美尔. 货币哲学. 陈戎女等译. 华夏出版社，2002：419.

② 陈训敬，曹艳春，冯瑞琳主编. 民法总则. 中国政法大学出版社，2010：171.

2. 有价证券的法律特征

(1) 有价证券直接代表特定的财产权利，其上记载的财产权利和证券本身不能分离。有价证券是一种权利的证明，只有持有证券才能主张权利，丧失了对证券的占有就不能主张该有价证券上所表彰的权利，也不能将权利转移给他人。

(2) 有价证券的债务人是特定的。有价证券的持有人只能向特定的、对证券负有支付义务的人主张财产权利。与之相反，有价证券的债权人则可以依证券本身的合法转让而发生变更，债权人的变更并不影响债务人债务的履行。

(3) 有价证券债务人的支付义务是单方履行义务。债务人履行支付义务时见到该证券即可，无权要求对方给予相应的对价，也无权追究持券人的证券来源和使用原因。在履行完毕后，债务人有权收回该有价证券。

3. 有价证券的分类

(1) 设权证券和证权证券。这是依据有价证券所设定的财产权利的性质不同进行的分类。设权证券是指创设权利的证券，权利的发生以证券的制作和存在为条件，离开证券权利便无从行使，例如汇票、本票、支票等票据就是为持票人创设了一个新的金钱债权。证权证券是指为了证明已经存在的权利而创设的证券，其是权利物化的外在形式，是权利的载体，例如股票等。股票的作用不是创造股东的权利，而是证明股东的权利。股东权利不随股票的损毁遗失而消失，股东可以依照法定程序要求公司补发新的股票。

(2) 记名有价证券、无记名有价证券和指示有价证券。这是依据有价证券转移的方式不同进行的分类。记名有价证券是指在证券上记载证券权利人的姓名或名称的有价证券。记名有价证券可以按照债权转让的方式转让证券上的权利，例如记名股票等。记名有价证券持有人只有在证明自己是证券上记名的人或者是合法受让人时，才有权要求债务人履行债务。无记名有价证券是指证券上不记载证券权利人的姓名或名称的有价证券，例如国库券和无记名股票等。无记名有价证券上的权利，由持有人享有，可以自由转让，证券义务人只对证券持有人负履行义务。指示有价证券，是指在证券上指明第一个权利人的姓名或名称的有价证券，例如指示支票等。此类证券的权利人是证券上指明的人，义务人只对证券上记载的持券人负履行义务。指示证券的转让需要背书，即每转让一次就背书一次，指定下一个权利人，由证券债务人向指定的权利人履行。

(3) 政府证券、政府机构证券和公司证券。这是依据证券发行的主体不同进行的分类。政府证券是指由中央政府或地方政府发行的证券，在实践中通常为债券。政府机构证券是指由经批准的政府机构发行的证券。公司证券是指公司为筹措资金而发行的有价证券。公司证券的范围比较广泛，包括股票、公司债券及商业票据等。此外，在公司债券中，通常将银行及非银行金融机构发行的证券称为金融证券。目前在我国，只存在国债和公司证券，不允许除特别行政区以外的各级地方政府发行债券，也不允许政府机构发行债券。

4. 几种主要的有价证券

(1) 票据。票据有广义和狭义之分。广义上的票据泛指各种有价证券，是指按照一定形式制成、写明有支付一定货币金额义务的证件，是出纳或运送货物的凭证，例如债券、股票、提单等。狭义上的票据是指出票人依法签发的、由本人或委托他人在见票时或在票载日期无条件支付一定金额给持票人的有价证券。依据我国《票据法》的规定，票据可分为汇票、本票和支票。

汇票，是指由出票人签发的，委托付款人在见票时或在指定的日期无条件支付确定金额给收款人或持票人的票据。汇票可分为银行汇票与商业汇票、即期汇票与远期汇票、一般汇票和变式汇票等。

本票，是指由出票人签发的，承诺自己在见票时无条件支付确定金额给收款人或持票人的票据。我国《票据法》上的本票是指银行本票。

支票，是指由出票人签发的，委托办理支票存款业务的银行或者其他金融机构在见票时无条件支付确定金额给收款人或者持票人的票据。其特点有：第一，付款人为办理支票存款业务的银行或者其他金融机构。第二，支票的出票人和委托的付款人之间须有资金关系，出票人须在委托付款人处开立账户，并且要有足额存款。出票人签发的支票金额超过其付款时在付款人处实有的存款金额的，为空头支票，被法律禁止。第三，支票的出票人与付款人之间有委托合同。第四，支票的持票人应当在出票日起10日内提示付款；异地使用的支票，付款提示期限由中国人民银行另行规定。超过付款提示期限的，付款人可以拒绝付款。因超过提示付款期限付款人不予付款的，持票人仍享有票据权利，出票人仍应对持票人承担票据责任，支付票据所载金额。

（2）股票。股票是指股份有限公司在筹集资本时向出资人发行的股份凭证，是证明股东所持股份的有价证券。持有股票的人为股东，股票上表明的权利为股东权。股东权的范围很广，包括参加股东大会、行使表决权、参与公司的重大决策、有权收取股息或分享红利等。股票一般可以通过买卖方式有偿转让，股东能通过股票转让收回其投资，但不能要求公司返还其出资。股东与公司之间的关系不是债权债务关系。股东是公司的所有者，以其出资额为限对公司负有限责任，承担风险，分享收益。

（3）债券。债券是指政府或企业等直接向社会借债筹措资金时向投资者发行，承诺按一定利率支付利息并按约定条件偿还本金的有价证券。债券表征的是一种债权债务关系，债权人是债券的持有人，也称投资者；债务人是债券的发行人，一般为政府和企业。在我国，债券有公债券和企业债券之分，公债券是国家发行的债券，即国库券。公债权和企业债券可以转让、质押，也可继承。

（4）提单。提单是指用以证明海上货物运输合同和货物已经由承运人接收或者装船，以及承运人保证据以交付货物的单证。其是货物运输合同成立的证书，也是承运货物的物权凭证。

（5）仓单。仓单是指仓库保管人员应存货人的请求而填发的有价证券。仓单既是收到货物的证明，又是提货的根据。持有人将仓单转让给第三人时，须办理过户手续，否则第三人不能取得货物的所有权。

（三）案例46分析

汇票是委托付款人在见票时或在指定的日期无条件支付确定金额给收款人或持票人的票据。票据上的债务人可以依照票据法的规定进行票据抗辩，对票据债权人拒绝履行义务。但依据我国《票据法》第十三条的规定，票据债务人不得以自己与出票人或者与持票人的前手之间的抗辩事由，对抗持票人。

本案中，工商银行某分行作为持票人，主观上并不知道出票人与持票人的前手之间的纠纷，是善意的。依据我国《票据法》的相关规定，凡是善意的、已付对价的正当持票人可以向票据上的一切债务人请求付款，不受前手权利瑕疵和前手相互间抗辩的影响，因此工商银行某分行的观点是正确的，其可以向甲公司追索权利。

【案例思考】

1. 2010年7月持有中奖彩票的王先生领取了奖金400万元。原告甲声称该彩票是其在2010年6月1日购买的，在得知中奖后，原告委托被告乙领取奖金，乙是王先生的女儿，双方签订过委托领奖协议，协议中约定由被告乙领取奖金，甲支付40万的佣金给乙。但被告乙违反约定，另行委托其父领取奖金400万元。被告乙辩称，该彩票是其父王先生购买，并没有与原告甲签订任何委托协议。后经过司法鉴定，原告甲出示的一份委托协议上确实有乙的真实签名。

问题：本案中400万的奖金应归谁所有？

2. 某公司与某仓储公司签订一份仓储合同，合同约定仓储公司为某公司储存大蒜40吨，时间为3个月，仓储费为5000元，自然耗损率为5%。合同签订后，某公司按照约定将大蒜交给仓储人储存，入库过磅为40000公斤。仓储公司在接受货物以后，向某公司签发了仓单。仓单按照仓储合同签发，由于笔误，填写人将自然耗损率写为10%，某公司没细看就将仓单取走。合同到期以后，某公司持仓单向仓储公司提货，出库过磅大蒜仅有36500公斤。除去5%的自然耗损还缺1500公斤。于是，某公司要求仓储公司赔偿损失。仓储公司认为仓单上记载的自然耗损率为10%，因此剩余36500公斤并没有超出该范围，不存在赔偿问题。双方争执不下，产生纠纷。

问题：仓储公司是否应当赔偿损失？

第七章 CHAPTER 7 民事行为

第一节 民事行为概述

一、民事行为的含义

(一) 案例 47 简介

某县政府为了鼓励该县某造纸厂多创利税，该县县长与造纸厂厂长签订奖励合同，合同约定，如果能够完成 200 万元的年度税收指标，将给予厂长和全厂职工增加一级工资的奖励。

问题：县长和厂长签订奖励合同的行为是否属于民事行为?

(二) 相关知识点

1. 民事行为的概念

民事行为是我国民法通则独创的概念，是指“民事主体实施的旨在发生一定法律后果的行为”①。要理解民事行为的概念，还须从法律行为入手。法律行为最早规定在 1896 年的《德国民法典》中，其后被大陆法系国家传承。对于法律行为的概念，立法上并无明文规定，学界对其也有不同的看法，通说认为，“法律行为者，以意思表示为要素，因意思表示而发生一定私法效果的法律事实”②。我国立法也借鉴了这一概念，并进行了创新。创新之一是在“法律行为”前增加了“民事”二字，以区别于其他法

---

① 尹田. 民事法律行为与代理制度研究. 重庆大学出版社，1993：15—16. 转引自梁慧星. 民法总论. 法律出版社，2001：217.

② 王泽鉴. 民法总则. 中国政法大学出版社，2001：250.

域所使用的类似概念[①]；创新之二是，创立了“民事行为”一语，作为民事法律行为的上位概念[②]，以此回避因“无效法律行为”这一不合逻辑用语所引起的无益争论[③]；创新之三是，将法律行为限定为“合法行为”。从我国《民法通则》第四章规定的17个条文的立法逻辑来看，民事行为包括有效的民事行为、无效的民事行为和可变更、可撤销的民事行为，其中有效的民事行为就是我国《民法通则》规定的民事法律行为，是一个种概念，而民事行为是一个属概念。[④] 也就是说，在我国，法律行为等同于民事法律行为，民事行为是法律行为的上位概念。

2. 民事行为的特征

（1）民事行为是民事主体实施的行为。民事行为必须是以民事主体的身份实施的行为，该民事主体包括自然人、法人或其他组织。非民事主体的行为即便能发生法律后果也不是民事行为，例如行政机关实施的行政行为和司法机关的审判行为等，虽然有些行政行为或法院判决也能引起民事法律关系的变更，但其并不是民事行为。

（2）民事行为的目的是发生私法上的法律后果。民事行为可以引起私法上权利义务关系的变动，这种变动可以基于行为人的意思表示，例如民事法律行为，也可以基于法律的规定，例如事实行为。

（3）民事行为是行为人有意识、有目的的行为。与人的意志无关，但能够引起民事法律关系的产生、变更和终止的客观情况称为事件，其有自然事件和人为事件之分。自然事件是指与人的意志无关，但能引起民事法律关系产生、变更、消灭的客观现象，例如自然人的出生和死亡、物的自然灭失等。人为事件是指与当事人意志无关的非自然事件，例如战争、自然人的失踪等。民事行为和事件都是民事法律事实。

（三）案例47分析

民事行为是民事主体实施的旨在发生一定法律后果的行为，民事主体包括自然人、法人或其他组织，非民事主体的行为即便能发生法律后果也不是民事行为。

本案中，奖励合同的主体一方是厂长，另外一方是政府，县长是政府的代表，并不以个人的身份出现。通过合同的内容可知，政府在该合同中并不是民事主体，而是行政主体，其加工资的约定，与民事权利义务不同，虽然能够发生一定的法律后果，但却不能产生民事法律关系。所以，本案的合同行为是行政行为，不是民事行为。

---

① 例如行政法律行为、诉讼法律行为等。其实这些称谓并不合理，因为法律行为从其产生之初就是以意思表示为核心并能产生私法效果，其是私法独有的概念，诸如行政法律行为、诉讼法律行为等称呼歪曲了法律行为的本质，否定了其私法独有的特性。

② 我国民法不采用法律行为的概念，却以民事行为和民事法律行为代之，其合理性存在疑问。

③ 梁慧星.民法总论.法律出版社，2001：217.

④ 汪渊智.民法总论问题新探.人民法院出版社，2005：193.

二、民事行为的分类

（一）案例 48 简介

王甲长期在外打工，其房屋无人居住。雨季来临前，邻居李乙见王甲的房屋屋顶瓦片损坏，在未能联系到王甲的情况下，自己出钱为王甲的房屋进行修葺。王甲在外打工期间，与张三就该套房屋签订了买卖合同，将房屋以 5 万元的价格卖给了张三。

问题：本案中出现的行为是否为表意行为？

（二）相关知识点

1. 适法行为与非法行为

依据民事行为是否合法，可以将其分为适法行为与非法行为。适法行为是指符合法律规定的民事行为，主要包括民事法律行为和其他适法行为。该类行为符合法律规定，不违反法律、行政法规的禁止性、强制性规定，能够引起民事法律关系的产生、变更和消灭。合法行为具体包括法律行为、准法律行为和无因管理行为等。非法行为是指违反法律规定，侵犯他人合法权益，应当承担民事责任的行为。包括侵权行为、违约行为和无效民事行为①。该类行为可以是作出了法律所禁止的行为，也可以是不作法律所要求的行为。

2. 表意行为与非表意行为

依据民事行为的行为人是否将内心的意思表示于外部，可以将其分为表意行为与非表意行为。表意行为是指以行为人的意思表示为要件，能够引起民事法律关系的产生、变更、消灭法律后果的行为，包括民事法律行为、准法律行为、效力待定的民事行为、无效民事行为、可变更、可撤销的民事行为等。民事法律行为以意思表示为要素，为了发生私法上的效果而表示其内心的意思。准法律行为是指行为人将一定的内心意思表示于外，依据法律的直接规定产生一定法律效果的行为。它主要包括意思通知、事实通知和感情表示。虽然此三类行为法律效果的发生直接依据法律的规定，但是仍以将一定心理状态表示于外部为特征，因此与法律行为非常相似。意思通知，是指以一定的意愿为表示内容的行为，例如承认的催告和拒绝、义务履行的要求和拒绝、要约的拒绝等。事实通知，是指以通知对方或者公众一定客观事实为表意内容的行为，例如股东大会召集公告、承诺迟到的通知等。感情表示，是指以一定感情为表意内容的行为，例如被虐待或被遗弃的被继承人对有遗产或虐待行为的继承人的宽恕表示。②准法律行为原则上可类推适用法律行为的规定。

非表意行为也可称事实行为，是指基于某种事实状态或经过一定时间，依据法律的规定直接发生法律效果的行为，包括拾得遗失物、发现埋藏物、无因管理、侵权行

① 有学者认为，民事行为包括民事法律行为、无效民事行为、可变更或可撤销的民事行为、效力未定的民事行为，但不包括侵权行为、违约行为、无因管理行为等事实行为。参见魏振瀛主编．民法．北京大学出版社、高等教育出版社，2000：133.

② 魏振瀛主编．民法．北京大学出版社、高等教育出版社，2000：135.

为等。这类行为不以表现内心的意思内容为必要，是无关于心理的行为。

（三）案例 48 分析

民事行为一般分为适法行为和非法行为、表意行为和非表意行为。表意行为中以意思表示为要素，依当事人的意思表示而由法律赋予一定私法上效果的行为是民事法律行为。非表意行为是指基于某种事实状态或经过一定时间，依据法律的规定直接发生法律效果的行为。

本案中存在两个行为，一个是李乙修葺王甲屋顶的行为，另一个是王甲与张三订立房屋买卖合同的行为。这两个行为中，前者为无因管理，其法律后果的发生直接由法律加以规定，在性质上属于事实行为，即为非表意行为；后者为合同行为，依据当事人意思表示的内容发生法律后果，是表意行为。

【案例思考】

1. 某甲 15 岁，中学三年级学生，于郊外拾得魔轮牌越野车，交警察局招领，6 个月内无人认领，警察局即将该车交付于甲。甲为专心准备高中联考，得其父同意，将该车出卖于邻居刚考进某大学法律系 20 岁之某乙，并即交付之。乙迟未于约定期日付款，甲定期催告，乙置之不理。甲即向乙请求返还该车，乙提出 3 个问题以难之。甲仅 15 岁，为限制行为能力人，故：(1) 不能因遗失物而取得该车所有权；(2) 催告不生效力；(3) 不能解除契约[①]。

问题：乙的主张是否成立？

2. 机械加工厂与某工厂签订机械加工合同，合同约定，机械加工厂在 2012 年 5 月 1 日前为某工厂完成定制的机械零部件 500 个，某工厂在货物验收合格后支付机械加工厂 10 万元的货款。期限届满后，机械加工厂没能履约。

问题：机械加工厂未履约的行为是否属于民事行为？

第二节　几种特殊的民事行为

一、无效民事行为

（一）案例 49 简介

李四从开发商手中购买了一处商品房，签订买卖合同时，开发商主张为了少交相关契税，可以将部分购房款作为装修费用，李四并未表示反对。产生纠纷后，李四以应支付的装修费用远远高出装修标准为由，请求法院对装修费用进行变更。

问题：该案中将购房款算做装修费的行为是否属于无效民事行为？

---

① 王泽鉴. 民法总则. 中国政法大学出版社，2001：254.

（二）相关知识点

1. 无效民事行为的概念和特征

无效民事行为是指行为业已成立，但因欠缺民事行为的生效要件，在法律上确定、当然、完全不发生法律效力的民事行为。[①] 无效民事行为的特征表现在：

（1）无效民事行为欠缺民事行为的生效要件，不发生法律效力。无效民事行为不具备法律规定的生效要件，欠缺合法性，行为人的意思表示不能发生预期的效果，不受法律保护。

（2）无效民事行为是确定无效。无效的民事行为是确定的不发生法律效力，其不仅在成立时没有法律效力，以后也没有发生法律效力的可能。这与效力待定的民事行为不同，效力待定的民事行为可以经过补正而发生法律效力。

（3）无效民事行为是当然无效。无效民事行为不需要行为人主张也不需要经过任何程序，不论行为人是否知道，该行为当然地不发生法律效力。实践中，无效民事行为的确认权属于人民法院或者仲裁机构，但二者的确认行为只是对一个已经存在的客观事实加以认定而已。

（4）无效民事行为是自始无效。无效民事行为自始不发生法律效力。无效民事行为从行为成立时起，因不具备生效要件即为无效。这与成立并生效，后因解除或撤销而归于无效的情形不同。

（5）无效民事行为是完全无效。无效民事行为完全不发生法律效力。无效民事行为已经成立，但欠缺生效要件，完全不发生行为人所期望的法律效力。需要注意的是，无效民事行为的完全无效是针对行为人的意思表示而言的，并不妨碍它发生该意思表示以外的其他效果。例如，成立侵权行为时，发生侵权责任的损害赔偿请求权。

2. 无效民事行为的类型

我国《民法通则》第五十八条对无效民事行为作了列举性规定，无效的情形包括：（1）无民事行为能力人实施的；（2）限制民事行为能力人依法不能独立实施的；（3）一方以欺诈、胁迫的手段或者乘人之危，使对方在违背真实意思的情况下所为的；（4）恶意串通，损害国家、集体或者第三人利益的；（5）违反法律或者社会公共利益的；（6）经济合同违反国家指令性计划的；（7）以合法形式掩盖非法目的的。“这些规定有一定的概括性和简练性，但是有些条款却过于笼统，不便于操作，尤其是第五十八条第三款将欺诈、胁迫、乘人之危情况下的民事行为规定为绝对无效民事行为，这不仅与世界上市场经济发达国家对同一问题的规定相去甚远，而且在实践中也不利于保护无过错的相对人，特别是善意第三人的合法权益。”[②] 我国《合同法》第五十二条关于无效合同类型也作了详细列举：（1）一方以欺诈、胁迫的手段订立合同，损害国家利益；（2）恶意串通，损害国家、集体或者第三人利益；（3）以合法形式掩盖非法目的；（4）损害社会公共利益；（5）违反法律、行政法规的强制性规定。这一规定比

---

① 梁慧星.民法总论.法律出版社，2001：217.

② 王连合.浅谈我国无效民事行为法律规定的瑕疵.青海师专学报（教育科学）.2004：2.

《民法通则》更加合理，取消了“经济合同违反国家指令性计划”[①] 的无效类型，将一些无效的情形纳入可撤销的民事行为中，体现了民事立法的进步，更尊重了当事人的意思自治。

结合我国《民法通则》和《合同法》的规定，无效民事行为的类型主要有：

(1) 行为人不具有相应的行为能力而实施的民事行为。无民事行为能力人实施的行为，因行为主体没有意思能力，不发生民事行为之效果意思的效力。限制民事行为能力人实施的依法不能独立实施的民事行为，以及法人超越其行为能力实施的行为，原则上无效。但是需注意的是我国《民通意见》第六条规定：“无民事行为能力人、限制民事行为能力人接受奖励、赠与、报酬，他人不得以行为人无民事行为能力、限制民事行为能力为由，主张以上行为无效。”这也就意味着无民事行为能力人实施的纯获利益的行为可以有效。

(2) 意思表示不自由的民事行为。意思表示是民事行为的核心，有效的民事行为是行为人真实的意思表示，意思表示真实的前提是意思的形成自由和意思表示自由。若在意思形成和表示过程中欠缺自由甚至完全不自由就会影响民事行为的效力。影响意思表示自由的因素主要有欺诈和胁迫。一方以欺诈、胁迫的手段订立合同，损害国家利益的无效。如果未损害国家利益，则可变更、可撤销。但是需要注意的是，如果该行为不属于合同法的调整范围，应该适用我国《民法通则》的规定，即一方以欺诈、胁迫的手段或者乘人之危，使对方在违背真实意思的情况下所为的民事行为，即便不损害国家利益也是无效民事行为。

(3) 恶意串通，损害国家、集体或者第三人利益的民事行为。该行为是指行为人双方为牟取不正当利益，共同合谋实施的，以损害国家、集体或者第三人利益为目的的民事行为。

(4) 以合法形式掩盖非法目的的民事行为。该行为又被称为伪装行为，是指行为人为达到违法目的而实施的以合法形式出现的民事行为。主要表现为两种情形：一是行为人为达到违法目的而实施伪装行为。例如，行为人为了避免法院强制执行其财产通过伪装的赠与合同隐匿财产，应属无效。二是行为人为达到违法目的，通过一个伪装的民事行为掩盖另一个真实的民事行为，该伪装的民事行为无效。

(5) 违反法律或者损害社会公共利益的民事行为。违反法律强制性规定的民事行为，意思表示违法，不具有合法性，当然无效。行为人的行为如果对社会公共利益造成损害，也属违法行为，不能产生意思表示预期的法律效果。我国《民法通则》没有使用“公序良俗”这一概念，代之以“社会公共利益”。社会公共利益包括社会秩序和大量的道德准则及风俗习惯，违反了它的民事行为必然会严重背离社会生活的目的，危害极大，不能允许。但是道德的范围非常广泛，社会公共利益不足以涵盖所有的社会道德，而且在使用上容易具有意识形态色彩。[②]

① 国家计划在我国观念上，可以视为特殊社会公共利益，并且这种单列意在强调指令性计划，带有浓厚的计划经济味道。参见王连合．浅谈我国无效民事行为法律规定的瑕疵．青海师专学报（教育科学）．2004：2．

② 王连合．浅谈我国无效民事行为法律规定的瑕疵．青海师专学报(教育科学)．2004:2．

（6）标的不确定或自始客观不能的民事行为。标的不确定意味着行为人的意思表示没有达成一致，该民事行为无效。标的自始客观不能说明行为人的目的根本不能够实现，不能产生法律效力，例如买卖月球土地的合同就是无效的合同。

3. 民事行为的部分无效

民事行为无效的原因可能存在于行为内容的全部，也可能存在于行为内容的一部分。前者为全部无效，后者为部分无效。全部无效的民事行为当然全部不生效力。部分无效的民事行为，依照我国《民法通则》第六十条的规定，部分无效并不影响其他部分的效力，其他部分仍然有效。但是如果无效部分去除后将影响其他部分效力的，该民事行为全部无效。

4. 无效民事行为的后果

（1）未实际履行的义务无须履行。无效民事行为不能产生法律效力，对双方没有约束力，如果行为确定的义务尚未履行，则无须履行。

（2）正在履行的义务应中止履行，业已履行的部分应返还财产、赔偿损失。返还财产是指民事行为被确认无效后，当事人因该行为取得的财产，应当返还给受损失的一方，其范围以全部返还为原则，如果财产已不存在，无法返还的，应折价赔偿。赔偿损失是指导致民事行为无效的有过错的一方应当赔偿对方因此所受的损失，双方都有过错的，应当各自承担相应的责任。

（3）追缴财产。恶意串通，损害国家、集体或者第三人利益的民事行为当事人应当承担相应的公法责任，即应当追缴双方已取得的或者约定取得的财产，分别收归国家、集体所有，或者返还第三人。

（4）解决争议的条款效力不受影响。依据我国《合同法》第五十七条规定，合同无效、被撤销或者终止的，不影响合同中独立存在的有关解决争议方法的条款的效力。在双方民事行为无效后，该行为中关于解决双方争议的意思表示仍旧可以独立发生效力，不因该行为无效或被撤销而受到影响。

（三）案例49分析

无效民事行为是行为业已成立，但因欠缺民事行为的生效要件，在法律上确定、当然、完全不发生法律效力的民事行为。以合法的形式掩盖非法目的的行为属于无效民事行为。

本案中，合同当事人为了少交契税，将部分购房款算做装修费，形式合法但目的非法，该行为属于无效民事行为，不发生当事人预期的法律后果。

二、效力待定的民事行为

（一）案例50简介

王甲长期在外打工，将自家一幅祖传名画委托亲戚王乙保管。王乙非常喜欢该画，遂将画挂在自己家里欣赏。后来，因王乙的儿子结婚急需用钱，就将该画以5万元的价格卖给不知情的李丙。王甲知道后，向李丙索要未果，起诉到法院。

问题：如何认定王乙与李丙之间的民事行为的效力？该画归谁所有？

（二）相关知识点

1. 效力待定民事行为的概念和特征

效力待定的民事行为，是指民事行为成立后效力是否发生尚未确定，有待于特定当事人的行为使其确定的民事行为。效力未定意味着该行为有可能转变成有效的民事行为，也有可能转变为无效的民事行为。效力待定的民事行为的特征主要表现在：

（1）效力待定民事行为的效力处于不确定状态。效力待定的民事行为的效力既非有效，也非无效，而是处于悬而未决的状态，这与无效民事行为的效力是确定无效的不同。

（2）效力待定民事行为的效力的确认依附于其他行为。效力待定民事行为的效力取决于形成权人的同意或拒绝。而无效民事行为自始确定无效，无须其他行为确认，也不会因其他行为而发生效力。

（3）效力待定民事行为经形成权人追认后，就发生法律效力，其效力溯及于行为成立之时。效力待定民事行为被形成权人拒绝后，自始无效。

2. 效力待定民事行为的类型

（1）限制民事行为能力人所实施的依法不能独立实施的民事行为。依据我国《民法通则》第十二条、第十三条和我国《合同法》第四十七条的规定，限制民事行为能力人超越其年龄、智力和精神健康状况所实施的民事行为，其法定代理人未予追认或拒绝追认的，民事行为无效；经法定代理人追认后，该民事行为有效。

（2）无权处分行为。无权处分行为是指无处分权人所为的处分他人财产的行为。我国《合同法》第五十一条规定："无处分权的人处分他人财产，经权利人追认或者无处分权的人订立合同后取得处分权的，该合同有效。"权利人追认前该行为效力待定。但是需要注意的是，如果该无权处分行为符合善意取得制度的构成要件，也当然地发生法律效力。

（3）无权代理行为。无权代理行为是指无权代理人以被代理人名义实施的民事行为。我国《合同法》第四十八条第一款规定："行为人没有代理权、超越代理权或者代理权终止后以被代理人名义订立的合同，未经被代理人追认，对被代理人不发生效力，由行为人承担责任。"亦即在被代理人追认前，该行为效力未定。但是，我国《合同法》第四十九条规定："行为人没有代理权、超越代理权或者代理权终止后以被代理人名义订立合同，相对人有理由相信行为人有代理权的，该代理行为有效。"也就是说，如果该行为构成表见代理，则为有效。

（4）债权人同意欠缺的债务转移行为。我国《合同法》第八十四条规定："债务人将合同的义务全部或者部分转移给第三人的，应当经债权人同意。"依据该条规定，债务人转让债务给第三人，未经债权人同意，对债权人不发生效力，债权人同意后才对其发生效力。

3. 效力待定民事行为的追认

效力待定民事行为的追认，是指享有追认权的人通过行使追认权，使限制民事行为能力人、无处分权人和无权代理人等所为的行为成为有效民事行为的单方行为。法定代理人、权利人、被代理人和债权人享有追认权，其可以追认，也可以拒绝追认。

对追认权的理解和把握应当注意以下几个方面：

（1）从性质来看，追认权是一种形成权，需以明示的方式作出，沉默视为拒绝。但是也存在例外，例如我国《民法通则》第六十六条规定，“本人知道他人以本人名义实施民事行为而不作否认表示的，视为同意”，该项即是沉默而为的追认。

（2）追认权是单方行为，对效力待定民事行为的承认或拒绝取决于追认权人单方的意思表示，无须征得行为人或第三人的同意。

（3）追认权可以以任何方式向任何一方当事人以意思表示为之。追认权的行使方式不受限制，且追认的意思表示可以向任何一方当事人作出。例如，限制民事行为能力人所实施的民事行为，即使属于要式行为，法定代理人的追认，也不须任何方式，且不论向该限制行为能力人或向其相对人表示，均发生追认的效力。[①]

（4）追认权行使的效果是使效力待定民事行为溯及于行为成立之时，发生完全的效力。也就是说追认权人的追认具有溯及力，一经追认，其效力待定的行为自始有效；追认权人拒绝追认，该效力待定的行为自始无效。

（5）追认权行使的期限欠缺法律明文规定。我国《民法通则》和《合同法》中对于追认权的行使期限没有规定，但是效力待定民事行为是否有效取决于追认权人的追认，如果不给追认权以一定期限的约束，就可能发生追认权人无限期拖延追认的现象，导致效力待定民事行为长期处于悬而未决状态。

4. 相对人的催告权与撤销权

效力待定民事行为是一种不稳定的法律关系，法律赋予追认权人追认权的同时，为了平衡当事人的利益，保护相对人的权益，赋予相对人催告权和撤销权。

（1）相对人的催告权。催告权是指效力待定民事行为的相对人在得知存在效力待定的事由后，告知限制民事行为能力人的法定代理人或被代理人在一定期限内就是否行使追认权予以确认的权利。催告权是一种请求权，催告权行使后，追认权人在法定期限内不确认的，视为拒绝追认。

（2）相对人的撤销权。撤销权是指效力待定民事行为的相对人在追认权人行使追认权之前，撤回其为成立该民事行为所作的意思表示的权利。效力待定民事行为因相对人行使撤销权而自始无效。

撤销权从性质上来讲属于形成权，相对人行使撤销权需要满足以下条件：第一，撤销权行使的时间应当在效力待定民事行为被追认之前，追认权人追认之后，该行为自始有效，相对人将不能再为撤销。第二，相对人须为善意相对人。善意相对人是指相对人在为民事行为时，并不知对方为限制民事行为能力人、无处分权人、无权代理人或债权人同意欠缺，如果其明知这些情况仍然与对方成立民事行为，则不享有撤销权。第三，撤销权的行使应当采用明示的方式。相对人行使撤销权必须以通知的方式明示作出，该通知可以向追认权人作出，也可以向另一方当事人作出。

---

① 梁慧星. 民法总论. 法律出版社，2001：225.

（三）案例 50 分析

无权处分行为是指无处分权人所为的处分他人财产的行为。无处分权的人处分他人财产，经权利人追认或者无处分权的人订立合同后取得处分权的，合同有效。权利人追认前该行为效力待定。如果该无权处分行为符合善意取得制度的构成要件，也当然地发生法律效力。

本案中，王乙不享有处分王甲名画的权利，其行为构成无权处分，买卖合同效力待定，只有经王甲追认或事后王乙取得该画处分权，合同才会发生效力，否则合同无效。但是，李丙在购买该画时并不知王乙无处分权，属于善意第三人，李丙可以因善意取得制度取得该画的所有权。

三、可变更、可撤销的民事行为

（一）案例 51 简介

某珠宝行举行周年店庆，推出特价钻戒，每枚售价 2000 元，钻戒标签标明所镶钻石为天然钻石。周某认为价格合适，就为妻子买了一枚，后来发现钻戒所镶钻石并非天然钻石，而是人造钻石。周某感觉自己上当了，就去珠宝行交涉，要求退还价款。

问题：周某能否要求珠宝行退还价款？

（二）相关知识点

1. 可变更、可撤销民事行为的概念和特征

可变更、可撤销民事行为简称可撤销的民事行为，是指民事行为成立并生效后，由于行为人意思表示存在瑕疵或显失公平，依据法律的规定，允许当事人请求人民法院或仲裁机构予以变更或撤销的民事行为。这种行为属于已经生效的民事行为，但其效力不稳定，可以因撤销权的行使变为无效。可变更、可撤销民事行为制度的设立，体现了法律对公平交易的要求，也体现了意思自治原则，是对上述两项价值的调和。

可变更、可撤销的民事行为与无效民事行为都欠缺民事行为的有效要件，属于特殊的民事行为，但是二者有着明显的区别：

（1）法律后果不同。可变更、可撤销的民事行为是相对无效，在被撤销以前，已经发生法律效力，未经撤销或撤销权已过除斥期间后，效力并不消灭。而无效民事行为是绝对无效，从行为成立时就无效。

（2）主张权利的人不同。可变更、可撤销的民事行为的效力，取决于撤销权的行使，只有享有撤销权的人才有权主张其无效，撤销权人可以请求人民法院或仲裁机构变更或撤销该行为。无效民事行为内容违法，任何人均可主张其无效。

（3）权利行使的条件不同。可变更、可撤销的民事行为效力的消灭，取决于撤销权的行使，即有撤销行为；仅有撤销事由而无撤销行为，其效力并不消灭。无效民事行为，只需存在无效事由，其行为从开始时起当然无效，不需要有撤销行为。

（4）效力消灭的时间限制不同。撤销权有一年的除斥期间。撤销权人自知道或者

应当知道撤销事由之日起一年内没有行使撤销权的，撤销权消灭，可变更、可撤销的民事行为确定有效；无效民事行为的无效确认只受诉讼时效的限制。

2. 可变更、可撤销民事行为的类型

（1）因重大误解而实施的民事行为。因重大误解而实施的民事行为是指意思表示错误而形成的民事行为。行为人因对行为的性质、对方当事人、标的物的品种、质量、规格和数量等的错误认识，使行为的后果与自己的意思相悖，并造成较大损失的，可以认定为重大误解。“重大误解”不但包括表意人无意的意思表示，而且包括表意人对相对人意思表示的内容了解有错误。其构成条件有：①表意人对合同的要素发生重大误解；②因为误解，致使表意人表示的意思与内心真意不一致；③表意人因误解遭受较大损失。

把握该类民事行为需要注意：第一，对重大误解应作扩大性解释，即包括错误和误解两个概念。错误是指表意人为意思表示时，因认识不正确或缺乏认识以致内心的真实意思与外部的表现行为不一致。误解是对相对人意思表示了解的错误。第二，表意人的意思和表示不一致，首先包括对行为的内容发生重大误解。行为的内容包括行为的性质、行为的标的以及行为的主体。例如，将借贷关系误解为赠与关系即为对行为的性质认识错误，将甲设备当做乙设备出租是对行为的标的认识错误，将甲当做乙签订合同是对行为的主体认识错误。除此之外还包括表意人在表示行为中的错误，即表意人对所要表示的事物有认识，但是在表示时出现错误，比较典型的例子就是“误写”。第三，重大误解是由于表意人自己的过错，而不是对方的欺诈或隐瞒，也不是由于第三人的错误造成的。重大误解一般是因表意人的过失行为造成的，如果是表意人故意造成的，则无权请求撤销。如果是第三人错误造成的，则应按第三人的错误处理，不能认定为是重大误解的行为。第四，表意人的错误必须是重大的。表意人对行为的性质、标的或主体认识错误并造成重大损失的才属重大误解，可以行使撤销权；一般的误解行为，表意人没有申请撤销的权利。第五，表意人的错误是基于对事实的认识错误，而不是基于对法律的认识错误，也不是对行为动机的误解。对法律的认识错误和动机错误不是影响意思表示效力的因素。

（2）显失公平的民事行为。显失公平的民事行为，是指一方当事人利用优势或者利用对方没有经验，致使双方的权利义务明显违反公平和等价有偿原则的行为。该行为造成了权利义务的严重不对称、不平衡，违反公平原则。显失公平民事行为的产生原因可以是欺诈、胁迫或者是重大误解，也可能是乘人之危等行为，其构成要件主要有：

第一，须为有偿行为。显失公平的民事行为只发生在有偿行为之中。无偿行为无须支付对价，谈不上公平与否的问题。

第二，行为内容须显失公平。显失公平是指根据该行为已经实施或者约定实施的财产上的给付，明显背离公平原则。一方当事人利用优势或者利用对方没有经验，致使双方的权利义务明显不对等的情况。显失公平的判断标准是以行为时的市场行情和交易习惯，而不能按事后的行情来判断。法律不允许当事人随意以自己无经验或不了解行情等为借口而任意撤销其实施的民事行为。

第三，须受害人出于急迫、轻率或者无经验。这是显失公平民事行为的主观要件，受害人基于急迫、轻率或者无经验等主观原因而作出的表示意思与内心意思不一致。法律尊重自愿原则，给予行为人补正的机会。

（3）受欺诈、胁迫而为的民事行为。这类行为，损害国家利益的，无效；损害私人利益的合同行为，可变更、可撤销。

欺诈，是指一方当事人故意编造虚假情况或隐瞒真实情况，使对方当事人陷入错误而作出意思表示的行为。我国《民通意见》第六十八条规定：一方当事人故意告知对方虚假情况，或者故意隐瞒真实情况，诱使对方当事人作出错误意思表示的，可以认定为欺诈行为。其构成要件是：第一，欺诈人必须有欺诈的故意，即行为人必须有使相对人陷入错误而为一定意思表示的目的。故其必须是明知自己的行为是虚伪的，却故意制造假象，使对方当事人陷入错误，来为一定的意思表示。第二，须有欺诈的行为。欺诈的行为主要有捏造虚假事实、歪曲真实情况及隐匿真实情况。捏造或歪曲事实属于积极的虚构，隐匿真实情况属于消极的隐蔽；沉默行为只有在行为人具有告知义务时，才可构成欺诈。第三，须表意人因受欺诈而陷入错误。表意人陷入错误不但包括原本无错误，因受欺诈而陷入错误，还包括原有错误，因欺诈而陷入更深的错误。如果相对人未受欺诈而陷于错误，不构成欺诈；虽有欺诈，如果表意人没有形成错误，也不构成欺诈的民事行为。第四，须错误与意思表示之间有因果联系，即表意人因陷于错误才进行了意思表示。

胁迫是指行为人以将来发生的或直接面临的不法损害相威胁，使对方陷入恐惧，进而作出违背自己真实意愿的外在表示。我国《民通意见》第六十九条规定：以给公民及其亲友的生命健康、荣誉、名誉、财产等造成损害，或者以给法人的荣誉、名誉、财产等造成损害为要挟，迫使对方作出违背真实的意思表示的，可以认定为胁迫行为。胁迫的构成要件主要包括[①]：第一，胁迫人必须有胁迫的故意。该故意包含两层含义，其一，有使受胁迫人产生恐惧的意思；其二，有使表意人因恐惧作出一定的意思表示的意思。第二，胁迫人必须有胁迫行为。即实施了预告危害的行为，该行为的危害主体可以是受胁迫人本人，也可以是其亲友；危害的客体可以是生命健康、荣誉、名誉、财产等。第三，胁迫必须是非法、重大的，而且是将来可能发生的。胁迫的目的或手段有一项违法足以构成胁迫。具体而言，既可以是目的违法，手段违法；也可以是目的合法，手段违法；还可以是目的违法，手段合法。第四，受胁迫者须陷入恐惧并作出意思表示。受胁迫人陷入恐惧或无法反抗的处境与其作出非真意的意思表示之间有着必然的因果联系。

（4）乘人之危的民事行为。乘人之危是指行为人利用对方危难之际或紧迫需要，迫使表意人违背本意，而作出接受不利条件的意思表示。乘人之危的民事行为的构成要件主要有：第一，须表意人在客观上陷入危难之际或存在紧迫需要。表意人的危难境地和紧迫需要必须是一种客观存在的事实，任何想象或臆断的情形均不能形成乘人之危。第二，须行为人有乘人之危的故意。即行为人明知表意人处于危难之际或存在

① 郑玉波．民法总则．中国政法大学出版社，2003：360—361．

急迫需要，却故意利用，逼迫表意人作出对行为人有利的民事行为。第三，须行为人实施了足以使表意人作出不利于自己的意思表示的不法行为。第四，须行为人的行为与表意人的意思表示之间有因果联系。第五，须表意人的意思表示使自己蒙受重大不利。

3. 撤销权

（1）撤销权的概念。撤销权是指享有撤销权的当事人，通过自己单方面的意思表示而使已经成立的民事行为的效力归于消灭的权利。

（2）撤销权的行使。撤销权在性质上属于形成权，撤销权的行使为单方行为，无须相对人的同意。各国立法对此规定相同，但是在具体程序上存在差别。德国、日本及中国台湾地区民法，均仅要求以意思表示向相对人为之。① 但我国立法存在区别，根据我国《民法通则》第五十九条和《合同法》第五十四条的规定，可变更、可撤销的民事行为中的撤销权人可以向人民法院或仲裁机构请求变更或撤销该民事行为。撤销权人直接向相对人为变更或撤销的意思表示不发生撤销权行使的效力。换言之，经司法机关包括仲裁机构作出决定，才能使民事行为产生撤销或变更的法律后果。

（3）撤销权行使的法律后果。当事人在行使撤销权时既可以请求予以撤销，也可以请求予以变更。如果当事人仅请求变更的，人民法院或仲裁机构不得予以撤销，而只能予以变更，变更之后，该民事行为确定有效；而如果当事人请求撤销的，人民法院或仲裁机构既可以予以撤销，也可以予以变更，如果作出了撤销的裁决，则该民事行为自始不发生效力。关于民事行为的撤销对第三人的效力问题，通说认为民事行为的撤销不具有对抗善意第三人的效力。

（4）撤销权的消灭。撤销权可以因除斥期间的经过而消灭，也可以经权利人放弃而消灭。撤销权是一种形成权，依据我国《民通意见》第七十三条和《合同法》第五十五条的规定，撤销权有1年的除斥期间，即享有撤销权的当事人自知道或应当知道撤销事由之日起1年内没有行使撤销权的，撤销权消灭。另外，撤销权毕竟是权利人的一项权利，可以行使也可以放弃，具有撤销权的当事人知道撤销事由后，在除斥期间经过前，明确表示或者以自己的行为放弃撤销权的，视为对可变更、可撤销民事行为有效性的承认，撤销权随之消灭。应当注意，这里的“明确表示”应当采取书面形式。

（三）案例51分析

受欺诈、胁迫而为的民事行为，损害国家利益的，无效；损害私人利益的合同行为，可变更、可撤销。可变更、可撤销的民事行为是相对无效，在被撤销以前，已经发生法律效力，未经撤销或撤销权已过除斥期间后，效力并不消灭。一方当事人故意告知对方虚假情况，或者故意隐瞒真实情况，诱使对方当事人作出错误意思表示的，可以认定为欺诈行为。

本案中，珠宝行将人工钻石当做天然钻石出售，故意隐瞒真实情况，周某信其为

① 梁慧星. 民法总论. 法律出版社，2001：222.

天然钻石才加以购买。珠宝行的行为使周某作出了错误的意思表示，构成欺诈。本案不涉及国家利益，故属于可变更、可撤销的民事行为。在周某行使撤销权之前，该购买合同已经生效，如果周某行使了撤销权，则合同自始无效，可以要求珠宝行退还价款。

【案例思考】

1. 小刘今年14岁，其父从美国给他带来一个名牌游戏机。小刘的同学小李非常喜欢该款游戏机，小刘就私下将其以1000元的价格卖给了小李。

问题：小刘能否将游戏机卖给小李？其效力如何？

2. 大学生小明陪女朋友逛商场，发现其心仪已久的某款相机仅标价200元，遂立即要求售货员拿一台相机准备购买。售货员称相机价格为2000元，价格标牌上之200元系书写错误并拒绝以200元价格出售该相机。①

问题：商场是否有权拒绝以200元价格将相机出售予小明？为什么？

第三节　民事法律行为

一、民事法律行为的含义和分类

（一）案例52简介

张三与李四签订了借款合同，合同约定李四借给张三1万元，期限为半年；半年后张三将返还1万元并支付3%的利息。

问题：本案中的借款合同是否属于诺成性行为、无偿行为和单务行为？

（二）相关知识点

1. 民事法律行为的含义

我国《民法通则》第五十四条规定："民事法律行为是公民或者法人设立、变更、终止民事权利和民事义务的合法行为。"从该条规定可以看出，民事法律行为是合法的民事行为，不包括无效民事行为、效力待定民事行为和可变更、可撤销的民事行为。它是以发生私法上效果的意思表示为要素之一种法律事实②，具备以下特征：

（1）民事法律行为是一种法律事实。因法律行为的做成得发生一定权利或法律关系的变动。③ 民事法律行为是民事主体实施的，以设立、变更、终止民事法律关系为目的的行为。另外，民事主体实施民事行为时有特定的目的，即其希望通过该行为达到某种法律后果，这种目的以发生一定的权利或法律关系的变动为限，并不包括法律后

① 翟新辉主编．民法学总论．中国政法大学出版社，2010：179．

② 梁慧星．民法总论．法律出版社，2001：176．

③ 王泽鉴．民法总则．中国政法大学出版社，2001：250．

果的动机。

（2）民事法律行为以意思表示为要素。民事法律行为的成立，必须要有一个或多个意思表示，而其他的法律事实则不需要有意思表示。所谓意思，即行为人内心意欲发生一定法律效果的想法；所谓表示，即该想法的外在表达。[①] 民事主体实施民事行为时，必须将设立、变更或终止民事权利和民事义务的想法表示出来，民事法律行为就是使当事人的意志能够得到法律肯定的法律事实，欠缺意思表示的行为不是民事法律行为。但是我国《民法通则》第五十四条的规定未能揭示出“意思表示是民事法律行为的要素”这一核心观点。

（3）民事法律行为在于发生私法上效果。民事法律行为旨在实现私法自治，依当事人的意思表示而由法律赋予一定私法上效果，发生私法上权利的变动。[②] 其属私法行为，不具备公权力性质，不同于公权力机关行使公权力的行为，对行为各方没有法定强制力。[③] 也就是说，在民事法律行为中，当事人的意思被法律化了，其效力是基于当事人意思表示的内容而决定的，并不是法定的。

（4）民事法律行为必须是合法行为。民事法律行为属于民事行为，是民事行为中的合法行为，只有合法的民事行为才能成为民事法律行为。“合法”也就是符合法律的规定，能够得到法律的肯定性评价并获得法律的保护，最终能够发生当事人预期的法律后果。

2. 民事法律行为与事实行为

事实行为是指行为人不具有设立、变更或消灭民事法律关系的意图，但依照法律的规定能引起民事法律后果的行为。主要的事实行为有无因管理行为、正当防卫行为、紧急避险行为、遗失物的拾得行为、埋藏物的发现行为等。

民事法律行为与事实行为的区别主要有：①意思表示是民事法律行为的构成要素，事实行为不以意思表示为要件；②民事法律行为依据行为人意思表示的内容发生设立、变更、终止民事法律关系的后果，事实行为依法律的规定产生法律后果；③民事法律行为是否生效受行为人自身民事行为能力的影响，事实行为不要求行为人具有相应的民事行为能力。

3. 民事法律行为的分类

（1）单方行为、双方行为、多方行为。这是依据民事法律行为当事人的数量为标准进行的划分。单方行为，是指依一方当事人的意思表示即可成立的民事法律行为。单方行为无须他人同意就能发生法律效力。依据该种行为中意思表示的对象是否特定，单方行为又可再分为须向特定人进行的单方行为和无须向特定人进行的单方行为。前者例如解除权的行使、代理权的授予等，该类行为只有在意思表示到达特定人时才能生效；后者例如遗嘱的设立、所有权的抛弃等，该类行为的意思表示一经作出，即可生效。双方行为，在台湾地区民法中称为“契约”，是指由双方当事人相互对应的意思

---

① 翟新辉主编. 民法学总论. 中国政法大学出版社，2010：163.

② 王泽鉴. 民法总则. 中国政法大学出版社，2001：251.

③ 翟新辉主编. 民法学总论. 中国政法大学出版社，2010：163.

表示达成一致而成立的民事法律行为。该行为又被称为合同行为，只有在双方当事人的意思表示一致的情况下才能产生法律效力。例如买卖合同、租赁合同等。多方行为，是指多方当事人意思表示一致而成立的民事法律行为。该行为又可分为共同行为与决议。前者指两个以上当事人并行的意思表示达成一致成立的民事行为。例如社团法人的设立、成立合伙等[①]；后者是指多个民事主体在意思表示的基础上依据表决原则作出决定，例如股东会的决议等。

区别单方行为、双方行为和多方行为的意义在于：法律对三者成立的要求不同。

（2）要式行为与不要式行为。这是依据民事法律行为是否采用特定的形式为标准进行的划分。要式行为，是指依法律或行政法规的规定，必须采用特定形式或履行一定程序才能成立的行为，例如票据行为等。不要式行为，是指无须依特定形式即可成立的行为，例如赠与行为等。

区别要式行为与不要式行为的意义在于：不要式行为可由当事人自由选择成立的方式；要式行为，如果不采用特定形式或履行一定程序，原则上不成立。

（3）实践性行为与诺成性行为。这是依据民事法律行为的成立是否以标的物的交付为标准进行的划分。实践性行为，又称要物行为，是指在意思表示之外，还需要标的物的实际交付才能成立的民事法律行为。例如保管合同、借款合同等。我国《合同法》第三百六十七条规定："保管合同自保管物交付时成立，但当事人另有约定的除外。"第二百一十条规定："自然人之间的借款合同，自贷款人提供借款时生效。"诺成性行为，又称非要物行为，是指仅以意思表示即可成立的民事法律行为。该行为不需要交付标的物即可设立权利义务关系，例如买卖、赠与[②]等。大多数民事法律行为都是诺成性行为。

区分实践性行为与诺成性行为的意义在于：两者成立的要件不同，诺成性行为仅依意思表示一致即可成立，实践性行为除了意思表示一致外，还需要标的物的实际交付才能成立。

（4）财产行为与身份行为。这是依据民事法律行为发生效果的种类进行的划分。财产行为是指以发生财产上效果为目的的法律行为。依据民法理论，财产行为又可分为负担行为与处分行为。负担行为又称债权行为，是发生债权债务的行为，例如买卖、赠与、保管等；处分行为又分为物权行为与准物权行为，是直接发生权利的得丧变更的行为。物权行为例如所有权的抛弃、抵押权的设定等，准物权行为例如债务免除、知识产权的转让等。民事法律行为多为财产行为。身份行为是指以发生身份上效果为目的的法律行为，例如婚姻、收养等，包括亲属行为与继承行为。

区别财产行为与身份行为的意义在于：产生的效果与适用的法律规范不同。财产行为的效果是发生财产关系的变动，身份行为的效果是发生身份关系的变动，因此涉及身份关系的变动一般不能通过代理人代理而必须亲自为之；财产行为适用财产法的

---

① 如果设立人只有两个人，其设立行为仍属多方行为，而非契约。其与契约的区别在于对立的意思表示之有无，以及对立的利益之有无。参见梁慧星.民法总论.法律出版社，2001:179.

② 以前民法理论多认为赠与合同是实践性合同，现在普遍认为是诺成性合同。参见翟新辉主编.民法学总论.中国政法大学出版社，2010:169.

规定，而身份行为适用身份法的规定。例如，我国《合同法》第二条规定："本法所称合同是平等主体的自然人、法人、其他组织之间设立、变更、终止民事权利义务关系的协议。婚姻、收养、监护等有关身份关系的协议，适用其他法律的规定。"这说明我国《合同法》是调整财产行为的法律，身份行为不适用《合同法》的规定。

（5）有偿行为与无偿行为。这是依据民事法律行为是否存在对价为标准进行的划分。有偿行为是指双方当事人各因其给付而获得利益的法律行为，例如买卖，租赁等；无偿行为是指一方当事人不须为给付而获得利益的行为，例如赠与、借用等。[①] 需注意的是，该类区分仅存在于财产给付为标的法律行为中，不存在于身份行为中。

区分有偿行为与无偿行为的意义在于：当事人行为的性质、行为的效力及责任的承担等均因行为属于有偿或无偿而不同。在当事人行为的性质方面，法律规定某些行为必须是有偿的或无偿的，如果违背了法律规定，该行为不成立或转换成另外一种行为；在行为效力方面，显失公平的有偿行为，受害方享有变更权或撤销权，无偿行为不存在显失公平的认定问题；在责任的承担方面，有偿行为中行为人承担的责任较重，无偿行为中行为人承担的责任一般较轻。

（6）单务行为与双务行为。这是依据民事法律行为的当事人是一方还是双方享有权利进行的划分。单务行为是指双方当事人中的一方只享有权利、不承担义务的民事法律行为；双务行为是指双方当事人都享有权利并互负义务的民事法律行为。

区别单务行为与双务行为的意义在于：正确确认民事法律行为的成立及其效力。

（7）主行为与从行为。这是依据民事法律行为的相互关系进行的划分。主行为是指不以其他民事法律行为的存在为前提的法律行为。从行为是指必须以其他民事法律行为的存在为前提的行为，例如担保合同等。

区别主行为与从行为的意义在于：从行为的成立和效力取决于主行为。主行为不成立，从行为不成立，主行为无效，从行为无效。

（8）独立行为与辅助行为。这是依据民事法律行为是否有独立的实质内容进行的划分。独立行为是指有独立的实质内容的法律行为，例如合同行为等；辅助行为是指不具备独立实质内容的法律行为，例如限制民事行为能力人的代理人的追认行为。

区别独立行为与辅助行为的意义在于：辅助行为仅为独立行为的一个生效要件，在辅助行为作出之前，独立行为不生效。

（9）有因行为与无因行为。这是依据民事法律行为与其原因的关系进行的划分。有因行为，又称要因行为，是指行为与其原因在法律上相互结合不可分离的法律行为，例如买卖行为等；无因行为，又称不要因行为，是指行为与其原因可以分离的法律行为，例如票据行为等。[②] 此处的"原因"是指"当事人为财产上给予之目的"。[③] 给予的目的不同于动机，其是民事法律行为的内容。例如，在商品买卖行为中，甲依据合同将商品交付于乙，乙支付价款，这两个物权行为的给予目的是在履行买卖合同上的给

① 梁慧星.民法总论.法律出版社，2001：183.

② 梁慧星.民法总论.法律出版社，2001：184.

③ 王泽鉴.民法总则.中国政法大学出版社，2001：267.

付义务，买卖合同是物权行为的原因。[①]

区别有因行为与无因行为的意义在于：有因行为的原因不存在，行为无效；无因行为的原因不存在或存在瑕疵，不影响行为的效力。

（10）生前行为与死因行为。这是依据民事法律行为的效力发生于行为人生前还是死后进行的划分。生前行为是指行为人生前就发生效力的法律行为；死因行为是指行为人死后才发生效力的法律行为。前者例如赠与行为，后者例如遗赠行为。

区别生前行为与死因行为的意义在于：死因行为只有在行为人死后才会发生效力。

（三）案例52分析

民事法律行为依据不同的标准可以进行不同的分类：依据民事法律行为的成立是否以标的物的交付为标准，可分为实践性行为与诺成性行为；依据民事法律行为是否存在对价为标准，可分为有偿行为与无偿行为；依据民事法律行为的当事人是一方还是双方享有权利，可将其分为单务行为与双务行为。

本案中，借款合同需要实际交付借款才能发生法律效力，故不属于诺成性行为，而属于实践性行为；李四交付1万元给张三是合同成立生效的条件，并非合同中的义务，本合同中只有张三到期偿还1万元和3%的利息的义务，因此属于单务行为；张三在偿还本金的同时，依据合同规定需要支付3%的利息，故该行为属于有偿行为，而非无偿行为。

二、民事法律行为的成立与生效

（一）案例53简介

甲做生意，向乙借了30万作为本钱，同时将自己所有的一辆价值35万元的轿车进行了抵押，签订了抵押合同。甲因办理抵押登记的手续费过高，经乙同意未办理抵押登记。借款期限届满后，甲无力偿还借款，乙起诉至法院，要求行使抵押权。

问题：抵押合同是否生效？乙能否行使抵押权？

（二）相关知识点

1. 民事法律行为的成立要件

民事法律行为的成立要件，是指法律行为的构成部分[②]，分为一般成立要件与特别成立要件。

（1）一般成立要件。民事法律行为的一般成立要件是所有民事法律行为必须具备的构成要素，通说认为包括当事人、标的和意思表示。[③]

（2）特别成立要件。民事法律行为的特别成立要件是特定民事法律行为除了一般

① 王泽鉴. 民法总则. 中国政法大学出版社，2001：267.

② 王泽鉴. 民法总则. 中国政法大学出版社，2001：253.

③ 有的学者认为应包括意思表示和法律行为两项内容，有的认为它仅指意思表示一项。参见董安生. 民事法律行为——合同、遗嘱和婚姻行为的一般规则. 中国人民大学出版社，1994：189.

成立要件外所特有的构成要素。主要指要物行为和要式行为。对于要物行为，以标的物的交付为特别成立要件，例如保管合同，依据法律规定，其自保管物交付时成立，但当事人另有约定的除外。对于要式行为，需要具备特定的形式才能成立，例如抵押合同的书面形式、婚姻行为的登记形式等。

2. 民事法律行为的生效要件

民事法律行为的生效要件是指已经成立的民事法律行为能够按照意思表示的内容发生法律效果所应当具备的法定条件。包括一般生效要件和特别生效要件。

（1）一般生效要件。民事法律行为的一般生效要件是所有民事法律行为生效所应具备的条件。一般生效要件主要有以下四项：

第一，行为人具有相应的民事行为能力。民事法律行为以意思表示为核心，以产生一定的法律效果为目的，这就要求行为人必须具备预见其行为性质和后果的相应民事行为能力。对于自然人，完全民事行为能力人可以独立实施民事法律行为以取得民事权利，履行民事义务；限制民事行为能力人只能从事与其年龄、智力和精神健康状况相当的民事法律行为，其他行为需经法定代理人追认或同意；无民事行为能力人不能独立从事民事法律行为，而由法定代理人代理。但是限制民事行为能力人签订的纯获利益的合同或者与其年龄、智力、精神健康状况相适应而订立的合同，不必经法定代理人追认即可生效。对于法人，其民事行为能力不能超越核准登记的业务范围，但是当事人超越经营范围订立的合同，考虑到相对方利益的保护，原则上不能因此认定合同无效，但违反国家限制、特许经营以及法律、行政法规规定禁止经营的除外。法人或其他经济组织的法定代表人、负责人超越权限订立合同的，除相对人知道或应当知道其超越权限的以外，该代表行为有效。

第二，意思表示真实。民事法律行为是依据意思表示的内容发生法律上的效果，该意思表示必须是自愿的、真实的。“自愿”意味着任何组织和个人不得强迫他人为或不为特定行为；“真实”要求行为人的主观意愿与外在的意思表示一致。如果行为人的意思表示受到欺诈、胁迫等外部因素的影响，就不能反映行为人的真实意志，该行为可变更、可撤销。

第三，不违反法律或者社会公共利益。该项要求标的合法。不违反法律是指民事法律行为不得违反法律中的强行性和禁止性规定，不包括任意性规范或者意思推定规范。不违反社会公共利益是指不得违反公序良俗原则，也不得损害国家、集体或者第三人利益。

第四，标的须确定或可能。[①] 标的确定是指民事行为的标的自始确定或能够确定。能够确定是指“行为已包含了将来确定内容的方法；或可以法律任意性规定补充当事人意思的不足，予以确定；或可由人民法院或仲裁庭依其职权对民事行为的内容进行解释，最终确定其内容”[②]。标的不能确定的民事行为是无效民事行为。标的可能是指民事行为的标的能够实现。民事行为的标的不能实现的为标的不能，标的不能的情形

---

① 该要件在我国《民法通则》第五十五条中并没有涉及，而是依学说加以补充的。

② 魏振瀛主编. 民法. 北京大学出版社、高等教育出版社，2000：154.

主要有以下几种：①事实不能与法律不能。事实不能是指民事行为的内容所涉及的事项在事实上不可能实现，例如买卖月球土地的合同，事实不能的民事行为是无效的；法律不能是指基于法律的禁止性规定或违背法律强行性规定而导致不能，该类行为属于违法行为，例如买卖毒品的行为。②自始不能与嗣后不能。自始不能是指民事行为的内容从行为成立时就可认定是无法实现的；嗣后不能是指民事行为的内容在成立时实现尚属可能，只是行为成立后才变为不能。自始不能的民事行为是无效行为，嗣后不能不影响民事行为的效力。③部分不能与全部不能。全部不能是指民事行为的内容全部不能实现；部分不能指的是民事行为的部分内容不能实现。全部不能的民事行为无效；部分不能的民事行为，部分无效，其余部分应有效，但如果部分不能导致行为的目的不能实现的，应全部无效。④永久不能与一时不能。永久不能是指行为的内容永远不可能实现；一时不能是指行为的内容暂时不能实现，但嗣后可能实现。永久不能的民事行为无效；一时不能不影响民事行为的生效。⑤客观不能与主观不能。客观不能是指当事人之外的原因导致的不能；主观不能是指当事人的原因导致的不能。客观不能导致民事行为无效或解除；主观不能除相对人知其不能外，民事行为有效。

（2）特别生效要件。大部分民事法律行为具备了一般生效要件后即可生效，但是部分民事法律行为除应当具备一般生效要件外还应具备法定的形式要件方能生效。该形式要件即特别生效要件。例如我国《物权法》第一百八十七条规定，以不动产进行抵押的，应当办理抵押登记，抵押权自登记时设立。登记就是不动产抵押合同生效的特别要件。

（三）案例53分析

民事法律行为成立的一般要件包括当事人、标的和意思表示；特别要件是除一般要件外应当具备的要件，主要指要物行为和要式行为。民事法律行为成立后，有些行为具备一般生效要件即可生效，有些行为还应具备法定的形式才可生效。抵押合同作为民事法律行为，须以书面形式作出，以不动产抵押的应当办理抵押登记，抵押权自登记时设立；以交通运输工具抵押的，抵押权自抵押合同生效时设立，未经登记，不得对抗善意第三人。

本案中，甲、乙之间签订了书面的抵押合同，符合民事法律行为的成立要件。该抵押合同以轿车作为抵押物，虽然没有办理登记，并不影响抵押合同的生效，该抵押合同具备一般生效要件即可生效，抵押权自合同生效时设立。所以，乙已经享有了抵押权，在甲到期不能清偿债务时，可以行使抵押权，但是不能对抗善意第三人。

三、意思表示

（一）案例54简介

王华家有一幅祖传的齐白石的画。2011年冬天，王华父母病重，为筹钱看病，在不知是赝品的情况下，王华将该画以市场价出售给了李丽。

问题：王华出售该赝品的行为效力如何？

（二）相关知识点

1. 意思表示的概念与构成

意思表示是民事法律行为的核心构成要素，是指“向外部表明意欲发生一定私法上法律效果之意思的行为”[①]。理解该含义需要把握两点：其一，意思表示的客体是意思，对于意思之外的表示，不能成立意思表示。对某些事实的表示属于事实通知，客体为事实，不是意思表示，例如债权转让的通知等。其二，法律效果取决于意思表示的内容，如果是基于法律规定而发生，则为意思通知，不能成立意思表示，例如催告、拒绝要约等。

意思表示的构成按照通说，一般包括效果意思、表示意思[②]和表示行为三部分。效果意思亦即“真意”，是指行为人内心意欲发生法律上效果的意思。[③] 表示意思是指将内心效果意思公开的意思。表示行为是指将内心意思以一定方式表示出来的行为。三个构成要素中效果意思最为重要，其是意思表示的核心和基础，但其他要素也必不可少。“法律行为既以私法自治为最高原则，则意思表示之成立必须有本人内心之效果意思，且须经过表示行为，表示于外部。而为表示行为之前，须先有欲将内心效果意思公开的意思即表示意思，此表示意思，为连接内心的效果意思与表示行为之中间环节。”[④]

2. 意思表示的分类

（1）明示的意思表示和默示的意思表示。这是依据表示行为的样态进行的划分。明示的意思表示是指通过语言、文字、表情、动作等方法直接表示出内心意思的表意形式，例如口头形式、书面形式等。默示的意思表示是通过行为人的作为或不作为间接推断出来的意思表示。

区分二者的法律意义在于：除非法律特别规定，以民事法律行为处分权利的，须经当事人明示始得成立。

（2）有相对人的意思表示与无相对人的意思表示。这是依据意思表示是否有相对人进行的划分。有相对人的意思表示是指须向相对人所为的意思表示。意思表示通常需要有相对人，例如要约与承诺、合同解除、债务免除、授予代理权等。无相对人的意思表示指没有表示对象的意思表示，例如所有权的抛弃、遗嘱行为等。

区分二者的法律意义在于：有相对人的意思表示在到达相对人时始发生效力；无相对人的意思表示完成时立即发生效力。

（3）对特定人的意思表示和对不特定人的意思表示。这是依据相对人是否特定进行的划分。对特定人的意思表示必须向该特定人作出，例如授予代理权等；对不特定

---

① 梁慧星．民法总论．法律出版社，2001：189.

② 关于表示意思是否为意思表示的构成要素，学说上存在分歧。参见梁慧星．民法总论．法律出版社，2001：190.

③ 效果意思存在于行为人的内心，难以为他人所知，故法律上称的效果意思是表示上的效果意思，即通过表示行为推断出来的效果意思。但如果能辨明内心的效果意思，则以内心的效果意思为当事人的意思。

④ 梁慧星．民法总论．法律出版社，2001：191.

人的意思表示无须向特定人实施，例如悬赏广告等。

区分二者的法律意义在于：对特定人的意思表示，对非特定人不生效。

(4) 对话的意思表示和非对话的意思表示。这是依据相对人是否处于可同步受领和直接交换意思表示的状态进行的划分。对话的意思表示，是指相对人可同步受领和直接交换意思表示，例如通过口头交谈直接订立合同；非对话的意思表示是指不可同步受领和直接交换意思表示，例如通过信件往来、电报、传真、电子邮件等方式订立的合同。

区分二者的法律意义在于：二者的生效时间不同。通说认为，对话的意思表示，在意思表示到达对方，处于客观上可以了解的状态时发生效力。至于相对人是否了解，依一般情形而定。若相对人故意掩耳不闻，亦不能阻却其效力的发生。[①] 非对话的意思表示的生效时间主要有四种立法例：①到达主义，意思表示到达相对人可支配的范围时发生效力；②表示主义，意思表示作出之时发生效力；③发信主义，以信件、电报等形式作出的意思表示在离开表意人时发生效力；④了解主义，相对人了解意思表示的内容时发生效力。不同的意思表示可能采取不同的生效时间，例如，各国对要约的生效一般采用到达主义，但承诺的生效则有发信主义与到达主义之别。

(5) 健全的意思表示与不健全的意思表示。这是依据意思表示是否为真实、自由进行的划分。健全的意思表示是指表意人真实、自由的意思表示，该意思表示一般不受外部因素的不正当影响，是内心真实意思的体现；不健全的意思表示是指表意人并非出于真意或不自由的意思表示，例如受胁迫、欺诈等而为的意思表示。

区分二者的法律意义在于：健全的意思表示为有效的意思表示，不健全的意思表示会影响民事行为的效力。

除以上划分外，意思表示还可分为独立的意思表示和非独立的意思表示、要式的意思表示与不要式的意思表示、有偿的意思表示与无偿的意思表示等。

3. 意思与表示不一致

意思与表示不一致是指表意人的内心意思与外在表示不一致的情形，主要包括故意的不一致和无意的不一致。

(1) 故意的不一致。故意的不一致主要有真意保留、虚伪表示、隐藏行为。真意保留又称虚假表示，是指表意人故意隐藏真意，其表示行为不能反映其内心真实的意思。其构成要件是：须表意人有意思表示；须表意人表示的意思与真实的意思不符；须表意人明知其表示与真意不符。对于真意保留的效力，通说认为原则上有效，但在相对人明知表示与真意不一致时无效。虚伪表示是指表意人与相对人通谋作出的虚假的意思表示。其构成要件是：须表意人有意思表示；须表意人表示的意思与真实的意思不符；须表意人与相对人通谋。虚伪表示原则上无效，但为了保护交易安全，不得以其无效对抗善意第三人。隐藏行为是指隐藏于虚伪表示中依其真意发生法律效果的行为。隐藏行为的效力，通说认为其虚假的意思表示无效，真实的意思表示的效力依据真实意思的相关法律来加以确定。例如房屋买卖，当事人为了规避相关的税费，作

① 魏振瀛主编. 民法. 北京大学出版社、高等教育出版社，2000：144.

出赠与的虚伪表示，该赠与应无效，买卖行为是否有效依据房屋买卖的相关规定加以判断。①

（2）无意的不一致。无意的不一致包括错误和误传。错误是指表意人因误认或缺乏认识，导致其内心意思与外在表示不一致。其构成要件是：须表示意思与真实意思不一致；须不一致由表意人主观误认或缺乏认识导致；须不一致不为表意人所知。错误的种类主要包括表示内容的错误、表示行为的错误。表示内容的错误包括：标的物本身的错误；标的物性质的错误；标的物价格、数量、履行期限、履行地点等的错误；当事人本身的错误；当事人性质的错误；法律行为种类或性质的错误；动机的错误②。表示行为的错误是表意人对所要表示的事物存在认识，但在表示时发生了错误。例如误写、误传等。对于错误意思表示的效力，通说认为意思表示的内容有错误或表意人若知其事情即不为意思表示，表意人可将其意思表示撤销。③ 我国《民法通则》中没有直接规定错误，而是规定了重大误解（关于重大误解的论述详见第七章第二节）。误传是指由于传达人或传达机关的错误使表意人的表示意思与真实意思不一致。其构成要件是：须表示意思与真实意思不一致；须不一致由传达人或传达机关的错误导致；须错误属于非故意的错误；须不一致不为表意人所知。传达人或传达机关的传达错误，在性质上视为表意人的错误，给他人造成损失的，除法律另有规定或双方另有约定外，由表意人承担赔偿责任。需要注意的是，我国《民法通则》中未规定误传，司法实践中适用重大误解的规定。

4. 意思表示不自由

意思表示不自由，是指基于他人的不正当干涉，导致意思表示存在瑕疵。主要包括欺诈、胁迫和乘人之危（详见第七章第二节的论述，此不赘述）。

（三）案例54分析

意思表示是民事法律行为的核心构成要素，是指向外部表明意欲发生一定私法上法律效果之意思的行为，包括内心的效果意思和外部的表示意思。外部的表示意思若与内心的效果意思不一致，则是意思表示不真实。该不一致可能是有意的，也可能是无意的。无意的不一致包括错误和误传，错误是指表意人因误认或缺乏认识，导致其内心意思与外在表示不一致。错误的种类主要包括表示内容的错误、表示行为的错误。

本案中，王华的内心意思是出售真品，但外在的表示行为却是出售了赝品。其将赝品误认为真品进行出售，导致内心意思与表示行为出现了不一致，该不一致是无意的，是对标的物的认识出现错误，由此达成的买卖合同属于可变更、可撤销的合同。故王华出售赝品的行为可变更、可撤销，随着撤销权的行使，自始无效。

---

① 梁慧星. 民法总论. 法律出版社，2001：195.

② 动机的错误原则上不影响民事法律行为的效力，但是如果动机已经表示于外，则构成意思表示内容的一部分，成为意思表示内容的错误。参见梁慧星. 民法总论. 法律出版社，2001：196.

③ 魏振瀛主编. 民法. 北京大学出版社、高等教育出版社，2000：147.

四、附条件和附期限的民事法律行为

（一）案例55简介

甲是一位孤寡老人，有珠宝一盒。甲与常年照料他的邻居王某签订了一份合同，合同约定，王某对甲生前进行悉心照料，甲死后由王某负责料理后事，以此为条件，甲将珠宝送给王某。合同签订后不久，甲感觉时日不多，就将珠宝交予王某。至此以后，王某对甲不闻不问。甲向王某索要珠宝未果，提起了诉讼。

问题：王某是否应返还珠宝？

（二）相关知识点

1. 附条件的民事法律行为

（1）附条件的民事法律行为的概念。附条件的民事法律行为，是指民事法律行为效力的开始或终止取决于将来不确定的客观事实的发生或不发生的法律行为。我国《民法通则》第六十二条规定了民事法律行为可以附条件。条件是指“当事人以将来客观上不确定事实之成否，决定其法律行为效力之一种法律行为附款也”[①]。依据私法自治原则，当事人可以为民事法律行为附特定条件，但法律明确不能附条件的除外。这些例外情形主要有：依其性质不得附条件的行为，例如形成权的行使、票据行为等；附条件会违背社会公共利益或社会公德的行为，例如结婚、继承等。

民事法律行为所附的条件需满足以下要件：①须是将来发生的事实。以已经发生的事实作为条件的，视为该民事法律行为未附加任何条件。②须是不确定的事实。条件是否发生存在不确定性，当事人不能预料，可能发生也可能不发生。③须是当事人约定而非法定的事实。条件是当事人共同协议商定的事实，不能是法律规定或依合同性质决定的事实，附有法定条件的，视为未附条件。④须是合法的事实。民事法律行为所附的条件不能违反法律和社会公共利益，附有违法条件的，行为当然无效。

（2）民事法律行为所附条件的分类。①延缓条件与解除条件。这是依据条件对民事法律行为效力的影响不同进行的划分。延缓条件是指民事法律行为在所附条件成就时才能发生法律效力，故其又称为停止条件。附延缓条件的民事法律行为在条件成就之前，已经成立但未生效，条件成就始发生法律效力。解除条件又称消灭条件，是指民事法律行为在所附条件成就时失去法律效力。附解除条件的民事法律行为在条件成就之前，已经成立并发生法律效力，条件成就时，失去法律效力。区别二者的法律意义在于：延缓条件成就，民事法律行为生效；解除条件成就，民事法律行为失效。②肯定条件与否定条件。这是依据某种客观事实的发生或不发生进行的划分。肯定条件又称积极条件，是指以某种客观事实的发生为内容的条件。其又可进一步分为肯定的延缓条件与肯定的解除条件。否定条件又称消极条件，是指以某种客观事实的不发生为内容的条件。也可进一步分为否定的延缓条件与否定的解除条件。区别二者的法

---

① 郑玉波.民法总则.中国政法大学出版社，2003：375.

律意义在于：积极条件，以事实的发生为条件的成就，事实不发生条件不成就；消极条件，以事实的不发生为条件的成就，事实发生条件不成就。③随意条件、偶成条件和混合条件。这是依据条件的成就是否受当事人意思的影响为标准进行的划分。随意条件是指依据当事人一方的意思可以决定其成就与否的条件。例如“我若定居北京，则送你一套房子”。这里“我若定居北京”属于随意条件，可以当事人一方的意思决定。该条件又可分为纯粹的随意条件与非纯粹的随意条件。前者完全依据当事人的意思决定，后者除当事人意思外，还需要有某种积极事实的发生。偶成条件是指依据偶然事实决定其是否成就的条件。该条件是否成就与当事人意思无关，而是取决于自然事实或第三人的意思。混合条件是指依据当事人的意思及偶然事实（包括第三人的意思）决定其是否成就的条件。例如约定对方和某女结婚，则赠予房屋一套。该条件的成就取决于对方的意思及某女的意思。区别三者的法律意义在于：非纯粹的随意条件、偶成条件及混合条件，均具有客观的不确定性，都属有效。对于纯粹的随意条件，须视情形而定，如果属于仅取决于债务人一方意思的停止条件，应认定为无效；如果属于仅取决于债务人一方意思的解除条件，则属有效。[①]

（3）附条件的民事法律行为的效力。条件成就与条件不成就直接影响民事法律行为的效力。条件成就是指构成条件内容的事实已经实现，条件不成就是指构成条件内容的事实确定地不实现。对于积极条件，以条件事实的发生为条件成就，以条件事实的不发生为条件不成就；对于消极条件，以条件事实的不发生为条件成就，以条件事实的发生为条件不成就。需要注意的是，我国《合同法》第四十五条第二款规定：“当事人为自己的利益不正当地阻止条件成就的，视为条件已成就；不正当地促成条件成就的，视为条件不成就。”此处规定了条件成就与不成就的拟制。构成拟制的条件有：须阻止条件成就或不成就的主体是因此行为而受利益的当事人，而非第三人；阻止条件成就或不成就的行为是不正当的。行为正当与否依据诚实信用原则判断。

条件成就与条件不成就的效力主要表现为以下三个方面：第一，条件成就的效力。条件成就的效力在于民事法律行为效力的发生或消灭。对于延缓条件，条件成就，民事法律行为生效；对于解除条件，条件成就，民事法律行为失效。需要注意，在要式法律行为中，仅条件成就还不当然地使行为发生效力，例如不动产的转让，条件成就后还需履行登记才能发生效力。第二，条件不成就的效力。条件不成就的效力在于民事法律行为效力的不发生或不消灭。对于延缓条件，条件不成就，民事法律行为的效力确定不发生，该行为视为不存在；对于解除条件，条件不成就，民事法律行为的效力确定不消灭，继续有效。第三，条件成就与否尚未确定前的效力。在条件成就与否尚未确定的情况下，附条件的民事法律行为的效力是否发生或消灭处于不确定状态，因条件成就或不成就而受利益的一方当事人享有期待权，即享有因条件成就而取得权利或利益的希望，这种希望有实现的可能，如果受侵犯，则可以请求损害赔偿。

2. 附期限的民事法律行为

（1）附期限的民事法律行为的概念。附期限的民事法律行为是指当事人以将来确

① 梁慧星. 民法总论. 法律出版社，2001：203—204.

定到来的客观事实作为决定民事法律行为效力的附款的行为。期限是指“当事人以将来客观确定到来之事实，作为决定法律效力的附款”①。我国《民法通则》中仅规定了附条件，并没有规定附期限。但我国最高人民法院《民通意见》第七十六条规定了附期限的民事法律行为，填补了立法的缺漏。

期限与条件既有区别而又有联系。区别在于，期限是确定的、将来一定能够实现的客观事实，条件属于将来是否实现并不确定的事实。联系在于，二者都是当事人在其民事法律行为效力上所附加的限制，该限制属于意思表示内容的一部分。

(2) 民事法律行为所附期限的分类。依据所附期限对民事法律行为效力的影响不同，可将期限分为延缓期限与解除期限。延缓期限又称始期，决定法律行为效力的发生。附延缓期限的民事法律行为，在行为成立后，所附期限到来前不发生法律效力，待期限到来时才发生法律效力。解除期限又称终期，决定法律行为效力的消灭。附解除期限的民事法律行为，在行为成立后，所附期限到来前已经生效，待期限到来时法律效力消灭。依据作为内容的客观事实的发生之时是否确定，可将期限分为确定期限与不确定期限。确定期限是确定发生的客观事实的发生时间已经确定的期限。不确定期限是确定发生的客观事实的发生时间尚未确定的期限。例如甲与乙约定，某人死亡时，则如何。某人死亡属于确定发生的客观事实，但某人何时死亡并未确定，故属于不确定期限。

(3) 附期限的民事法律行为的效力。①期限到来前的效力。期限到来是指作为期限内容的事实已经发生。始期的到来称为界至，终期的到来称为届满。故附延缓期限的民事法律行为，在期限未届至时，不生效；而附解除期限的民事法律行为，在期限未届满时，其效力不终止。另外，因期限届至而享有利益的当事人在期限未到来时享有“利益期待权”，该权利可作继承和处分，不得侵犯，否则可要求损害赔偿。②期限到来后的效力。依照我国《民通意见》第七十六条的规定，附期限的民事法律行为在所附期限到来时生效或解除。附延缓期限的民事法律行为，在期限届至时，发生效力；附解除期限的民事法律行为，在期限届满时，其效力消灭。

（三）案例55分析

民事法律行为可以附条件、附期限。条件是将来客观上不确定的事实。民事法律行为所附的条件分为延缓条件和解除条件，附延缓条件的民事法律行为在所附条件成就时才能发生法律效力。

本案中，甲与王某签订的合同是遗赠抚养协议，该协议以王某对甲生养死葬为条件，是附条件的民事法律行为，该条件为延缓条件，在条件成就时协议才能发生法律效力。但是在合同签订后，王某并没有对甲悉心照料，条件不成就，遗赠抚养协议不能生效，虽然王某实际占有珠宝，但是属于不当得利，应当返还。

---

① 梁慧星.民法总论.法律出版社，2001：208.

【案例思考】

1. 小明将过生日，小明的爸爸到楼下蛋糕店告知店主预订蛋糕一个。小明生日当天，亲戚来祝贺，送来精美蛋糕一个，小明爸爸遂到蛋糕店要求退订蛋糕，蛋糕店不允，小明爸爸称口头约定无效，坚持要退订。[①]

问题：小明爸爸预订蛋糕的行为是否构成民事法律行为？是否满足法律行为的成立要件和生效要件？

2. 王明家在农村，拥有三间瓦房，由其父母居住。王明常年在外打工，打算定居城市，遂与同村的李军签订了卖房协议。协议中约定，王明父母死亡后，将村里的三间瓦房卖给李军。

问题：本案民事法律行为的性质如何？

① 翟新辉主编. 民法学总论. 中国政法大学出版社，2010：180.

CHAPTER 8 第八章 代理

第一节　代理概述

一、代理的含义

（一）案例 56 简介

甲是一位法学教师，想买几本教科书发给学生，于是就委托乙去书店告知店主，其欲购买 10 本《民法学》教科书，请店主准备，甲五日后到书店拿书。

问题：乙所受委托是否属于代理？为什么？

（二）相关知识点

1. 代理的概念

代理有广义与狭义之分。广义的代理是指代理人以被代理人名义或以自己的名义，代被代理人为民事法律行为，由被代理人直接或间接地承受该行为的法律后果。狭义的代理是指代理人在代理的权限内，以被代理人的名义为民事法律行为，由被代理人直接承受该行为的法律后果。我国《民法通则》第六十三条第二款规定："代理人在代理权限内，以被代理人的名义实施民事法律行为。被代理人对代理人的代理行为，承担民事责任。"由此可见，我国《民法通则》中的代理是指狭义代理，代理人以自己的名义实施的民事法律行为，不能称为代理。

代理法律关系与其他民事法律关系的最大不同在于：其存在三方主体，两大类三种法律关系。代理法律关系中的三方主体包括代理人、被代理人和相对人。代他人为民事法律行为的人是代理人；该所代的并承受民事法律行为效果的人是被代理人，又称本人；相对人是代理人以被代理人的名义与之进行民事法律行为的人，也称第三人。

两大类三种法律关系包括：代理人与被代理人的代理权法律关系、代理人依据代理权与第三人所形成的代理行为法律关系、被代理人与第三人因代理行为而形成的民事法律关系。其中第一类法律关系称为代理的内部法律关系，是代理的基础关系，第二类法律关系称作代理的外部法律关系。

代理制度在法制史上产生较晚，罗马法后期才得以出现，它的产生与商品经济的发展密切相关，有着重大的意义：其一，代理制度是私法自治的扩张。代理行为扩大了民事主体的活动范围，社会经济的发展及民事主体自身条件的限制，决定了在日常交往中不可能事必躬亲，代理制度克服了民事主体在知识、时间、空间等方面的限制，使民事主体的权利能力得以最大化实现。其二，代理制度是私法自治的补充。代理行为可以补充某些民事主体行为能力的不足，无民事行为能力人和限制民事行为能力人不能或不能完全通过自己的行为，为自己设定权利或履行义务，其法定代理人可以代为之。①

2. 代理的特征

（1）代理人以被代理人的名义实施代理行为。依据我国《民法通则》的规定，代理人只有以被代理人的名义实施的行为才能成为代理，被代理人才能享有代理行为产生的权利，承担由此产生的义务。如果代理人以自己的名义实施代理行为，该行为的后果只能由代理人自己承担，因为该行为是自己行为，而非代理行为。

（2）代理人须在代理权限内实施代理行为。代理权是代理人进行代理活动的法律依据，代理人必须在代理权限内实施代理行为。在代理法律关系中，代理人代理权的取得可以依据被代理人的委托授权，也可以是基于法律的直接规定，或者是基于有权机关的指定，在合法取得代理权后，才能代理被代理人参加民事法律活动。

（3）代理行为直接对被代理人发生法律效力。代理人在代理权限范围内所为的行为被视为是被代理人自己的行为，法律效果同被代理人自己的行为一样，直接归属于被代理人，由被代理人对代理人的代理行为享受权利，承担义务和责任。

（4）代理行为是民事法律行为。代理行为必须是具有法律意义的行为，只有为被代理人设立、变更或终止某种民事权利和义务关系的行为才是法律意义上的代理行为。

（5）代理人在代理活动中，具有独立的法律地位。代理人在代理权限内实施法律行为时有独立进行意思表示的权利。代理人凭借自己的知识和经验，可以独立地作出分析判断，独立地决定如何向第三人为意思表示，并决定是否接受第三人的意思表示。

3. 与代理相关的概念

（1）转达。转达是指转达人将委托人的意思表示不加变更地传达给对方当事人的行为。转达人须忠实地传达委托人的意思。其与代理的区别在于：转达人不必有行为能力，而代理人必须是完全民事行为能力人；转达人因自己的过失未转达或转达不实给第三人造成的损失，由委托人承担责任，而代理人因自己的过错给被代理人造成损失的，一般由代理人承担赔偿责任。

（2）法定代表人。法定代表人是指依据法律或法人章程的规定代表法人行使职权

① 魏振瀛主编. 民法. 北京大学出版社、高等教育出版社，2000：172.

的人。其与代理的区别在于：法定代表人与法人之间是同一个民事主体的内部关系，而代理人与被代理人是两个独立的民事主体；法定代表人的行为就是法人的行为，不发生效力归属问题，而代理人的行为不是被代理人的行为，只不过效力归属于被代理人；法定代表人的行为可以是民事行为，也可以是事实行为，而代理行为仅指民事法律行为。

（3）行纪。行纪是指行纪人接受他人委托，以自己的名义为委托人从事民事法律行为。其与代理的区别在于：行纪人以自己的名义从事民事法律行为，代理人以被代理人的名义进行民事法律行为；行纪的后果直接归属于行纪人，后有行纪人转移于委托人，代理的后果直接归于被代理人；行纪是有偿法律行为，代理不以有偿为限。

（4）委托。委托是指委托人与受托人之间为处理委托事务的合同关系。其与代理的区别在于：委托有双方主体，代理涉及三方主体；委托是产生一切委托事务的基础，委托合同是基础合同，解决的是委托人和受托人之间的权利义务关系，代理、行纪等都是基于委托产生，代理解决的是代理后果的归属问题。

4. 代理的范围

我国《民法通则》第六十三条第一款规定："公民、法人可以通过代理人实施民事法律行为。"民法上的代理仅指代理民事法律行为，例如代购货物等。现实生活中的代理不限于民事法律行为，还包括代理实施某些财政、行政行为（例如专利代理申请等）和代理民事诉讼行为，这些行为不是民事法律行为，但原则上适用民法中关于代理的规定。

民法上并不是所有的民事法律行为都适用代理制度，我国《民法通则》第六十三条第三款规定："依照法律规定或者按照双方当事人约定，应当由本人实施的民事法律行为，不得代理。"结合相关的立法和实践，代理的限制主要包括：①具有人身性质的民事法律行为不能代理，例如婚姻关系的成立、解除等；②被代理人无权进行的行为不能代理；③当事人约定应由本人实施的法律行为不得代理，例如加工承揽合同，若约定必须由加工人亲自完成的，不得委托他人代为完成[①]；④违法行为不得代理，我国《民法通则》第六十七条规定，代理人知道被委托代理的事项违法仍然进行代理活动的，或者被代理人知道代理人的代理行为违法不表示反对的，由被代理人和代理人负连带责任；⑤事实行为不适用代理，例如拾得遗失物等。

（三）案例 56 分析

代理是指代理人在代理的权限内，以本人的名义为民事法律行为，由本人直接承受该行为的法律后果。代理行为是民事法律行为。转达是转达人将委托人的意思表示不加变更地传达给对方当事人的行为。

本案中，乙接受委托，将甲的意思不加变更地传达给书店店主，并没有为民事法律行为，没有自己独立的意思表示，其行为是转达，而非代理。

---

① 魏振瀛主编. 民法. 北京大学出版社、高等教育出版社，2000：172.

二、代理的类型

（一）案例 57 简介

甲与乙签订一批货物的买卖合同，合同签订后，甲委托丙将货物运送到乙处。在途中，丙突发疾病，在得到甲同意的情况下，丙将运送货物的任务交给了丁。丁是丙的徒弟，刚考取驾照，驾驶技术不熟练，在途中与戊的车相撞，造成货物毁损。

问题：丁造成的乙、戊的损失应由谁承担责任？

（二）相关知识点

1. 委托代理、法定代理与指定代理

这是依据代理权产生的根据不同进行的划分。委托代理又称意定代理，是指代理人按照被代理人的委托而进行的代理。委托代理的代理权基于被代理人的授权产生，这种授权是被代理人的单方行为，因此委托代理又称为授权代理或意定代理。委托代理产生的基础是授权委托，除委托合同外，劳动合同、雇佣合同、合伙合同等基础关系都可以产生委托代理。

法定代理是指依据法律的直接规定而进行的代理。法定代理的代理权是依据法律的直接规定而产生。法定代理主要是为无民事行为能力人和限制民事行为能力人设立的代理方式。法定代理产生的依据是代理人与被代理人之间的血缘关系、婚姻关系等。法定代理人依据法律的直接规定行使代理权，与被代理人的意志无关。指定代理是指代理人依据人民法院或其他指定机关的指定而进行的代理。指定代理的代理权来源于人民法院或其他指定机关的指定，与被代理人的意志无关。指定代理主要存在两种情形，一种是无民事行为能力人和限制民事行为能力人在没有监护人或数个监护人就监护发生争议时，由特定机关指定；另一种是为失踪人指定财产代管人。有指定权的机关主要包括人民法院，未成年人的父、母的所在单位或者未成年人住所地的居民委员会、村民委员会，精神病人的所在单位或者住所地的居民委员会、村民委员会。对指定机关指定的代理人，无特殊原因不得拒绝，不服代理指定的可以提起诉讼，由人民法院裁决。

2. 特别代理与一般代理

这是依据代理权限的范围进行的划分。特别代理又称特定代理、部分代理、限定代理，是指代理权被严格限制在一定范围或特定事项的某些方面的代理。一般代理又称概括代理、全权代理，是指代理权的范围及于代理事项的全部。除明确表明是特别代理外，都为一般代理。

3. 本代理与再代理

这是依据代理权是由被代理人授予还是由代理人转托为标准进行的划分。本代理又称原代理，是指代理人的代理权来源于被代理人的直接授权，或者基于法律的规定、有关机关的指定而产生的代理。再代理又称转代理、复代理，是指代理人为了被代理人的利益将其所享有的代理权转委托他人而产生的代理。再代理中，被代理人不发生变化，代理人变为再代理人，再代理人是接受代理人代理权转托的人。我国《民法通则》第六十八条规定："委托代理人为被代理人的利益需要转托他人代理的，应当事先取得被代理人的同意。事先没有取得被代理人同意的，应当在事后及时告诉被代理人，如果被代理人不同意，由代理人对自己所转托的人的行为负民事责任，但在紧急情况下，为了保护被代理人的利益而转托他人代理的除外。"再代理的特征主要有：（1）再代理人是代理人以自己的名义选任的；（2）再代理人以被代理人的名义实施行为，法律后果直接归被代理人；（3）再代理权以原代理人的代理权为限。代理人选择他人担任再代理人的权利是复任权。法定代理人无条件地享有复任权。指定代理人原则上无复任权，但如果为被代理人的利益，在取得人民法院或其他指定机关同意的情况下可以转委托他人代理。指定代理人擅自转委托的，应当对再代理人的行为承担民事责任，但基于紧急情况的转委托除外。委托代理人只在特殊情况下享有复任权：被代理人事先授权可以转委托的；转委托之前取得被代理人同意的；转委托后得到被代理人追认的；由于急病、通信联络中断等特殊原因，委托代理人自己不能办理代理事项，又不能与被代理人及时取得联系，如果不及时转托他人代理，会给被代理人的利益造成损失或者扩大损失的。依据我国《民通意见》第八十一条规定，委托代理人转托他人代理的，应按相关规定办理转托手续，因委托代理人转托不明，给第三人造成损失的，第三人可以直接要求被代理人赔偿损失，被代理人承担民事责任后，可以要求委托代理人赔偿损失，转托代理人有过错的，应当负连带责任。

4. 单独代理与共同代理

这是依据代理权归属于一人还是多人进行的划分。单独代理是指代理权归属于一人的代理，共同代理是指代理权归属于两人以上的代理。共同代理人应当共同行使代理权，否则该行为属于行为人自己的行为，而非共同代理行为，因此侵害被代理人权益的，由实施行为的代理人承担责任。我国《民通意见》第七十九条第一款规定："数个委托代理人共同行使代理权的，如果其中一人或者数人未与其他委托代理人协商，所实施的行为侵害被代理人权益的，由实施行为的委托代理人承担民事责任。"

5. 直接代理与间接代理

这是依据代理人为行为时是否以被代理人的名义进行的划分。直接代理又称显名代理，是指代理人在代理权限范围内，以被代理人的名义实施民事法律行为，由被代理人承担法律后果的代理。间接代理又称隐名代理，是指代理人以自己的名义为民事法律行为，法律后果转于被代理人的代理。我国《民法通则》中的代理仅指直接代理，但我国《合同法》第四百零二条规定了间接代理："受托人以自己的名义，在委托人的授权范围内与第三人订立的合同，第三人在订立合同时知道受托人与委托人之间的代理关系的，该合同直接约束委托人和第三人，但有确切证据证明该合同只约束受托人和第三人的除外。"

6. 有权代理与无权代理

这是以代理人是否有代理权进行的划分。有权代理是指基于代理权而发生的代理；无权代理是指非基于代理权而发生的代理，主要包括狭义的无权代理和表见代理。

（三）案例57分析

代理人为了被代理人的利益可以将其所享有的代理权转委托他人，委托代理人需要转托他人代理的，应当事先取得被代理人的同意。委托代理人转托他人代理给第三人造成损失的，第三人可以直接要求被代理人赔偿损失，被代理人承担民事责任后，可以要求委托代理人赔偿损失，转托代理人有过错的，应当负连带责任。

本案中，丙经过被代理人的同意将运送任务转托给了丁，成立再代理，丙是代理人，甲是被代理人，丁是再代理人，再代理的法律后果直接归属被代理人。所以，丁实施代理行为给乙造成的损失应当由甲承担责任，戊的损失也应当向甲追偿。丙在选任再代理人时明知自己的徒弟丁刚取得驾照还加以转托，且丁技术不精还承担运送任务，存在主观过错，因此，在甲承担责任后，可以向丙、丁依据各自的过错程度追偿。

【案例思考】

1. 14岁的甲是位少年作家，稿酬颇丰，其父负责为其理财。某日其父欲用其稿酬为其购买房产一处，遂来到乙房地产公司，在乙公司销售员丙介绍了楼盘情况后，甲父与丙以甲、乙名义签订了房屋买卖合同。同时因甲的叔父家比较困难，甲父又以甲的名义，赠与甲的叔父现金5000元。①

问题：甲父以上行为属于代理的哪种类型？效力如何？

2. 2007年11月，张某买了新房并进行了装修，为了增加新房的文学气息，遂与著名书法家赵某签订了一份委托书法作品创作合同。双方约定，赵某在2008年1月前交付张某书法作品一份，张某支付赵某1000元报酬。2007年12月，在一次外出赏雪时，赵某不慎滑倒，导致右臂骨折，不能创作，于是他委托自己的儿子代为书写该幅书法作品，张某支付了全部报酬。拿回家后，张某感到作品风格与赵某不同，经专家鉴定，系属他人作品。

问题：赵某能否委托他的儿子代其创作作品？

第二节　代理权

一、代理权的含义

（一）案例58简介

甲去杭州出差，好友乙为了庆祝女友生日，特意让甲从杭州代买丝巾一条。甲精挑细选，为乙选购了一条价值600元的丝巾。回来后，乙嫌丝巾太贵，拒绝接受。

问题：乙能否拒绝接受该丝巾？

---

① 陈训敬，曹艳春，冯瑞琳主编. 民法总则. 中国政法大学出版社，2010：241.

（二）相关知识点

1. 代理权的概念

代理权是指代理人所享有的，能够以被代理人的名义进行意思表示，其法律后果直接由被代理人承担的资格。代理权是代理关系的核心。

关于代理权的性质，学界主要存在四种学说："否定说"认为，代理权只不过是特定法律关系的外部效力，并非独立的制度；"权力说"认为，代理权是法律赋予的一种权力；"权利说"认为，代理权是一种民事权利；"通说"认为，代理权是一种资格和地位，代理人取得代理权只是意味着他得以被代理人的名义与第三人进行民事活动，其行为后果直接归属于被代理人。[①]

2. 代理权的发生

（1）基于法律的规定当然发生。基于法律规定发生的代理权是法定代理权。未成年人的父母因具有监护人的身份而成为未成年人的法定代理人。

（2）基于人民法院或其他有权机关的指定发生。这是指定代理权发生的原因。

（3）基于被代理人的授权行为发生。这是委托代理权发生的原因。授权行为是被代理人向代理人授予代理权的行为，该行为一般存在基础法律关系，例如委托合同关系、合伙合同关系等。

（4）基于"外表授权"而发生。这是表见代理的代理权发生原因。外表授权是指具有授权行为的外表或假象，并无实际授权的事实。承认外表授权是发生代理权的原因，主要是为了维护交易安全、公平和善意第三人的利益。

（三）案例 58 分析

代理权是代理人所享有的，能够以被代理人的名义进行意思表示，其法律后果直接由被代理人来承担的资格。代理权可以基于法律规定发生，可以基于指定发生，也可以基于委托发生。在代理权限内，代理人以被代理人的名义实施民事法律行为，被代理人对代理人的代理行为承担民事责任。

本案中，甲和乙之间成立了委托关系，基于乙的委托甲享有了代理权。在代理权限范围内，甲有权独立实施民事法律行为，选择 600 元的丝巾，该行为的后果应当由乙承担，乙不得拒绝接受。

二、代理权的授予

（一）案例 59 简介

2010 年 6 月，甲公司全权委托 A 地的刘某处理其在 A 地的经营业务，委托书内容为："经研究，兹委托刘某代表董事长认真尽职地行使职权，全权处理本公司在 A 地的经营业务。"2010 年 12 月，刘某在 A 地成立分公司并与第三人李某进行纯净水项目合

① 魏振瀛主编. 民法. 北京大学出版社、高等教育出版社，2000：176—177.

作签约，后刘某违约致李某损失5万多元。2011年3月，李某起诉甲公司和刘某要求赔偿损失。刘某认为授权委托书载明全权处理该公司在A地的业务，其是在代理权限内从事代理，由此产生的法律后果由委托方承担。甲公司认为授权书中所谓的经营业务仅指原公司营业执照载明的经营范围内的业务，其签订的纯净水项目合作超出公司经营范围，系无权代理，由刘某对无权代理产生的后果负责。

问题：刘某与李某进行的纯净水项目合作的行为是否属于授权行为？李某的损失应由谁承担责任？

（二）相关知识点

1. 授权行为的含义

授权行为是指被代理人基于某种基础法律关系而作出的明确代理人身份，并确定代理权范围的民事行为。其具有以下特点：

（1）单方性。代理权的授予行为是一种有相对人的单方民事法律行为。授权行为，以发生代理权为目的，仅有委托方单方的意思表示即可，不需要有受托方的承诺，该意思表示既可以向代理人发出，也可以向本人意欲与之进行交易的相对人为之，前者为“内部授权”，后者属于“外部授权”。

（2）独立性。授权行为通常因基础关系而发生，但也可以与基础关系相分离，它们彼此之间不具有直接的关联。表现为：①有授权行为，没有基础关系。例如，在本人知道他人以自己的名义实施民事法律行为而不作否定表示的，视为同意，本人与代理人之间并没有授权的基础法律关系。②有基础关系，但没授权行为。例如，在雇佣合同中明确表示，雇佣乙为甲工作，但乙在三个月内只能观摩见习。③先缔结基础关系，再授予代理权。例如甲与乙签订雇佣合同，三个月后授权乙销售货物。[①]

（3）无因性。授权行为原则上是无因行为，其效力不受基础关系的影响，即使基础关系不成立、无效、被撤销或者终止，代理关系继续有效。

2. 授权行为的形式

委托代理权的授予形式包括明示授权和默示授权。

明示授权，是指采用书面或者口头形式进行明确授权。授权行为是一种不要式行为，依据我国《民法通则》第六十五条的规定，委托代理，可以用书面形式，也可以用口头形式，法律规定用书面形式的，应当用书面形式。书面委托代理的授权委托书应当载明代理人的姓名或者名称、代理事项、权限和期间，并由委托人签名或者盖章。

默示授权，是指在特殊情况下，通过本人的行为推定本人具有授权的意思。主要包括容忍代理权和职务代理。我国《民法通则》第六十六条第一款规定：“本人知道他人以本人名义实施民事行为而不作否认表示的，视为同意。”此即容忍代理。职务代理，指根据代理人所担任的职务而产生的代理权，即法人或者其他组织指派其工作人员（不包括法定代表人）执行某一工作任务的，除有相反的意思表示外，视为授予与执行工作任务相关的代理权。

① 陈训敬，曹艳春，冯瑞琳主编.民法总则.中国政法大学出版社，2010：251.

3. 授权不明及其责任

授权不明是指授权的意思表示不明确，主要有三种情况：其一，从意思表示中难以判断其是否授权；其二，从意思表示中难以判断其授权的具体事项、范围和权限；其三，从意思表示中难以判断授权的起止日期。书面授权和口头授权都可能出现授权不明的情况，但我国《民法通则》只规定了书面形式的授权不明，并未规定口头授权不明。

我国《民法通则》第六十五条第三款规定，委托书授权不明的，被代理人应当向第三人承担民事责任，代理人负连带责任。这里的代理人的连带责任，依照通说，应当属于一种补充责任，并且只有在代理人也存在重大过失的情况下才能发生。[①]

（三）案例 59 分析

代理权基于授权行为而取得，授权行为可以是书面形式也可以是口头形式，法律规定用书面形式的，应当用书面形式。委托书授权不明的，被代理人应当向第三人承担民事责任，代理人负连带责任。委托授权不明是指被代理人对代理人的授权表示不明确，被代理人的意思表示中难以判断向谁授权、授权具体事项和范围等。

本案中，双方当事人对授权委托书中经营业务的范围存在争议，“经营业务”的用语并不能清楚表明授权的范围。在实际经营中，公司经常会有超越营业执照核准的范围进行经营的情况，其民事行为也并不一定因此而无效。纯净水合作项目是否属于授权范围，从授权委托书中无法明确得知，属于授权不明的情况。因此，被告甲公司作为被代理人应赔偿因刘某违约而致李某的损失。刘某作为代理人，对授权书的表述是否清晰、明确未尽合理注意义务，应当对甲公司的赔偿责任承担连带责任。

三、代理权的行使原则

（一）案例 60 简介

甲某为采购员，经常在全国各地出差。乙某是其邻居，平时以采撷草药为生。乙某在山中挖到一名贵草药，正好甲某要到上海出差，于是乙某就委托甲某将草药带去卖掉。甲某却将草药带到邻村的一朋友家中。朋友的父亲丁某是一名老中医，他看了之后请甲某将草药卖于他，并表示愿给甲某 200 元的好处费。结果甲某以低于上海市场将近 500 元的价格把草药卖给了丁某。双方还约定，如果事后乙某来此处打听这种草药的市场价格，丁某就说此草药现在已经大跌价，在上海也不值钱了。不想此事被正要到丁某家来看病的乙某的一个远房亲戚听见，不久就告诉了乙某。乙某遂要求甲某和丁某赔偿自己的损失。[②]

问题：甲某的代理行为是一种什么性质的行为？乙某是否有权要求甲某和丁某两人赔偿？

---

① 陈训敬，曹艳春，冯瑞琳主编. 民法总则. 中国政法大学出版社，2010：252.

② 陈训敬，曹艳春，冯瑞琳主编. 民法总则. 中国政法大学出版社，2010：262.

（二）相关知识点

1. 代理权行使的含义

代理权的行使是指代理人在代理权限范围内，以被代理人的名义独立、依法有效地实施民事法律行为，以达到被代理人所希望的或客观上符合被代理人利益的法律效果。[①]

2. 代理权行使的原则

（1）遵守代理权限原则。该原则要求：第一，代理人必须在代理权限范围内行使代理权，不得无权代理。在代理权限范围内的代理行为当然地对被代理人发生法律效力。第二，未经被代理人同意，代理人不得擅自扩大、变更代理权限。第三，代理人的越权、变更代理权限的代理行为并不当然地对被代理人发生效力，代理期限届满，代理人应当停止代理，由此给被代理人造成损失的，代理人应当承担赔偿责任。第四，代理人在代理活动中，不得滥用代理权。第五，代理人知道被委托的事项违法仍然进行代理活动的，或者被代理人知道代理人的代理行为违法不表示反对的，由代理人和被代理人承担连带责任。

（2）亲自代理原则。该原则要求，代理人应当亲自行使代理权，不得擅自将代理权转托他人。除非转委托行为构成复代理，否则由代理人承担转委托行为的法律后果。

（3）忠实原则。该原则要求，代理人应当维护被代理人的利益，谨慎、勤勉、忠实地行使代理权。首先，代理人的代理行为，应当从被代理人的利益出发，认真工作，尽相当的注意义务。无偿代理行为中，代理人实施代理行为时，应当尽与处理自己事务相同的注意义务；在有偿代理行为中，代理人应当尽善良管理人的注意义务。其次，代理人为代理行为，应当遵守被代理人的指示，按照被代理人的指示进行代理活动，代理人不遵守被代理人的指示，构成代理人过错，由此给被代理人造成的损失由代理人承担。再次，代理人在代理活动中应当尽报告和保密义务。代理人应当将代理事务的一切重要情况及时向被代理人报告，让其及时了解事务的进展情况，以便采取相应的对策；另外，代理人应当对在代理活动中获悉的商业秘密、个人信息等负责保密，不得擅自泄露。

（三）案例 60 分析

代理人在行使代理权时，应当遵守代理权限，维护被代理人的利益，谨慎、勤勉、忠实地行使代理权，应当按照被代理人的指示进行代理活动。代理人不遵守被代理人的指示，构成代理人过错，由此给被代理人造成的损失由代理人承担。

本案中，甲某的代理行为是与第三人串通，损害被代理人利益的行为。乙某委托甲某将草药带到上海去卖，而甲某却将草药卖于丁某，这本身就违背了被代理人的意思；而且甲某还以低于市场价的价格出让草药，更是直接损害了乙某的利益；甲某在出让草药的过程中，私下收受了丁某给予的好处费，将草药以低价卖给丁某，并相约

---

① 魏振瀛主编. 民法. 北京大学出版社、高等教育出版社，2000：180.

共同欺骗乙某，二人相互串通，共同损害被代理人乙某的利益。依据我国《民法通则》的规定，代理人和第三人串通，损害被代理人的利益的，由代理人和第三人负连带责任。因此，本案中甲某与丁某应对乙某的损失承担连带赔偿责任。

四、代理权滥用的禁止

（一）案例61简介

某商业银行经有权部门批准增加了有奖储蓄业务。商业银行为了开展业务，委托某乡人民政府干部赵某代售有奖储蓄单500张，每张面值20元，到开奖日期时，赵某尚有50张未售出。当天下午，赵某到县城查看抽签开奖情况，见中奖号码已公布，便抄了回家，到家一查对，发现尚未售出的50张中有一张中了头奖，赵某非常高兴，立即买下这张储蓄单，并于第二天一早到县城商行去兑奖。商业银行储蓄员在核对赵某身份时，发现他是银行有奖储蓄单的代理发售人，便拒付奖金。于是赵某便向人民法院提起诉讼，要求银行兑付奖金。

问题：银行是否可以拒付奖金？

（二）相关知识点

1. 代理权滥用的概念

代理权滥用是指代理人在行使代理权之时，利用代理权之便，违背代理权设定的宗旨和行使的基本原则，实施有损被代理人利益的行为。该行为违背诚实信用原则，损害了被代理人的利益，各国法律一般都加以禁止。代理权滥用的构成要件有：

（1）代理人有代理权。代理权滥用是有权代理，代理人有代理权，没有代理权而实施的代理是无权代理，不发生代理权的滥用。

（2）代理人行使了代理权。代理人必须行使了代理权，具体实施了代理行为，才有可能发生代理权的滥用。

（3）代理人行使代理权的行为违背了代理权设定的宗旨和行使的基本原则。

（4）代理人的代理行为损害了被代理人的利益。代理人在为代理行为时，或为自己利益，或为他人利益，损害了被代理人的利益。如果不损害被代理人的利益，不为滥用代理权。

2. 代理权滥用的种类

（1）双方代理。双方代理又称同时代理，是指同一代理人同时代理双方当事人进行同一民事行为。在双方代理活动中，代理人一手包办交易，代表两种不同的利益，容易顾此失彼，难以实现利益的平衡。我国《民法通则》对双方代理未作规定，通说认为，双方代理是代理权滥用的行为，除非经被代理人同意或追认，法律不承认其效力。

（2）自己代理。自己代理是指代理人以被代理人的名义与自己进行民事行为。在自己代理行为中，代理人同时既以自己的名义，又以被代理人的名义，以双重身份进行同一个意思表示，很难避免发生代理人为自己的利益牺牲被代理人利益的事情。所以对于自己代理的效力，同双方代理一样，除非被代理人事前同意或事后追认，法律不承认其效力。

（3）恶意串通。恶意串通是指代理人和第三人故意通谋，实施损害被代理人利益的行为。代理人在代理活动中有一定的独立性，可以在代理权限内，独立地作出意思表示。代理人和第三人之间存在通谋，必然违背被代理人的本意，造成被代理人的财产损失，脱离了代理权行使的基本原则和代理人应尽的职责，属于无效民事行为，不发生代理的法律后果，对被代理人所遭受的损失，由代理人和第三人负连带赔偿责任。但是，若代理人和第三人不存在损害被代理人利益的通谋，则应分别承担责任。

（三）案例61分析

代理权滥用是指代理人在行使代理权之时，利用代理权之便，违背代理权设定的宗旨和行使的基本原则，实施有损被代理人利益的行为。自己代理是滥用代理权的一种类型，是指代理人以被代理人的名义与自己进行民事行为。该行为中代理人以双重身份进行同一个意思表示，很难避免发生代理人为自己的利益牺牲被代理人利益的事情。因此，对于自己代理，除非被代理人事前同意或事后追认，法律不承认其效力。

本案中，赵某是商业银行的代理人，他向自己出售有奖储蓄单的活动就是商业银行的活动。其以被代理人的名义与自己进行交易，构成了自己代理，是代理权滥用的表现。依据相关规定，赵某购买自己代理的有奖储蓄单的行为无效，无权领取奖金，银行可以拒付奖金。

五、代理权的终止

（一）案例62简介

李某受单位委派到东北三省考察，王某听说后委托李某代买该地产的名贵药材。李某考察归来后将所买的价值2000元的药送至王某家中。但王某的妻子告诉李某，王某已于5天前去世，这药本来是给他治病用的，现在人已经死亡，用不着了，请李某自己处理。李某非常生气，认为不管王某是否活着，这药王家都应该收下。

问题：李某的行为的法律后果应由谁来承担？药是否应由王家出钱买下？

（二）相关知识点

代理权的终止，又称为代理权的消灭，是指代理人与被代理人之间的代理关系消灭，代理人不再具有以被代理人名义进行民事活动的资格。[①] 依据我国《民法通则》第六十九条和七十条的规定，代理权终止的具体原因如下：

1. 委托代理权的终止

（1）代理期间届满或代理事务完成。期间届满或代理事务完成的时间，一般依代理证书确定，没有代理证书或代理证书记载不明的，依委托合同。无法确定时间的，

① 魏振瀛主编. 民法. 北京大学出版社、高等教育出版社，2000：183.

被代理人可以随时以单方意思表示加以确定。

(2) 被代理人取消了委托或代理人辞去委托。被代理人取消委托即代理权撤回，是本人直接终止代理权的意思表示。授权行为如果是向第三人表示的，被代理人取消委托的意思表示向第三人为之，或以公示方式进行。代理人辞去委托是辞去代理，是代理人放弃代理权的意思表示，该行为属于单方民事法律行为，当意思表示通知本人时生效。

(3) 代理人死亡。代理权具有严格的人身属性，不能以继承的方式转移给继承人，代理人死亡的，代理权失去承担人，当然消灭。

对于被代理人死亡能否导致委托代理权消灭，我国《民法通则》中没有规定，但自然人死亡是个事件，代理人有可能不知，或终止代理对本人不利。为保护被代理人的利益，我国《民通意见》第八十二条规定了四种例外，被代理人死亡后有下列情况之一的，委托代理人实施的代理行为有效：①代理人不知道被代理人死亡的；②被代理人的继承人均予承认的；③被代理人与代理人约定到代理事项完成时代理权终止的；④在被代理人死亡前已经进行、而在被代理人死亡后为了被代理人的继承人的利益继续完成的。

(4) 代理人丧失民事行为能力。代理人以具有相应的民事行为能力为条件，丧失民事行为能力则无法担当代理职责，代理权终止。

(5) 作为被代理人或代理人的法人终止。代理权体现了被代理人与代理人之间的内部关系，两者之中任何一方人格消灭，代理权理应终止。法人一经撤销或解散，即丧失了作为民事主体的资格，代理权随之消灭。

2. 法定代理权和指定代理权的终止

(1) 被代理人取得或恢复了民事行为能力。被代理人取得或恢复了民事行为能力的情况下，代理权自动消灭。

(2) 被代理人或代理人死亡。法定代理人和指定代理人与被代理人之间存在特殊的身份关系，具有人身属性，一旦一方死亡，代理关系终止，代理权消灭。

(3) 代理人丧失民事行为能力。

(4) 指定代理的人民法院或者指定单位取消指定。指定代理权是依据人民法院或指定单位的指定而发生，若其取消指定，则代理权消灭。

(5) 由其他原因引起的被代理人和代理人之间的监护关系消灭。主要是指监护人不履行监护职责或侵害监护人合法权益，人民法院可以依据有关机关或人员的申请，取消监护人资格，代理权因此消灭。

（三）案例62分析

代理人在代理权限内，以代理人的名义实施民事法律行为，被代理人对代理人的代理行为，承担民事责任。当被代理人死亡后，代理关系并不必然终止，代理人由于不知道被代理人死亡而为的民事法律行为仍然有效。

本案中，王某委托李某代买名贵药材，双方成立了委托代理，李某购买名贵药材的行为是民事代理行为，其行为后果应由王某承担。王某死亡后，代理人因实施代理行为所取得的后果应由被代理人的继承人受领，由此所产生的债务作为被代理人的债务，由其继承人或受遗赠人来承担。因此，王家应当出钱买下此药。

【案例思考】

1. 甲公司经销保健药品，规定每盒售价为300元，销售员按合同价5%提取奖金。销售员王某在与乙公司洽谈时提出，合同定价按公司规定办，但自己按每盒8元补贴乙公司。乙公司表示同意，遂与王某签订了订货合同，并将获得的补贴款入账。

问题：对王某的行为应如何定性？

2. 甲原籍是山区茶乡。春节期间，甲回原籍探亲，同事乙委托甲买上等茶叶10斤，并付款1000元。春节期间因无茶叶出卖，甲将情况告知乙，乙让甲转托一人在春天三月再买。在甲回城前的一天晚上，丙正好前来探望甲，于是甲便委托丙代乙买10斤上等茶叶，丙应允。甲将1000元放在信封里交给丙。丙在当晚回家途中，1000元遭别人抢劫，抢劫案未侦破。甲回城后将此事告知乙，为此引起纠纷。乙起诉到法院。①

问题：本案中，丙与乙是否为代理关系？1000元损失应由谁承担？为什么？

第三节　无权代理

一、无权代理的含义

（一）案例63简介

甲从乙处借得一本畅销的小说，阅读完后准备返还。正巧甲的表妹丙来甲家做客，见到了该书，请求甲将书赠与她。甲明确告知丙，该书是乙的，不能赠与。丙提出愿以两倍的价格购买该书。甲想了一下，觉得对乙也不亏，于是就替乙将书卖给了丙，随后把价款全部给了乙，乙表示接受。

问题：本案中甲出售乙书的行为后果应当由谁承担？

（二）相关知识点

1. 无权代理的概念

无权代理是指行为人没有代理权却以被代理人的名义进行的“代理”。该“代理”仅具备代理行为的表面特征，但欠缺代理行为实质特征，不是代理。“广义的无权代理”包括“狭义的无权代理”和“表见代理”，具体形式有以下三种：

（1）行为人自始没有代理权。行为人没有基于委托取得代理权，也不存在法定代理权和指定代理权，但其却以本人的名义与相对人进行民事法律行为。

（2）行为人超越代理权。行为人有代理权，但却超越代理权限为民事法律行为。

（3）行为人在代理权终止后的代理。代理权终止后，行为人仍旧以本人的名义从

① 陈训敬，曹艳春，冯瑞琳主编. 民法总则. 中国政法大学出版社，2010：262.

事民事法律行为。

2. 无权代理的特征

(1) 行为人所实施的民事行为，具备代理行为的表面特征。行为人在实施民事行为时，以被代理人的名义独立对相对人为意思表示，将该行为的法律后果直接归属他人。

(2) 行为人不具备代理权。可以是没有代理权、超越代理权，也可以是代理权终止。

(3) 无权代理行为经被代理人追认，可转为有权代理，能产生代理的法律效果；表见代理直接发生代理的效果。

(三) 案例63分析

无权代理是没有代理权的代理，指行为人没有代理权却以本人的名义进行的民事法律行为。无权代理行为经本人追认，可转为有权代理，能产生代理的法律效果。

本案中，甲没有经过授权，擅自以乙的名义处分乙的书，构成无权代理，对被代理人不发生效力。但乙接受卖书价款的行为表明乙行使了追认权，该无权代理转为有权代理，由乙承担代理的法律效果。

二、狭义的无权代理

(一) 案例64简介

2006年10月12日，宏达贸易公司业务员张某以宏达贸易公司的名义，与某建筑公司签订木材购销合同一份。合同约定：由宏达贸易公司提供给某建筑公司木材300立方米，货款总额为50万元，交货期限为2006年11月12日，某建筑公司预付货款10万元，其余货款于货到后7日内一次付清。2006年10月27日，某建筑公司按照张某的指示将货款10万元存入其表弟王某个体经营的某木材加工厂账户内。直至2006年11月20日，张某仍未向建筑公司供货。经多次催促，张某既不供货，也不返还预付款。因此，该建筑公司起诉至人民法院，要求宏达贸易公司退还货款并赔偿货款利息。经查，张某系宏达贸易公司的业务员，但宏达贸易公司并未授权张某与该建筑公司签订木材购销合同，且宏达贸易公司的营业执照中并无经营木材这一项目。①

问题：张某与某建筑公司签订木材购销合同的行为是否为代理行为？某建筑公司的损失由谁承担责任？

(二) 相关知识点

1. 狭义的无权代理的概念及构成要件

狭义的无权代理是指行为人既没有代理权，也没有使相对人相信其有代理权的表面特征，而以本人的名义所为的代理。其构成要件是：

---

① 翟新辉主编. 民法学总论. 中国政法大学出版社，2010：196.

（1）行为人没有法定或意定的代理权，也没有使相对人相信其有代理权的表面特征。

（2）行为人以被代理人的名义实施行为。该要件要求无权代理行为具备代理的表面特征。

（3）相对人是善意的且无过失。

（4）行为人与相对人都具有相应的民事行为能力。

（5）行为人与相对人所为的行为不是违法行为。

2. 狭义无权代理的法律效果

我国《民法通则》第六十六条第一款规定："没有代理权、超越代理权或者代理权终止后的行为，只有经过被代理人的追认，被代理人才承担民事责任。未经追认的行为，由行为人承担民事责任。本人知道他人以本人名义实施民事行为而不作否认表示的，视为同意。"可见，狭义无权代理并不当然地无效，而是处于效力不确定状态。为了使这种效力待定的民事行为发生效力或不发生效力，民法确定了被代理人享有追认权，相对人享有撤销权。

（1）本人与相对人之间的法律关系。①本人的追认权和拒绝权。无权代理行为只有经过本人的追认才对本人发生法律效力。追认是本人事后承认无权代理行为的意思表示。其特征是：第一，追认属于一种单方行为，追认的形式多样，可以明示也可以默示，可以向行为人为之，也可以向相对人为之，还可以公告为之；第二，追认使无权代理行为自始发生有权代理的效力；第三，本人应当在相对人行使撤回权之前行使追认权，否则不发生法律效力；第四，追认应当是概括的，不能只追认权利，不追认义务；第五，对于多项无权代理行为，本人可以追认其中的一项或数项。对于无权代理行为，本人可以拒绝。拒绝也属于单方行为，只需本人单方的意思表示即可生效。关于拒绝权的行使方式，依照我国《民法通则》的规定，需以明示方式作出，默示则视为追认。但我国《合同法》第四十八条第二款却作出了相反的规定："……相对人可以催告被代理人在1个月内予以追认。被代理人未作表示的，视为拒绝追认。……"如果狭义无权代理为订立合同的，应当适用我国《合同法》的规定，除此之外适用我国《民法通则》的规定。无权代理行为被拒绝后，对被代理人自始不发生法律效力，其效果由行为人自己承受。②相对人的催告权和撤销权。无权代理行为，在被代理人追认前，效力不确定，为了维护善意相对人的利益，法律赋予相对人催告权和撤销权。催告权，是指相对人请求本人于确定的期限内作出追认或拒绝的权利；撤销权，是指相对人以其意思表示确认无权代理行为无效的权利。催告权和撤销权都为形成权，只需相对人一方意思表示即可生效。撤销应当以通知的方式作出。撤销权的主体只能是善意相对人，若是相对人存在恶意，则不得撤销。

（2）无权代理人与相对人之间的法律关系。该关系主要是处理无权代理人与相对人的损害赔偿责任。为了保护交易安全，维护善意相对人的利益，在一定条件下，无权代理人应当对相对人承担责任，这些条件是：第一，无权代理人具有相应的民事行为能力，否则行为无效；第二，本人未追认或拒绝追认，或者相对人行使撤销权；第三，无权代理行为为合法行为；第四，相对人是善意且无过失，相对人知道行为人没有代理权、超越代理权或者代理权已终止还与行为人实施民事行为给他人造成损害的，由相对人和行为人负连带责任。

（3）无权代理人与本人之间的关系。行为人的无权代理行为如果符合无因管理的法律要件，则本人与无权代理人之间形成无因管理之债；反之，给本人造成损害的，在本人与无权代理人之间发生损害赔偿之债。

（三）案例64分析

狭义的无权代理是指行为人既没有代理权，也没有使相对人相信其有代理权的表面特征，而以本人的名义所为的代理。狭义无权代理的被代理人享有追认权，经追认，代理行为才对被代理人发生法律效力。

本案中，张某以宏达贸易公司的名义与某建筑公司签订木材购销合同，属于其权限范围之外的事项，为无权代理。由于张某让某建筑公司将预付款汇入其表弟经营的木材加工厂账户内而不是该贸易公司账户，对于该建筑公司而言，并无充分理由相信张某有代理权。因此，张某的行为属于狭义的无权代理，其所属贸易公司事后并未追认，应当由张某自己承担相应的责任，即由张某返还10万元预收款及其利息。

三、表见代理

（一）案例65简介

甲公司经常派业务员乙与丙公司订立合同。乙调离后，又持盖有甲公司公章的合同书与尚不知其已调离的丙公司订立一份合同，并按照通常做法提走货款，后逃匿。对此甲公司并不知情。丙公司要求甲公司履行合同，甲公司认为该合同与己无关，予以拒绝。

问题：甲公司是否应当履行合同?

（二）相关知识点

1．表见代理的概念

表见代理是指本属于无权代理，但因本人与无权代理人之间的关系，具有授予代理权的外观（即外表授权），致相对人信其有代理权而与其为法律行为，法律使其发生与有权代理同样的法律后果。[①] 在表见代理中，代理权有欠缺，但行为人或被代理人的行为，造成表面上使他人相信有代理权，为了保护交易安全，法律倾向于保护善意相对人的信赖利益，使表见代理发生有权代理之效果，即由本人承担代理行为的效果。我国《合同法》第四十九条规定：行为人没有代理权、超越代理权或者代理权终止后以被代理人名义订立合同，相对人有理由相信行为人有代理权的，该代理行为有效。此即表见代理发生有效代理效果的法律依据。

① 梁慧星.民法总论.法律出版社，2001：259.

2. 表见代理的构成要件

表见代理除了具备代理的一般要件和民事法律行为成立的有效要件外，还具备其特别的法律要件：

（1）以本人名义为民事法律行为。行为人没有代理权，但应当以本人的名义实施意思表示或受领意思表示。若行为人不以本人名义为民事法律行为，纵有为本人计算的意思，也不能成立表见代理，只能适用无因管理或隐名代理的规定。可见，表见代理只适用于直接代理。

（2）行为人无代理权。表见代理属于广义的无权代理，行为人没有代理权。行为人若有代理权，则属于有权代理，即使代理权有瑕疵，也只能适用狭义无权代理的规定，与表见代理无关。

（3）须有使相对人信其有代理权的表征。这一要件是表见代理与狭义无权代理最大的区别，也是表见代理发生有权代理法律效果的根本理由。其是以行为人与本人之间存在某种事实上或法律上的联系为基础的，这种联系是否存在或是否足以使相对人相信行为人有代理权，应依一般交易情况而定。如果行为人持有本人发出的证明文件、行为人与本人有亲属关系或雇佣关系等，依据相关法律的规定，相对人对此应当负举证责任。

（4）须相对人为善意且无过失。这是表见代理成立的主观要件，即相对人在与行为人实施民事法律行为时，不知且不应知道其无代理权。如果相对人有过失，则不能适用表见代理；若相对人明知行为人无代理权还要与之为民事法律行为，则与相对人一起对本人负连带赔偿责任。

3. 表见代理的效力

（1）发生有权代理的效果。即在相对人与本人之间产生民事法律关系，本人应受表见代理人与相对人之间实施的民事法律行为的约束，享有该行为设定的权利并履行该行为约定的义务。

（2）相对人有选择权。表见代理设立的宗旨在于保护善意相对人的利益，因此，相对人对于表见代理享有选择权，既可以主张狭义无权代理，行使撤销权；亦可主张表见代理，接受与本人的民事法律行为所确定的权利义务关系。

（3）本人不得拒绝，也不得抗辩。表见代理直接发生有权代理的后果，该后果直接归属于被代理人。本人不得以无权代理进行抗辩，不得以行为人具有故意或过失为理由而拒绝接受表见代理的后果，也不得以没有过失作为抗辩。

（三）案例65分析

表见代理属于无权代理，代理人没有代理权，但有使相对人信其有代理权的表征。为了保护交易安全和善意相对人的利益，法律规定表见代理发生有权代理的效果，即由本人承担代理行为的后果。表见代理的构成要件有：以本人名义为民事法律行为；行为人无代理权；须有使相对人信其有代理权的表征；须相对人为善意且无过失。

本案中，乙没有代理权，却持盖有甲公司公章的合同书与尚不知其已调离的丙公司订立一份合同，该行为符合表见代理的构成要件，被代理人甲公司应当承担行为的后果，履行合同，不得拒绝。

【案例思考】

1. 张三初到 A 市，朋友李四借给他自己的一部手机让其暂时使用。期间，张三接听了王五打来的电话。王五欲向李四订购一批货物，请张三转告，张三应允。随后张三感到有利可图，没有向李四转告订购之事，而是自己低价购进了王五所需货物，以李四的名义交货并收取了王五货款。

问题：张三以李四的名义所为的行为是否属于代理行为？

2. 甲经营服装，当其正向乙出售一件价值 1000 元的上衣时，内急需上厕所，遂嘱咐前来看望他的朋友丙，帮她看一下店。甲出去后，乙提出要赶飞机，不能久待，要求丙尽快将上衣卖给他，丙提出要等待甲回来。后丙见乙要走，于是答应替甲出售该上衣。双方经过协商以 800 元的价格出售给乙。甲回来后，得知上衣以 800 元的价格出售，觉得卖亏了，立即追到乙要求退款并返还上衣。乙以构成表见代理为由予以拒绝，双方为此发生争议。

问题：丙出售上衣的行为是否构成表见代理？

第九章 CHAPTER 9

诉讼时效、除斥期间和期限

第一节 诉讼时效

一、诉讼时效概述

（一）案例66简介

2000年1月1日，甲向乙借款1万元，期限1年。还款期限届满后，甲未还钱，乙碍于友情关系，也未要求甲清偿。2005年1月1日，甲主动向乙还钱。同年1月10日，甲以诉讼时效已过为由要求乙返还财产，乙拒绝。于是，甲诉至法院。

问题：该案中乙的权利是否会受到诉讼时效的限制而无法得到保护？为什么？

（二）相关知识点

1. 诉讼时效的概念

时效作为一项重要的民事法律制度，起源于古罗马的《十二铜表法》。① 它是时间在法律上产生的效力，指一定的事实状态经过一定的时间即产生一定民事法律后果的制度。时效制度包括取得时效和消灭时效两种类型。取得时效指民事主体自主、和平、公开且善意地占有他人财产满法定时间即依法取得该项财产权的法律制度。德国、日本和我国台湾地区民法都规定了取得时效制度。② 例如，《日本民法典》一百九十二条规定，平衡且公然开始占有动产的人，为善意且无过失时，即时取得在其动产上行使的权利。但我国沿袭前苏联社会主义国家立法例，未设立取得时效制度，仅规定了消

① 张玉敏. 民法. 高等教育出版社，2007：144.

② 李锡鹤. 民法原理论稿. 法律出版社，2009：652.

灭时效制度。在我国立法中，消灭时效被称为诉讼时效。

诉讼时效指权利人在一定期限内不行使权利，即丧失请求人民法院依法保护其民事权利的时效制度。我国《民法通则》第七章专门规定了诉讼时效制度。

2. 诉讼时效的特征

(1) 诉讼时效是一种法律事实。诉讼时效期间届满会引发一定的民事法律后果，导致民事主体权利减损。例如，最高人民法院《关于适用〈中华人民共和国民事诉讼法〉若干问题的意见》第一百五十三条规定，当事人超过诉讼时效期间起诉的，人民法院应予受理。受理后查明无中止、中断、延长事由的，判决驳回其诉讼请求。在我国，诉讼时效经过会引发民事主体胜诉权的消灭。可见，诉讼时效是民事法律关系变动的根据，属于民事法律事实范畴。

(2) 诉讼时效属于事件。民事法律事实有行为和事件之分。诉讼时效作为一种法定期间，与民事主体的意志无关，属于法律事实中的事件。①

(3) 诉讼时效具有强制性。诉讼时效规定属于民法中的强行性法律规范。民事主体不得变更诉讼时效期间、排除诉讼时效适用，预先抛弃诉讼时效利益。例如，最高人民法院《关于审理民事条件适用诉讼时效制度若干问题的规定》第二条规定，当事人违反法律规定，约定延长或者缩短诉讼时效期间、预先放弃诉讼时效利益的，人民法院不予认可。但作为一种权利，法律并不禁止民事主体事后放弃诉讼时效利益。

3. 诉讼时效的意义

诉讼时效制度具有重要意义。德国债法的官方解释认为，时效旨在保持法律活动安全及保持权利和平、避免争议。② 通说认为，诉讼时效具有三方面意义：

(1) 稳定法律秩序。诉讼时效制度的设置之目的，在于尊重和维护业已继续一定时间的事实状态引发的社会信赖，即在于社会秩序的维持与稳定。一般而言，无论民事主体是否行使民事权利，民事权利都不会也不应当自行消灭。但是，权利人长期怠于行使民事权利，义务人长期不履行民事义务，这会使当事人民事法律关系长期处于不确定的状态，导致当事人之间法律关系的事实状态与社会公众通过权利外观信赖的法律关系不一致。同时，人们不免在现存权利义务关系的基础上发生其他权利义务关系。如果允许原权利人行使权利，推翻已经稳定的各种民事法律关系，必会破坏正常的社会经济秩序和影响正常交易的安全。诉讼时效制度适应现实的需要，否认旧的法律关系，确认长期存在的事实状态合法化，从而实现维护社会法律秩序稳定的目的。

(2) 督促当事人及时行使权利。法谚云，法律不保护躺在权利上睡眠的人。时效制度的本质，就是要求权利人在法定时效期间内主张权利，否则就要丧失其权利。③ 也就是说，如果民事主体不及时行使权利，诉讼时效期间经过，义务人就可以不再履行义务。如此一来，就会促使民事主体在法定期限内及时行使权利，以维护自己的权利。长此以往，诉讼时效制度就会促进民事活动的流转和推动社会经济的发展。因此，诉

---

① 李秀平.民法学简明教程.中国法制出版社，2008：185.

② 德国新债法条文及官方解释.朱岩译.法律出版社，2003：13.

③ 汪渊智.民法.法律出版社，2006：182.

讼时效设置之目的不在于惩罚权利人不主张权利而在于督促当事人及时实现权利。

（3）方便举证。如果民事主体长时间不行使权利，因年深日久可能会导致证据丧失。因此，实行诉讼时效制度，督促民事主体及时行使权利，有利于当事人举证和法院查清案件事实，确保案件得到公平审理。同时，如果诉讼时效届满，法院可直接依据诉讼时效制度规定驳回原权利人的诉讼请求，有利于节约司法资源和提高审判效率。

4. 诉讼时效的适用范围

诉讼时效的适用范围又称诉讼时效的客体，是指哪些权利类型可以适用诉讼时效制度。各国诉讼时效制度的适用范围并非完全相同。这是因为诉讼时效的适用范围体现了各国民事立法价值取向的不同和对权利性质认识的差异。

一般而言，请求权作为诉讼时效的适用范围，异议不大。① 但是并非一切请求权均适用诉讼时效制度。虽然我国现行民事立法并未明确规定诉讼时效适用范围，但我国诉讼时效制度的适用范围主要包括以下方面：

（1）债权请求权。通说认为，债权请求权可以适用诉讼时效。例如，合同请求权、无因管理之债、不当得利之债、缔约过失责任之债，均可以适用诉讼时效。《日本民法典》第一百六十七条第一款即规定，债权因10年间不行使而消灭。

当然，债权请求权中也有不适用诉讼时效之情形。例如，最高人民法院《关于审理民事条件适用诉讼时效制度若干问题的规定》第一条规定："当事人可以对债权请求权提出诉讼时效抗辩，但对下列债权请求权提出诉讼时效抗辩的，人民法院不予支持：（一）支付存款本金及利息请求权；（二）兑付国债、金融债券以及向不特定对象发行的企业债券本息请求权；（三）基于投资关系产生的缴付出资请求权；（四）其他依法不适用诉讼时效规定的债权请求权。"

（2）侵权之债中的损害赔偿请求权。侵权请求权属于与绝对权保护相关的请求权，并非债权请求权。因此，侵权之债中除损害赔偿请求权外，不适用诉讼时效制度。例如，我国《民法通则》第一百三十四条规定的停止侵害请求权、排除妨碍请求权、消除危险请求权均不得适用诉讼时效制度。

（3）物权请求权中的返还请求权。物权请求权中的妨害除去请求权和妨害预防请求权不适用诉讼时效。返还请求权是否适用诉讼时效制度，应当区分三种情况：第一，动产返还请求权与未登记不动产返还请求权可以适用诉讼时效。② 第二，已登记的不动产返还请求权不适用诉讼时效。第三，未经授权经营的国有财产保护请求权不适用诉讼时效。这是从国家利益特殊保护的角度考虑。例如，我国《民通意见》第一百七十条规定，未授权给公民、法人经营管理的国家财产受到侵害的，不受诉讼时效期间的限制。

（4）继承请求权。继承请求权中的确认继承人资格请求权和对遗产的返还请求权也适用诉讼时效。③

① 李秀平. 民法学简明教程. 中国法制出版社，2008：185.

② 王利明. 民法（第四版）. 中国人民大学出版社，2009：173.

③ 姚辉. 民法教学参考书（上册）. 中国人民大学出版社，2005：325.

5. 诉讼时效的效力

诉讼时效的效力指诉讼时效完成后发生的法律后果。从世界各国或地区的民事立法看，诉讼时效的效力规定主要有三种类型[①]：一是实体权利消灭说。该说认为，诉讼时效经过会发生实体权消灭的后果。例如，《日本民法典》第一百六十七条规定，债权，因10年间不行使而消灭；债权或所有权以外的财产权，因20年间不行使而消灭。二是诉权消灭说。该说认为，诉讼时效完成后实体权还存在，但诉权消灭。例如，《法国民法典》第二千二百六十二条规定，一切对物之诉和对人之诉的诉权，皆经过30年而消灭。同时，前苏联民法学家对《法国民法典》的诉权消灭主义进行了改良，提出胜诉权消灭主义。三是抗辩权发生说。该说认为，诉讼时效完成后法律赋予义务人拒绝履行义务的抗辩权。例如，《德国民法典》第一百九十四条第一款规定，请求他人作为或不作为的权利（请求权）受消灭时效的限制；第二百一十四条第一款规定，消灭时效完成后，义务人有权拒绝给付。通说认为，我国《民法通则》沿袭前苏联立法例采胜诉权消灭说[②]，即我国诉讼时效的效力内容为实体诉权消灭。其具体内容如下：

（1）诉讼时效消灭胜诉权。诉讼时效完成后，权利人胜诉权消灭。也就是说，时效届满后，权利人丧失胜诉权，权利人的权利无法获得国家强制执行力的保护，沦为自然债。

（2）诉讼时效不消灭起诉权。实体诉权消灭并不意味着全部诉权消灭。在我国，诉讼时效经过的效力并不及于起诉权，也就是说，起诉权不受诉讼时效的影响。

（3）诉讼时效不消灭实体权。实体诉权消灭意味着消灭的仅仅是胜诉权，实体权利并未消灭。出于对民法私法自治原则和诚实信用原则的尊重，如果义务人放弃时效利益，自愿清偿债务，权利人有受领权且不构成不当得利。因此，权利人受领后，义务人以时效已过为由反悔主张权利人返还财产的，我国法院不予支持。例如，《民法通则》第一百三十八条规定，超过诉讼时效期间，当事人自愿履行的，不受诉讼时效的限制。

（4）诉讼时效的效力及于从权利。根据法理，从权利随主权利的变动而变化。一般而言，主权利因诉讼时效经过而不受法律保护的，从权利也随之丧失法律保护。但是，担保物权作为主债权的从权利，具有自身的相对独立性且作为物权享有优先于债权的特殊性，不受主债权诉讼时效的影响。[③]

（三）案例66分析

诉讼时效是民事主体在一定期限内不行使权利即丧失请求法院保护的法律制度。诉讼时效具有强制性特征，不允许民事主体约定诉讼时效期间的长短或排除诉讼时效的适用。但是，时效经过后，法律允许已取得时效利益的民事主体自愿放弃时效利益。民事主体已经放弃时效利益履行义务后不得再以时效届满为由主张返还财产。

---

① 马俊驹，余延满. 民法原论. 法律出版社，2012：245.

② 梁慧星. 民法总论. 法律出版社，1996：240.

③ 史尚宽. 民法总论. 台湾正大印书馆，1980：636.

本案中，甲与乙之间形成借款合同法律关系，在这一关系中，甲是借款人，乙是出借人。2000年12月31日，合同履行期限届至，甲未履行还款义务。本合同的诉讼时效期间为2年，自2001年1月1日始至2002年12月31日止。诉讼时效期间，由于一直未主张权利，乙虽享有实体权利但已经丧失了胜诉权，甲可以不再履行还款义务。2005年甲自动清偿借款，属于放弃诉讼时效利益行为。既然已经放弃时效利益，2005年1月10日，甲以时效经过为由反悔主张返还已归还的欠款就无法得到法律支持。所以，乙的权利不会因诉讼时效问题而无法得到保护。

二、诉讼时效的中止、中断和延长

（一）案例67简介

甲出售一批奶牛给乙，双方约定，甲于1999年11月4日在其养牛场向乙交付奶牛，乙于1个月后向甲付款。1个月后，乙没有付款，而甲也忙于其他事务无暇顾及。2001年7月4日，甲因车祸受伤成了植物人，因对由谁担任其监护人发生争议，迟至2001年8月4日才确定了由丙担任甲的监护人。2002年2月3日，丙清理甲的财产时，发现尚有乙的欠款没有追回，遂向乙主张权利，因乙认为该债务诉讼时效期间已过不愿偿还而发生纠纷。[①]

问题：该案中甲对乙的付款请求权是否超过诉讼时效期间？为什么？

（二）相关知识点

1. 诉讼时效期间

诉讼时效期间指法律保护民事权利的法定期间。也就是说，在诉讼时效期间内，民事主体有权依法请求法院保护其民事权利。如果超出该期限，民事权利无法得到救济，丧失了国家强制力保护的可能性。诉讼时效期间有以下特征[②]：

（1）法定性。诉讼时效期间属于法定期间，由法律直接规定而不得由当事人协商约定。

（2）可变性。诉讼时效期间属于可变期间，符合法定事由时，可以中止、中断或延长。

（3）强制性。诉讼时效期间的强制性意味着民事主体不得排除诉讼时效制度的适用，也不得通过协议延长或缩短诉讼时效期间。

2. 诉讼时效的中止

（1）诉讼时效中止的概念。诉讼时效的中止指在诉讼时效进行中，因发生法定事由使权利人无法行使请求权，暂时停止计算诉讼时效期间，待中止事由消失后继续进行诉讼时效期间的计算。[③]

---

① 李仁玉，陈敦. 民法教学案例. 法律出版社，2004：64.

② 王利明. 民法（第四版）. 中国人民大学出版社，2009：173.

③ 汪渊智. 民法. 法律出版社，2006：185.

（2）诉讼时效中止的原因。诉讼时效中止的原因是一种法定事由，主要有以下几个方面：

第一，不可抗力。指不能预见、不能避免并不能克服的客观情况。例如，地震、瘟疫、暴乱等天灾人祸。

第二，其他障碍。根据我国《民法通则》第一百七十二条的规定及通说，其他障碍包括：一是法定代理人未确定或丧失民事行为能力。例如，《民通意见》第一百七十二条规定，在诉讼时效期间的最后6个月内，权利被侵害的无民事行为能力人、限制民事行为能力人没有法定代理人，或者法定代理人死亡、丧失代理权，或者法定代理人本人丧失行为能力的，可以认定为因其他障碍不能行使请求权，适用诉讼时效中止。二是继承开始后未确定继承人或者遗产管理人。三是权利人被义务人或者其他人控制无法主张权利。四是其他导致权利人不能主张权利的客观情形。

（3）诉讼时效中止的发生期间。诉讼时效中止的法定事由应发生于特定时间段内。[①] 我国法律规定诉讼时效中止发生在诉讼时效期间的最后6个月内，或法定事由虽发生于6个月前但延续至最后6个月内。

（4）诉讼时效中止的适用范围。诉讼时效中止制度适用于最长诉讼时效期间以外的其他诉讼时效期间。

（5）诉讼时效中止的法律效果。一是法定事由发生前已经过的诉讼时效期间仍为有效。二是法定事由经过的期间为诉讼时效中止期间，该期间不算入诉讼时效期间。三是法定事由消除后，继续以前计算的诉讼时效期间至完成为止。

3.诉讼时效的中断

（1）诉讼时效中断的概念。诉讼时效中断是指在诉讼时效进行中，因发生法定事由致使已经经过的诉讼时效期间归于无效，自中断事由消除后重新计算诉讼时效期间。

（2）诉讼时效中断的原因。诉讼时效中断的原因是一种法定事由。我国诉讼时效中止的原因包括以下内容：

第一，诉讼或仲裁。诉讼或仲裁指民事主体向法院提起诉讼或向仲裁机关申请仲裁保护其民事权利的行为。该方式为最有力的中断诉讼时效的原因。民事主体如果申请执行生效的法律文书，例如判决书、裁定书或调解协议书等，或者向调解委员会等组织主张权利保护的请求时，同样会产生中断诉讼时效的法律效果。当然，当事人撤诉或被驳回起诉的，不会发生诉讼时效中断的效力。

第二，请求。请求指权利人要求义务人履行义务的意思表示。权利人提出请求，表明权利人未放弃权利，同时消除了权利未行使的状态，诉讼时效应当因此而中断。我国民法并未规定请求的行使方式，实践中口头或书面等能达到请求效果的方式均可。关于请求的相对人问题，并不以义务人为限，权利人可以向主债务的保证人、义务人的代理人及财产代管人提出请求。同样，权利人可以自己提出请求，也可以通过代理人提出，都会发生诉讼时效中断的法律效果。

第三，同意。同意指义务人向权利人作出同意履行义务的意思表示。义务人的同

---

① 杨立新.民法总论.高等教育出版社,2007:266.

意表明义务人承认了权利人的权利，民事主体之间的民事法律关系归于稳定与清晰，原诉讼时效无继续进行的必要，故发生诉讼时效中断。关于同意的方式，法律未有限制性规定，应当认为口头或书面、明示或默示均可。同意意思的表示人应当为义务人本人，当然代理人在义务人授权范围内代为同意的，同样发生诉讼时效中断的法律效果。义务人应当向权利人或权利人的代理人作出同意的意思表示。如果义务人对其他第三人作出认诺，不会产生诉讼时效中断的效力。

(3) 诉讼时效中断的法律效果。诉讼时效中断的事由发生后，已经过的时效期间归于无效，中断事由存续期间，时效不进行；中断事由终止时，重新计算时效期间。那么，如何认定中断事由的终止呢？司法实务中，根据中断事由的性质而作区别对待：第一，请求或同意方式中断诉讼时效的。如果采对话通知方式，应以对方当事人知悉时为事由终止；如果采非对话通知方式，应以通知到达相对人时为事由终止。当然，诉讼时效可以多次中断。第二，诉讼或仲裁方式中断诉讼时效的。诉讼或仲裁终结时为事由终止。权利人申请执行程序的，执行程序完毕为事由终止。第三，调解方式中断时效的。调解失败的，以失败之时为事由终止；调解成功而达成合同的，以合同所定的履行期限届满之时为事由终止。

(4) 诉讼时效中断的适用范围。除最长诉讼时效期间外，诉讼时效期间均可适用诉讼时效中断。

4. 诉讼时效的延长

一般情况下，诉讼时效期间经过，权利人未行使权利，胜诉权消灭。但人民法院可以斟酌实际情况，延长诉讼时效期间。诉讼时效的延长适用于所有类型的诉讼时效期间。

（三）案例 67 分析

诉讼时效属于民事法律关系变动的原因。诉讼时效期间经过，民事主体的胜诉权消灭。诉讼时效中止制度能够暂时阻却诉讼时效期间的完成，消除客观障碍对权利人的不利影响，维护权利人的合法权利。

本案中，甲因车祸受伤成了植物人事件构成了诉讼时效中止的其他障碍。该障碍发生于诉讼时效进行的最后 6 个月内，故发生诉讼时效中止的效力。也就是说，从 2001 年 7 月 4 日至 2001 年 8 月 4 日这一诉讼时效进行中的期间不计算在诉讼时效期间内。诉讼时效期间从 2001 年 8 月 4 日起继续计算，至 2002 年 3 月 3 日届满。甲的监护人丙于 2002 年 2 月 3 日主张权利，还在诉讼时效期间内。所以，本案中甲对乙的付款请求权未超过诉讼时效期间。

【案例思考】

1. 2000 年 1 月 1 日，甲遭他人故意伤害致残。2004 年 1 月 1 日，公安机关侦破此案，抓获凶手乙。同年 2 月 1 日甲提起诉讼，要求乙赔偿损害，法院判决乙赔偿给甲各种费用 5 万元。2008 年 8 月 8 日，甲再次昏倒，被诊断为“外伤性癫病”。于是，甲再次起诉乙要求赔偿损害。乙则以诉讼时效已过为由拒绝赔偿。

问题：甲的损害赔偿请求权是否超过诉讼时效？为什么？

2. 张甲和张乙系同胞兄弟，张甲于1986年到外地工作，其父母与张乙一起生活。1993年、1994年张甲的父母相继去世。父母去世后，张乙将父母的10万元存款独自占有。1997年7月，张甲知道其父母有10万元存款后，向其弟张乙提出这笔遗产由兄弟两人继承的要求，但其弟张乙不同意。后张甲又多次向张乙提出分割遗产的要求，均因张乙不同意而未达成协议。2000年4月，张甲再次向张乙提出合情合理解决父母遗产的要求。但张乙置之不理。张甲无奈，于2001年8月向法院起诉，要求继承父母遗产。张乙以张甲请求超过诉讼时效期间为由拒绝答辩。①

问题：张甲的遗产继承权是否因诉讼时效经过而无效？为什么？

第二节 除斥期间

一、除斥期间的含义

（一）案例68简介

2000年1月1日，甲在乙商场闲逛。乙商场正在促销某品牌果酱机，该商场营销员告诉甲该机器有1000种功能。于是，甲欣然购买一台。回家使用后，发现只有一种功能。虽然甲非常生气，但因工作繁忙，未去找乙商场理论。2001年5月1日，甲家旧果酱机坏了。甲拿出去年所买的果酱机使用，但因功能不全无法达到甲家的使用效果。次日，甲找乙商场交涉，乙商场承认只有一种功能。甲要求撤销与乙商场之间的合同。

问题：甲的主张是否超过除斥期间？为什么？

（二）相关知识点

1. 除斥期间的概念

除斥期间是指法律规定某种民事权利存续的期间。在该期间内，权利人怠于行使权利时会导致该民事权利消灭。例如，我国《继承法》第二十五条第二款规定，受遗赠人应当在知道受遗赠后两个月内，作出接受或者放弃受遗赠的表示。到期没有表示的，视为放弃受遗赠。我国《合同法》第七十五条规定，撤销权自债权人知道或者应当知道撤销事由之日起一年内行使。自债务人的行为发生之日起五年内没有行使撤销权的，该撤销权消灭。除斥期间的制度价值在于，督促民事主体及时行使权利，尽快结束当事人法律利益的不确定状态，稳定民事法律关系。

2. 除斥期间的特征

（1）除斥期间为不变期间。一般来讲，除斥期间为固定期间，不因任何事由而中止、中断或者延长。如果权利人欲保全自己的权利，应当在除斥期间内行使权利方可

---

① 李仁玉，陈敦．民法教学案例．法律出版社，2004：66．

发生法律效力。

（2）除斥期间是权利存续期间。也就是说，除斥期间完成，权利人的实体权利消灭。例如，民事主体在除斥期间内未行使追认权、撤销权、解除权等形成权，除斥期间经过后将会丧失这些权利。

（3）除斥期间有法定期间和约定期间之分。[①] 法定除斥期间指法律明文规定的期间。法定除斥期间排除当事人的意思自治。约定除斥期间指民事主体双方协商约定的期间或单方设立的期间。例如，我国《合同法》第九十五条规定，法律规定或者当事人约定解除权行使期限，期限届满当事人不行使的，该权利消灭。法律没有规定或者当事人没有约定解除权行使期限，经对方催告后在合理期限内不行使的，该权利消灭。

（4）除斥期间自实体权利成立之时起算。除法律有特别规定外，除斥期间的起算点为权利成立之日。

（5）除斥期间适用法官职权主义。除斥期间经过后，无论民事主体是否提出权利消灭主张，法院都可以依职权援引除斥期间规定处理纠纷。因此，民事主体不能排除适用除斥期间的期间利益。[②]

3. 除斥期间的适用范围

通说认为，除斥期间适用于形成权。我国关于除斥期间的立法规定主要有：第一，我国《民通意见》第七十三条第二款规定，可撤销或可变更民事行为的撤销或变更权，自行为成立之日超过一年而消灭。第二，我国《合同法》第五十五条规定，对可撤销合同，具有撤销权的当事人自知道或者应当知道撤销事由之日起一年内没有行使撤销权，撤销权消灭。第三，我国《合同法》第四十七条第二款规定，合同相对人催告后，法定代理人追认权的行使期限为一个月。第四，我国《合同法》第四十八条第二款规定，合同相对人催告后，被代理人追认权行使期限为一个月。第五，我国《合同法》第七十五条规定，撤销权自债权人知道或者应当知道撤销事由之日起一年内行使。自债务人的行为发生之日起五年内没有行使撤销权的，该撤销权消灭。第六，我国《合同法》第九十五条规定，法律规定或者当事人约定解除权行使期限，期限届满当事人不行使的，该权利消灭。其中，法律规定的期限，为法定除斥期间；当事人约定的期限，为约定除斥期间。第七，我国《合同法》第一百零四条第二款规定，债权人领取提存物的权利为五年期限。第八，我国《合同法》第一百五十八条第二款规定，买受人对标的物的异议权期限为二年。第九，我国《合同法》第一百九十二条规定，赠与人撤销权行使期限为一年。第十，我国《合同法》第一百九十三条第二款规定，赠与人的继承人或法定代理人撤销权行使期限为六个月。第十一，我国《继承法》第二十五条第二款规定，受遗赠人接受遗赠权利的行使期限为二个月。第十二，最高人民法院《关于贯彻执行民事政策法律若干问题的意见》第五十八条规定，房屋典权关系中典期确定的出典人回赎权行使期限为十年，自典期到达之日起算；未载明典期的出典

① 有学者认为，除斥期间为法定期间。该观点参见杨立新.民法总论.高等教育出版社，2007：270.另见王利明等.民法学（第二版）.法律出版社，2010：161.笔者不赞同该观点。

② 李建华等.民法总论.科学出版社，2007：227.

人回赎权行使期限为三十年，自典权关系成立之日起算，等等。当然，并非所有的形成权都适用除斥期间的规定。例如，合同相对人行使催告权的期间、选择权人行使选择权的期间等。①

（三）案例68分析

撤销权性质上属于形成权，是单方当事人意思即能变动民事法律关系的民事权利。它是赋予权利人在出现法定事由时救济自身利益的权利。出于衡平社会公共利益的需要，撤销权需要在除斥期间内行使方为有效。根据法律规定，撤销权的行使期限为一年，自权利人知道或应当知道之日起计算。否则，期限完成，实体权利消灭。

本案中，商场虚构产品功能欺骗消费者，已经构成欺诈行为。甲正是在商场的恶意欺诈下才购买了产品，故甲有权撤销该合同。但甲在购买后即查知了该产品功能之不足，却在购买行为发生一年后即除斥期间已完成情形下主张撤销权，已经丧失了实体权利，无法撤销该合同。所以，甲的主张已经超过除斥期间。

二、除斥期间与诉讼时效的区别

（一）案例69简介

2000年1月1日，甲去商场买钻石。该商场正在促销南非进口的天然钻石，10万元一颗。甲听信宣传后购买一颗。第二天，经鉴定机构鉴定该钻石为国产人造钻石，实际价值为100元。2001年10月1日，甲欲将商场起诉至法院，要求商场承担违约责任并撤销该合同。

问题：甲应当如何主张自己的权利才能得到法律的保护？为什么？

（二）相关知识点

除斥期间与诉讼时效作为时间因素，均属于民事法律事实中的事件，都以督促权利人及时行使权利和稳定社会法律秩序为目的，有很多共同之处。但二者也存在诸多差异②：

第一，立法精神不同。除斥期间与诉讼时效分别维护不同的社会秩序。除斥期间旨在维持已经存在的旧法律关系。诉讼时效制度则是为了维护与原法律关系相对立的新的法律关系。

第二，适用范围不同。一般情况下，除斥期间的适用范围为形成权，而诉讼时效的适用范围为请求权。

第三，期间性质不同。一般情况下，除斥期间属不变期间，不能中止、中断和延长，且期间较短。诉讼时效为可变期间，可以中止、中断和延长，且期间较长。

---

① 魏振瀛．民法(第三版)．北京大学出版社，2007：198．王泽鉴．民法总则(增订版)．中国人民大学出版社，2001：518．但学界对此有不同观点，具体见李秀平．民法学简明教程．中国法制出版社，2008：192．

② 李秀平．民法学简明教程．中国法制出版社，2008：192．

第四，期间计算不同。一般情况下，除斥期间自民事权利成立之日起算。诉讼时效自权利人知道或应当知道之日起算。

第五，法律效力不同。一般情况下，除斥期间届满，实体权利本身消灭。而诉讼时效的效力因各国立法取向不同而有所差异，多数国家采诉权消灭主义或抗辩权发生主义。例如，我国《民法通则》第一百三十八条规定，超过诉讼时效期间，当事人自愿履行的，不受诉讼时效限制。这表明我国实行胜诉权消灭主义。

（三）案例69分析

除斥期间与诉讼时效作为重要的民事法律事实，均为民事法律关系变动的根据。但是，二者作为不同的民事法律制度，适用条件不同，法律后果也有差异。除斥期间为固定期间，时间较短，期间经过后形成权消灭。诉讼时效为可变期间，期间较长，期间经过后胜诉权消灭。

本案中，甲因听信乙商场的欺诈宣传而购买商品，二者形成了可撤销合同关系。甲方作为受害人享有撤销权。撤销权的行使期限为除斥期间。根据法律规定，该除斥期间为一年时间，自权利人知道或应当知道之日起算。甲经过一年后才提起撤销权之诉，除斥期间已经完成，撤销权消灭，该合同已经成为有效合同。但是，虽然合同有效，乙商场出卖不合乎约定要求的商品的行为仍构成违约。甲方有权在法定时间内追究乙商场的违约责任。该法定时间即为诉讼时效期间。根据法律规定，该诉讼时效期间为二年，自甲知道或应当知道乙商场违约之日起算。如果甲一年后提起违约之诉，未超过诉讼时效。所以，该案中甲无法撤销该合同，但可以通过违约之诉保护自己的合法权益。

【案例思考】

1. 甲于2000年5月1日到“红蜻蜓”网吧上网，碰见熟人乙正坐在其右边上网，因甲一直认为乙对自己有成见，所以未向乙打招呼。后乙先离开网吧，两个小时后甲准备离开网吧时，发现放在电脑桌右侧的手机不见了，便怀疑是乙顺手偷走。第二天甲带了几个人到乙家中索要手机，乙称根本未见甲的手机，甲便威胁乙，如果不还手机，将与其同伙打断乙的腿。乙在甲及其同伙威逼下违心承认偷了甲的手机，并为甲写下5000元欠条作为对甲手机的赔偿款。2000年10月1日，乙认为自己被冤枉，找到甲要求甲撕毁欠条，但甲不但不撕毁还要乙还钱，乙无奈于2001年5月1日将甲起诉到法院，以受胁迫为由请求法院撤销该欠条。①

问题：乙的主张是否超过了除斥期间？为什么？

2. 2000年1月1日，甲与乙订立房屋租赁合同，甲租用乙房屋至2003年1月1日止。2002年1月1日，因乙无法清偿对丙的借款，法院依法将乙的房屋强制执行给丙。在执行中，法院告知甲对房屋享有优先购买权，甲未主张该权利。2002年5月1日，丙办理该房屋的产权登记。6月1日，丙与丁达成房屋买卖协议，丁于次日向丙交清房款。6月6日，丙将房屋过户给丁，并将情况告知甲，要求甲向丁交纳房租或迁让房

① 李建华等.民法总论.科学出版社，2007：227.

屋，甲表示异议。2003 年 6 月 7 日，甲以丙侵害其优先购买权为由，向法院起诉，请求宣布丙与丁的房屋买卖关系无效，维护其对该房屋的优先购买权。

问题：甲向丙所主张的权利是否应得到法律的保护？为什么？

第三节 期 限

一、期限概述

(一) 案例 70 简介

2006 年 1 月 1 日，甲度过了 16 岁生日。第二天，他来到当地玩具厂打工。由于工作认真，年纪尚轻的他被提拔为部门经理，工资比一般工人高。于是，他拿出部分钱帮助弟弟上学，还在城里为父母买了一套房子。2007 年工厂倒闭，甲回家后参加高考考入大学读书。2007 年 10 月，在大学读书期间，身无分文的他网购了一台笔记本电脑。由于货到后无钱付款，甲声称自己为限制行为能力人，其父母也以此为由通知出卖人撤销该合同。于是，双方发生纠纷。

问题：甲父母行使撤销权撤销合同的通知是否超过期限？为什么？

(二) 相关知识点

1. 期限的概念

期限指民事法律关系变动的时间，包括民事法律关系发生的时间、民事法律关系变更的时间和民事法律关系消灭的时间。通说认为，期限属于民事法律事实中的事件。[①]

2. 期限的分类

依照期限表现形式的不同，期限可分为期日和期间。期日指表现为某一特定的时间点的期限。期日为不可分或视为不可分之时之一点[②]，属于静态的期限。例如，甲乙双方签约时间为 2000 年 1 月 1 日。期间指表现为某一特定时间段的期限。期间为从某一时间点开始到另一特定时间点终止所经过的时间，属于动态的期限。例如，甲乙合同有效期间自 2000 年 1 月 1 日起至 2000 年 10 月 1 日止。

依据期限确定根据的不同，期限可分为法定期限、指定期限和约定期限。法定期限指法律直接规定的期限。例如，法定的诉讼时效期间、除斥期间等。指定期限指法院或仲裁机关指定的期限。例如，判决书中确定的侵权人损害赔偿时间。约定期限指民事主体自由选择约定的期限。例如，合同当事人约定的给付时间。

---

① 杨立新. 民法总论. 高等教育出版社，2007：272.

② 史尚宽. 民法总论. 中国政法大学出版社，2000：610.

3. 期限的意义[①]

(1) 确定民事主体资格和行为能力的根据。某些期限起着确定民事主体民事权利能力与民事行为能力存无的作用。例如，自然人出生之日为其民事权利能力产生的时间，智力健全之人的成年之日为其取得完全民事行为能力的时间。

(2) 法律推定的根据。某些法律制度适用时缺乏确凿事实根据，期限起着推定事实的作用。例如，宣告死亡制度中失踪人下落不明时间的推定。

(3) 民事权利的存续根据。例如，诉讼时效期间、除斥期间、所有权转移时间、著作权转让时间。

(4) 民事权利义务的履行根据。例如，出版社专有出版权期限。

(5) 法律效力的存续根据。例如，合同的有效期限，附期限的民事法律行为的期限。

（三）案例 70 分析

期限作为重要的民事法律事实，具有确定自然人民事权利能力和民事行为能力的作用。自然人的民事权利能力始于出生。自出生之日起自然人享有民事权利能力。在我国，自然人的民事行为能力按照年龄标准划分为三种类型。不同民事行为能力人的民事活动效力存在差异。基于年龄标准的僵化性，各国立法者往往设置例外规定缓和民事行为能力标准的僵化性。我国《民法通则》也作了相关规定。

本案中，甲作为自然人，自然享有民事权利能力，具备承担民事义务的资格，这点无可置疑。根据我国民事行为能力的年龄标准，甲未满 18 周岁，属于限制行为能力人。限制行为能力人超出行为能力范围进行的民事活动，其监护人父母享有追认权或撤销权。但是，我国民法关于民事行为能力标准也作了例外规定。《民法通则》规定，十六周岁以上不满十八周岁的自然人，以自己的劳动能力为主要生活来源的，视为完全民事行为能力人。甲已经年满 16 周岁，曾完全依靠打工养活自己且能接济家人生活，应当视为完全行为能力人。虽然工厂倒闭后甲失业又去读书，这并不能否认甲具备完全民事行为能力。完全民事行为能力人可以独立进行民事活动。所以，该案中合同合法有效，甲父母无权撤销合同。

二、期限的确定和计算方法

（一）案例 71 简介

甲与乙保险公司就自家房屋订立了一份农村房屋火灾保险合同，保险期间自 2000 年 1 月 1 日始至 2000 年 12 月 31 日止。在该年除夕夜时，由于不明鞭炮引发火灾，甲家房屋付之一炬。于是，甲向乙保险公司索赔。乙公司以合同期限以公历计算方法为标准，保险期间已过为由拒绝理赔。甲提起了诉讼。

问题：甲所主张的保险金赔偿请求权是否已经超过期限？为什么？

---

① 魏振瀛. 民法(第三版). 北京大学出版社，2007：206.

（二）相关知识点

1. 期限的确定[①]

（1）规定日历上的确定时间点。例如，2000 年 1 月 1 日。

（2）规定一定的时间段。例如，2000 年 1 月 1 日至 1 月 10 日。

（3）规定以某一法律事实的发生时刻为准。例如，某人出生之日。

（4）规定以民事主体要求的时间为准。例如，履行期限未约定或约定不明确的，当事人协商不成时，权利人可以随时请求义务人履行义务。权利人提出的履行时间即为义务履行的时间。同时，义务人也可以随时请求履行义务。义务人请求履行的时间即为义务履行期间。当然，权利人要求义务人履行义务时，要合乎诚实信用原则，给予当事人合理的准备期限。义务人履行义务也要受到诚实信用原则的限制，例如，无特别约定情形下义务人不得在权利人营业时间外要求履行义务。

（5）合理推定的期间。例如，要约人未规定非对话方式要约存续期间的，推定合理时间为受要约人的答复时间。

2. 期限的计算方法[②]

（1）期日的计算。期日为不可分的时间点，通常按照法律规定的或当事人约定的时间确定即可，在民法上不存在计算问题。

（2）期间的计算。期间为一定的时间段，存在计算方法问题。

期间的计算方法有自然计算法和历法计算法。我国民法兼采两种方法。自然计算法以实际的精确时间计算为准，以时、分、秒为计算单位。一天 24 小时，一周 7 天，一月 30 天，一年 365 天。历法计算法按照实际公历计算，以天为计算单位。

以时为单位计算期间的，从规定时开始经规定期间至所定时止。以日为单位计算期间的，开始之日不计入，从次日起算至期间的最后一天的 24 时止。有营业时间的算至当日停业时间为止。最后一天为节假日，以节假日后的次日为期间终止之日。以年、月为单位计算期间的，1 年以 365 天计算，1 月以 30 天计算。

关于期限的计算方法用语中，“以上”“以下”“以内”均包括本数；“不满”“以外”均不包括本数。

（三）案例 71 分析

期限是民事法律关系中民事权利义务的重要履行根据之一，因此确定期限的计算方法非常重要。期限的计算方法有自然计算法与历法计算法。自然计算法以实际时间计算，历法计算法以公历计算。各国依据本国实际采用期限的计算方式。我国兼采两种方法。

本案中，甲与乙保险公司签订的保险合同合法有效。双方当事人应当按照保险合同的内容履行合同义务。该合同中规定的保险期间为 2000 年 1 月 1 日至 2000 年 12 月

---

① 李建华等. 民法总论. 科学出版社，2007：241.

② 王泽鉴. 民法总则（增订版）. 中国人民大学出版社，2001：510.

31日，采历法计算法。根据法律规定，历法计算法以公历计算。除夕为中国传统历法节日，与公历算法不同，且根据实际时间计算，除夕日已超过2000年12月31日。所以，该案中甲所主张的保险金赔偿请求权无法得到法律的保护。

【案例思考】

1. 甲乙两人于2000年1月1日签订了借款合同，甲借给乙1000元钱，未约定借款期限和利息。一年后，乙方一直未归还借款。甲方向乙方提出还款要求，但乙方认为合同未规定还款期限，双方应当协商一致后再行还款。怯于友情关系，甲未坚持要求乙还款。2002年1月1日，甲乙同游某深山时，突遇劫匪。此时，乙提出还款要求，并将1000元现金塞入甲的包内，但被劫匪看见并抢走。下山后，甲乙就该还款事宜发生纠纷。后甲方提起诉讼。

问题：甲的还款请求权是否超过期限？为什么？

2. 2000年12月1日，甲与乙订立春联购买合同。双方约定合同金额为100万元，交货时间为自合同生效之日起1个月内。甲如逾期交付春联，每逾期一日按未给付标的物价值的万分之二向乙方支付违约金，该项违约金累计总额不得超过货款价值的5%。甲方作为出卖方于12月31日交付了春联，乙方接受给付时认为甲方逾期，要求其依照合同承担违约金责任，甲方认为本方未违约。双方发生纠纷。

问题：乙方要求甲方承担逾期违约金能否得到法律支持？为什么？

CHAPTER 10 第十章

物权概述

第一节 物权的含义

一、物权的概念与特征

（一）案例 72 简介

张三将自己的一套住房出售给李四，双方签订了房屋买卖合同，李四先交付了部分房款，双方约定等办理完房屋产权过户手续后，李四再交齐剩余房款。但由于王五出价更高且一次性付清所有房款，张三就瞒着李四又与王五签订了房屋买卖合同，并立即办理了相关房屋产权过户手续。李四听说后很生气，认为自己先签订的合同，按照先来后到的生活准则，自己应该拥有该房屋的所有权，于是强行入住。

问题：李四的入住行为是否合法？为什么？

（二）相关知识点

1. 物权的概念

对于物权的概念，世界近现代各国的民法，除《奥地利民法典》外，都未作定义性规定。这主要是因为世界民法发达国家基本上世世代代实行私有制，在这些国家私权观念深入人心，私权界限非常明确，所以根本没有必要对物权作法律上的界定。但这种情况却导致了理论界对于物权概念仁者见仁、智者见智的局面，出现了侧重点不同的多种物权定义。[①] 在我国，由于私法意识、物权观念淡薄，人们对物权含义的理解

① 有学者将这些定义归并为四大类，分别是：第一类，着重于对物的直接支配性的定义；第二类，着重于直接支配与享受利益的定义；第三类，着重于直接支配与排他性的定义；第四类，着重于直接支配、享受利益和排他性的定义。具体内容详见梁慧星，陈华彬编. 物权法（第三版）. 法律出版社，2005：12—13.

还非常模糊，所以法律明确界定物权概念显得很有必要。但由于缺少现成的法律蓝本可供借鉴，因此学者关于物权定义存在分歧就在所难免。在我国《物权法》通过之前，有关物权概念的争论也成为热点问题之一。但最终《物权法》还是吸纳了大多数人的意见，明确将物权概念定义为：权利人依法对特定物所享有的直接支配和排他的权利。包括所有权、用益物权和担保物权。这一概念对物权的主体、客体、内容、效力及种类作出了明确的规定，尤其是对物权的支配性、效力排他性的规定更是抓住了物权最基本的特点或者说是“质的规定性”，由此衍生出物权的对世性、绝对性、物权法定、公示原则等。以此为基础，物权成为与债权、知识产权、人格权等民事权利相异的一种独立权利类别。①

2. 物权的特征

（1）物权为直接支配特定物的权利。首先，物权为直接支配权。这是指权利人依据自己的意思和行为而无须借助他人的主观意志或客观行为就能对物自由地进行管领和处分的权利。这种管领和处分，“可以是事实上的管领处分，也可以是法律上的管领处分，可以是有形的客体支配，也可以是无形的价值支配，举凡对物所得实施的任何行为均属之。不过物权的种类不同，物权人对物进行支配的内容和范围是有一定差别的”②。其次，物权的客体为特定的物。物权的客体原则上只能是物，而不是行为或非物质的精神财富。但是，并非所有的物都能成为物权的客体，只有具备前文所述民法上物的特征的物才能够成为物权的客体。例外的情况是，法律特别规定作为物权客体的权利也可以成为物权的客体。同时，作为物权客体的物还必须是特定的。因为物权是一种直接支配权，如果物不特定，其归属就无法明确，就不可能对其进行“直接支配”。另外，物权作为一种民事法律关系，其“权利义务是以特定的物作为媒介而产生的，离开特定的物也就无所谓物权人的权利，也就无所谓他人的义务。因此，物权是通过特定的物而体现出来的人与人之间的一种法律关系”③。由此，作为物权客体的物必须是特定的，否则物权将无从谈起。

（2）物权为排他性权利。这是指物权是排除他人干涉的权利以及同一物上不能同时成立内容不相容的物权。这是物权在效力方面的特征。排除他人干涉，是指物权具有不容他人侵犯的性质。如果侵犯了具有排他性的物权，轻者要承担侵权责任，重者会构成侵犯财产罪。排他性的另一含义是同一物上不能同时成立内容不相容的物权，例如，在同一物上不能同时存在两个以上的所有权。但是，如果在同一物上设立两个内容相容即内容不冲突的物权，则为法律所允许，例如，同一房屋上设立多个抵押权。

（3）物权为对世权。物权的权利主体总是特定的，但其义务主体则是不特定的。权利主体是特定的权利人，而义务主体则是不特定的其他任何人。也就是说，某人对某物享有物权时，其他一切人都是义务人，其他一切人都负有对物权人行使物权不得侵害或妨碍的消极义务或容忍义务，这就是物权的对世性。即物权的权利人能够对其

① 刘保玉.物权概念二要旨:对物支配与效力排他.政治与法律,2005:5.

② 刘保玉.物权法学.中国法制出版社,2007:5.

③ 江平主编.中国物权法教程.知识产权出版社,2007:162.

他任何人主张权利，能够排斥其他任何人的干涉，其他任何人均应当尊重物权人行使其权利的意志，对物权人权利的行使负有不作为的义务。

（4）物权为绝对权。这是指物权的实现不需要义务人的积极行为给予协助，除遵守法律外，物权人完全基于自己的意思和行为就能够无条件地、绝对地实现其权利。义务人承担的只是消极的不作为义务，即容忍或不为妨碍侵害的义务。

3. 直接支配和排他性的关系、对世权和绝对权的关系

（1）直接支配和排他性的关系。对于该问题理论界观点有分歧，例如有学者认为："物权系以直接支配特定物为其内容。即言直接支配，当然得排除他人的干涉"，"在物权的定义中，标明对物为直接支配，即为足矣，无须另外标明其具有排他性"。[①] 笔者认为，二者固然有重合的地方，但"直接支配"侧重的是权利人在具体支配物时，是"直接"，是无须他人意思或行为的介入，就可以实现对物的利用或处分，体现的是权利人与物的关系。而"排他性"侧重的是权利人在直接支配物的过程中，遇到了他人干涉或者在同一物上又设定了内容不相容的物权时，能够排除他人的干涉，体现的是权利人与他人的关系。例如房屋的所有人甲无须他人的行为介入，就可以占有自己的房屋，用它来满足自己的居住需要，这体现的主要就是对物的"直接支配"。如果某一天突然乙要强行进入该房屋居住，则甲就可以凭借自己对房屋的所有权来排除乙对自己的侵害，这体现的主要就是物权的"排他性"。从这个意义上讲，"直接支配"是"排他性"的前提或基础；而"排他性"则是"直接支配"的产物和保障。既然如此，法条中明确规定直接支配和排他性并不冲突，相反是抓住了物权质的规定性，是很有必要的。因为这样规定不仅有利于准确界定物权的性质和效力，使物权和债权明确区别开来，而且对于那些严重缺乏物权意识的人，尤其是许多国家行政执法人员来说，能起到很好的警示和教育作用。例如现实生活中行政执法部门随意砸毁摆摊设点者的财物、随意没收甚至销毁黑出租摩的、随意侵入公民住宅，很大程度上就是我们的一些行政执法人员分不清公权私权的界限或者是"公权大于私权"传统观念作祟进而乱作为造成的。这些现象说到底就是缺乏物权观念、缺乏物权意识的结果。因此，物权概念中对"直接支配"和"排他性"的明确规定，从深层次上讲，也关系到我们的依法行政是否能够真正实现。正如约翰·洛克所说："没有个人物权的地方，就没有公正。"

（2）对世权和绝对权的关系。理论界许多学者都是把二者作为同一特性来阐述，但也有学者认为此两者所强调的重点是不同的：对世性强调的是权利得对一切人主张的效力范围，对应的是义务主体的广泛性和不特定性；而绝对性所侧重揭示的是权利中的利益仅凭权利人本人的意志和行为即可满足的实现方式，对应的是义务人的消极的不作为义务。[②] 笔者赞同此观点。

---

① 尽管梁慧星老师在许多场合极力主张物权定义中必须有"排他性"，但在他主编的物权法教材中却持不同观点，具体详见梁慧星，陈华彬编. 物权法(第三版). 法律出版社，2005：12—14.

② 参见刘保玉. 物权法学. 中国法制出版社，2007：5.

（三）案例72分析

物权是指权利人依法对特定物所享有的直接支配和排他的权利。物权为对世权、绝对权，物权人基于自己的意思和行为能够无条件地、绝对地实现其权利，社会上其他一切人都是义务人，都负有对物权人行使物权不得侵害或妨碍的消极义务或容忍义务。物权为排他性权利，这是指物权是排除他人干涉的权利以及同一物上不能同时成立内容不相容的物权。

本案中，对于同一套出售的房屋而言，其上不能同时成立内容不相容的两个所有权，即该房屋之上只能有一个所有权。王五与张三签订了房屋买卖合同，并办理了相关房屋产权过户手续，依据我国相关法律规定，该房屋的所有权就由张三移转给了王五。而李四尽管与张三签订合同在先，但由于未办理房屋产权过户手续，所以该房屋的所有权并未发生移转。因此，社会上其他一切人，当然包括李四在内，都负有对王五行使该房屋所有权不得侵害或妨碍的义务。所以，本案中李四的强行入住行为侵害了王五对该房屋的所有权，是不合法的。王五有权排除李四对自己行使房屋所有权的干涉，有权要求李四停止侵害并排除妨碍。

当然，李四可通过债权法律关系追究张三的违约责任，以维护自己的合法权益。

二、物权的种类

（一）案例73简介

张某和赵某是一对夫妻，2007年，两人协议离婚，但是由于赵某没有工作又没有居住场所，双方就约定赵某再婚前可以享有对两人现有房屋的居住权，任何人不得阻碍。①

问题：双方的约定是否有效？

（二）相关知识点

“对物权进行分类，不仅有助于我们清楚地了解物权体系内部的结构，而且可以帮助我们准确使用物权法的法理，处理物上权利的冲突问题。”②

1. 物权的法定种类

物权的本质属性——排他性、对世性就要求物权必须是为社会所公开知晓的权利，而通过用法律明确规定的方式告知社会就是一项比较好的选择，于是物权法定原则产生了。物权法定原则的主要内容之一，就是物权种类法定，当事人不得任意创设新的物权。基于该原则，各国民法都对物权种类作了明确规定，但由于各国传统、文化等国情存在的差异，各国法所规定的物权种类又不尽相同。依据我国《物权法》，我国物权的法定种类主要有：

① 王轶主编. 民法练习题集(第二版). 中国人民大学出版社，2008：108.

② 孙宪忠. 中国物权法原理. 法律出版社，2004：40.

（1）所有权。所谓所有权是指对自己的不动产或者动产，依法享有占有、使用、收益和处分的权利。其以主体的不同为依据，又划分为：国家所有权、集体所有权和私人所有权。

（2）用益物权。用益物权是指对他人之物在一定范围内依法享有占有、使用和收益的权利。其又分为：土地承包经营权、建设用地使用权、宅基地使用权和地役权。

（3）担保物权。担保物权是指在债务人不履行到期债务或者发生当事人约定的实现担保物权的情形，依法享有就担保财产优先受偿的权利。它又分为：抵押权、质权和留置权。

2. 物权的学理分类

（1）自物权（完全物权、无期限物权）与他物权（定限物权、有期限物权）。自物权是权利人对自己的物所享有的全面支配标的物的物权。所有权是典型的也是唯一的自物权，因此，自物权就是指所有权。他物权是指在他人所有的物上所享有的在一定范围内支配标的物的物权。所有权以外的其他物权均属于他物权。自物权是最完整的物权，权利人能够对标的物按照自己的意志进行全面的占有、使用、收益和处分。所以，自物权又称完全物权。相比之下，他物权则是不完整的物权，其仅在一定限度内对物进行某些方面的支配，权利的行使要受到一定的限制，同时这种权利一旦设定，标的物所有人所有权的行使也会受到一定的限制。所以，他物权又称定限物权。自物权通常没有预定存续期间，不因为一定时间的经过而使自物权绝对地消灭，所以自物权又称无期限物权。他物权往往具有一定的存续期间，存续期间届满，他物权消灭，所以他物权又称有期限物权。

区分自物权（完全物权、无期限物权）与他物权（定限物权、有期限物权）的意义在于：一方面，可以明确二者在权利主体、权利内容和权利存在期限等方面的不同；另一方面，可以明确他物权（定限物权、有期限物权）具有限制自物权（完全物权、无期限物权）的作用，其效力强于自物权（完全物权、无期限物权）。

（2）不动产物权、动产物权和权利物权。不动产物权是指以不动产为标的物的物权，例如不动产所有权、不动产用益物权和不动产担保物权等。动产物权是指以动产为标的物的物权，例如动产所有权、动产担保物权等。权利物权是指以权利为标的的物权，例如权利抵押权、权利质权等。

区分不动产物权、动产物权和权利物权的意义在于：可以明确这三类物权的成立与变动要件、公示方式等的不同。

（3）主物权与从物权。主物权是指能够独立存在，不从属于其他权利的物权，例如所有权、建设用地使用权等。从物权是指从属于其他权利并为所从属的权利服务的物权，例如担保物权等。

区分主物权与从物权的意义在于：主物权能够独立存在，但从物权的存在则取决于其所从属的主权利的存在，在物权的取得、变更和消灭问题上，从物权应与其所依附的主权利共命运。

（4）意定物权与法定物权。意定物权是指依当事人的意思而发生的物权，例如抵押权、质权等。法定物权是指依法律的直接规定而发生的物权，例如留置权等。

区分意定物权与法定物权的意义在于：这两种物权的成立要件及适用法律不同。

（5）登记物权与非登记物权。登记物权是指物权的设定、变更及终止都必须经过登记机关的登记才能产生相应效力的物权。一般说来，不动产物权属于登记物权。非登记物权是指物权的设定、变更及终止无须登记而只须占有标的物即可发生相应法律效力的物权。一般说来，动产物权属于非登记物权。

区分登记物权与非登记物权的意义在于：登记物权的变动依登记而发生效力，非登记物权的变动依占有标的物而发生效力。

（三）案例73分析

物权种类法定是物权法定原则的主要内容之一，物权的种类只能由法律进行明确规定，当事人不得任意创设新的物权。

本案中，张某与赵某约定了居住权，但我国《物权法》并没有规定居住权这类物权，因此双方设定的居住权就是双方任意创设的物权，是不能产生物权效力的。所以，双方的约定是无效的。

【案例思考】

张某因交通事故经村委会调解与刘某达成协议，约定张某在8月15日前给付赔偿款，否则，以其房屋作抵押。到9月29日，张某仍未履行协议。于是，村委会决定对张某的房屋采取封门的“强制措施”。刘某用钢筋将张某的房屋大门拧死，村委会主任在门上书写“请见字后在10月10日前到村委调解此事，超期此房以最低价处理”。张某务工返乡后，无法入住和使用房屋，遂将村委会诉至法院。

问题：张某的何种权利受到侵害？他可以提出哪些主张？①

第二节　物权法的基本原则

一、平等保护原则

（一）案例74简介

某地方为建立大型水库对水库所在位置的居民、工厂和企业进行征收。在征收过程中，某地方政府制定了相应的具体补偿规定，其中对公司或企业的不同性质作出了不同的规定，国有企业和集体企业的补偿标准比较高，而对私营企业的补偿标准相对较低。

问题：从物权法的角度应当如何评价该规定？②

① 房绍坤主编.民法.中国人民大学出版社，2009.211.

② 马新彦主编.中华人民共和国物权法法条精义与案例解析.中国法制出版社，2007：17.

（二）相关知识点

1. 物权法的定义及调整对象

我国《物权法》第二条第一款规定：因物的归属和利用而产生的民事关系，适用本法。本款规定不仅指出了物权法的调整对象，同时也指明了物权法的定义，即所谓物权法是指调整因物的归属和利用而产生的民事关系的法律规范的总称。物权法有广义和狭义两种，广义的物权法是指所有调整财产支配关系的法律规范，包括物权法，也包括其他法律中的相关规范；狭义的物权法仅指物权法典。

物权法是民法的重要组成部分，所以它调整的法律关系必然是民事关系（或叫民事法律关系），但并不是所有的民事关系都由物权法调整。民事关系包括财产关系和人身关系，而财产关系又包括财产的归属关系、财产的流转关系和财产的利用关系。物权法作为民法对平等主体之间的财产关系进行调整的一部重要的法律规范，主要是对财产的归属和利用关系进行调整。在这里“归属”主要是指所有权，而“利用”主要是指用益物权和担保物权。我国《物权法》法条中把“归属”和“利用”并列，体现了一种重要思想，这就是物权法不仅仅是以保护物的归属秩序为目的的法律，而且它也是一部以鼓励物尽其用为己任的法律。需要特别说明的是，这里所说的“利用”主要是指对他人所有物的使用，而不包括对自己所有物的使用，因为对自己所有物的使用已包含在所有权的权能里面。同时那种通过债权方式利用他人物的情形也不包括在此范围内。[①]

2. 平等保护原则

民法上平等原则的基本含义是主体资格平等、主体地位平等、享受权利承担义务平等、主体权利受法律保护平等。物权法上的平等保护原则实际上是民法平等原则的自然延伸。由于“商品是天生的平等派”，因而要确保商品交换的顺利进行，其前提必然是平等主体的存在，所以民事主体平等原则就成为民法上的一项最基本原则。无论是传统民法上著名的四项法律原则的确立，还是现代民法对民法原则的修正，虽历经风雨，但主体平等原则的地位却屹然牢固。[②] 它已成为人们对私法的一般理解或无须明文规定的公理性原则。按理说物权法作为民法的重要组成部分，有关物权主体平等问题完全适用民法的平等原则，因而在《物权法》中就没有必要再作规定。但是由于我国长期以来，单一的公有制和计划经济体制所造就的“国家财产神圣不可侵犯”“公大

---

① 例如通过租赁方式取得使用他人房屋的权利就不在此范围内。尽管我国有学者认为租赁权也是一种物权（此种观点见：孟勤国．如实评估用益物权，张世海．对“买卖不破租赁”及租赁权性质之思考．均载孟勤国，黄莹主编．中国物权法的理论探索．中国武汉大学出版社，2004；董学立．物权法研究．中国人民大学出版社，2007：70；张迪圣编著．100个怎么办：物权法案例讲堂．中国法制出版社，2007：4.），但依现今理论界通说，租赁权是一种债权，至多是一种物权化了的债权。尽管租赁权具备了作为物权的实质内容条件，但由于没有被法定化，所以它仍不能算作是一种物权。所以有学者慨叹：“本与地上权、永租权血脉相连、同家同祖，但在社会经济生活的法律秩序塑造中，却被逐出门外。”“其实，给租赁权以物权名分又有何不可?”见董学立．物权法研究——以静态与动态的视角．中国人民大学出版社，2007：71.

② 王连合．法人制度理论与实践若干问题的思考．载王作全主编．昆仑法学论丛(第二卷)．北京大学出版社，2005.

于私”等观念根深蒂固，国家所有权历来被置于优先保护的地位，而个人所有权却受到极大的限制甚至歧视。这一状况直接影响到广大人民群众创造财富的积极性，阻碍了社会经济的发展。甚至在我国《物权法》通过前发生的争论中，关于是否贯彻平等保护原则也成为焦点之一。这也看出，民法中的平等原则尤其是主体权利受法律保护的平等，要想真正在《物权法》中得到体现，阻力有多么大。但是，平等保护原则是社会主义市场经济体制本质和要求的体现，没有平等保护原则就不可能有社会主义市场经济，这也是民法之所以成为市场经济基本法的原因所在。因此，正如梁慧星教授所说：“《物权法》上的其他条文和制度都可以让步，唯独平等保护原则这一条绝对不能让步。”有鉴于此，我国《物权法》毅然将平等保护原则写进了法条。

平等保护原则至少有两层含义：一是保障一切市场主体（国家、集体、私人和其他权利人）平等的法律地位和发展权利；二是对不同市场主体（国家、集体、私人和其他权利人）物权的保护是平等的，禁止任何单位和个人对各类市场主体（国家、集体、私人和其他权利人）物权的侵犯。这就正式宣告了“在我国，尽管现在实行的是多种所有制经济形式并存，但多种所有制形式并无贵贱之分，物权法应当一视同仁对各类物权给予平等对待，一体保护”。[①] 在社会主义市场经济条件下，无论是国有企业、集体企业还是私营企业，都享有平等的法律地位和发展权利。由于各种所有制经济形成的市场主体都是在统一的市场上运作并发生关系，都要遵守统一的市场“游戏规则”，所以只有地位平等、权利平等了，才有公平竞争，才能形成良好的市场秩序[②]，才能形成良性的竞争环境，社会主义市场经济才有可能健康运转。对各类市场主体如果不能进行平等保护，对国有企业、集体企业的物权保护力度大，而对私营企业、个体经营者的物权保护力度偏小，就必然会严重挫伤私营企业、个体经营者的生产积极性，“无恒产者无恒心”，谁还愿意去搞经营搞创造？另外，我国《物权法》相关法条中用了“一切”“任何”的立法用语，表明了物权法的基本态度，凡是法律所认可的民事主体均应当得到保护，任何下位法律和地方性政策都不得与之冲突和矛盾，凡是与之冲突和矛盾的法律和地方性政策均没有法律效力。也就是说地方立法和行政机关不得以任何理由减损本条的适用。[③]

需特别说明的是，我国目前的法人制度中存在大量的人为制造不平等的现象，例如立法上根据企业不同的身份规定了不同的权利、义务，形成了大量的特权法律，导致了特权法人的存在。在企业的划分上我们仍习惯于按所有制来划分企业。正如江平教授所讲的，“依所有制来划分企业本身就是不平等的”，而且这种划分也造成了企业产权不明等一系列问题。还有在对待国家机关法人的问题上，国家机关法人本身具有双重的身份，即国家公权力的代表者和民事权利主体。民法上所指的机关法人显然主要是其作为民事权利主体的情形。作为民事权利主体时的国家机关在从事民事活动时，与社会其他各类组织和公民同是平等的主体，同处于平等的地位。明确这一点有很重

① 郭明瑞主编. 中华人民共和国物权法释义. 中国法制出版社，2007:12.

② 席志国，方立维. 物权法法条详解与原理阐释. 中国人民公安大学出版社，2007:27.

③ 马新彦主编. 中华人民共和国物权法法条精义与案例解析. 中国法制出版社，2007:16.

要的现实意义，由于国家机关的主要事务是从事“管理”，是公权力的代表者，因而人们往往会忽视了它的另一重身份：民事权利主体。这种忽视来自两方面：一方面是国家机关本身，他们在从事民事行为时摆不正自己的位置，拿自己国家公权力代表者的身份，试图凌驾于一般民事权利主体之上，以权压人、以权谋私、搞特殊化；另一方面是国家机关以外的其他人（包括各种法人和公民个人），他们在同国家机关进行民事活动时，往往“心甘情愿”地把自己放在被管理者的地位，对此时国家机关身份的变化熟视无睹，这在客观上也助长了某些国家机关腐败行为的发生。[①] 所有这一切也从另一个角度说明了我国《物权法》明文规定平等保护原则有多么强的现实意义！

其实平等保护原则也体现了一种法律甚至是治国理念的转变。是“国富民强”还是“民富国强”，是“大河有水，小河才不会干”还是“小河有水，大河就会满”，对这些问题不同的认识会导致不同的结果，而物权法平等保护原则的确立，则为我们的治国理念作了最好的注脚。当然，平等保护并不是说不同的所有制经济成分在国民经济中的地位和作用是相同的。公有制经济仍然是主体，国有经济仍然是国民经济中的主导力量，这与物权法上的平等保护是两码事。

（三）案例 74 分析

我国《物权法》上的平等保护原则至少有两层含义：一是保障一切市场主体（国家、集体、私人和其他权利人）的平等法律地位和发展权利；二是对不同市场主体（国家、集体、私人和其他权利人）物权的保护是平等的，禁止任何单位和个人对各类市场主体（国家、集体、私人和其他权利人）物权的侵犯。

该案例中，某地方政府的做法是对国有企业、集体企业和私营企业的物权保护进行了区别对待，违背了《物权法》一体保护即平等保护原则，打击了作为我国社会主义市场经济重要组成部分的非公有制经济，这与以公有制为主体、多种所有制经济共同发展的基本经济制度是格格不入的。在看似特别保护国家财产的背后，实际上导致经济发展遭到破坏，最终会使国家财产得不到壮大。另外，我国《物权法》相关法条中用了“一切”“任何”的立法用语，表明了《物权法》的基本态度，凡是法律所认可的民事主体均应当得到保护，任何下位法律和地方性政策不得与之冲突和矛盾，凡是与之冲突和矛盾的法律和地方性政策均没有法律效力。很显然本案中某地方政府的补充规定与《物权法》发生了冲突和矛盾，是没有法律效力的。

二、物权法定原则

（一）案例 75 简介

张涛系某事业单位职工，所住楼房是单位的房改房。当初在房改房出售时，单位曾规定，如果买房职工将来要调走，要出卖房子，原单位享有优先购买权。若干年后，

① 王连合. 法人制度理论与实践若干问题的思考. 载王作全主编. 昆仑法学论丛(第二卷). 北京大学出版社，2005.

张涛因调往外地工作，想出售该套房子，正巧张涛的好友李波打算买房子结婚。因李波与张涛不是同一个单位，所以为了防止本单位知晓，张涛就悄悄将房子卖给了李波，并办理了房产过户手续。原单位知道后，向法院起诉，请求保护该单位的“优先购买权”，要求法院认定张涛与李波买卖房屋的合同无效，并把房屋收回重新卖给该单位，单位愿意支付同样的价款。

问题：法院应不应该支持该单位的诉讼请求？为什么？

（二）相关知识点

1. 物权法定原则的内容

物权法定原则又叫物权法定主义，是指物权的种类与内容均由法律明确规定，当事人不得任意创设新物权或变更物权法定内容的原则。近现代以来大陆法系各国立法都实行物权法定原则，他们有的在民法中进行明确规定，有的即使没有明文规定，但在解释上也都承认此原则。

物权法定原则的内容究竟有哪些？由于学者们对此问题的理解不同，遂产生了多种观点。[①] 依我国《物权法》的规定，物权法定原则包括两方面的内容：一是物权种类法定；二是物权内容法定。笔者赞同此种规定。像有学者所说的因为物权的类型决定内容，所以物权法定只包括种类法定即可的观点是不全面的，因为并不能排除在同一种类型的物权中约定不同内容的可能。还有观点认为物权法定除种类和内容法定外，还应包括像物权效力、物权公示方法等的法定。笔者认为，后面这些内容要么已包括在“种类”或“内容”里面，要么就是其法定性质与物权法定原则无关，所以都不如《物权法》法条的规定更科学。所谓物权种类法定，是指当事人不能创设法律没有明文规定的新物权类型。人们在日常交往过程中，只能按照法律明文规定的物权种类进行交易，不能通过协议创设新的物权。所谓内容法定，是指当事人不能创设与法律规定的物权内容相悖的新的物权内容。例如，人们在交易过程中，不能协议减少所有权的内容。

需特别注意的问题是物权法定原则中的“法”应如何界定？这一问题我国《物权法》上没有明确规定，理论界对此亦有分歧。我们知道，法律的概念有广义和狭义之分。所谓广义的法律是指法的整体，包括法律、有法律效力的解释及行政机关为执行法律而制定的规范性文件。所谓狭义的法律专指拥有立法权的国家机关依照立法程序制定的规范性文件。拥有立法权的国家机关在我国是指全国人大及其常委会。笔者赞同多数学者的意见，即物权法定中的“法”应作狭义理解，它仅包括全国人大及其常委会制定的诸如《民法通则》《物权法》《合同法》及有关物权的特别法，例如《土地管

① 有学者将这些观点总结归纳为五种类型：第一，仅指对物权类型的限制；第二，包括类型强制和类型固定（内容强制）；第三，包括三方面的内容，一是法律直接规定物权的种类，二是法律直接规定物权的内容，三是法律直接规定物权设立及变动的方式；第四，包括四方面的内容，一是物权类型由法律设定，二是物权的内容由法律规定，三是物权的效力由法律规定，四是物权的公示方法由法律规定；第五，包括五方面的内容，一是物权种类法定，二是物权内容法定，三是物权效力法定，四是物权公示方法法定，五是物权取得方式法定。参见高圣平．物权法：原理·规则·案例．清华大学出版社，2007：5—6．

理法》《矿产资源法》《森林法》《水利法》《渔业法》等民事特别法。至于国务院制定的行政法规和决定、命令，地方人大及其常委会制定的地方法规，地方政府颁布的地方规章以及司法解释、习惯法等都不包括在内。①

2. 物权法定原则的依据

物权法为什么要实行物权法定原则呢？原因有多种，但最重要的原因是：这是由物权的本质属性所决定的。物权具有排他性、对世性，是一项具有很强法律效力的权利，而它的义务主体则是不特定的任何人。这就要求物权必须是为社会所公开知晓的。只有大家都知道某项物权的存在，才能谈得上大家都不去侵害它；才能有效地防止当事人任意创设物权，损害他人利益，为自己谋取不法利益；才能够建立透明的财产秩序，使交易真正实现意思自治，最终满足交易安全与便捷的需要。要想让社会都知道某项具有很强法律效力的权利的存在，通过法律明文规定的方式告知社会就是一项比较好的选择，于是物权法定原则自然而然就产生了。这与完全靠当事人的意思决定形成权利义务关系的债权法（合同法）有着本质区别。因为债权是请求权，具有相对性。其权利主体和义务主体都是特定的人，其合同效力仅作用于当事人双方，不会产生损害第三人利益的情形。所以当事人双方只要在不违背公序良俗和法律强制性规定的前提下，完全可以依据自己的意思创设权利义务，即可以充分享受契约自由的私法自治原则。

物权法定原则是物权法的基本原则之一。这一原则是物权法之所以成为强行法的根本原因和显著标志，也是物权法与作为任意法的债权法相区别的首要特征。但是这往往会给人造成一种错觉：民法上的私法自治原则（契约自由）仅仅适用于债权法，而物权法则没有适用的余地。我们知道，私法自治原则是民法的灵魂，是支配整个民法的最高原则，作为民法重要组成部分的物权法如果不适用私法自治原则，那其如何能成为民法的一部分？所以在这里针对这个问题有必要特别说明一下：尽管物权法定原则展现的是国家意志对当事人个人意志的一种强制，但这种强制并没有背离私法自治原则。因为物权法定原则对物权种类和内容进行限制，目的在于权利的保护而不是权利的限制，是对自由创设物权的限制而不是对权利人选择物权自由的限制，是对物权权限的限制而不是对权利人行为自由的限制，所以物权法的强制与行政法的强制意义截然不同，这种限制并不妨碍物权法仍然符合私法自治的原则。②

（三）案例 75 分析

物权法定原则又叫物权法定主义，是指物权的种类与内容均由法律明确规定，当事人不得任意创设新物权或变更物权的法定内容的原则。依我国《物权法》的规定，

① 理论界对此有不同观点，有学者认为"行政法规也是设定物权的重要根据"。参见王利明. 物权法教程. 中国政法大学出版社，2003：35. 有学者认为物权法定的"法"应包括最高人民法院的有关司法解释。参见关涛主编. 物权法案例教程. 北京大学出版社，2004：9. 甚至有学者主张行政法规和司法解释都应在适用范围内。见申卫星. 物权法焦点问题解读. "民商法前沿"系列讲座实录第 292 期. 中国民商法律网，2007 年 9 月 23 日。

② 尹田. 物权法定原则批判之思考——兼论物权法上的私法自治. 北大法律网：www. chinalawinfo. com，2003 年 1 月 1 日.

物权法定原则包括两方面的内容：一是物权种类法定；二是物权内容法定。

本案中，张涛与单位签订协议约定原单位对房屋享有优先购买权，是没有法律依据的，我国《物权法》上没有规定这样的物权种类，这是当事人双方协议创设的新物权，违反了物权法定原则，所以这种所谓的“优先购买权”是无效的。既然如此，该单位自然就不能够优先购买该房屋。而张涛与李波已办理了房产过户手续，且双方的房屋买卖合同合法有效，所以该房屋的所有权已经合法地转让给了李波，法院不能将该房屋收回再卖给原单位。因此，本案中法院不应该支持该单位的诉讼请求。

需说明的是，在该案中虽然单位的“优先购买权”不成立，单位再也得不到此房屋的所有权，但是该单位与张涛间的合同却是合法有效的，是当事人双方真实的意思表示。因此，单位可以以张涛违约为由，要求法院追究张涛的违约责任。所以，违反了物权法定原则，物权归于无效，但其行为如果具备其他法律行为的生效要件，当事人之间仍然能够产生法律行为的效力。

三、物权公示公信原则

（一）案例 76 简介

某甲与某乙银行订立一房产抵押合同，约定抵押物为某甲的两幢房屋，但在登记时却只登记了其中的一幢。不久某甲又与某丙银行订立一汽车质押合同，约定以某甲的三辆汽车质押，但后来因其中一辆汽车一直在使用，甲就只交付给丙银行两辆汽车，丙银行接受。

问题：某乙银行抵押权的标的物是几幢房屋？某丙银行质押权的标的物是几辆汽车？

（二）相关知识点

物权公示，是指以一定的、公开的、外在的、易于查知的形式展示物权存在和变动的情况。物权公示原则，就是法律上要求当事人必须以法定的公开的方式展现物权变动的事实，否则不能发生物权变动的效力。[①] 物权公示原则是物权法的重要原则。由于物权具有排他性和优先性，所以当一项物权设立或变动时，就必须通过公示的方式让外界知道物权存在或变动的情况，否则就很难让社会上其他成员做到不侵害此项物权，物权所有者的权利就无法得到保障。同时，如果法律不硬性规定物权的存在或变动必须向社会进行公示，那么也很容易使当事人通过随意创设或变动物权的方式来侵害第三人的权益，为自己谋取不法利益。因此，物权的本质特性决定了“物权与公示是不可分离的，正是因为这一原因，所以公示是物权的基础，只有建立完备的公示制度，才能使当事人明确哪一些物权已经设立”。[②] 从而才能使这些物权得到社会的认可，才能够使这些物权产生相应的法律效力。所以，日本学者田山辉明教授说：“要使某种

① 王轶主编. 物权法解读与应用. 人民出版社，2007：24.

② 王利明. 物权法教程. 中国政法大学出版社，2003：42.

物权得到社会的认可，必须经过相应的公示。”①

物权的公示方法（方式）因不动产和动产而不同。不动产物权的公示方法（方式）是登记。动产物权的公示方法（方式）是占有。世界各国的立法普遍采取将登记与占有作为物权变动的公示方法，这种公示方法已成为世界范围内的法定公示方法。

一般情况下，通过法定方式进行公示的物权与真实的权利归属是一致的，但在有些情况下，也不排除存在公示的权利与真实权利不相符的情况。在这种情况下，如何维护相关当事人的有关权益，这就涉及物权公示的公信力问题即物权的公信原则问题。所谓公信原则，是指公示方法所表现的物权即使不存在或存在权利瑕疵，但对于信赖此项公示物权的存在并进行物权交易的人，法律仍承认其具有与真实物权存在相同的法律效果并加以保护的原则。② 例如本该属于甲所有的房屋，由于种种原因却错误地登记为乙的名字。而第三人丙对此毫不知晓，凭对登记的信赖丙与乙订立房屋买卖合同，在交付了房款后办理了变更登记手续。这种情况下，即使乙不是房屋的真正所有者，即登记所表现的物权不存在，但对于信赖登记并进行物权交易的丙来说，法律仍然承认该项交易所产生的结果是合法有效的，并以此对丙的合法权益进行保护。即便事后甲有足够的证据证明原登记的错误，他也不能从丙处得到房子。这就是公信原则。很显然当真正的物权人的利益保护与信赖公示的第三人的利益保护发生冲突时，法律偏向了对信赖公示的第三人的保护。这是法律权衡利弊得失进行价值选择的结果。因为交易安全是市场经济得以存在和发展的基础，保护交易安全是市场经济条件下法律首先要考虑的第一要务。在市场经济社会里，要想让人们拥有一种交易的安全感，让人们毫无顾虑地从事交易活动，就必须赋予物权公示以强有力的法律效力即公信力。只有公示具有了公信力，人们对公示的信赖才能得到有效保护，人们才有可能放心大胆地去进行交易活动，才有可能提高交易的效率。否则，一旦这种信赖得不到法律保护，人们就必然不再去相信所谓的公示，对物权的情况便会无从知晓。此时要想进行交易活动，当事人就必须事先查明物权的真实归属，这无疑极大地增加了交易的成本，而且在大多数情况下，人们根本就无法查清物权的真实情况。这种情况下参与交易的人们必然就会人人自危，恐遭不测损害，哪里还有进行交易的积极性，这会从根本上动摇市场经济的根基，于是公信原则应运而生。

（三）案例 76 分析

物权的本质特性决定了物权与公示是不可分离的，当一项物权设立或变动时，必须通过公示的方式让外界知道物权存在或变动的情况，不经公示，不发生物权设立或变动的效果。物权的公示方法（方式）因不动产和动产而不同。不动产物权存在或变动的公示方法（方式）是登记。动产物权存在或变动的公示方法（方式）是占有。即只有登记的不动产或占有的动产才能成为为法律所认可的相关物权的标的物。

本案中，虽然某甲与某乙银行订立的合同中约定的抵押物是某甲的两幢房屋，且

① [日]田山辉明. 物权法(增订本). 陆庆胜译. 法律出到版社，2001:30.

② 于海涌，丁南主编. 民法物权. 中山大学出版社，2002:15.

该合同也是双方真实意思的表示，是合法有效的，但合同仅是起证明双方当事人存在债权债务关系的作用，无法起到向全社会进行物权公示的作用。因此物权变动标的物的确定不能依据合同，而只能依据登记而定。由于双方在抵押登记时只登记了一幢房屋，所以乙银行抵押权的标的物就只能是登记的这一幢房屋。同理，由于动产物权存在与变动的公示方式是占有，所以只有占有转移了的动产才能成为法律所认可的相关物权变动的标的物，而对双方当初的约定在所不问。所以某丙银行质押权的标的物就是甲交付的两辆汽车。

【案例思考】

1. 胡某与陈某系母子关系，2006 年 9 月 10 日，陈某与胡某签订协议，约定胡某将房屋以 3 万元的价格转让给陈某，同时约定由胡某使用房屋至去世。2007 年 11 月 20 日，陈某又与张某签订了该房屋的买卖合同，约定以 10 万元的价格将房屋转让给张某，并约定于同年 12 月 5 日交付房屋。其后张某先后办理了房屋所有权证和国有土地使用权证，取得了上述房屋的所有权，但陈某由于胡某不愿搬出而无法向张某交付房屋。为此，张某以胡某、陈某为被告向法院提起诉讼，要求两被告搬出房屋。①

问题：胡某是否应搬出房屋？

2. 张甲与李乙为夫妻，共有一处房产，但房产证上只记载了张甲一人的名字。后来，由于感情不和，二人闹离婚。这期间，张甲背着李乙谎称自己是单身一人，而将该房屋卖给了王丙，并签订了一份房屋买卖合同。在王丙将房款交与张甲后，张甲与王丙又一起办理了房产过户登记手续。后李乙得知此事，诉至法院，要求确认张甲与王丙买卖房屋的行为无效，王丙不得取得房屋的产权。

问题：王丙是否应取得房屋的产权？

第三节　物权的变动

一、不动产登记

（一）案例 77 简介

李广在市区某街道看中了一间正对外出售的沿街房，打算买下来做点小生意，在与卖方邓成几次讨价还价后，最终以 35 万元成交，双方签订了房屋买卖协议，约定李广预付定金 10 万元，待房产证办下来之后，再把剩余的钱交齐。李广交上定金后便到外地进货去了。等他过了一段时间回来之后，却发现这家店面正在装修，李广赶紧和卖主邓成联系询问此事，邓成在电话里很抱歉地跟李广说，他老婆嫌他卖的价太低，所以他老婆自作主张以四十万元的价格卖给了一个外地客商，并且所有的房产过户手续已基本办妥，邓成称他会尽快返还李广的定金。对于邓成的擅自毁约，李广起诉到

① 中华人民共和国物权法（案例应用版）. 中国法制出版社，2009：7.

法院，请求法院确认邓成与外地客商关于沿街房的买卖行为无效。

问题：李广的请求是否应该得到法院的支持？为什么？

（二）相关知识点

1. 不动产登记的效力

登记作为不动产物权的公示方式，有关其效力问题在大陆法系国家的立法中主要有两种模式：登记要件主义和登记对抗主义。采用不同的立法模式，登记的效力就会不同。所谓登记要件主义或叫登记生效主义，简单说就是必须登记、非登记不可，未经登记，不发生不动产物权变动的效力。登记要件主义的理由是：当事人之间意思表示的后果，即物权的变动是要发生排他效力的，既然要发生排他的效力，它就应当进行登记，利用登记的公开性，告诫其他人物权变动的情况，从而使其他人通过登记这种公示方法知道该物权的存在，即知道该物权的排他性，以此来消除交易中的风险。相对而言，登记对抗主义要宽松得多，虽然也要求以“登记”作为公示方法，但并不是必须登记，当事人可以按照自己的意愿进行登记或不进行登记，如果不登记的话，也可以取得物权，只不过这个物权的效力较低，不能对抗善意第三人。

对于以上两种模式，我们国家应采用哪一种呢？在物权法制定的过程中，意见有分歧。但是，两种模式相比较，不论是在法理上，还是在实践效果上，登记要件主义都优于登记对抗主义。“在法理上，因物权的本质特征就是排他性，如果物权取得人获得的物权不能排他，就不能认为其是物权，因此发生的物权变动自然应该无效。故不登记就能够生效的不动产物权变动，实在不合法理。从实践效果论，不经登记的不动产物权变动对物权取得人和相对人均具有极大的风险，对交易的安全造成极大的妨碍。”[①] 并且正如梁慧星教授所言：我国登记要件主义已实行了好多年，没什么不好，没有必要废除。也就是说登记要件主义比较适合我国的国情。但是，在某些特殊情况下，登记对抗主义也有它一定的合理性，因此处理好这两种模式的关系就显得很有必要。通过我国《物权法》第九条及其他相关法律的规定[②]可以看出，我国民事立法采取的是以登记要件主义为一般原则，而以登记对抗主义作为特别例外的立法体例。所谓“例外”就是法律的一些特殊规定，例如《物权法》第一百二十九条关于土地承包经营权互换、转让的规定，《物权法》第一百五十八条关于地役权效力的规定等。

值得一提的是，登记要件主义只是适用于基于法律行为发生物权变动的情形，主要是指交易情形下的物权变动，也就是根据交易行为设定物权、移转物权、消灭物权等。对于非基于法律行为发生的物权变动，例如通过继承、拾得遗失物、先占、没收、征收、法院判决、强制执行等原因取得物权的都不以登记为物权变动的生效要件。

在登记要件主义为一般原则的情况下，不动产登记的效力主要有三个方面：确认不动产所有权享有的效力、权利正确性推定效力和善意第三人保护效力。确认不动产所有权享有的效力，是不动产登记的最基本效力。通过登记这种方式对不动产所有权

---

① 梁慧星主编. 中国物权法草案建议稿. 社会科学文献出版社，2000：138.

② 例如《中华人民共和国城市房地产管理法》《中华人民共和国担保法》等法律的相关规定。

进行公示，就使得该不动产所有权得到了法律的认可，成为合法性的、能够受法律保护的权利。当不动产所有权发生变动时，登记必然会体现这种变动，必然会对新的所有权状况进行展示，从而使不动产新的所有权享有成为合法的，能够为法律认可和保护的权利。没有进行登记的所谓不动产所有权的“享有”是无效的，是得不到法律保护的，哪怕当事人之间已经达成了不动产所有权转移的合意，这种转移也是没有法律效果的。因为没有进行登记，就意味着不动产新的所有权享有没有经过法律的确认，法律自然不会认同其存在。权利正确性推定效力，是指推定登记所表现出来的所有权内容是正确的，即使该内容与真实的所有权享有状况不一致，也仍推定其为正确。这种效力实际上是在鼓励人们放心大胆地去信赖登记所展现的权属外观，这种鼓励对于促进交易的进行和市场经济的繁荣至关重要。由此效力自然产生的另一效力便是善意第三人保护效力。所谓善意第三人保护效力，是指信赖不动产登记的第三人，通过交易方式从原登记的不动产所有人处取得的该不动产的所有权，即使原登记的所有权不真实，该第三人的受让利益仍然会得到法律的保护。这便是公示公信原则的内容。

2. 不动产物权变动与原因行为区分原则

（1）不动产物权变动与原因行为区分原则的含义。在基于法律行为的不动产变动中，与不动产物权变动有关的合同法律关系（主要是买卖合同、抵押合同）是不动产物权变动的原因行为；而物权法律关系（主要是不动产的产权登记、抵押权设立登记）的成就即物权发生了变动则是合同法律关系的结果。但是，作为物权变动的基础关系即原因行为的成立，应该是按照该行为成立的自身要件予以判断，而不能以物权的变动是否成就作为判断标准。同样不动产物权的变动，必须以不动产的登记为必要条件，而不能认为基础关系即原因行为的成立生效就必然发生物权变动的效果。① 所以所谓“区分”指的是将与不动产物权变动有关的合同法律关系即原因行为与不动产物权变动加以区分。以房屋买卖为例，我们先签订房屋买卖合同（合同法律关系建立），然后根据买卖合同再去办理房屋产权过户登记（物权法律关系成立），房屋的所有权就发生了转移。这里房屋买卖合同是房屋所有权发生转移的原因行为，而房屋所有权变动就是房屋买卖合同的一种结果。但是需强调的是，房屋买卖合同之所以成立，是因为该合同具备了买卖合同成立的条件，而与后来的登记与否没有直接关系。同时，房屋所有权发生了转移，也并不是因合同的生效而必然发生的唯一结果。因为在合同生效后，也可能发生由于一些其他因素例如人的主观故意或自然界的意外事件的发生，而造成没有登记使房屋所有权未发生转移的情况。也就是说，房屋所有权之所以发生了转移，是因为它具备了房屋变动的必要条件“登记”而已，并不是因为买卖合同的成立。

（2）设立不动产物权变动与原因行为区分原则的目的。物权法为什么要专门对“原因行为”与“物权变动”进行区分呢？或者说为什么物权法要专门设立区分原则呢？这是因为：长期以来，我们对于登记要件一直存在一种误解，认为未办理登记，不仅物权不能转移而且合同也是无效的。这就把合同成立的时间和条件与物权变动的时间和条件混淆了。这种混淆在有关法律法条里面的直接体现，就是《中华人民共和国担保

---

① 孙宪忠. 论物权变动的原因与结果的区分原则. 法学研究，1999：5.

法》第四十一条的内容。该条明确规定，当事人设定抵押的，“应当办理抵押物登记，抵押合同自登记之日起生效”。这种混淆无论从理论上还是实践中都有很大的危害性：

首先，这种混淆是不符合法理和法律逻辑的。第一，按说合同只要符合生效的形式要件和实质要件就能够生效。但当我们根据生效的合同这个原因行为去办理相关登记时，可能会由于种种原因而没有办成登记。这时却说因为没有办理登记，原来的合同是无效的。这不符合常理。第二，如果把合同生效时间硬定在登记之日起，就必然造成我们是根据一个没有效力的合同去办理物权登记的情况。第三，登记完成即物权发生变动，合同才生效的话，登记就成了合同生效的原因，合同生效成了登记的结果，完全颠倒了原因和结果，不符合法律逻辑。

其次，这种混淆在实践当中保护了不当利益，损害了正当利益。以房屋买卖为例，在当事人双方签订了房屋买卖合同后，如果出现了其他情况，诸如市场变化、房屋价格上涨或有人要出更高价格购买该房等，此时如果出卖人（有时是开发商）置诚信于不顾，意欲反悔的话，他只需故意拖延不办产权过户手续就可达到目的。因为发生了纠纷，我们的法院就会以没有办理产权过户为由判决买卖合同无效。既然合同无效，买房人就得退房，即使是买房人已住进了新房甚至进行了装修，也不得不退房。这样的结果不正是不诚信的出卖人所希望的吗？设定抵押的情景也是如此，当抵押合同订立后，抵押人在登记前一旦拿到了所需资金，他要想赖账，也只需故意拖延不办理抵押登记即可达到目的。因为一旦发生了纠纷，我们的法院会以未登记为由，判定抵押合同无效。抵押合同无效，则抵押权就不存在，抵押权人就会遭受巨大损失，而那些背信弃义、不讲诚信的抵押人的不当利益反而能得到保护。

鉴于以上问题，我国《物权法》毅然明确规定了不动产变动与原因行为相区分的原则。

（3）设立不动产物权变动与原因行为区分原则的意义。尽管对不动产物权变动与原因行为区分原则的独立设置，学者有不同的看法[①]，但该原则独立设置的意义还是很明显的。它至少从法律上明确宣布了物权变动与原因行为不加以区分是错误的；明确修订了担保法上的一个错误，堵上了让一些不法分子有可能钻空子的一个漏洞。对澄清人们的一些模糊认识、伸张正义具有重大意义。同时，这一原则对物权发生效力的时间进行了明确界定，突出了不动产登记簿在登记制度中的特殊地位，即登记簿是证明不动产物权的根据。提出登记申请或者登记机构同意了登记或者发了证书都不是判断是否发生物权效力的节点，关键看是否有效登记在了不动产登记簿上。[②] 具体讲该原则彰显了以下意义和价值：“其一，在合同生效而物权变动尚未成就的情况下，发挥保护合同当事人的债权请求权的作用；其二，在原因行为生效与物权的公示异时完成的情况下，发挥确定物权变动的准确时间和保护第三人的正当利益的作用；其三，有利于建立严密、和谐的物权法理论体系，澄清物权变动的原因与结果的关系上的模糊认

---

① 例如有学者认为：“所谓区分原则完全可以为物权公示原则所包容，不宜设置为一项独立的原则。”刘保玉．试论物权法基本原则的体系．载孟勤国，黄莹主编．中国物权法的理论探索．武汉大学出版社，2004．

② 郭明瑞主编．中华人民共和国物权法释义．中国法制出版社，2007：37．

识，匡正现行有关规定与实践中的错误做法。”①

3. 更正登记、异议登记和预告登记

（1）更正登记。所谓更正登记是指不动产登记簿上记载的事项与真实情况不一致时，将不动产登记簿记载的内容进行更正，使其与真实情况一致的登记。例如登记的权利人错误、登记的房屋面积错误、登记的房屋界址错误等。尽管法律赋予登记以公信力，但对于错误的登记并不是不能更改。事实上，只要是登记就有可能出现差错，所以法律就必须设计一定的程序对错误的登记进行改正。世界上凡是有不动产登记制度的国家均有更正登记制度。

更正登记有两种情形：

第一种是当事人申请。当权利人、利害关系人认为不动产登记簿记载的事项有错误时，可以提出更正申请。不动产登记簿记载的权利人书面同意更正的，登记机构应当予以更正。即使不动产登记簿记载的权利人不同意更正，但是只要有证据证明登记确有错误的，登记机构也应当予以更正。需讨论的是：在当事人提出更正申请后，如果不动产登记簿记载的权利人书面同意更正，登记机关是否需要进行审查呢？对于这个问题学者有不同观点，例如有学者认为：“不动产的公示和公信的要求是为了市场交易服务，而不动产登记簿记载的是当事人有关不动产这一私权的内容，因此，只要不动产登记簿记载的权利人以书面形式同意进行更改，那么登记机关可以无须审查登记簿是否真的错误，直接进行更正。”② 但另外一些学者却认为：“发现登记簿中存在的错误以后，当事人可以向登记机关提出申请，请求登记机关更正登记的内容。登记机关接受申请以后，应当认真审查，发现登记有明显错误的或有欺诈行为的，应当及时更正。”③ 也就是说这些学者认为只要是更正，都应当进行审查，而不管登记簿记载的权利人是什么态度。笔者认为，“无须审查”仅适用于权利人主动放弃权利的情形，在其他情形，仍需要经过登记机关的审查才能确定是否进行更正。

第二种是登记机关依职权进行。“对于登记机关自为的更正登记，日本及中国旧登记法未认可，而德国法律则予以认可。”④ 我国学者也有不同意见，例如有学者认为，登记“虽然由行政机关作出，但其本质上还是当事人之间不动产物权变动的公示手段，所以应当按照私法自治的原则，由当事人提出申请。登记机关不宜主动地依职权进行更改”。即使是“登记机关确实发现自己的行为存在错误，例如存在笔误，将登记面积记载错误”，“此时登记机关仍然应当通知登记申请人，由其提出更改。所以，申请人的申请，是更正登记的基本条件。不告不理是更正登记的基本原则”。⑤ 对此观点，笔者有不同看法。诚然，登记本质上的确是当事人之间不动产物权变动的公示手段，应当以私法自治的原则处理他们之间的纠纷。但是这恐怕更多地还是体现在不动产登记簿记载的权利人放弃权利的情形，在其他情形下，例如由于登记机关自身的原因将登

① 刘保玉. 试论物权法基本原则的体系. 载孟勤国，黄莹主编. 中国物权法的理论探索. 武汉大学出版社，2004.

② 郭明瑞主编. 中华人民共和国物权法释义. 中国法制出版社，2007：47.

③ 马新彦主编. 中华人民共和国物权法法条精义与案例解析. 中国法制出版社，2007：58.

④ 梁慧星主编. 中国物权法草案建议稿. 社会科学文献出版社，2000：161.

⑤ 王轶主编. 物权法解读与应用. 人民出版社，2007：41.

记面积记载错误，此时如果此错误对登记申请人不利的话，在接到登记机关的通知时，他可能很快就提出更正申请。但如果此错误对登记申请人有利，那么他就很可能不会理睬登记机关的通知，也就不会提出更正的申请。这时如果登记机关还坚持所谓的“不告不理”，就会使登记的错误无法得到改正，当该物权将来发生变动时，就可能损害其他相关利害关系人的合法利益。所以，笔者赞同梁慧星教授的主张：“有错误就应当改正，在登记机关自己发生登记错误时，当然应当许可登记机关自己改正。另外，考虑到因为自然原因发生的不动产变故可能有权利人不愿申请更正的情形，或者权利人及利害关系人怠于提起更正登记的申请而妨害交易的情形，或者不动产物权因继承和事实行为等已经发生移转而取得人怠于进行变更登记的情形，以及登记机关自己发现有错误的登记（如书写错误）的情形，登记机关依职权更正，实属必要。”①

需强调的是更正登记纯粹只是登记程序法上的制度，只是对纯粹由于登记记载的疏忽造成的且有原始登记原因证明文件可查时的错误进行更正。即更正登记并不是登记机关对当事人之间实体权利纠纷的裁决。

（2）异议登记。所谓异议登记是指利害关系人对不动产登记簿上登记内容的正确性有异议，在不动产登记簿记载的权利人又不同意更正的情况下，利害关系人提出的对不动产登记簿上登记内容有异议情况的登记。异议登记是对不动产登记公信力的一种暂时中断，是对不动产登记簿上记载的权利人的权利加以限制，从而加强对真实权利人利益保护的一种措施，对维护交易安全具有重要的作用。

异议登记最主要的功能就是保护真正权利人的权利。这种保护是通过暂时中断登记公信力的方式来实现的。对于错误的登记，法律设计了更正登记制度。但在有些情况下，当利害关系人提出更正申请时，登记簿记载的权利人很可能会拒绝进行更正，并有可能在不动产权属发生争议时，登记簿记载的权利人会抢先下手对有争议的不动产进行处分，从而损害真正权利人的合法利益。针对这种情况，物权法创设了异议登记制度。只要是利害关系人在登记部门对特定不动产进行了异议登记，这就起到了向社会发出警示的作用，即向不特定的第三人明示此不动产权利上存在争议。这个时候该不动产登记的公信力就被中止了，任何第三人再与登记簿上记载的权利人进行的任何交易活动就不再受善意取得制度的保护了。这种交易风险的增加必然会督促第三人在进行交易活动时，作出更为全面和审慎的意思表示，而不会贸然与登记簿记载的权利人进行交易。通常情况下，第三人在看到该不动产存在“争议”后，一般不会再冒险进行交易，至少他会等待“争议”解决后再说。这样就可以有更充分的时间让真正的权利人去收集证据，去办理更正登记或者在胜诉后办理相关的变更登记，从而切实保护真正权利人的利益。不仅如此，由于异议登记“提示”了第三人交易存在的风险，也保护了第三人的利益，从而保护了交易的安全。

需强调的几个问题是：第一，当利害关系人发现登记存在错误时，应首先进行更正登记。只有在不动产登记簿上记载的权利人不同意更正时，利害关系人才能进行异议登记。第二，利害关系人在异议登记后，应尽快提起诉讼，否则超过一定的期限

① 梁慧星主编．中国物权法草案建议稿．社会科学文献出版社，2000：161—162．

（15天），异议登记就自动失效。这是因为异议登记制度除了以上的积极作用外，还存在会导致不动产物权处于不稳定状态的消极作用。因此，为克服这一消极作用，物权法专门为异议登记的效力设置了一定的期间限制（15天）。在这个期间内，如果异议登记申请人没有提起民事诉讼，就表明异议登记申请人行使其权利不积极，为保护登记权利人的利益和交易秩序稳定的需要，当然应使该异议登记丧失效力。[①] 第三，如果因异议登记不当，导致不动产登记簿记载的权利人的利益受到损害的，异议登记申请人要承担赔偿责任。异议登记事关事实权利人和登记簿记载的权利人的切身利益，所以异议登记申请人必须以认真负责的态度，恪守诚实信用的原则，去决定是否提起异议登记申请。为此，物权法规定了异议登记应承担的风险，即异议登记不当，造成权利人损害的，权利人可以向申请人请求损害赔偿。从公平的角度说，异议登记申请人也理应承担这种风险。

（3）预告登记。所谓预告登记是指当事人约定买卖期房或者转让其他不动产物权时，为了限制债务人处分该不动产，保障债权人将来取得物权而作的登记。[②] 预告登记的目的在于保全将来发生不动产物权变动的请求权。“预告登记的实益在于：权利人所期待的未来发生的物权变动对自己有极为重要的意义，非要发生这种变动不可，而法律也认可这种变动对权利人的意义，并以法律予以保障。”[③] 于是法律赋予被登记的请求权以物权的效力，使其具有了排他性，以保证将来只发生该请求权所期待的法律效果。预告登记有多方面的作用，但在我国现阶段其作用主要表现在商品房预售过程中，通过预告登记来保护买受人的合法权益。

所谓商品房预售，是指房地产开发商在房屋尚未建成时，将商品房预先出售给买受人的行为。在现实生活中，商品房的预售往往会出现“一房多卖”的情况，严重地损害了买受人的利益。为此法律规定商品房预售进行预告登记就很有必要。预告登记在商品房预售中的作用主要表现在以下几个方面：

第一，预告登记一经作出，就使出卖人和买受人之间的债权具有了一定的对世效力，从而起到一定的保全债权请求权的作用。在未办理产权过户手续之前，虽然买受人与出卖人订有商品房预售合同，但这只是一个纯粹的债权，不具有对抗第三人的效力。合同最终能否真正履行，存在很大的变数。例如随着房价的不断上涨，出卖人为了谋求更大的物质利益，很可能会出尔反尔，进行一房二卖甚至一房多卖，而身处弱势地位的买受人往往无可奈何。而现在，法律赋予了预告登记物权化的效力，使出卖人和买受人之间的债权具有了对世效力，这种将物权的公示方式运用于债权保护的做法，使该项债权请求权能够对抗第三人，如果出卖人再与第三人进行一物数卖，则不会发生任何物权效力。

第二，预告登记一经作出，出卖人对不动产的处分权就受到了限制。在没有进行预告登记之前，出卖人对不动产享有完全的处分权，在更大的利益面前，出卖人往往

---

① 梁慧星主编. 中国物权法草案建议稿. 社会科学文献出版社，2000：160.

② 郭明瑞主编. 中华人民共和国物权法释义. 中国法制出版社，2007：48—49.

③ 梁慧星主编. 中国物权法草案建议稿. 社会科学文献出版社，2000：169.

会滥用自己的处分权，所谓的一房二卖甚至一房数卖就是出卖人处分权滥用的表现。在这种情况下，出卖人最多对前一个买受人只承担一定的违约责任，而承担这一责任所带来的损失往往是小于滥用处分权所带来的利益，所以最终真正遭受损失的还是买受人。现在，法律赋予了预告登记排他的效力，使出卖人不能再随意处分其不动产。因为预告登记后，未经预告登记的权利人同意，处分该不动产的，不发生物权效力。

第三，预告登记一经作出，买受人就获得了优先于其他人购买特定商品房的权利。普通债权具有平等性，而不具有“优先”的特性。现在法律赋予了预告登记物权化的公示作用，就使买受人具有了优先于其他人及其他物权的效力。在一房数卖的情况下，进行了预告登记的买受人不但优先于其后的买受人，也同样优先于在其前面与出卖人签订了房屋预售合同而没有进行预告登记的买受人。即使是出卖人为在预告登记之后的其他买受人办理了房屋产权过户登记手续，预告登记的买受人也有权请求进行更正登记或者请求法院确认自己的权利。

需强调的问题是预告登记的目的在于保护债权请求权，而不是保护现实的不动产物权，预告登记本身并不能替代正式的物权变动登记。所以为了避免权利人以“预告登记”替代正式的物权登记，法律就必须规定预告登记存在的期限，而决不能让预告登记无期限存在。因而我国《物权法》明确规定：预告登记后，债权消灭或者自能够进行不动产登记之日起三个月内未申请登记的，预告登记失效。

（三）案例 77 分析

我国《物权法》对于不动产登记的效力问题，实行的是以登记要件主义或叫登记生效主义为一般原则，登记对抗主义作为特别例外的立法体例。简单说就是不动产的设立必须登记，未经登记，不发生不动产物权变动的效力，但法律规定的一些特例除外。

本案中，李广与邓成达成了买卖房屋的协议，即形成了一个关于房屋的买卖合同，但由于没有办理房产证手续即没有到登记机构办理房屋的产权过户登记，依照我国《物权法》的规定，这个物权的变动即房屋所有权的转移是不发生效力的，也就是说该房屋的所有权在邓成和李广之间并没有发生转移，邓成仍然是该房屋的所有权人，李广对该房屋不拥有所有权。既然如此，邓成当然有权处分自己的财产。他把房屋卖给了外地客商，这是邓成在正常行使自己对房屋的所有权，并不违背法律的强制性规定。由于邓成与外地客商已办理了产权过户手续，所以该房屋所有权发生的变动，即外地客商对该房屋拥有的所有权就是合法有效的。因此，对李广的诉讼请求法院是不能支持的。但是，此前二人之间的买卖合同却是合法有效的。李广可以行使自己的债权请求权，要求邓成承担违约责任。本案中由于李广支付了定金，所以他可以按照有关规定要求邓成双倍返还定金，以维护自己的合法权益。

二、动产交付

（一）案例 78 简介

刘某与王某系邻村农民，因刘某急需饲草，经人介绍俩人相识。当天，俩人商定，王某以每斤2角的价格卖给刘某1000斤草料，共计价款200元。刘某当即交付100元，并言明，待第二天将余款100元交齐并将草料拉走。不料，从当天晚上起一连下了几天大雨，将放在王某家院内准备卖给刘某的草料全部淋透，并有大部分霉烂。几天后，刘某到王家，准备交款运草料，见此情况便要求王某将已付的100元钱还给他。王某则说，这些草料卖价200元，几天前你就已给付了一半的价款，买卖已成交，草料归你了。王某不同意将钱还给刘某，为此，刘某诉至乡人民法庭，要求王某返还人民币100元。[①]

问题：法庭是否应当支持刘某的诉讼请求？

（二）相关知识点

1. 动产交付的效力

如前所述，不动产物权的公示方式是登记，而动产物权的公示方式则是占有。当动产物权发生变动时，动产的占有也必然发生变动，这其中的一个重要环节就是发生动产的交付。所谓交付是指占有的移转，即将标的物的占有移转给他人的行为。交付意味着原占有的结束和新占有的产生，也意味着原所有权（或使用权）的结束和新所有权（或使用权）的产生。如果没有占有的转移即交付，动产的原占有就一直对外宣示着动产原有的权属状态，新的物权就不可能设立，所以动产物权的设立和转让是从占有开始即交付的时刻发生效力的。交付包括现实交付和观念交付（拟制交付）。所谓现实交付，是指将对标的物的直接管领力现实地移转给他人，由他人直接占有该动产；所谓观念交付，是指占有的观念上的移转，而不是现实的移转。这是法律考虑交易的便捷，充分尊重当事人的意志而采取的变通办法。有关观念交付的内容，下文还要详讲，此不赘述。需说明的是：通常我们所说的交付，如果没有特别说明，主要是指现实交付。

作为瞬间就能完成的短期行为，交付尽管在动产物权变动中是一个非常重要的环节，但其并不是动产物权的公示方式，动产物权的公示方式为占有。那么，占有具有怎样的效力呢？现代各国立法中主要有两种模式：生效要件主义和对抗要件主义。所谓生效要件主义，简单地说就是必须占有，没有占有当事人就不能拥有该动产的所有权；而对抗要件主义虽然也要求以“占有”作为公示方式，但并不是必须占有，当事人可以按照自己的意愿进行占有或不进行占有。如果不占有的话，也可以取得物权。只不过这个物权的效力较低，不能对抗第三人。我们国家采取的是哪种模式呢？作为物权，其本质是排他性和对世性。物权的这些特性客观上要求一旦物权发生了变动，就必须以一定的方式向公众进行公示。而在动产物权发生变动的情况下，最充分、最便捷、最利于交易的公示方式就是对动产进行占有。占有是动产物权公示原则的必然要求，是实现物权排他性的必需手段。从这个意义上讲，生效要件主义从理论上更符合法理，从实践效果上也更优于对抗要件主义，所以中国民法历来承认并坚持了生效要件主义，在《物权法》中又作了彻底的规定。

---

① 王利明主编. 中国民法案例与学理研究(物权篇). 法律出版社 1998:7.

动产交付的规定属于任意性规范。也就是说占有生效主义是一般原则，如果法律另有规定或当事人另有约定的，就应当依照法律规定或当事人的约定。这里的"法律另有规定"主要包括我国《物权法》和其他民事法律的一些相关规定，例如我国《物权法》第二十三条的规定，以及《物权法》对观念交付所作的一些特殊规定、对非依法律行为而发生的物权变动问题所作的规定、对动产抵押和留置权的相关规定等。其他民事法律主要指我国《民法通则》（例如《民法通则》第七十二条）、《合同法》（例如《合同法》第一百三十三条）等法律的相关规定。从这些规定我们可以得出：如果当事人约定动产物权自合同成立起转移，该约定也是有效的。① 但是，因为动产的占有本身具有公示效力，如果当事人约定在交付前就转移所有权的，从法理上说，这种约定只能在当事人之间发生效力，而不能对抗善意第三人。②

需说明的是，与不动产登记要件主义一样，动产占有的生效要件主义也只是适用于基于法律行为发生物权变动的情形，对于非基于法律行为发生的物权变动都不以交付为物权变动的生效要件。

2. 特殊动产的登记对抗主义

正如前文所述，不动产物权的公示方式是登记，动产物权的公示方式是占有。但是，对于船舶、航空器和机动车等动产来说则有其特殊性，这种特殊性主要表现在：其一，这类动产一般价值都比较大，因为其价值比较大，其物权的变动如果不依登记为其公示方式，则很容易产生纠纷，并且这种纠纷因标的物的价值较大，影响也会比较大。所以我国民法无论理论界还是司法实务中一般都将这类动产按照不动产的模式进行管理，即将这类动产视为一种准不动产，其物权是以登记作为公示方式的。其二，这类动产物权的设立、变更、转让和消灭有不同于其他动产的特点。例如船舶和航空器，其登记部门是船籍港和中国民航总局，但这两种动产会经常在世界各地进行交易，其物权的变动在世界各地随时随地都有可能发生。如果每次只能到登记部门进行登记，物权的变动才能生效的话，这不但严重影响交易的效率，而且很多时候也无法实现。基于此，我国《物权法》就沿用了海商法和民用航空法的规定，对船舶、航空器物权的变动采"登记对抗主义"。至于机动车，我国以前的做法是采用"登记生效主义"，结果造成了一系列问题。例如连环购车未办理过户登记手续的情形，如果仍由原车主对机动车发生交通事故致人损害承担赔偿责任，则于情于理都说不通，以往我们的法院也因此出现了一些不公正的判决。而且在我国现实中，机动车转手频繁，当事人之间在转让机动车交易完成后，往往基于多种原因而不会马上办理登记手续。故而规定机动车"登记生效主义"与现实生活也严重脱节。更何况价值远远大于机动车的船舶和航空器都实行较宽松的"登记对抗主义"，机动车又有什么理由非得实行"登记生效主义"呢？所以，综合以上理由我国《物权法》规定了机动车物权变动采取"登记对抗主义"，即未经登记，这类特殊动产物权的变动在法律上也可有效成立，但只能在当事人之间产生效力，不能对抗善意第三人。所谓善意第三人，就是指不知道或不应当

---

① 王轶主编. 物权法解读与应用. 人民出版社，2007：52.

② 王利明主编. 中国民法案例与学理研究（物权篇）. 法律出版社，1998：10.

知道物权发生了变动的物权关系相对人。

3. 简易交付、指示交付和占有改定

（1）简易交付。所谓简易交付，是指出让人在转让动产物权之前，受让人已经依法实际上占有了该动产，这种情况下，从让与合同生效之时起，就直接发生物权变动的效力。简易交付又称"无形交付"或"先行占有"。

我们知道，基于法律行为产生的物权变动，必须通过合意加公示才能完成。合意是物权变动的基础，公示是完成物权变动的要件。公示是以合意为前提的，没有合意的公示是错误的公示；同样仅有合意没有公示也不能产生物权变动的效果，公示直接决定着物权变动的发生。[①] 在简易交付前受让人先行占有标的物的情形，由于占有不是受让人以所有的意思进行占有，所以仅仅只是一种他主占有。而出让人尽管没有实际占有标的物，但仍然构成自主占有，即以所有人意思进行占有。由于双方并不存在移转标的物物权的合意，所以受让人的先行占有并不能发生标的物物权变动的效果。而在简易交付的情形下，当双方达成买卖标的物的合意，即买卖合同成立生效后，由于受让人已经占有了标的物，实际上此时决定物权变动的合意和公示都已具备，因此就没有必要让受让人先把标的物归还给出让人，再由出让人按照一般动产物权变动的通常规则，再重新来一次现实交付。所以我国《物权法》规定简易交付，不是对动产物权变动必须遵守交付原则的破坏，相反是该原则在特殊情况下的灵活运用。"简易交付有效地减少了因现实交付所带来的手续上的麻烦，从而达到简化交易程序，节省交易费用的目的。"[②]"机械认为只有交付才能发生动产所有权的移转，会使得交易形式极为僵化，从而阻滞了交易的发展。因此，扩展交付的形式，以占有协议的方式来缓解这种矛盾的观念为大陆法系所接受。"[③]

有关简易交付的构成要件需强调以下几点：第一，受让人在动产物权设立和转让前已经依法占有该动产。"在其他国家和地区的立法例中，一般不强调权利人的先行占有是否'依法'，也就是说，即使权利人占有动产系没有任何合法原因的无权占有，也不影响物权设立和转让的效力。"[④] 我国也有许多学者认为："关于受让人占有的原因可以不予考虑，但一般要求合法。"[⑤] 但在我国《物权法》中则明文规定了受让人的先行占有必须"依法"。第二，物权自法律行为生效时发生效力。法律行为又称民事法律行为，是指民事主体设立、变更和终止民事权利和民事义务的合法行为，是最重要的一种以发生私法上效果的意思表示为要素的法律事实。这里说的法律行为，主要是指动产的出让人与受让人订立动产转让合同的行为。并且仅有当事人的合意还不够，还特别强调物权合意必须生效，这与许多国家相关规定只要当事人之间存在物权设定转让的合意即可发生物权变动的效力，而不强调物权合意必须生效不同，需特别注意。

① 有关此问题的详细阐述参见王利明. 物权法论(修订版). 中国政法大学出版社，2003：146—147.

② 高圣平. 物权法：原理·规则·案例. 清华大学出版社，2007：35.

③ 郭明瑞主编. 中华人民共和国物权法释义. 中国法制出版社，2007：59.

④ 高圣平. 物权法：原理·规则·案例. 清华大学出版社，2007：35.

⑤ 有关论述见王利明. 物权法论(修订版). 中国政法大学出版社，2003：151. 郭明瑞主编. 中华人民共和国物权法释义. 中国法制出版社，2007：58.

(2) 指示交付。所谓指示交付，是指让与人在设立和转让动产物权时，该动产已由第三人依法占有，那么让与人可以将其对第三人的返还请求权转让给受让人，以代替物的实际交付。指示交付又叫让与返还请求权或返还请求权的代位。

指示交付的情形在现实生活中经常存在，当动产物权设定或转让时，该动产尚由第三人实际占有，而第三人的合法占有还不能解除，此时物权的出让人就不能够实际交付标的物。于是，为了保障交易的正常进行，法律规定，在此情况下，让与人可以通过转让返还请求权来代替实际交付，这样对于物权的让与人、受让人和第三人而言，其利益都可以获得保障。法律这样作平衡当事人各方利益的规定，既能保持第三人对标的物的继续占有，从而进一步发挥物的利用价值，稳定原有的法律关系，又能够不延误新的物权变动，可谓一举两得。正是因为指示交付符合社会经济生活的客观需要，所以许多国家和地区的民法都对指示交付作了专门规定。[①] 在指示交付中，让与人转让的返还请求权是针对特定第三人的返还请求权。如果让与人不知道其动产是被何人所占有，那么他就不可能对特定的占有者提出返还请求权，也就谈不上将这种返还请求权转让给受让人的问题。

有学者认为，指示交付所针对的是“运输中的动产”和“委托保管中的动产”的买卖、质押。[②] 因为运输中的动产在买卖时，出卖人是将提单交给买受人以代替物的“交付”。保管中的动产也是如此，出卖人只需将仓单交付给受让人即可发生动产物权变动的效果，交付仓单就能代替货物的实际交付。我国《合同法》第一百三十五条也规定：“出卖人应当履行向买受人交付标的物或者交付提取标的物的单证，并移转标的物所有权的义务。”不难看出，“运输中的动产”和“委托保管中的动产”的买卖、质押，还有我国《合同法》的有关规定所涉及的情况确实是指示交付，但能否说指示交付针对的就是以上情况呢？笔者认为不然。因为从我国《物权法》相关规定来看，《物权法》上规定的指示交付并不仅仅限于货物有单证的情况。事实上，在一般的商品交换中，大多数不使用仓单、提单等单证。在货物没有单证的情况下根本不适用《合同法》第一百三十五条的规定，但却仍然会符合指示交付的构成要件。由于我国《物权法》上指示交付作为返还请求权让与的规定，并不是只考虑是否有单证存在，所以其适用范围要比《合同法》相关规定大得多。也就是说，我国《物权法》上的指示交付所针对的并不仅仅是货物有单证的情况，更不仅仅是针对“运输中的动产”和“委托保管中的动产”的买卖、质押。

关于指示交付应强调两点：第一，指示交付不能作为物权变动的公示方法，即返还请求权的转让并不是在任何情况下都当然产生物权变动的效果。与简易交付不同，在指示交付的情况下，让与人与受让人只是转让了一种请求权，而没有进行标的物的现实交付，标的物仍由第三人实际占有。因而，这种转让请求权的行为并不具有占有的公示性。在转让请求权发生后，只有当第三人实际地向受让人交付标的物，才能满

① 例如《德国民法典》第 93 条规定：“物由第三人占有时，所有权人可以将针对第三人的物权请求权转移给第三人，以代替交付。”我国台湾地区的“民法典”第 761 条规定：“让与动产物权，如其动产由第三人占有时，让与人得以对于第三人之返还请求权，让与受让人，以代交付。”

② 有关此观点的详细论述参见郭明瑞主编. 中华人民共和国物权法释义. 中国法制出版社，2007：60.

足公示的条件。至于第三人应何时向受让人交付标的物，即第三人何时具有交付的义务，则要根据第三人与让与人之间关于占有该动产协议约定的占有原因是否终结而定，而不是根据让与人与受让人之间达成的转让请求权协议来定。只有第三人与让与人之间关于占有该动产协议约定的占有原因终结后，第三人才具有向受让人交付标的物的义务。在此之前，除非第三人愿意提前交付，否则第三人可拒绝交付。因为根据合同的相对性，转让请求权的协议只是在让与人和受让人之间发生效力，对第三人是没有任何约束力的。因此，在第三人占有标的物的原因没有终结或第三人不愿提前交付的情况下，强行要求第三人根据当事人的协议负交付的义务，是没有任何道理的。并且，由于第三人占有让与人的动产，大多数情况下是基于第三人与让与人之间的协议，所以在该法律关系中，如果“转让人本身就构成违法，或者因其他合法的原因使第三人可享有一种对抗转让人的返还动产的请求权的抗辩，则这种抗辩不仅可以对抗转让人，也可以用来对抗受让人”。“除抗辩权之外，如果第三人对出让人享有法定或约定的抵消权，或者因为出让人欠第三人的债务而使第三人享有留置权，第三人也可通过行使这些权利而拒绝向买受人作出交付。”① 第二，让与人应将转让返还请求权的事实通知第三人。由于转让返还请求权是让与人和受让人之间达成的协议，所以根据合同相对性原则，此让与只在合同当事人之间发生效力，而对第三人没有任何约束力。因此，当让与人和受让人就转让返还请求权达成协议后，让与人应将转让的情况通知第三人，以便第三人在合法占有标的物的原因解除后，履行向受让人交付的义务。如果第三人没有接到让与人的通知，则第三人不负向受让人交付的义务。但应该注意：“通知第三人并非动产物权变动的生效要件，让与人即使没有通知第三人，也不影响动产物权变动的效力。如果第三人因未接到通知而将该动产返还让与人的，让与人应当将该动产及时交付受让人。”②

另外，在第三人无权占有的情形下（例如第三人从让与人处盗取标的物），是否适用指示交付？笔者认为不能适用，原因有三：第一，我国《物权法》第二十六条明文规定第三人须“依法占有该动产”，如果不是“依法”，则明显不符合指示交付的构成要件。第二，指示交付的主要目的是保护第三人对标的物占有的继续，而无权占有的第三人对物的占有是“无权”的，这自然不应是法律要保护的内容。第三，如果适用指示交付，则让与人就把被无权占有导致的损害轻易转让给了受让人，使受让人无端增加交易的风险，对保护交易安全不利。

（3）占有改定。所谓占有改定，是指转让人和受让人在转让动产时，如果转让人希望继续占有该动产，当事人双方可以订立合同，特别约定转让人可以继续占有该动产，而受让人因此取得对标的物的间接占有以代替标的物的实际交付。所谓间接占有是指自己不直接占有标的物，而是基于一定的法律关系对直接占有标的物的人享有返还请求权，因而间接对标的物有事实上的管领力。

占有改定在现实生活中也是经常存在的一种情形，例如融资租赁中的回租等。在

① 王利明.物权法论(修订本).中国政法大学出版社，2003：157.

② 高圣平.物权法：原理·规则·案例.清华大学出版社，2007：38.

物权转让时，转让人自己却因为一些客观情况需要继续占有转让的动产，这就让人很难判断该动产所有权是否发生转移，也就是说受让人的权利无法得到证明，这很容易产生纠纷。因而，为了保护这种情况下的交易，法律创设了占有改定制度。通过赋予受让人间接占有人的身份，来达到证明其权利存在的目的，以此解决物权公示与权利的实际享有不相符的问题。通过占有改定制度，受让人获得了物的所有权，转让人不但获得了价金，还可以继续占有原来的物，继续发挥物的效用。这一制度起源于罗马法，它的建立“是为了解决混合交易情况下如何保护物权受让人利益的问题，也是为了解决在混合交易中如何贯彻物权公示原则的问题”。“更为重要的是占有改定制度为目前盛行的让与担保制度提供了切实的法律依据。”① 正因为这样，世界许多国家和地区都规定了这一制度，例如德国民法、瑞士民法、奥地利民法、日本民法和我国台湾地区民法等。尽管我国有学者认为没有必要承认占有改定②，但“考虑到该制度建立所针对的混合型交易在中国的普遍存在，及中国市场经济的发展对让与担保制度的需求”③，我国《物权法》还是承认了这一制度。

需强调的是：占有改定不具有占有的公示作用，不能对抗第三人。即占有改定不能在任何情况下都产生所有权移转并对抗第三人的效果。占有改定的协议是当事人双方签订的，只对当事人双方有约束力。并且协议约定的所有权转移，从动产物权外部的表现（即实际占有）根本就无法显现出来，至于谁才是真正的所有人，第三人是无从知晓的。因为从第三人的角度来看，标的物一直都是由转让人占有，而“占有”恰恰是动产物权存在的公示方式，第三人对这种公示方式的信赖又正是占有公信力的体现，所以第三人有足够的理由能够认定标的物的所有权应归转让人。至于受让人通过协议实际上取得了标的物的所有权这一法律事实，由于缺乏一种外部的表象，第三人是不可能明察到所有权已经发生转移的。所以正如王利明教授所说：“除非社会一般人都了解当事人之间已经因为占有改定转化为租赁关系，否则很难认定转让人的实际占有构成所有权转移的公示。”所以对于占有改定的情形，当事人之间达成的协议，只在当事人之间产生效力。在双方就所有权转移发生纠纷的情况下，只要该占有改定的协议是合法有效的，法院就应当确认所有权转移的效果。但是由于其不具有公示性，当第三人就标的物的所有权归属与转让人和受让人发生争执时，转让人和受让人不能仅仅根据占有改定的协议对抗第三人。④ 也正是由于这两方面的原因，所以在占有改定的情况下，也能发生善意取得的效果。转让人应何时归还标的物，则要看转让人与受让人特别约定事由的期限。所谓善意取得是指无权处分他人财产的让与人，在不法将其占有的他人财产转让给买受人后，如果买受人在取得该财产时系出于善意，则买受人就取得该财产的所有权，原财产所有人不得要求买受人返还。此处所谓“善意”是指买受人不知道或不应当知道转让人无权转让该财产。关于善意取得制度在下文还要详细讲述，此处不多言。在占有改定的情况下，转让人虽然取得了标的物的实际占有，

① 梁慧星主编. 中国物权法草案建议稿. 社会科学文献出版社，2000：187.

② 有关此主张的详细论述见王利明. 物权法论（修订版）. 中国政法大学出版社，2003：155—156.

③ 梁慧星主编. 中国物权法草案建议稿. 社会科学文献出版社，2000：187.

④ 王利明. 物权法论（修订版）. 中国政法大学出版社，2003：154.

但此时由于标的物的所有权已经发生了转移，所以转让人是没有权利再对该标的物进行处分的。但由于第三人不知道该标的物所有权已经发生了转移，基于对转让人占有标的物的信赖，第三人与转让人就该标的物进行了交易，这完全符合善意取得的构成要件。因此，第三人就应当基于善意取得制度取得该标的物的所有权。

（三）案例 78 分析

动产物权的公示方式为占有，在我国实行的是以占有生效要件主义为一般原则而以法律另有规定或当事人另有约定为例外的立法例。所谓生效要件主义，简单地说就是必须占有，没有占有当事人就不能拥有该动产的所有权。当动产物权发生变动时，动产的占有也必须发生变动，否则物权的变动无效。即动产物权的设立和转让是自占有转移（交付）时发生效力，只有发生了占有的转移（交付），才会有原占有的结束和新占有的产生，才会有原物权的结束和新物权的产生，没有占有的转移（交付），只有合意并不会导致动产物权的移转。

本案中，王某和刘某约定了草料的买卖价款及交付的时间，并且刘某也支付了部分货款，但这都不表示草料所有权已经发生了转移，因为草料并没有发生占有的转移（交付）。对于没有按合同约定的时间交付草料，当事人是否存在过错？这要看本案没有按期交付的性质是履行迟延还是履行不能。[①] 本案双方约定第二天交付草料，但从当天晚上起就下起了大雨，刘某根本就无法按照约定将草料拉走。这是由于客观原因造成的刘某履行不能，刘某是没有过错的，因而对草料的损失，刘某是不负任何责任的。对于王某来说，由于草料没有交付，自己仍然占有着草料，所以草料的所有权就没有发生转移，其风险也就没有发生转移，所以草料霉烂的损失只能由王某自己承担。在本案的履行不能中，由于双方都无过错，因而也都不负违约责任。又由于大部分草料已霉烂，双方已无履行合同的可能，所以双方应解除合同，王某收取的 100 元钱自然也应返还刘某。所以，本案法庭应当支持刘某的诉讼请求。

【案例思考】

1. 2008 年 1 月，甲企业与乙银行订立抵押贷款合同，约定乙银行向甲企业贷款 800 万，甲企业以办公楼、厂房作为抵押。合同签订后，甲企业因急需资金，向乙银行提出，请先把钱划到甲企业账户上，甲企业随后就去办理抵押登记。乙银行工作人员考虑到甲企业是老客户，经办人又是老熟人，就先把资金划到了甲企业的账户上。但此后甲企业借故一直未办理抵押登记。后来甲企业因效益不好，就将办公楼、厂房转让给了另一家企业。由于甲企业不能归还到期贷款，乙银行遂诉至法院，请求法院追究甲企业的违约责任。但法院经审理后认为，由于没有进行登记，所以双方签订的抵押合同无效，对于银行的诉讼请求，法院不予支持。

问题：法院的理由是否成立？为什么？[②]

---

① 所谓履行迟延是指在债务履行期限届满后，债务人能履行债务而未履行债务；所谓履行不能是指债务人不能履行其义务。见王利明主编. 民法（第三版）. 中国人民大学出版社，2007：452、455.

② 王连合. 物权法原理与案例研究. 北京大学出版社，2011：32.

2. 王亮与李辉签订了电脑买卖协议，协议规定王亮将自己所有的电脑以三千元的价格卖给李辉。协议签订后，李辉便将三千元价款支付给了王亮。由于电脑里还有一些个人的资料，王亮提出过一周后再将电脑交给李辉，以便他利用这段时间清理电脑里的个人材料，李辉同意。三天后，并不知道电脑已经转让的崔凯找到王亮，提出以四千元的价格购买该电脑。看到崔凯出价高，王亮就隐瞒了与李辉的交易，表示同意。于是双方当即一手交钱一手交货，崔凯拿走了电脑。在约定的时间期满后，李辉来取电脑时得知此事，与王亮发生争议。

问题：他们之间的争议如何解决？[①]

第四节　物权的保护

一、确认物权请求权

（一）案例 79 简介

某单位购买了一台轿车，登记在公司经理张某的名下。张某擅自将该车转让给他人，该单位向法院提起诉讼，请求张某和受让人返还该车。法院认为该车既然已登记在张某名下，在法律上应当推定张某为所有人，因此，转让是合法有效的，从而驳回了该单位的请求。[②]

问题：法院的做法是否正确？为什么？

（二）相关知识点

1. 物权保护的含义

所谓物权的保护，是指在物权受到损害时，依照法律规定的方式恢复物权的圆满状态，它是对物权予以保护的各种机制的总和，又分为物权的公法保护和物权的私法保护。物权的公法保护是指依据行政法、刑法甚至宪法来追究侵害者的责任，以达到保护物权的目的。物权的私法保护即物权的民法保护，是指依据民法追究侵害者的民事责任，以达到保护物权的目的。物权的私法保护方法可分为物权方法和债权方法。物权方法包括确认物权请求权和物权请求权。债权方法是指损害赔偿。我们这里讲的物权保护特指物权的私法保护即民法保护。

2. 确认物权请求权

在民事诉讼法理论中，诉分为确认之诉、给付之诉和变更之诉三种。其中确认之诉是指一方当事人请求法院确认其与对方当事人之间争议的民事法律关系是否存在或

---

① 王连合. 物权法原理与案例研究. 北京大学出版社，2011：55.

② 王利明. 物权法论（修订版）. 中国政法大学出版社，2003：105.

者存在的具体状态之诉。[①] 与程序法上确认之诉相对应，物权法上的实体权就是确认物权请求权。所谓确认物权请求权，是指当事人在物权归属发生争议或者权利状态不明时，请求国家专门机关确认物权归属、明确权利状态的权利。它包括对所有权归属的确认和对他物权的确认两方面内容。

确认物权请求权作用非常大。它是对物权进行保护的前提，是对物权采取其他保护方法的最初步骤。如果一项物权不能确定其归属，物权人就不能行使其物权请求权，其他一切保护方法也都无从适用，该项物权就无法得到有效保护，当事人就不能对物进行有效的诸如占有、使用、收益、处分等一系列活动，该物也就不能有效发挥其功能。更重要的是，物权处于不确定状态，会严重损害相关当事人的利益乃至交易安全，容易引发社会不稳定因素。因此，确认物权请求权不但是一项基础性很强的权利，而且也是一项具有很强影响力的权利。

需强调几个问题：第一，尽管确认物权请求权属于物权保护的重要权利，但它不属于物权请求权的范畴。关于这一问题，学界有不同看法。有学者认为确认物权请求权不仅仅是一种所有权请求权，而且应当作为一项具有普遍意义的物权请求权。更有学者明确指出物权请求权包括确认物权请求权。[②] 但是，民法上的物权请求权是指权利人为恢复物权的圆满状态或者防止侵害的发生，请求义务人为一定行为或者不为一定行为的权利，是依附于物权的独立请求权，只能在物权受到侵害或者有遭受侵害的可能等物权圆满状态受到破坏时行使。[③] 也就是说，只有在当事人享有物权的情况下，物权受到了侵害或有受侵害的可能时，当事人才能行使物权请求权。如果物权本身的归属存在争议，此时因无法确定当事人是否享有物权，所以当事人就不能直接行使物权请求权，当事人必须首先请求确认物权的归属，然后才能谈得上其他权利。因此，确认物权请求权与物权请求权不是包括与被包括的关系，而是并列的两种物权保护措施。第二，确认物权请求权只能向国家专门机关提出，而不能实行自力救济。民法对物权的保护可分为自力救济和公力救济两种。所谓自力救济，是指权利人在自己的权利遭受侵害时，依靠自己的力量排除侵害，以维护自己的权利。所谓公力救济，是指权利人在自己的权利遭受侵害时，通过请求国家专门机关以公权力排除侵害，以维护自己的权利。现代社会，各国法律都是在坚持以公力救济为原则的同时，也在某种限度内设立自力救济制度。物权保护同样如此，例如权利人向妨害行为人提出请求排除妨害、消除危险、返还原物等物权请求权就属自力救济。但是，当事人提出的确认物权请求权却不能实行自力救济。因为物权归属发生争议后，如果允许自力救济，则有可能发生强取豪夺的现象，这是法治社会绝对不允许的事情。对于物权归属的争议，只能通过国家专门机关进行裁判，依靠国家公信力最终决定物权的归属，并依靠国家强制力来维持或推翻已经形成的财产关系，从而解决争议，平息纠纷，以维护社会经济生活的稳定。第三，确认物权请求权不适用诉讼时效。所谓诉讼时效，是指权利人在法定

① 谭兵主编．民事诉讼法学．法律出版社 1997：83．

② 这些观点分别见梁慧星主编．中国物权法草案建议稿．社会科学文献出版社，2000：207．孙宪忠编．物权法．社会科学文献出版社，2005：167．

③ 王利明．物权法论（修订版）．中国政法大学出版社，2003：96．

期间内不行使权利即丧失请求法院依诉讼程序强制义务人履行义务的权利。[①]诉讼时效是以权利人不行使其权利的事实状态为条件的，其目的是敦促权利人尽快行使权利，以免一些财产关系长期处于拖延和不稳定状态，影响社会正常的经济生活和经济秩序。但是，在物权归属不清的情况下，真正的权利人是谁尚不清楚，如何对权利人进行保护还无从知晓。在“情况不明”的情况下，法律不能动用诉讼时效来消灭权利。并且，假如确认物权请求权因诉讼时效期间届满而消灭，那么原来物权归属不清的状态势必会继续下去，这不仅会严重损害真正权利人的利益，而且也会导致对物权争夺的加剧，严重影响社会的稳定。因此，“只要物权争议存在，确认物权请求权就存在，不受诉讼时效的限制”[②]。

（三）案例79分析

所谓确认物权请求权，是指当事人在物权归属发生争议或者权利状态不明时，请求国家专门机关确认物权归属、明确权利状态的权利。它包括对所有权归属的确认和对他物权的确认两方面内容。如果物权本身的归属存在争议，此时因无法确定当事人是否享有物权，所以当事人就不能直接行使物权请求权，而必须首先请求确认物权的归属，然后才能谈得上其他权利。

本案中，该单位认为该轿车应属于自己，但轿车却登记在张某的名下，因而轿车的所有权究竟属于谁有待于进一步确认。在轿车所有权权属不明的情况下，只能根据登记这一具有很强公信力的外表来判断。该轿车既然登记在张某的名下，在法律上就应当推定张某为所有人，张某与受让人之间的转让合同就是合法有效的，所以法院的做法是正确的。同时在轿车所有权权属不明确的情况下，该单位却提出了物权请求权，而没有提出确认物权请求权，其诉讼请求没有得到法院的支持也就在所难免了。当然，该单位可通过修改自己的诉讼请求，即将返还原物的请求改为确认物权的诉讼请求，请求法院维护自己的权利。

二、物权请求权

（一）案例80简介

张三房后有一棵大柿子树，该树归李四所有。由于该树树龄较长，树的主干多处裂开，并有部分中空现象。张三担心遇到大风，该树倒塌会使自己新盖的房屋被砸坏，就向李四提出将这棵柿子树砍伐掉。李四认为该树每年都结很多柿子，为自己带来一定的经济效益，何况柿子树是自家的，自己说了算，所以一直不同意砍伐。为此，两家多次发生争执。

问题：依据法律的规定两家的争执应如何处理？

---

① 郑立、王作堂主编. 民法学. 北京大学出版社，1994：140.

② 郭明瑞主编. 中华人民共和国物权法释义. 中国法制出版社，2007：69.

（二）相关知识点

所谓物权请求权又称物上请求权[①]，是基于物权而产生的请求权。它是指物被侵害或有可能遭受侵害时，物权人有权请求恢复物权的圆满状态或防止侵害。它主要包括以下几种：

1. 返还原物请求权

所谓返还原物请求权，是指物权人对无权占有或侵夺标的物的人，基于物权请求其返还占有的权利。返还原物请求权是物权请求权中很重要的一项权利。在中国民法物权体系中，只有抵押权不以占有作为其首要权能，而大部分物权均以占有为首要权能。如果失去占有，这些物权的目的就无法实现。因此，在物权保护制度中规定返还原物请求权，对物权保护意义重大。[②]

返还原物请求权的适用必须满足以下条件：

（1）必须是基于物权产生的返还请求权。作为物权请求权的一种，返还原物请求权是为保护物权而专门设立的制度，它必须是基于物权而产生的一种返还请求权。其他情形产生的返还请求权则仅能适用占有保护中的占有物返还请求权。返还原物请求权最典型的形式就是基于所有权产生的所有物返还请求权，这一权利是所有权追及效力的直接体现。除此以外，基于他物权例如宅基地使用权、质权等产生的宅基地返还请求权、质押物返还请求权等也都属于返还原物请求权，当然此种情形下，权利人也可选择行使占有保护中的占有物返还请求权来保护自己的权利。

（2）必须是针对无权占有的物才能请求返还。所谓无权占有是指占有人没有法律上或合同上的依据而占有标的物。反之，则为有权占有。物权人只能要求无权占有人返还原物，而不能要求有权占有人返还原物，即有权占有人可以根据自己的有效占有来拒绝物权人的请求，例如承租人在租期内就有权拒绝出租人返还租赁物的要求。对于无权占有还是有权占有的判断，要以物权人提出请求时的客观情况来确定。

（3）被要求返还的财产必须是客观存在的。如果原物已经灭失，特别是对于特定物来说已经灭失，物权人就不能再要求相对人返还原物，而只能根据债权请求权要求相对人进行损害赔偿。当然，如果是种类物，则物权人既可以请求损害赔偿，也可以请求返还同类、同质及同量的物。

对于返还原物请求权是否适用诉讼时效的问题，学术界争议颇大。笔者赞同一些学者的主张：请求返还办理了登记的动产、不动产的请求权，不应当使用诉讼时效。因为诉讼时效期满而允许无权占有人拒绝返还，就势必与登记制度的效力发生冲突。登记的效力是不应该因时间的经过而消灭的，否则就将否定登记制度本身。如果被无

---

① 我国有学者不赞成这种说法，例如有学者认为物权请求权与物上请求权两个概念是有区别的。有关此说法的详细论述见王利明. 物权法论（修订版）. 中国政法大学出版社，2003：96. 另有学者认为应该用物权请求权而不能用物上请求权，因为物上请求权概念有许多缺点。其详细论述见梁慧星主编. 中国物权法草案建议稿. 社会科学文献出版社，2000：197. 但依通说二者是一致的，本文仍沿用这一说法。

② 梁慧星主编. 中国物权法草案建议稿. 社会科学文献出版社，2000：199.

权占有的标的物没有登记，无论是不动产还是动产，其返还请求权应当适用诉讼时效。[①]

2. 排除妨害及消除危险请求权

所谓排除妨害请求权，是指当物权的圆满状态受到占有以外的方式妨害时，物权人对妨害人享有请求其排除妨害的权利。所谓消除危险请求权，是指物权人在他人的行为或者所有物对自己行使物权可能造成一定的危险时，享有请求该他人消除危险的权利。排除妨害指的是排除物权人实际面临的现实的妨害，其目的是排除已存在的妨害；而消除危险指的则是消除尚未发生的但将来有可能出现的妨害，其目的在于预防可能的损害。

排除妨害请求权的行使必须符合以下条件：

（1）被妨害的标的物必须是仍然存在并由物权人继续占有的物。如果被妨害的标的物已经毁损灭失，则物权人就只能请求侵权人进行损害赔偿，而没有必要再要求妨害人排除妨害。同时，物权人在行使排除妨害请求权时，其必须仍占有该标的物，如果物权人的占有已经丧失，则其就只能行使返还原物请求权。

（2）物权人请求排除的妨害行为必须是不正当的行为。所谓不正当的行为，是指没有法律上或合同上依据的行为。反之，则为正当的行为。正当的行为即使对物权人的标的物构成了妨害，物权人也不得请求行为人排除妨害，而是应负容忍义务。例如行为人为紧急避险而给所有人造成妨害、邻居依据相邻关系的法律规定在物权人的土地上所为的行为等。

（3）妨害是持续进行的，而不是短暂即逝的或者已经消失的。

关于排除妨害请求权需强调几点：第一，排除妨害请求权仅仅限于除去妨害，而不包括恢复原状。“妨害排除后，物权人所占有的物是否已恢复其原有状态并非排除妨害请求权所能解决的问题。如果妨害行为对权利人的物造成了损害，则物权人有权请求妨害人赔偿损失或要求其恢复原状。”[②] 第二，排除妨害请求权并不以相对人有过错为要件。只要妨害客观上存在，物权人都可以行使此权利，而不必要求相对人必须具有主观上的故意或过失。即排除妨害请求权不适用过错责任原则，这不同于侵权损害赔偿责任。第三，排除妨害请求权不适用诉讼时效。[③] 只要妨害行为客观存在，物权人就可以行使此项权利。第四，排除妨害的费用承担问题。原则上，谁造成的妨害，就应由谁承担该妨害排除的费用。但在一些具体情况下，还应结合妨害人对妨害形成是否有过错来确定费用的分担更为合理。

消除危险请求权的行使必须符合以下条件：

（1）物权有被妨害的可能。尽管他人的行为或者所有物对物权人的物权没有现实的妨害，但是却存在将来发生妨害的危险性。并且这种危险应当是能够被合理预见到

---

① 郭明瑞主编. 中华人民共和国物权法释义. 中国法制出版社，2007：70—71.

② 马新彦主编. 中华人民共和国物权法法条精义与案例解析. 中国法制出版社，2007：99.

③ 尽管有学者对此提出异议（例如董学立教授认为：“非是消灭时效在所有物妨害排除请求权不适用，而是消灭时效在所有物妨害排除请求权的适用永远无法成就。”见董学立. 物权法研究. 中国人民大学出版社，2007：111—112.），但依通说，排除妨害请求权不适用诉讼时效。

的，而不能是凭想当然想象出来的。所谓“合理预见到的”，是指就具体情况依据社会一般观念进行正常推断就能够判断出可能发生的结果。合理预见到的危险虽然尚未发生，但确实有发生的可能，这是消除危险请求权行使的重要条件。

（2）消除危险请求权的相对人是可能对他人的物权造成妨害的人。包括通过自己的行为或因自己的所有物造成妨害物权人物权的人。

关于消除危险请求权需强调几点：第一，消除危险请求权不以相对人有过错为要件。也就是说只要危险存在，物权人就可以行使此项权利，而不必考虑相对人主观上是否具有故意或者过失。第二，消除危险请求权不适用诉讼时效。只要危险客观上存在，物权人都可以有权要求行为人承担消除危险的责任。第三，消除危险的费用承担问题。一般情况下是由妨害危险形成人承担。无论妨害危险是基于妨害人的行为产生，还是因妨害人的所有物产生，妨害人都应当自担费用。①

3. 恢复原状请求权

所谓恢复原状请求权，是指由于行为人的原因致使他人的财产受到损害后，物权人享有要求行为人采取各种措施，使财产恢复原有状态的权利。恢复原状的措施主要包括修理、重作、更换等。当标的物受到毁损时，物权的客体就不完整了，物权的正常行使必然会受到影响。如果想恢复物权的圆满状态，最理想的结果就是能使标的物恢复原有状态，因此赋予物权人恢复原状请求权就显得至关重要。

恢复原状请求权的行使必须满足以下条件：

（1）被损害的财产有恢复的可能。只有被损害的标的物存在经过修理、重作或更换等措施后，能够恢复原有状态的可能时，权利人才能要求加害人恢复原状。如果被损害的标的物没有恢复的可能，则权利人只能要求加害人进行损害赔偿。当然，即使在被损害的标的物有恢复的可能时，权利人也可以根据自身的利益，在恢复原状和损害赔偿之间作出选择，以利于更好地兼顾各方利益。

（2）被损害的财产有恢复的必要。特别是被损害的标的物是特定物的时候，由于特定物对权利人有特殊的价值，不能简单地用金钱替代，因此加害人应负责恢复原状。如果没有恢复的可能，则只能进行损害赔偿。被损害的标的物是可替代物时，则可根据经济效率的原则既可进行恢复原状，也可进行损害赔偿。

（三）案例 80 分析

消除危险请求权属于物权请求权的一种，是指物权人在他人的行为或者所有物对自己行使物权可能造成一定的危险时，享有请求该他人消除危险的权利。消除危险指的是消除尚未发生的但将来有可能出现的妨害，其目的在于预防可能的损害。即使他人的行为或者所有物对物权人的物权没有现实的妨害，物权人仍可行使消除危险请求权。当然这种可能的危险应当是可以合理预见并确实存在的，而不是主观臆断的。消除危险请求权不以相对人有过错为要件，并且无论妨害危险是基于妨害人的行为产生，还是因妨害人的所有物产生，妨害人都应当承担费用。

---

① 马新彦主编. 中华人民共和国物权法法条精义与案例解析. 中国法制出版社，2007：101.

本案中，李四所有的柿子树，树干多处裂开，并有部分中空现象。按照社会一般观念可以推断出：遇到大风该树很有可能折断，从而对张三的新房造成潜在的危险，这种危险的发生将直接妨害到张三正常行使对自己房屋的所有权。因此，张三可以行使消除危险请求权，要求柿子树的所有人李四采取措施消除危险。当然，李四所采取的措施不一定是将树木砍伐掉，只要李四采取了相应的措施，这些措施按照社会一般观念足以防范危险的发生，就算消除了危险。但是，如果李四采取的措施，按一般观念不足以防范危险的发生，张三仍然有权利继续要求李四采取其他措施消除危险，其措施不排除将树木砍伐掉，直到危险彻底消除。如果像本案中李四拒不采取措施消除危险，那么张三可向当地人民法院提起诉讼，请求人民法院强令李四采取措施（或直接要求李四及时砍伐柿子树），以消除危险，相关费用由李四自己承担。

三、损害赔偿请求权

（一）案例81简介

甲企业与乙企业订立了一份机器设备买卖合同，约定由买方乙企业自行委托丙运输公司将设备由甲企业运至乙企业处。在运输过程中，丙公司的运输车与违章的丁车相撞，造成部分机器设备毁坏。当设备运至乙企业时，乙企业认为自己的利益受到了损害，有关方面应负赔偿责任，从而拒绝接受该设备。而丙运输公司则认为并非是自己的过错造成了设备的损害，所以自己不负任何责任。双方发生纠纷。

问题：他们的纠纷应如何解决？

（二）相关知识点

前面已谈到，物权保护特指物权的私法保护即民法保护，物权的私法保护方法又可分为物权方法和债权方法。确认物权请求权和物权请求权就是物权方法，债权方法指的是损害赔偿请求权。[①]

所谓损害赔偿请求权，是指物权人因他人的侵害造成损失时，享有请求侵害人对损失进行赔偿的权利。物权人的损害赔偿请求权可以单独提出，也可以在行使物上请求权的同时提出。具体而言，当侵权人的行为致物权的标的物毁损灭失，使物权人不能行使物上请求权时，物权人可以单独提出损害赔偿的请求；当物权人采用排除妨害、恢复原状、返还原物等方法仍不能挽回其所受的损失时，其可以在行使物上请求权的同时，请求侵害人赔偿其余的损失。[②] 损害赔偿请求权主要是以金钱补偿作为手段，其目的主要是使受到侵权的物权人的利益能够获得公正的补偿。

需特别说明的是：对物权进行保护，用物权方法恢复物权人对物权的圆满支配状

---

① 有学者认为："当代世界各国法律中所规定的具体的物权请求权，是根据对物权构成妨害的事实的类型来划分的，即法律认定存在着哪一种妨害物权的事实，便规定一种相应的物权请求权。"并由此得出损害赔偿请求权属于物权请求权的一种（此种观点详见孙宪忠编.物权法.社会科学文献出版社，2005：167—172.）。但理论界大多数人仍然认为损害赔偿请求权属于债权保护的方法。

② 江平主编.中国物权法教程.知识产权出版社，2007：163—164.

态，其保护更充分，效果更明显。因此，在具体运用保护方法时，往往优先使用物权方法，只有在使用物权方法不能使物权得到完整保护时，才适用债权保护方法。

（三）案例81分析

物权的私法保护方法可分为物权方法和债权方法。债权方法指的就是损害赔偿请求权。所谓损害赔偿请求权，是指物权人因他人的侵害造成损失时，享有请求侵害人对损失进行赔偿的权利。物权人的损害赔偿请求权可以单独提出，也可以在行使物上请求权的同时提出。

本案中，甲企业将机器设备交给丙运输公司时，该机器设备的所有权就转给了乙企业，乙企业就成为该套机器设备的所有权人。当机器设备受到侵害后，由于乙企业通过物权保护的方式无法弥补自己所受的损失，所以它有权请求侵害人（本案中就是违章的丁车车主）进行损害赔偿。当然，乙企业也可基于承运合同要求丙运输公司承担违约责任，丙运输公司也可要求违章的丁车车主对车辆等的损毁及由此造成的其他损失进行损害赔偿。

【案例思考】

1. 甲、乙之间订立一份木材买卖合同，约定交货方式为代办托运。合同订立后，甲委托运输公司丙运至乙处。在运输过程中，丙故意损坏承运木材。

问题：针对丙的行为，谁可以提出物权请求权？①

2. 甲的房屋后墙紧靠大路，乙未经甲同意就在甲房屋后墙上粉刷自己企业的广告。甲发现后，要求乙将广告抹掉或支付占用费，乙未予理睬。后来，甲自行购置涂料将广告抹去，并找到乙，要求其支付涂料费和劳务费，乙当即回绝。于是甲向法院起诉。

问题：法院是否应该支持甲的诉讼请求？为什么？

---

① 王全弟主编. 物权法. 浙江大学出版社，2007：85.

CHAPTER 11 第十一章 所有权

第一节　所有权概述

一、所有权的含义

（一）案例 82 简介

甲在自己所有的某小区一楼沿街房开了一家小饭店，饭店抽油烟机排烟口正对二楼住户乙的窗户。甲还专门配备了音响，每天营业至深夜。住在二楼的乙深受其害，每次开窗就会有油烟的热浪袭来，且音响的噪音严重影响了乙的休息。双方发生纠纷。

问题：乙能否要求甲停止侵害？

（二）相关知识点

1. 所有权的概念

在历史渊源上，无论作为民法制度抑或民事权利的所有权，其历史莫不可以追溯到古罗马法时代，并在那里找到它最初的观念。①

罗马法时代所有权的相关术语有两个。较早出现的是“dominium”一词，产生于罗马社会后古典法时期，具有统治、支配、控制、管领的意思，一般认为是所有权最原始的概念。到罗马帝国后期，“dominium”为“proprietas”所取代，“proprietas”已经具有明确的所有权内容，即占有、使用和滥用权，因而成为后世所有权概念的起源。

在传统民法中，所有权的定义方式主要有两种：一种是抽象概括式，认为所有权就是完全物权。以抽象概括方式定义所有权的学者有 13 世纪意大利注释法学派大师

① 梁慧星. 物权法. 法律出版社，2005：100.

Bartolus。他认为，“所有权，除法律禁止外，（权利人）可以对有体物享有不受限制的处分的权利”[①]。德国等国家的民法典便是以此种方式定义所有权：在不与法律规定相违背或没有第三人反对的情况下，所有权人有权排除他人干涉对物行使自主权。另一种是具体列举式，通过列举所有权的各项权能来解释所有权的本质属性。以具体列举式定义所有权是从法国开始的，例如《法国民法典》规定：“所有权是以绝对的方式对物享有使用和处分的权利。但不得为法律禁止的使用。”两种定义方式各有利弊。我国法律采取的是具体列举式，根据我国有关法律，我们可以给所有权下如下定义：所有权是指所有人依法对自己的财产享有占有、使用、收益和处分的权利。

2. 所有权的性质

（1）全面性。所有权的全面性，又称完全性，是指所有人对于所有物在法律规定的范围内，有完全的支配权，这种支配权包括占有、使用、收益、处分等各项权能。所有人在行使所有权时，除受法律的限制外，不受其他任何方面的制约。对占有、使用、收益、处分等各项所有权权能，所有人既可以自己行使，也可以根据自己的实际需要将部分权能或一定程度上将所有权能出让给他人行使，由此派生出他物权，他物权包括用益物权和担保物权。他物权仅限于对标的物为某一方面或某几方面的支配。而所有权是对物全面的支配，所以，所有权又称完全物权，他物权又称定限物权。也就是，所有权不仅支配物的使用价值，还支配物的交换价值，用益物权仅支配物的使用价值，担保物权仅支配物的交换价值。

（2）整体性。又称“浑一性”“单一性”或“同一的支配力”。所有权主要体现为占有、使用、收益、处分权能，但所有权并非这四项权能在量上的简单相加，而是一个整体的权利。基于所有权具有的整体性，所以所有权不能在内容或时间上加以分割。在不动产所有权之上设定他物权，不是对所有权权能的分割，而是创设一个新的、独立的物权。要注意的是在按份共有的情况下，各共有人按其份额的大小享有权利、履行义务，但各份额本身不是一个独立的所有权，各份额共同构成一个所有权。

（3）弹力性。又称归一性，是指因当事人的约定或法律的规定，所有人可以在所有物上设立用益物权或担保物权，将所有权的权能的一部分甚至全部出让给他人，使所有权受限制而处于不圆满的状态，但所有权的权能与所有权发生分离是暂时的，此限制一旦除去，所有权权能自然回复到圆满的状态。所有权的占有、使用、收益和处分权能，可以因法律的规定或当事人的约定由非所有权人分享，为他人设定他物权。当所有权人在物上为他人设定了他物权后，所有权人享有的权能就受到了限制。虽然占有、使用、收益甚至处分权能与所有人发生分离，但只要没发生使所有权消灭的法律事实，所有权并不消灭。当所有物上设定的他物权消灭，所有权仍然恢复圆满状态，亦即分离出去的权能复归于所有权人，这就是所有权的弹力性。

（4）永久性。又称永久存续性，指所有权不受时效的限制而永久存续。因此，所有权又被称为无期限物权，而其他物权都是有期限物权，存在于法定或者约定的期限内，例如建设用地使用权、地役权、抵押权等都可以约定存续期间。所有权人即使长

---

① 转引自王泽鉴. 民法物权(通则·所有权). 中国政法大学出版社，2001：150.

期搁置所有物而未积极实现其所有权的各项权能，也不会发生所有权消灭的后果。不管是国家还是个人都不能对所有权的期限加以约定，所有对所有权存续期间的约定都是无效的，同时所有权也不因诉讼时效期间的经过而消灭。但需注意的是，在我国，以出让方式取得的建设用地使用权是有期限的，于其上建设的房屋因此也表现出期限性，与一般所有权有异。

(5) 社会性。在所有权产生之初的相当长的一段时间内，人们强调所有权的绝对性，重视对个人权利的尊重与保护，认为所有权是不受任何限制的。但随着社会历史的发展，所有权的绝对性在现代已经被打破，人们越来越认识到所有权具有社会性，所有权的行使不仅要受到私法、公法的诸多限制，还应当受到不因滥用侵害他人权利的限制，在行使所有权的时候应顾及社会公共利益，个人不能肆意妄为，损害他人的利益，这就是权利滥用禁止原则。我国《物权法》第七条明确规定："物权的取得和行使，应当遵守法律，尊重社会公德，不得损害公共利益和他人合法权益。"

(三) 案例 82 分析

所有权是所有人在法律规定的范围内，对属于自己的特定物全面支配和排他的权利。所有人在行使所有权时，除受法律的限制外，不受其他任何方面的制约。但所有权在行使时要受到私法、公法的诸多限制，在行使所有权的时候应顾及社会公共利益，个人不能肆意妄为，损害他人的利益。我国《物权法》第七条明确规定："物权的取得和行使，应当遵守法律，尊重社会公德，不得损害公共利益和他人合法权益。"

本案中，甲对自己的沿街房享有所有权，在法律规定的范围内可以对其进行占有、使用、收益和处分。甲在行使所有权时，排放的油烟对乙造成了危害，音响的噪音严重影响了乙的休息，对乙的所有权的行使产生了不利影响，违反了权利滥用禁止原则。因此，乙可以要求甲停止侵害并排除妨碍。如果乙因此受到了损害，甲还应当赔偿损失。

二、所有权的权能

(一) 案例 83 简介

甲于 2003 年 1 月在本市国际花园小区购买了一套三室一斤的住房，又花费了 10 万元对房屋进行装修。装修好后，全家人搬到了新房，住了半年以后，因为甲换了工作，新买的住房离自己的工作单位太远，于是全家搬进了新单位提供的简易住房，将自己的三室一斤住房出租给乙。2004 年 3 月，甲因急需用钱，将自己的三室一斤住房抵押给了银行，贷款 30 万元。[①]

问题：甲对自己住房所有权的行使是否妥当？

① 马新彦主编. 物权法法条精义与案例解析. 中国法制出版社，2007：116.

（二）相关知识点

所有权的权能，也称所有权的内容或所有权的作用，是指所有权人为实现对其所有的不动产或者动产的利益，在法律规定的范围内，依其自由意志能够对其不动产或动产采取各种手段的能力。所有权是所有人对物的全面支配的权利，这种支配权通常表现为若干具体的存在形式，这些形式就是所有权的权能。所有权的不同权能表现了所有权的不同作用，是构成所有权的内容的有机组成部分。所有权的权能包括积极权能和消极权能。

1. 所有权的积极权能

积极权能是所有权人为实现所有权对物进行各种积极行为的权利。我国《物权法》第三十九条规定："所有权人对自己的不动产或者动产，依法享有占有、使用、收益和处分的权利。"该条规定列举了所有权的四项积极权能。

（1）占有权能。所谓占有权能是指权利人对标的物为事实上管领的权能，它是权利人对标的物进行现实支配的前提和基础。所有权是对物的支配权，所有权人为实现其所有物的价值，应该享有对物的占有，所以占有是所有权的事实权能。没有占有的存在，所有权人对自己的财产进行使用、收益就丧失了前提条件。

但是由于社会经济的发展，所有权人在时间、精力、知识、能力等方面的局限，由自己来行使占有权能有时难以实现所有物的利益最大化，所以在一定条件下，占有作为所有权的一项独立的权能可以被分割出去，与所有权相分离，依照法律规定或当事人的约定交由所有权人之外的其他人来行使。占有权能分离由非所有权人行使时，非所有人享有的占有权能同样受到法律的保护，所有权人不能随意请求返还原物，恢复对所有物的占有。当非所有权人的合法占有权被他人侵夺时，也可以基于占有权请求侵夺人返还原物。

（2）使用权能。使用权能是指依照所有物的性能或用途，在不毁损所有物或不变更物的性质的情形下，为满足所有人生产、生活的需要而对物加以利用。行使使用权能的本质就是实现物的使用价值，满足人们的需要，物的使用价值决定了对物进行使用的可能。行使使用权应以占有作为前提条件，亦即享有使用权必须享有对物的占有权，但享有物的占有权未必享有物的使用权。例如在质权中，质押人将质押物移转于质权人来占有，但质权人对质押物只有占有权而无使用权。

使用权能作为一项独立的权能，和占有权能一样，既可以由所有权人来行使，也可以依照法律规定或当事人的约定交由所有权人之外的其他人来行使。非所有权人行使使用权既可以是有偿的，也可以是无偿的，但是不管是否有偿使用所有物，使用人必须依照法律规定或当事人约定的方式对物加以使用，使用人因使用该物不当造成该物毁损灭失的，应当承担损害赔偿责任。

（3）收益权能。收益是指收取由原物产生出来的新增经济价值，主要表现为收取物的天然孳息和法定孳息。所有权人收取天然孳息，属于事实收益，例如摘取果树上的果实等。收取法定孳息属于法律收益，例如将存款存于银行获取利息。

收益权的创设最初是为解决中世纪西欧土地上的双重所有权，收益权作为一项独立的权能逐步确立。一般情形下，收益是使用的结果，收益权能由所有人来行使。但随着市场经济的发展，现代社会对所有权的利用更加广泛，有些情形下所有权由所有人来使用并不能发挥物的最大价值和效用，因而出现了所有权的收益权能和所有权相分离的现象。

（4）处分权能。所有权的处分权能是指依法对物进行处置，从而决定物的命运的权能。由于处分权能最终影响到物的命运，所以处分权能在所有权的各项权能中，居于核心地位，是所有权最基本的权能。处分权能包括事实上的处分和法律上的处分，事实上的处分是指对物进行毁损、改造、破坏或者进行物理性质上的变更，是一种事实行为。例如加工产品、吃掉食物等。法律上的处分是指设定、变更或者消灭所有物上的权利，是通过对所有权的限制、转移或消灭从而产生法律变动的行为。例如转让、租借、设定用益物权或担保物权等。

对于处分权能的性质，学界有不同观点，有学者认为处分权能仅指事实处分，但大部分学者认为处分权能包括事实处分和法律处分。

2. 所有权的消极权能

所有权的消极权能是指所有权的行使能排除他人的不正当干涉。排除的主要方式就是所有权的物权请求权。所谓不正当干涉，是指没有法律依据而对他人的所有权进行的直接侵夺、干扰或者妨害。就他人的不正当干涉造成的损失，所有权人有权要求干涉人承担损害赔偿责任。

所有权的消极权能是保障所有权各项积极权能得以实现的必要条件。我们之所以称之为消极权能，是相对于积极权能而言的。前面所说的占有、使用、收益和处分权能是权利人主动地、积极地追求的。但排除他人的不正当干涉是排斥并除去他人对所有物的不法侵占、干预和损害的权能，只有在所有权遭到他人非法干涉时才出现，平时若无非法干涉，是隐而不现的，所以称之为“所有权的消极权能”。

（三）案例 83 分析

所有权的权能是所有人利用所有物以实现其对所有物的独占利益，而在法律规定的范围内可以采取的各种措施和手段。所有权的权能包括占有、使用、收益和处分四项权能。占有权能是指权利人对标的物为事实上管领的权能；使用权能是指依照所有物的性能或用途，在不毁损所有物或不变更物的性质的情形下，为满足所有人生产、生活的需要而对物加以利用；收益权能是指收取由原物产生出来的新增的经济价值，主要表现为收取物的天然孳息和法定孳息；所有权的处分权能是指依法对物进行处置，从而决定物的命运的权能。

本案中，甲作为所有权人，对自己的房屋享有占有、使用、收益和处分的权利。甲搬进该房屋中居住，是行使对于房屋的占有和使用权能。甲将房屋出租收取租金，是行使对该房屋的收益权能。甲将房屋抵押给银行，贷款 30 万元，是行使法律上的处分权能。甲在行使所有权的权能时，均在法律规定的范围内，所以甲对所有权的行使并无不当之处。

三、征收与征用

（一）案例84简介

李梅出嫁到了邻村，但户口一直未迁出本村，所以其口粮田一直在本村保留，由其生父母代为耕种。每到年终，李梅父母就将女儿口粮田收获得来的粮食送到李梅处，邻村一直没有再分给李梅口粮田。后来因修建公路，本村部分土地被征收，李梅的口粮田也在征收范围内。本村村委会在发放土地补偿费时，以李梅已嫁到外村为由，仅发给李梅青苗费，而拒绝发给李梅土地补偿费和安置补助费。由于口粮田是李梅基本生活的来源，李梅多次找村委会，要求给付相关费用。[①]

问题：本村村委会的做法是否正确？

（二）相关知识点

1．征收

（1）征收的含义。征收是为了公共利益的需要，依照法律规定的权限和程序将集体所有的土地或单位、个人的房屋及其他不动产收为国有（我国《物权法》第四十二条第一款）。我国《物权法》将征收的对象限于不动产，主要是考虑到动产一般都有很多替代物品，政府无须通过征收的方式取得。征收是国家以其公权力限制或剥夺私有财产权利的行为，是国家取得财产的一种重要手段。征收具有如下法律特征：

第一，征收必须是为了公共利益。为了公共利益的目的是征收实施的前提条件。公共利益目的性在某种程度上成为判断征收行为是否合法的依据，也是防止政府滥用征收权力、侵害被征收者合法权益的重要保障。国家任何征收必须是为了公共利益的目的，否则该征收行为就可能违法。但是什么是公共利益，如何界定公共利益，一直是世界各国理论界和实务界面临的难题。公共利益是一个比较抽象的概念，对其界定应当抓住两点：一是征收是否使绝大多数人受益；二是征收是为了社会公共利益还是一般商业利益。

第二，征收的主体是国家。财产征收是国家基于整体或局部公共利益的需要，而对公民或法人合法拥有的财产予以征收。征收的主体是国家，只有国家才能利用公共权力对集体或私人财产进行干涉，甚至强制性地将财产转移给国家，除此之外的任何其他组织和个人均无权行使不动产征收权。不仅征收的决定应当由代表国家的政府依法作出，而且征收补偿标准的确定、拆迁方案的确定等都由代表国家的政府来决定。

第三，征收是转移财产所有权的行为。征收是政府以行政行为强制性地转移集体土地所有权或者单位、个人的房屋及其他不动产的所有权，并给予被征收人补偿费、安置补助费和社会保障等费用。征收是以行政命令发生所有权变动的行政法律关系，财产的所有权转移给国家。

第四，征收具有补偿性。这是我国宪法所确认的一项基本原则。征收是将集体和

---

① 王连合．物权法原理与案例研究．北京大学出版社，2011：80.

公民个人的合法财产收归国有的行为，为了社会整体利益，集体和公民个人牺牲了自己的财产所有权，因此，必须对集体和公民个人给予补偿。不能在未支付任何补偿的情况下强制性地转移集体和公民个人的财产所有权，这样才能保障被征收人的合法权益。

（2）征收的条件。征收的条件包括：第一，征收必须是为了公共利益的需要。第二，征收必须符合法律规定的权限和程序。由于征收是对集体和公民个人合法财产权的限制和剥夺，所以其行使必须严格按照法律规定的权限和程序。依据我国《立法法》第八条第六项规定，对非国有财产的征收只能制定法律，亦即只能是全国人大及其常委会制定的法律来规定，而不能由行政法规来规定。因此，征收的依据就排除了行政法规、地方法规、部门规章和地方规章。第三，征收后必须依法作出补偿。补偿是征收的先行程序，没有补偿便没有征收。征收是对公民权利的重大限制，是国家取得公民私有财产的方式之一，基于对财产权的保障和公平负担的法学理论，宪法在明确授予政府征收权的同时，还规定了“无补偿则无征收”原则来规范政府的征收权，从而实现公共利益与私人利益之间的平衡。

2. 征用

（1）征用的概念。征用是指国家因抢险、救灾等紧急需要，依照法定程序强制临时使用集体或公民财产并依法给予补偿的制度。我国《物权法》第四十四条规定：“因抢险、救灾等紧急需要，依照法律规定的权限和程序可以征用单位、个人的不动产或者动产。被征用的不动产或者动产使用后，应当返还被征用人。单位、个人的不动产或者动产被征用或者征用后毁损、灭失的，应当给予补偿。”由此可见，征用是对集体或公民个人财产所有权的限制。

（2）征用的条件。征用的条件包括：第一，必须出于紧急需要。只有在国家宣布处于紧急状态的情况下，才能征用集体或公民个人的动产和不动产。所谓紧急状态，是指突发性的现实危机或者预期可能发生的危机，在较大空间范围或者较长时间内威胁到公民生命、健康、财产安全，影响国家政权机关正常行使权力，必须采取特殊的应急措施才能恢复正常秩序的特殊状态。导致出现紧急状态的因素主要包括严重的自然灾害、重大人为事故、突发公共卫生事件、社会动乱、恐怖事件等。第二，必须依据法定的权限和程序。我国《物权法》对征收和征用规定了同样的权限和程序，但征用是在紧急的情况下采取的措施，虽然也要依照法定的权限和程序，但其权限和程序应当有别于征收，因此，在以后的相关配套法律法规中应当对征收和征用的权限和程序作出有针对性的规定。第三，征用完毕应当返还，并给予适当补偿。在紧急状态下，国家为了依法及时有效应对各种重大突发事件，会不可避免地发生征用集体或公民财产的情况，在紧急状态结束或者使用完毕之后，如果被征用的财产还存在，应当返还原物，如果原物已经毁损，则应当照价补偿。

3. 征收与征用的区别

（1）征收、征用的目的不同。征收必须以公共利益为目的，是和平环境下的法律制度，所以国家行使征收权时，可以从容不迫地履行法律规定的权限、程序和手续，而且必须符合征收的三个法定条件。征用也具有公益性，但一般仅在紧急情况下才能使用，其目的限制更为严格。征用只有一个法定条件，即国家处于紧急状态。当国家或者某个地区进入紧急状态，可以对任何人的财产实行征用。

（2）征收、征用的对象不同。征收的对象一般限于不动产（包括依附于不动产的其他财产性权利），而征用的对象包括动产和不动产。

（3）征收、征用的补偿标准不同。征收补偿原则上必须按照被征收不动产的市场价值足额补偿；征用补偿主要针对财产因征用而毁损或灭失的情形，应对该财产征用前的实物状态或价值状态予以恢复，而对该财产的正常利用的损耗，原则上是不予补偿的，即便是进行补偿其标准也较低。

（4）征收、征用的权利后果不同。征收是国家强制从被征收人手中剥夺该不动产的所有权，并消灭依附于所有权的各项权能，其结果是物权发生转移；征用则主要是在紧急情况下对私有财产的强制占有和使用，当紧急状态消除后，被征用的财产应当归还，不发生所有权的转移。

区别征收和征用的关键在于：国家是“拿走”还是“借用”私有财产；对权利的强制转移是永久性的还是暂时性的；被转移的物权最终是否归还。被征收的财产是不需要归还的；而被征用的财产在紧急状态结束后应当归还给原所有者。

（三）案例 84 分析

征收是为了公共利益的需要，依照法律规定的权限和程序将集体所有的土地和单位、个人的房屋及其他不动产收为国有。征收集体所有的土地，应当依法足额支付土地补偿费、安置补助费、地上附着物和青苗的补偿费等费用，安排被征地农民的社会保障费用，保障被征地农民的生活，维护被征地农民的合法权益。任何单位和个人不得贪污、挪用、私分、截留、拖欠征收补偿费等费用。

本案中，李梅出嫁到了邻村，但户口一直未迁出本村，所以其口粮田一直在本村保留，后来因修建公路，本村部分土地被征收，李梅的口粮田也在征收范围内。按照法律规定，应当足额支付李梅土地补偿费、安置补助费、地上附着物和青苗的补偿费等费用，安排李梅的社会保障费用。村委会拒绝发给李梅土地补偿费和安置补助费显然违反了法律的规定，是错误的，村委会应该足额支付李梅的各项费用。

【案例思考】

1. 甲乙二人的房屋紧邻，甲房屋在乙房屋的正北方。一日，乙雇佣施工队伍，对自己的房屋予以改造，搭建了一个与房屋顶端等高并向北延伸的搭建物，该搭建物并未入侵甲房屋的范围。但从此，甲房屋南面二层阳台每日均被该搭建物的阴影所遮住。①

问题：甲能否以乙的搭建物侵犯了自己的权利为由而要求乙进行拆除？

2. 几十年不遇的连日暴雨，致使山洪暴发。如果小水库崩塌，洪水汹涌出山，河道又中穿县城，后果严重。县抗洪指挥部作出紧急决定：(1) 立即组织响石村、大塘村村民转移；(2) 组织爆破队火速运炸药进山，选址预埋。两个村的村民心情沉重地

① 王全弟.物权法.浙江大学出版社，2007：105.

登上了几十辆带篷卡车。能带的虽然尽量都带走，但房屋和土地却带不走。14 小时后，水库果然崩塌，定向爆破启动，山石堵塞河道，洪水改向，淹没了响石村、大塘村，县城安然无恙。①

问题：村民的损失应如何处理？

第二节 国家所有权和集体所有权、私人所有权

一、国家所有权

（一）案例 85 简介

1983 年春，被告张甲、张乙随其父在野外开垦了一块荒地，种植土豆等蔬菜以解决家中吃菜问题。至 1992 年时，两被告因工作等原因，未予种植。1994 年秋季，原告刘丙在听他人说此地已几乎无人种植的情况下，遂与家人对此地进行了平整。1995 年春季，原告刘丙准备在平整后的土地上种植时，两被告前来阻止，说此地是其早年开垦，这几年虽然未种，但并没有放弃使用权。双方因此发生争执，后经镇司法所主持调解未果。1996 年春，刘丙又准备在此地进行种植时，发现地已由两被告种上，遂向法院起诉，以此荒地是自己在 1994 年秋开垦的，被被告种植为理由，要求两被告归还此地的使用权。

问题：该被开垦的荒地属于何人所有？

（二）相关知识点

1. 国家所有权的概念

在我国，国家不仅是国家政权的承担者，而且是国有财产的所有者。任何国家要履行一定的统治职能和管理社会公共事务的职能，必须拥有并支配一定的社会财富，这就是国家所有权产生的基础。我国《民法通则》第七十三条规定："国家财产属于全民所有。国家财产神圣不可侵犯，禁止任何组织或者个人侵占、哄抢、私分、截留、破坏。"我国《物权法》第四十五条规定："法律规定属于国家所有的财产，属于国家所有即全民所有。"由此可见，国家所有权是中华人民共和国享有的对国有财产的占有、使用、收益和处分的权利，它是全民所有制在法律上的表现。国家作为民事权利主体时，和其他民事主体（包括公民、法人和其他组织）的法律地位是平等的。

2. 国家所有权的特征

（1）主体的特殊性。在权利主体方面，我国国家所有权的主体是唯一的，即中华人民共和国。国家既是主权的享有者，也是国有财产的归属者，但国家作为所有权人的身份从事民事活动时，主权者的身份是隐而不露的。国家作为政权的主体和作为所

① 王连合. 物权法原理与案例研究. 北京大学出版社，2011：83.

有权的主体，是可以而且必须分开的。国家对于国有财产享有排他的支配权，其他任何组织和个人都不能作为国有财产的所有人。由于国家所有权是全民所有制的法律表现，国家是代表全体人民行使所有权的，国家作为一个抽象的主体，它本身没有特殊利益，其享有并行使所有权所获得的利益，最终是为了满足广大人民的物质和文化生活需要，实现全体社会成员的利益需要。国家在行使所有权的过程中，也应当充分反映全体人民的意志和利益。① 我国《物权法》第四十五条规定："国有财产由国务院代表国家行使所有权；法律另有规定的，依照其规定。"因此我国国家所有权的行使，由国务院代表国家在法律授权的范围内行使对国有财产的权利。

（2）客体的广泛性。在权利客体方面，国家所有权的客体是广泛的，其分为专属于国家所有的财产和非专属于国家所有的财产。第一，专属于国家所有的财产。主要包括国有的自然资源以及只能为国家所有的一些重要的财产。具体包括：一是矿藏、水流、海域。我国《物权法》第四十六条规定："矿藏、水流、海域属于国家所有。"二是城市的土地。我国《物权法》第四十七条规定："城市的土地，属于国家所有。"三是无线电频谱资源。四是国防资产。国防资产是指国家出资设立的、用于国防目的的军事设施、军事基地、物资器材、技术成果等。第二，法律规定属于国家所有的财产。具体包括：法律规定属于国家所有的农村和城市郊区的土地；森林、山岭、草原、荒地、滩涂等自然资源，属于国家所有，但法律规定属于集体所有的除外；法律规定属于国家所有的野生动植物资源；法律规定属于国家所有的文物；法律规定为国家所有的铁路、公路、电力设施、电信设施和油气管道等基础设施；国家基于公共利益的需要，依照法律规定的权限和程序征收的集体所有的土地和单位、个人的房屋及其他不动产。

（3）取得方式的特殊性。国家除以普通方式取得所有权外，还有自己特有的所有权取得方式。例如国家可以凭借公权力通过征收、国有化、没收等方式强制性地将公民个人或集体的财产收归国有；依其行政权强制性地征收税金取得所有权。当然，国家采取强制性方式取得所有权并不是任意的，而是必须严格依照法定条件，遵循法定程序。

（4）行使方式的特殊性。国家所有权在行使方式上与私人所有权不同，国家作为抽象的实体，难以直接行使所有权，一般由国家行政管理部门通过其职能的实现，代表国家行使所有权。

3. 国家所有权的保护

我国《物权法》对于国家所有权的保护从社会一般主体和权利行使主体两方面作出规定。

就社会一般主体而言，在《物权法》中确认的各种物权保护的方法，均适用于对国家所有权的保护，如物权确认请求权、原物返还请求权、排除妨碍请求权、消除危险请求权等。我国《物权法》第三十八条规定：本章规定的物权保护方式，可以单独适用，也可以根据权利被侵害的情形合并适用。侵害物权，除承担民事责任外，违反

① 王利明. 物权法研究（上）. 中国人民大学出版社，2007：506.

行政管理规定的，依法承担行政责任；构成犯罪的，依法追究刑事责任。《物权法》第五十六条规定：国家所有的财产受法律保护，禁止任何单位和个人侵占、哄抢、私分、截留、破坏。

就权利行使主体而言，履行国有财产管理、监督职责的机构及其工作人员，应当依法加强对国有财产的管理、监督，促进国有财产保值增值，防止国有财产损失；滥用职权，玩忽职守，造成国有财产损失的，应当依法承担法律责任。违反国有财产管理规定，在企业改制、合并分立、关联交易等过程中，低价转让、合谋私分、擅自担保或者以其他方式造成国有财产损失的，应当依法承担法律责任。未授权给公民、法人经营、管理的国家财产受到侵害的，不受诉讼时效期间的限制。

（三）案例85分析

我国《物权法》第四十八条规定："森林、山岭、草原、荒地、滩涂等自然资源，属于国家所有，但法律规定属于集体所有的除外。"由此可知，荒地除规定属于集体所有的以外均属国家所有，非经国家有关部门的批准，任何个人都无权对国家所有的荒地进行开垦使用。

在本案中，双方当事人发生争议的土地属开垦的国有荒地，开垦的目的是解决自己的吃菜问题。按照我国《土地管理法》第十七条的规定，开垦国有荒地用于农业生产的，虽然开垦行为可能会在政府批准之前，但要取得使用权，并不以有投入、管理和实际使用的行为为依据，应以县级以上人民政府批准确定其使用权为准。因此，凡未取得政府批准确定其使用权的，其土地使用权主体资格不具备，不能以土地使用权主体身份主张权利。因此，原、被告未经国家有关部门批准，擅自开垦荒地，是错误的，对双方的诉讼请求不予支持。原告刘丙，被告张甲、张乙争执的土地收归国有。

二、集体所有权

（一）案例86简介

甲在2006年初旅游至A县B镇，看中B镇的一处别墅。询问当地人得知该房屋为当地镇政府建造并对外出售。甲遂与房屋开发商签订购房买卖合同，并取得B镇颁发的权属证书。嗣后，甲与开发商对房屋的权属发生纠纷。[①]

问题：甲是否取得了该房屋的所有权？

（二）相关知识点

1. 集体所有权的概念

集体所有权是指集体组织及其全体成员对集体财产享有的占有、使用、收益和处分的权利。集体所有制经济是我国社会主义经济的重要组成部分，集体所有权是集体所有制经济在法律上的表现。

① 王全弟. 物权法. 浙江大学出版社，2007：105.

2. 集体所有权的特征

（1）所有权主体的广泛性。不同于国家所有权主体的唯一性，集体所有权的主体既包括集体经济组织，也包括集体的所有成员。集体所有权的主体首先包括一些集体组织。集体组织包括农村劳动群众集体和城镇劳动群众集体。集体所有权的主体还包括集体组织的所有成员。需注意：成员集体不是成员个体，而是由个体组成的合体，集体组织的某个成员或某些成员都不能成为集体所有权的主体。

（2）客体的广泛性和受限性相统一。集体所有权的客体与私人所有权相比仍是相当广泛的，按照我国《物权法》，农民集体所有的不动产和动产包括法律规定属于集体所有的土地和森林、山岭、草原、荒地、滩涂；集体所有的建筑物、生产设施、农田水利设施；集体所有的教育、科学、文化、卫生、体育等设施；集体所有的其他不动产和动产。但相比国家所有权的客体，集体所有权的客体在范围上仍受到限制，例如矿藏、水流、军用物资等，集体组织不能享有所有权。

（3）所有权行使的集体性。集体所有权并非由每个集体组织的成员分别来行使所有权，而是由集体组织代表全体成员行使所有权。任何成员个人都不能对集体财产进行处分。

3. 集体所有权的保护

我国《物权法》对于集体所有权的保护从社会一般主体和权利行使主体两方面作出规定。

就社会一般主体而言，根据《物权法》第六十三条规定：集体所有的财产受法律保护，禁止任何单位和个人侵占、哄抢、私分、破坏。所谓侵占，是指通过各种手段将集体财产非法据为已有。所谓哄抢，是指组织或者参与由多人在一起所从事的强行抢夺集体财产的行为。所谓私分，是指违反有关规定擅自将集体财产分给某几个人或某一些人。所谓破坏，是指非法毁损集体的财产，造成集体财产的损害。

就权利行使主体而言，《物权法》第六十三条规定：集体经济组织、村民委员会或者其负责人作出的决定侵害集体成员合法权益的，受侵害的集体成员可以请求人民法院予以撤销。物权法规定了集体成员的撤销权。所谓撤销权是指集体组织及其负责人作出的决定侵害了集体成员的合法权益，受侵害的集体成员可以请求法院予以撤销。

（三）案例 86 分析

集体所有权是指集体组织及其全体成员对集体财产享有的占有、使用、收益和处分的权利。我国《物权法》第五十九条规定：“农民集体所有的不动产和动产，属于本集体成员集体所有。”集体土地所有者对于集体土地用途的改变和权属的移转是受限制的，我国法律明确规定，原则上禁止在集体所有的土地上建设商品住宅。

本案中，该房屋为当地镇政府建造并对外出售，是在集体所有的土地上建造的，取得的是 B 镇颁发的权属证书。依照我国法律规定，这类房屋没有国家颁发的土地使用权证和预售许可证，有权颁发房屋权属证书的机构是房屋土地主管部门，镇级政府无权制作颁发产权证，因此，B 镇颁发的权属证书没有法律效力，甲不能取得该房屋的所有权。

三、私人所有权

（一）案例 87 简介

原告王某与被告田某是同学，田某到王某家中做客。由于二人都喜欢集邮，王某便将父亲的集邮册拿出共同欣赏，其中一枚天安门“天空光芒四射”邮票引起田某注意。田某十分欣赏该邮票，并主动要求借出该邮票，交由其老师范某鉴别真伪，王某表示同意。几天后，王某的父亲偶然发现集邮册中的“天空光芒四射”邮票不见了，向王某询问情况，王某将实情告诉父亲，父亲让其尽快追回。第二天，王某找到田某要求返还“天空光芒四射”邮票，田某称该邮票丢失，请求宽限几天，找到后原物归还，但田某一直未找到。王某多次催促田某返还邮票，田某也保证找到，但一直没有结果，王某遂向某区人民法院提起诉讼，要求田某返还“天空光芒四射”邮票。

问题：公民财产所有权受到侵犯时怎样寻求民法上的物权保护？

（二）相关知识点

1. 私人所有权的概念

私人所有权，是指私人个人对其动产和不动产所享有的占有、使用、收益和处分的权利。是私人所有制在法律上的表现。我国《物权法》第六十四条规定：私人对其合法的收入、房屋、生活用品、生产工具、原材料等不动产和动产享有所有权。私人所有权包括两个方面的内容：一是公民个人依法对其动产和不动产所享有的权利；二是指私人投资者就其投资、收益所享有的各种权利。

2. 私人所有权的特征

（1）私人所有权的主体主要是自然人。私人所有权的主体可以是自然人个人，还包括私人投资设立的具有法人资格的独资企业，两个以上的自然人及私有法人企业共同出资设立的合伙企业。我国《物权法》第六十七条规定：国家、集体和私人依法可以出资设立有限责任公司、股份有限公司或者其他企业。国家、集体和私人所有的不动产或者动产，投到企业的，由出资人按照约定或者出资比例享有资产收益、重大决策以及选择经营管理者等权利并履行义务。

（2）私人所有权的客体范围是非常广泛的。《物权法》采取抽象概括和具体列举相结合的方式规定了私人所有权的客体。《物权法》第六十四条、六十五条具体列举了所有权的客体，即私人对其合法的收入、房屋、生活用品、生产工具、原材料等不动产和动产享有所有权。私人合法的储蓄、投资及其收益受法律保护。国家依照法律规定保护私人的继承权及其他合法权益。《物权法》第六十六条还规定：私人的合法财产受法律保护。即不管是否是法律明确列举的范围，只要是属于合法财产，无论用于生产还是消费，都应当受到法律的保护。

3. 私人所有权的保护

我国《宪法》规定：“公民的合法的私有财产不受侵犯。”《物权法》根据宪法扩大私有财产保护范围的精神，进一步强化了对公民私有财产的保护。《物权法》采纳私人所有权的概念，既强化了对公民私有财产的保护，也强化了对私人投资者投资到公司、合伙企业、个人独资企业中财产的保护。

我国《物权法》规定的对物权保护的各种方法，当然适用于对私人所有权的保护，包括物权请求权和债权请求权的保护方法。《物权法》第六十六条规定，私人的合法财产受法律保护，禁止任何单位和个人侵占、哄抢、破坏。非经法定权限和程序，不得征收个人的房屋和其他不动产。不得非法查封、扣押、冻结、没收私人合法的财产。

（三）案例 87 分析

私人所有权，是指私人个人对其动产和不动产所享有的占有、使用、收益和处分的权利。法律规定权利作为物权客体的，依照其规定。《物权法》第六十六条规定私人的合法财产受法律保护，禁止任何单位和个人侵占、哄抢、破坏。非经法定权限和程序，不得征收个人的房屋和其他不动产。不得非法查封、扣押、冻结、没收私人合法的财产。

本案中，王某对“天空光芒四射”邮票享有排他的财产所有权，田某拒不返还王某所有的邮票，构成对王某所有权的侵犯，王某对田某享有物权返还请求权。田某应将邮票归还王某，逾期不还则赔偿王某损失，以维护王某的财产所有权。

【案例思考】

1. 某县杨村 5 位农民在本村挖土时，发现一处青铜器窖藏，他们妥善保护了现场，并及时打电话向文物部门报告情况。经文物考古专家抢救发掘，清理出土了均有铭文的西周晚期青铜器 27 件，这些青铜器对夏商周断代工程及西周历史文化研究有着十分重要的意义。有关文物部门对 5 名农民分别奖励 2 万元。

问题：该青铜器的所有权归谁所有？

2. 张某和李某之间就某一栋房屋的产权归属发生了争议，该房屋登记记载在张某的名下，但李某向法院提起产权确认之诉。法院经过审理认为，该房产应当归属于李某。法院判决生效之后，李某与王某就该栋房子的转让达成了协议。

问题：李某何时获得房屋的所有权？李某与王某之间的协议何时生效？

第三节　业主的建筑物区分所有权

一、业主的建筑物区分所有权的含义

（一）案例 88 简介

A 公寓大厦有 25 层，开发商在销售时对顶层房屋不予出售，其原因是，由于地处市区繁华路段，开发商预计如果把楼顶空间出租给广告商用于悬挂广告牌的话，每年将会获得可观的租金收入，所以希望能够通过将顶层房屋保留给自己，从而单独取得该部分的收益。

问题：开发商的计划能够顺利实现吗？

（二）相关知识点

1. 建筑物区分所有权的概念

近年来，伴随着我国住房制度的改革，城镇化进程的加快，建筑科学技术的进步，城市土地资源的稀缺和地价的高涨，中高层、高层建筑物乃至大型住宅小区的建设日益增多。由于这些建筑物往往由不同人所共同拥有，数人以至几百人区分所有一栋建筑物和一个住宅小区的现象，已经成为城市居民拥有不动产的常见形态。

建筑物区分所有权，为民法上的一种重要的不动产所有权，其名称各国立法例不尽相同。法国 1938 年和 1965 年的法律分别称之为“区分各阶层不动产的共有”和“住宅分层所有权”，意大利、英国都称之为“公寓所有权”，德国、奥地利称之为“住宅所有权”，在美国，有的称为“公寓所有权”，有的称为“单位所有权”，有的称为“水平财产权”，日本和我国台湾地区使用的是“建筑物区分所有权”。

关于建筑物区分所有权的概念，学界和立法例有各种不同的学说。大致包括以下几种：

一元论说。一元论说又可分为“专有权说”和“共有权说”。“专有权说”认为，建筑物区分所有权是指区分所有人对区分所有建筑物的专有部分所享有的所有权，即专有所有权。该学说得到日本著名学者我妻荣、玉田弘毅先生，我国台湾学者史尚宽先生的支持。“共有权说”，此说将一栋经区分所有的建筑物作为一物，由全体区分所有人共有，认为建筑物区分所有实际上是共有的一种形态。最早为法国学者普鲁东与拉贝于解释《法国民法典》第 664 条的规定时，针对专有权说而提出，而后为一些日本学者所采纳。

二元论说。此说最早为法国学者针对一元论说予以理论和实际两方面的批判时提出，认为建筑物区分所有权，是由区分所有建筑物专有部分所享有的专有权与共有部分所享有的共有权所构成的权利。我国台湾地区“民法”也采二元论说。

新一元论说。又称享益部分说。该说把专有部分和共有部分合并，称为“享益部分”。认为区分所有权是以该“享益部分”为标的物成立的不动产所有权。换言之，区分所有权，是指区分所有人就区分所有建筑物的“享益部分”所享有的权利，它不仅是一种财产权，而且也是一种全新的物权。

三元论说。又称“最广义区分所有权说”，该说由德国著名学者贝尔曼（J. Barmann）所倡导。认为建筑物区分所有权系指由区分所有建筑物专有部分所有权、公用部分持份权以及因公共关系所生之成员权所构成。我国台湾学者王泽鉴亦认为，建筑物区分所有权涉及物权上的权利义务和区分所有权人所组成的团体，二者构成不可分离的一体，因而建筑物区分所有权由专有所有权、共有所有权和成员权三个因素结合组成。

以上四种学说中，三元论说对建筑物区分所有权的界定是比较合理的，我国《物权法》也采纳了此种学说。结合我国《物权法》的规定，可以对建筑物区分所有权作以下界定：建筑物区分所有权，是指业主对建筑物内的住宅、经营性用房等专有部分享有所有权、对共有部分享有共有权和共同管理权的复合性权利。

所谓业主，在我国《物权法》上即是建筑物区分所有权人。业主之外的房屋承租人、借用人、管理人等都不是业主。在预售商品房时，与开发商之间基于商品房买卖法律行为，已经合法占有建筑物专有部分，但尚未依法办理所有权登记的人，可以认定为业主；判决或裁决生效，导致建筑物区分所有权移转的，该所有权人也是业主；因继承或受遗赠取得建筑物区分所有权的，即使没有办理变更登记，也是业主。

2. 建筑物区分所有权的特征

（1）权利构成的复合性。建筑物区分所有权是由专有所有权、共用持份权和成员权三要素构成的特别所有权，相比较而言，一般的所有权则表现出权利的单一性。

（2）专有权的主导性。在建筑物区分所有权包含的三要素中，专有所有权占据主导地位。表现在：首先，区分所有权人取得专有所有权即取得了共有权和成员权。专有部分所有权变动或处分的效力及于共有权和成员权，共有权和成员权同时变动或处分。其次，一般而言，区分所有权人专有所有权的大小，决定区分所有权人共有权和成员权行使的范围。再次，在区分所有权成立登记上，只登记专有所有权，而共有权不单独登记。

（3）一体性。构成建筑物区分所有权的三要素，即各区分所有人对建筑物的专有权、共有权和成员权紧密结合，成为一个整体，不可分离。权利人不能就建筑物区分所有权各要素进行分割行使、转让、抵押、继承或抛弃。应将三者一起转让，抵押或继承，他人在受让区分所有权时，也须同时取得此三项权利。

（4）权利主体身份的多重性与权利义务内容的复杂性。一般所有权，其权利主体之身份只能是单一的，要么作为所有权人，要么作为共有权人，不得同时兼具所有权人和共有权人的双重身份。而建筑物区分所有权人集专有权人、共有权人、成员权人的身份于一身。不同的身份具有不同的权利义务关系，区分所有权人身份的多重性决定了其权利义务内容的复杂性。

（三）案例88分析

建筑物区分所有权，是指业主对建筑物内的住宅、经营性用房等专有部分享有所有权、对共有部分享有共有权和共同管理权的复合性权利。楼顶平台如果当事人之间没有特别约定，属于建筑物区分所有的共有部分，开发商不能将楼顶空间归属于自己所有，全体业主或者业主委员会有权将其出租，收取的租金归全体业主共有。

本案中，对于楼顶平台没有特别的约定，也未经业主大会的同意，开发商擅自将楼顶平台留给自己独自使用，侵害了其他共有人的权利，因此，开发商的计划不能实现。

二、专有权

（一）案例89简介

被告李某将其住宅用途的楼房改成公寓出租给他人，由于租房的人员较多，且成分复杂，经常出现打闹、喧哗和早出晚归现象，不但影响了小区的管理，也影响了楼内其他住户的休息。于是，居住在该楼内的于某等人以李某的行为侵犯了其合法权益为由将李某告上法庭。

问题：李某的做法是否合理?

(二) 相关知识点

1. 专有权的概念

专有权，是专有部分所有权的简称，也称专有所有权，是指区分所有权人对于建筑物内的住宅、经营性用房等专有部分所享有的占有、使用、收益和处分的权利。专有权是区分所有权的“单独性灵魂”，也是区分所有权结构中的单独所有权要素。

2. 专有权的客体

专有权的客体是建筑物内的住宅、经营性用房等专有部分。依照现代各国立法和实践，一栋建筑物区分为数部分，而且被区分的各个部分必须具备构造上的独立性和使用上的独立性，才可以成立区分所有权。一栋建筑物的各个专有部分，若无构造上的独立性和使用上的独立性，只能成立单独所有或共有，而不能成立区分所有。

在区分所有的情况下，专有部分要成为区分所有权的客体，必须具备以下三个条件：(1) 必须具备构造上的独立性。构造上的独立性又称为“物理上的独立性”。专有部分只有建筑物的构造上相互被区分开，与建筑物其他部分完全隔离，才能为各个区分所有人独立支配。(2) 必须具有使用上的独立性。又称功能上的独立性。是指建筑物被区分为各个部分以后，每一部分都可以被独立地使用或具有独立的经济效用，不需借助其他部分辅助即可利用。例如区分的部分可以用来住人，用作店铺、办公室、仓库、停车场等。假如区分为各个房间以后，该房间并无独立的出入门户，必须利用相邻的出入单位门户才能出入，则该房间并不具有使用上的独立性，从而不能成为区分所有权的客体。(3) 通过登记予以公示并表现出法律上的独立性。通过登记使被分割的各个部分在法律上形成各个所有权的客体。如果被分割的各个部分登记为各个主体所有，则建筑物作为整体不能再作为一个独立物存在。学者把通过登记予以公示并表现出法律上的独立性称为形式上的独立性要件，将构造上的独立性和使用上的独立性称为实质上的独立性要件。

3. 专有部分的范围

(1) 壁心说。也称中心说，这种学说以日本学者山田幸二与河村贡为代表。该说认为区分所有建筑物专有部分的范围达到墙壁、地板、天花板、柱等境界部分厚度的中心。

(2) 空间说，亦称“全部属于共用部分说”。该说认为专有部分不过是由建筑材料围成的空间部分，专有部分的范围仅限于由墙壁（共同墙壁）、地板和天花板所围成的空间，而将界限点上的分隔部分，如墙壁、地板和天花板等作为全体或部分区分所有权人共有。

(3) 最后粉刷表层说。该说认为专有部分包含至壁、柱等境界部分表层所粉刷的部分，亦即境界壁与其他境界的本体属于共有部分，但在境界壁上最后粉刷的表层部分则属专有部分。

(4) 壁心和最后粉刷表层说，亦称“中央部分属于共用部分，表面属于专有部分说”。该说认为，专有部分的范围应分内部关系与外部关系分别而论。在区分所有权人相互间，尤其是有关建筑物的维持、管理关系上，专有部分仅包含至壁、柱、地板、天花板等境界部分表层所粉刷的部分（即适用最后粉刷表层说）；但在外部关系上，尤其是对第三人（如买卖、保险、税金）关系上，专有部分则包含至壁、柱、地板、天花板等境界部分厚度的中心线（即适用壁心说）。

以上四种学说中，壁心和最后粉刷表层说的观点较为合理，该说因一方面赋予各区分所有权人自由使用分界部分表面的权利，另一方面又因其顾及了整体建筑物的维持，并也符合空间权理论的最新动向而成为日本的通说。①

4. 专有部分所有权的内容

专有所有权在性质上与单独所有权无异，专有所有权人享有的权利与一般所有权相同。区分所有权人除对自己的专有部分享有一般所有权四项权能外，还可以为了维护或者改良其专有部分而使用相邻业主的专有部分。当然，区分所有权人利用其他区分所有权人的专有部分从事建筑物的维护、修缮和改良等应限于“必要范围内”，给其他区分所有权人造成损害的，应恢复原状或支付赔偿金。

所有权人应当合理使用自己的专有部分，业主行使权利不得危及建筑物的安全，不得损害其他业主的合法权益（《物权法》第七十一条）。业主不得违反法律、法规以及管理规约，将住宅改变为经营性用房。业主将住宅改变为经营性用房的，除遵守法律、法规以及管理规约外，应当经有利害关系的业主同意（《物权法》第七十七条）。在此需要注意的是：(1) 业主将住宅改变为经营性用房，未经有利害关系的业主同意的，有利害关系的业主有权请求排除妨害、消除危险、恢复原状或者赔偿损失。(2) 将住宅改变为经营性用房的业主以多数利害关系人同意其行为进行抗辩的，人民法院不予支持。(3) 业主将住宅改变为经营性用房的，本栋建筑物内的其他业主，应当认定为“有利害关系的业主”。建筑区划内，本栋建筑物之外的业主，主张与自己有利害关系的，应证明其房屋价值、生活质量受到或者可能受到不利影响。②

（三）案例 89 分析

专有所有权，是指区分所有权人对于建筑物内的住宅、经营性用房等专有部分所享有的占有、使用、收益和处分的权利。但是业主行使权利不得危及建筑物的安全，不得损害其他业主的合法权益。《物权法》第七十七条规定：“业主不得违反法律、法规及管理规约，将住宅改变为经营性用房。业主将住宅改变为经营性用房的，除遵守法律、法规以及管理规约外，应当经有利害关系的业主同意。”

本案中，李某未经其他业主同意，将用途为住宅的房屋改为营业性用房出租，在一定程度上影响了他人休息及正常生活，其行为已经侵犯了他人的合法权益。针对被

① 陈华彬. 建筑物区分所有权研究. 法律出版社，2007：134.

② 王利明. 民法. 中国人民大学出版社，2008：228.

告出租房屋所带来的后果，法院应依法判决支持原告的诉讼请求，并责令被告停止侵害，将房屋恢复到原来的用途。

三、共有所有权

（一）案例 90 简介

秦某于 1986 年建造一栋三层楼房，1990 年秦某将一层转让给本镇居民郑某，双方在办理房屋产权变更登记时，在登记簿和产权证书上都注明该房屋为双方共有，但在登记薄的“附记栏”中注明一层为郑某所有，二三层为秦某所有。1994 年，秦某与郑某协商决定：将该房屋拆除后，翻盖一栋三层楼房，郑某占有一层，秦某占有二三层。协议订立的第二天，双方遂将旧房屋拆除。十天以后，有一家公司找到秦某，愿出高价购买该块地基。该公司和秦某协商，以 8 万元的价格转让该块地基。价款交付秦某以后，秦某告知了郑某，郑某并未表示异议，但提出，因该房属于双方共有，对地基享有全部的使用权。因此，卖地基的价款应当由双方均分。秦某认为自己应分得价金的三分之二，郑某只能分得三分之一的价金。双方因不能达成协议，郑某遂向法院提起诉讼，请求分得 4 万元价款。

问题：秦某转让地基使用权的行为是否有效?

（二）相关知识点

1. 共有所有权的概念

共有所有权，也称共有部分的持分权，特指区分建筑物的共有部分的所有权，是指建筑物区分所有权人依照法律的规定或管理规约及业主大会的决定，对建筑物内住房或经营性用房的共有部分所享有的占有、使用、收益和处分的权利。

2. 共有部分的范围和法律性质

（1）共有部分的范围。建筑物区分所有关系中，除了专有部分所有关系外，还存在多个共有关系。一般认为，共有部分的范围应该包括四个方面：第一，建筑物的基本构造部分，包括支柱、屋顶、外墙和地下室等主体的整体构造部分。第二，共用部分及附属物，包括楼梯、消防设施、走廊、水塔、自来水管道、暖气管道，还有仅为部分业主共有的部分，如层楼楼板、间壁墙等，这是仅对两家进行隔离的共用部分。第三，建筑物占用的地基的使用权，归全体建筑物业主共有。第四，区分所有建筑物小区的绿地、道路、共有设施、公益活动场所、围墙、小区大门，地上地下的共有物，还有水电、照明、消防、安保等配套设施、物业管理用房等。

（2）共有部分的法律性质。主要有：第一，共有部分的从属性。共有部分在法律上是同时附属于数个专有部分而存在的附属物或从物，与专有部分相比较，具有从属性。区分所有人取得专有部分所有权，自然就取得共有部分所有权，以获得使用上的便利。第二，共有部分的客体范围的广泛性。共用部分范围上文已述，此不赘言。第三，共有部分的不可分割性。为维护共有部分的安全与完整以及全体业主对共有部分的利用，法律一般规定在区分所有权中，不得请求分割共有的标的物，只能以整体形式供所有区分所有权人共同享有和使用。

3. 共有部分的分类

（1）法定共有部分和约定共有部分。这是按照共有部分的性质进行的划分。法定共有部分是指在性质和构造上属于当然共有的部分和法律规定为共有的部分。该部分除变更其构造而具有独立性外，并不能依规定变更为专有部分，通常为一栋建筑物的躯体部分。例如走廊、楼梯、电梯、屋顶、水电煤气管道、共用出入口等部分。约定共有部分是区分所有权人依约定使原来具有构造上、利用上的独立性的建筑物部分成为共用部分。例如建筑物中的管理人室、车位、车库等附属建筑物。

（2）全体共有部分和部分共有部分。这是按照共有部分的实际使用情况划分的。全体共有部分是指由全体区分所有权人共有的部分，包括除部分共有之外的不特定区分所有权人共有的部分，例如全体区分所有权人或不特定区分所有权人共有的楼梯、电梯及建筑物屋顶、主结构墙壁等。部分共有部分是指仅为部分区分所有权人共有的部分，例如专有部分之间仅作为界隔而非建筑物主结构承重墙的墙壁、部分区分所有权人共有的楼梯等。

4. 共有所有权的内容

（1）区分所有权人作为共有所有权人的权利。第一，使用权。区分所有权人对共用部分拥有使用权是区分所有权人的最基本的权利，也是最重要的权利。区分所有权人行使共有部分的使用权时，对于全体共有的部分，应依共有部分的用法或使用需要予以进行，应该不分份额地共同使用；对于部分共有的部分，应该在各自的权利范围内行使使用权，不得侵犯他人的权利。第二，收益权。收益权也是区分所有权人共有权的另一项基本权利。区分所有权人可以根据约定或者按照份额，获得对建筑物共有部分所产生的利益的权利。所获收益的主要形式是共有部分出租所得的租金等。对共有部分财产的收益，各区分所有权人有权按持份比例进行分配。第三，单纯的修缮改良权。所谓单纯的修缮改良权，指的是基于建筑物共用部分本来的性质和用途，单纯为维持和改善其正常使用状态，而施行不影响和损害其固有性质的修缮和改良的权利。

（2）区分所有权人作为共有所有权人的义务。第一，依照共有部分的本来用途使用共有部分。所谓“本来用途”，又称“固有用途”，是指必须依共有部分的种类、位置、构造、性质，以及规约规定的共有部分的目的或用途使用共有部分。第二，分担共同费用和负担。要使建筑物正常发挥作用，就必须对建筑物进行管理、修缮、维持和改良。而这些活动必然要发生费用，这些费用必然要由业主共同进行分担。共同费用和负担一般包括：日常维修及更新土地或楼房的共有部分及公共设备的费用；管理事务的费用，包括管理人的酬金；由区分所有权人共同负担的由公法所规定的捐税等等。

（三）案例 90 分析

一幢建筑物即使被区分为不同所有者所有之后，建筑物所有权与土地使用权仍然是不可分割地联系在一起的，这意味着建筑物的区分所有人应当基于其对建筑物的区分所有而享有对地基的使用权。然而，由于地基本身不可能像房屋那样进行实际分割，而将某部分确定为某人单独所有，只能确认为双方共有。各个区分所有人所拥有的专有部分的面积在整个建筑物中所占比例，即构成其对地基权利享有的份额。

本案中，原房屋的所有状况是秦某占有三分之二的所有权，郑某占有三分之一部分的所有权，因此，对地基的份额，也应当按照这个比例来确定。转让地基使用权所获得的价款也应按这个比例来分享。秦某在转让地基使用权的当时，并未征得郑某同意。而依据我国法律规定，共有人转让共有财产，应当征得全体共有人的同意。即使秦某对该地基占有三分之二的份额，其在转让时亦应事先征得郑某的同意。不过，由于秦某在转让地基以后，立即告知郑某，郑某对此并未表示异议，而只是提出应当分得价款的一半，可见郑某已在事后同意了该转让行为，因此本案中秦某转让地基的行为是有效的。

四、成员权

（一）案例 91 简介

何某因拖欠物业费和水电费，被某物业管理公司起诉。何某称不交物业费是由于某物业公司进驻时没有征求其意见。对小区进行托管应该得到足够数量的业主的同意，未经同意前来服务，是强行服务，因此不存在欠物业费之说。某物业公司则称公司与物业管理委员会有临时托管协议，属于合法进驻。

问题：他们的争议应如何解决？

（二）相关知识点

1. 成员权的含义

成员权又称共同管理权，是指区分所有权人基于同一栋建筑物的构造、权利归属及使用上的密切关系而形成的、作为建筑物管理团体的成员而享有的权利。这是一种以区分所有权人享有的专有部分所有权为基础，基于业主们共同利益而形成的身份权。[①] 由于建筑物构造、权利归属及使用的不可分离关系，使各区分所有权人之间形成事实上的共同体关系，为维护该共同体关系之存续与发展，尤其为管理相互间的共同事务及共用部分的使用收益，遂不得不构成一团体组织，并借该团体组织的力量，共同管理共同部分及其他共同事务。各区分所有权人成为团体组织之一成员，享有权利并承担义务，学说上称为成员权。[②] 其具有以下特征：

（1）成员权的独立性。成员权的独立性是指成员权能作为建筑物区分所有权中一项独立的权利，能够与建筑物区分所有权的共有权和专有权区分开来，不能被专有权和共有权所包含和吸收。

（2）成员权的从属性。区分所有权人享有的成员权不能脱离专有权、共有权而独立存在。在建筑物区分所有权中，专有权居于主导地位，成员权随专有权的产生而产

---

① 王连合.物权法原理与案例研究.北京大学出版社，2011：103—104.

② 陈华彬.物权法原理.国家行政学院出版社，1998：333.

生，专有权的份额决定成员权的大小；成员权随专有权的消灭而消灭，转让专有权，成员权亦随之转让，不得单独转让或单独保留成员权。

（3）成员权的永续性。由于区分所有权人的成员权与建筑物的专有部分与共有部分、专有权与共有权的密不可分，因此，只要建筑物存在，区分所有权人之间的团体关系就会存续，基于共同关系而产生的成员权，与共同关系共始终，具有永续性。

（4）成员权的人法性。建筑物区分所有权中的专有权和共有权表现为对区分所有建筑物享有的权利，具有物法性特征；而成员权主要是对全体区分所有权人的共同事务、共同生活过程中所享有的权利和承担的义务，具有人法性因素。

2. 成员权的内容

（1）成员权人享有的权利。第一，表决权。是指区分所有权人参加管理团体大会，就大会议决事项所享有的投票表决权。表决权既可以由区分所有权人行使，也可以由其他人代为行使。第二，参与制定规约权。区分所有权人有权参加业主大会，参与制定规约。所谓规约是指区分所有权人为了调整相互之间的权利义务关系，通过管理大会制定的，对全体区分所有权人具有普遍约束力的协议。第三，选举及更换管理者的权利。选聘、解聘、监督管理人的权利，这是建筑物区分所有权人作为成员权人所享有的又一项重要权利，也是区分所有权人自治管理的具体体现。管理人是区分所有权人大会的执行机构，根据区分所有权人大会的授权，行使相应的权利。只有区分所有权人行使了选举权，选举出了业主委员会，对共有部分的共同管理才成为可能。第四，选聘和解聘物业服务企业或其他物业管理人。选聘、解聘、监督管理人以及管理服务人的权利是指建筑物区分所有权人作为管理团体的一个成员，有权选聘、解聘管理人以及管理服务人，有权对管理人以及管理服务人的管理行为进行监督。物业服务企业关系到物业服务的质量，与区分所有权人的利益密切相关。因此，应当由区分所有权人共同决定物业服务者的选聘和解聘。第五，请求权。区分所有权人作为团体的成员，对公共管理事项及共同收益的应得份额享有请求权，对于团体规约中没有涉及的但关系到各区分所有权人的重大利益，例如对公共财产的维修、处分、公共停车场的使用等，其有权请求召开会议。

（2）区分所有权人的义务。第一，执行大会决议的义务。业主大会作出的决议对全体区分所有权人具有普遍的约束力，区分所有权人必须执行。第二，遵守管理规约的义务。管理规约实际上就是区分所有权人之间的合同，一旦生效，全体区分所有权人均需遵守，即依据规约享有权利和履行义务。否则构成违约，要承担相应的民事责任。第三，服从管理者管理的义务。管理者是为执行业主大会的决议，保护全体区分所有权人的利益而实施管理行为的，全体区分所有权人必须接受和服从管理者的管理。第四，支付共同费用的义务。共同费用是指对建筑物中属于全体共有部分的管理、维护、修缮等所需支出的费用和负担，对此全体区分所有权人应合理分担，以保证管理团体的各项工作得以展开。

3. 业主大会和业主委员会

（1）业主大会。业主大会又称区分所有权人大会、业主协会，是指“由物业管理区域内全体业主组成的或业主人数较多时由一定的业主代表组成的，维护物业区域内全体业主的公共利益，行使业主对物业管理的自治权的业主自治机构”。[①] 业主大会是业主的自治组织，是建筑区划内区分所有建筑物及其附属设施管理的最高权力机构，由全体业主组成，业主团体在处理内部重大事务时，应当召开业主代表大会形成决议。业主大会应当代表和维护物业管理区域内全体业主在物业管理活动中的合法权益。

业主大会由业主委员会（管理人）召集，分为定期会议和临时会议。定期会议每年至少召开一次，当出现紧急情事或符合规定人数（或表决权数）的业主提议时，应召开临时会议。我国《物业管理条例》规定：业主委员会负责召集业主大会会议；经20%以上的业主提议，业主委员会应当组织召开业主大会临时会议。业主一般要亲自参加会议，也可以委托代理人参加会议。

业主大会是否是独立的民事主体？从业主大会可以有自己的公章，有自己的账户管理共同收益，可以以业主大会的名义签合同来看，它应该是一个独立的民事主体。但它是否是具有法人资格的主体呢？从我国目前来看，并没有赋予业主大会法人地位，虽然区分所有权人管理团体在世界上有日趋法人化的趋向，从而让管理团体可以以自己的名义，更加便利地对外为融资、诉讼、交税等法律行为，但是管理团体的法人化也有它自身的缺陷很难克服，比如对区分所有权制度的损害等。

（2）业主委员会。业主大会人数众多，需设立管理人（执行机构）来执行其决议，并在业主大会闭会期间在授权范围内实施具体的管理行为。我国《物业管理条例》第十五条规定：“业主委员会是业主大会的执行机构。”可见，业主委员会扮演着管理人的角色。

由于业主委员会是业主大会的执行机构，其主要职责即管理职能。一般来说，包含对内与对外两部分。对内包括：组织召开业主大会；执行业主大会决议事项；区分所有建筑物共用部分的日常维护、修缮及一般改良；紧急情况下，对危害建筑物安全的行为、妨害区分所有权人正常生活的行为采取一定措施，避免区分所有权人权益受损；保管管理规约、业主大会会议记录，并供阅览；共有部分收益以及其他经费的收支、保管；年度预决算及管理经费的保管；其他由业主委员会管理的事项。对外包括：代表业主团体与管理服务企业签订管理服务合同；代表管理团体或业主在诉讼上或诉讼外主张请求权。

有关业主委员会的诉讼主体资格问题，理论界存在几种观点。第一种观点认为业主委员会具有法人资格，因此自然拥有诉讼主体资格。第二种观点认为业主委员会不具有独立法人资格，但根据“法无禁止即自由”的法理原则，只要法律没有规定业主委员会不能以自己的名义参加诉讼，那么业主委员会就有诉讼主体资格。[②] 第三种观点认为业主委员会既不具有独立法人资格，也不具有独立参加诉讼的诉讼主体资格。笔者认为，业主委员会虽然可以作为民事诉讼的当事人，但其作为一个非法人资格团体的执行机构无法承担诉讼不利的实际法律后果，原则上只能作为原告提起诉讼，而不能成为被告。与物业管理无关的事宜，业主委员会无权向人民法院提起诉讼。业主委

① 夏善胜. 物业管理法律实务. 法律出版社，2003：217.

② 杨承志，张弘. 物业管理热点问题解析. 广东经济出版社，2006.9：38.

员会所作的决定与建筑物管理无关者，对业主无拘束力。

（三）案例91分析

成员权又称共同管理权，是指区分所有权人基于同一栋建筑物的构造、权利归属及使用上的密切关系而形成的、作为建筑物管理团体的成员而享有的权利。建筑物区分所有权人作为管理团体的一个成员，有权选聘、解聘管理人以及管理服务人，有权对管理人以及管理服务人的管理行为进行监督。选聘物业服务企业，应当经专有部分占建筑物总面积过半数的业主且占总人数过半数的业主同意。其他任何单位和个人都无权聘请或者更换物业服务企业以及管理服务人。

本案中，某物业公司对小区的管理，仅仅是因为物业管理委员会的授权，没有经过小区业主大会进行决策选聘，而物业管理委员会无权选择物业服务企业。因此，物业管理委员会与某物业公司签订的临时掩管协议是无效的，某物业公司无权进驻该小区，不具有作为该小区物业管理机构的主体资格。但因某物业公司已按照托管协议作了部分履行，何某应对物业公司实际提供的服务支付相应费用。

【案例思考】

1. 李某2006年1月购买了江西省赣州市某住宅小区3栋1单元顶层的701室复式楼。王某于2006年8月购买了该小区的3栋1单元702室复式楼。李某和王某的购房合同中均约定了“该商品房所在楼宇的楼顶的使用权归业主”。2007年6月，李某装修房屋时，将702室楼顶的隔热层予以拆除，并安装了太阳能热水器。王某不同意，多次找李某和物业管理处协商处理，均未果。王某诉至法院请求判令李某拆除安装在702室楼顶的太阳能热水器并恢复隔热层。

问题：该楼顶平台归谁所有？

2. 某别墅区为了保留该物业小区的原始建筑风格和维持生活品质，订立业主公约，规定该小区原始的二层楼意大利式的建筑风格不得变更。此后，张某将其位于该小区的别墅转让给李某。李某打算将其取得的独栋别墅改为瑞典风格的二层建筑。

问题：李某的计划能够顺利实现吗？

第四节　相邻关系

一、相邻关系的含义

（一）案例92简介

开发商A公司在某地块建造高层住宅。建造行为具有完整的审批手续。房屋建成后，造成邻近小区居民采光严重不足，日照时间低于法定水平。该小区居民认为A公司的行为是侵权行为，A公司以建房行为合法为由予以抗辩。

问题：该小区居民是否有权主张A公司给予损害赔偿？

（二）相关知识点

1. 相邻关系的概念

相邻关系是自罗马法以来为近代各国民法所规定的一项重要制度。按照罗马法以来的民法立法与理论，相邻关系是指相邻近的不动产所有人或利用人之间，一方所有人或利用人的支配力与他方所有人或利用人的排他力相互冲突时，为调和其冲突以谋共同利益，而由法律直接规定的权利义务关系。[①] 换言之，相邻各方在对各自所有或使用的不动产行使所有权或使用权时，因相互间依法应当给予对方方便或接受限制而发生的权利义务关系，即是不动产相邻关系。

民法上的不动产物权，尤其是不动产所有权，原则上权利人可以基于自由意志对不动产加以自由使用、收益、处分，从而实现自身利益的最大化。但是，在不动产相互邻近时，权利人自由行使权利，有可能损害邻人之利益或社会公益和秩序，不但不能使不动产本身发挥最大的经济效益，而且不利于社会的和谐发展。因此，法律遂设相邻关系制度，规范此种相邻利用关系。相邻关系制度的内在机能是对所有权的内容加以限制或者扩张，相邻关系明确规定相邻的不动产所有人或者利用人在何种情况下须为相邻对方提供某种便利或接受一定程度的限制，相对应地，相邻对方就具有要求该不动产所有人或者利用人提供某种便利或者容忍某种妨害的权利，依此制度对相邻不动产各方的利益关系加以调整，以使得不动产能够物尽其用，进而维护整个社会的不动产财产利用秩序，实现社会经济生活的安定、有序。

2. 相邻关系的特征

（1）相邻关系的主体必须是两个或两个以上的不动产所有人或使用人。相邻关系只能存在于不同的主体之间。相邻关系可以发生在不同的公民之间、公民与法人之间、法人与法人之间。相邻关系的主体不仅限于所有权人，还可以是不动产的使用人，例如承租人。

（2）相邻关系的客体主要是行使不动产权利所体现的利益。相邻关系解决的不是相邻不动产所有权或使用权的归属问题，而是相邻不动产所有人或使用人在行使不动产权利时所发生的利益冲突问题。因此，相邻方权利行使所及的对象不是不动产本身，而是行使不动产权利所体现的利益。

（3）相邻关系的内容复杂，不同种类的相邻关系具有不同的内容。但其基本内容是相邻一方有权要求他方在自己行使不动产所有权或使用权时，提供必要的便利，他方应给予必要的便利。所谓必要的便利，是指非从相邻方得到这种便利，就不能正常行使不动产所有权和使用权。

（4）相邻关系是依据法律的规定而产生的。法律为了维护相邻不动产权利人之间的和睦关系，防止行使权利中的各种冲突，保障一方最基本的生产和生活需要，从而设定了相邻关系。由于一方要给另一方提供便利，使得自己的权利受到了限制，而另一方的权利因此得到了扩张，因此，相邻关系无须当事人之间的约定，提供便利的一

---

① 陈华彬. 物权法. 法律出版社，2004：294.

方负有法定的义务，另一方依法享有相应的权益。

（三）案例92分析

相邻各方在对各自所有或使用的不动产行使所有权或使用权时，因相互间依法应当给予对方方便或接受限制而发生的权利义务关系，即是不动产相邻关系。相邻关系明确规定相邻的不动产所有人或者利用人在何种情况下须为相邻对方提供某种便利或接受一定程度的限制，相对应地，相邻对方就具有要求该不动产所有人或者利用人提供某种便利或者容忍某种妨害的权利。任何人都不能滥用这种权利，否则受害人有权要求其停止侵害、恢复原状或者赔偿损失。

本案中，房屋建成后，造成邻近小区居民采光严重不足，日照时间低于法定水平，侵害了小区居民的日照权利。虽然A公司建房行为是合法的，但却不能妨害小区居民的日照权，侵害小区居民的身心健康。但因其房屋已经建成，所以小区居民可以要求A公司赔偿损失。

二、相邻关系的类型

（一）案例93简介

甲与乙是同镇居民，2004年镇中心学校盖了新校舍，原旧校舍准备出卖。甲与乙商量后，共同出资购买了镇中心学校出卖的房屋，共计8间。甲准备开商店，住靠临街的4间；乙准备开修理厂，住靠里面的4间。靠里面的4间只能从临街的4间房屋的院子里通过，再没有其他的路可走。为避免以后发生争议，双方对房屋进行了分割，并到镇政府办理了房屋产权登记。2004年8月，乙病故，房屋由儿子丙继承。丙不会修理，修理店无法再开。因为种种原因，甲也没有开成商店，而去了城里打工，并把房子卖给了同村的丁。现在丙与丁的房屋只是用来居住，丁不同意丙走他的院子，如果一定要走，要求每年给付500元的补偿费。丙不同意给付补偿费，双方发生争议。

问题：丙是否有权通行丁的院子？是否应当支付补偿费？

（二）相关知识点

1. 相邻用水、排水关系

（1）相邻用水关系。所谓相邻用水关系，是指相邻权利人（相邻用水人）依法引取定量之水、存储定量之水场合，需要利用他方的不动产时，相邻他方负有容忍义务甚至提供必要便利而形成的相邻关系。[①] 为合理、充分地利用自然流水，相邻各方可单独或共同设置和利用堤坝，为此所支付的费用，由相邻各方视受益情况分担费用。

（2）相邻排水关系。相邻一方使用相邻他方的土地排水的，相邻他方应当予以准许，但应当在必要的限度内使用并采取适当的保护措施排水。对自然流水的排放，应当尊重水的自然流向。

---

① 崔建远.物权法.中国人民大学出版社，2011：216.

2. 相邻通行关系

相邻通行关系，又称必要通行权、袋地通行权，是通行权的一种。是指在相邻权利人因通行而必须利用相邻他方不动产的情况下，该相邻他方应当容忍其通行的权利义务关系。

相邻通行关系的成立，应当具备以下条件：（1）须不动产与公共道路没有适宜的联络。（2）须确有从相邻不动产通行的必要。（3）须非不动产所有人或使用人的任意行为所致。权利人行使通行权应以最合理的方式行使，尽可能减少对相邻他方利益的损害，在行使权利过程中对相邻他方不动产等造成损坏的，应支付补偿金。

3. 管线安设相邻关系

管线安设相邻关系，亦称管线安设权或导引权，指土地所有人或利用人非通过他人之土地，不能安设电线、水管、煤气管、下水道、电缆，或虽能安设而需要费用过大时，得通过他人土地之上下而安设之。[①] 行使管线安设相邻关系的权利应具备以下条件：第一，不经他人土地不能安设或费用过巨。第二，他人之土地不以紧邻为限，但必须安设于地下或上空，不得安设于地表。第三，须选择损害最小之处及方法安装。第四，须支付偿金。[②] 基于民法的公平正义理念，在安设或变更时，都要以对邻人土地损害最小的方式为主，否则须支付偿金。

4. 建造、修缮的邻地使用关系

建造、修缮的邻地使用关系，指土地所有人或利用人在疆界或疆界线附近建造或修缮建筑物而需要使用邻地时，邻地所有人或利用人负有容忍其使用自己的土地的义务。[③] 但是，对于这种建造、修缮建筑物，相邻方应当提供便利的范围是有限度的。即施工应选择对他人损失最小的方案，并按照双方约定的范围、用途和期限进行，施工完毕后应及时清理现场，恢复原状，若修缮或建造自己的建筑物而致邻人损害时，须对邻人支付偿金以补偿损失。

5. 通风、采光和日照的相邻关系

在进行房屋建造时，一方有权建造建筑物，但在行使此种权利时，必须要考虑到相邻他方的合法权益，任何人都不能滥用这种权利，而致使相邻方的通风、采光和日照受到影响或侵害。相邻一方违反有关规定修建建筑物，影响他人通风、采光或日照的，受害人有权要求其停止侵害、恢复原状或者赔偿损失。如果是正在修建的房屋，影响到了相邻方的通风、采光或日照，受害方则可请求停止侵害；如果是建造完毕的房屋，只要符合规定，通常只能要求赔偿损失。

6. 相邻环保关系

相邻环保关系，是指不动产权利人不得违反国家规定弃置固体废物，排放大气污染物、水污染物、噪声、光、电磁波等有害物质。在德国相邻环保关系称为“不可量物侵害”，所谓不可量物，是指不可计量的物，大体包括尘埃、沙、采石之粉、灰、火

① 梁慧星，陈华彬．物权法．法律出版社，2005：204.

② 谢在全．民法物权论（上）．中国政法大学出版社，1999：185.

③ 陈华彬．物权法．北京：法律出版社，2004：309.

花、湿气、真菌类、雪、噪音、电流以及“光的有意图之侵入”。①

7、相邻防险关系

这种法律关系也被称为“邻地损害的防免”。一方权利人在其不动产上实施的挖掘土地、建造建筑物、铺设管线以及安装设备等行为，动摇邻居的地基或房屋时，应注意邻居的地基或房屋的安全，不得危及另一方建筑物的安全和正常使用，应避免邻居的人身和财产损失。

（三）案例93分析

相邻通行关系，又称必要通行权、袋地通行权，是通行权的一种。是指在相邻权利人因通行而必须利用相邻他方不动产的情况下，该相邻他方应当容忍其通行的权利义务关系。在相邻土地之间，相邻一方有于他方的土地上通行的必要时，他方应予准许，造成相邻人损失的，通行方应予适当的补偿。

本案属于相邻通行关系，因为甲与乙共同购买房屋后已经进行了分割，分割后，如果甲通过乙的土地，依照特别通行关系的规定，乙有权通行，并且不用支付补偿金。但在本案中，土地在分割后，一个被丙继承，一个被转让给丁，丁在受让土地时，明知道会有通行的情况存在，因而丙要求通行其土地时应当允许，但应选择损害最小的办法通行，并且无须支付补偿金。

三、处理相邻关系的原则

（一）案例94简介

张某和李某共用一条小河的水灌溉自家农田，张某的承包地农田在李某的上游。为确保自己农田的灌溉有充分的水源，张某在河中筑了一条水坝，使下游的水量减少了三分之二。张某、李某因此发生冲突，李某诉至法院，要求张某拆除水坝。

问题：李某是否有权要求张某拆除水坝？

（二）相关知识点

1. 有利生产、方便生活的原则

相邻关系的处理首先要考虑对相邻各方生产和生活的影响。在民法中设置相邻关系制度的一个很重要的目的就在于保证人们最基本的生产生活条件，充分发挥不动产的经济价值，提高经济效益，保障人们生产和生活顺利地进行。所以处理相邻关系时，首先要考虑的是如何更加合理地利用不动产，发挥不动产的最佳使用效果，尽可能做到物尽其用；在积极有效地处理相邻关系的同时，也不妨碍相邻各方的生产和生活，更加有利和方便人们的生产和生活。

2. 团结互助的原则

在处理相邻关系纠纷时，相邻各方要互相谅解，互相帮助和协作，不得损人利己。

① 陈华彬. 德国相邻制度研究——以不可量物侵害制度为中心. 民商法论丛. 1996(10)：227.

在相邻关系中，相邻各方应团结互助并兼顾各方利益，这是民法处理民事纠纷的一个基本出发点。尤其是在司法实践中，人民法院在处理此类纠纷时一定要兼顾各方的利益，互谅互让协商解决。这一原则是基于相邻关系中一方应承受的容忍义务，为了维持人与人之间和睦、友好的关系，需要互让、互谅。但是这种容忍义务并不是无限度的忍受和制约，而是相邻一方应当容忍相邻他方所造成的最低限度轻微妨害，如果是超出一般意义上的严重损害或妨害，则可主张救济。

3. 尊重习惯的原则

即在处理相邻各方由于历史原因或当地习惯所形成的各种相邻关系纠纷时，法律没有明确规定的，要充分尊重当地习惯，以习惯处理。这里的习惯包括习俗和惯例。习惯主要是指生活习惯，它是人们在长期生活的过程中所形成，并被人们遵守的生活准则，它的主要功能在于调节人们的生活纠纷。由于社会关系的错综复杂，法律不可能对各种情况都作出十分明确的、可操作的规范，这就需要植根于当地生产生活中的那些习惯，以填补法律调整的空白。对于相邻关系的处理，如果没有明确法律规范的，可以结合当地习惯来处理；对于不存在法律规范的相邻关系类型，则可直接适用习惯予以解决。

（三）案例 94 分析

处理相邻关系时，法律、法规有规定的，依照其规定；法律、法规没有规定的，可以按照当地习惯。应当按照有利生产、方便生活、团结互助的原则处理相邻关系。在相邻用水关系中，共同使用自然流水的任何一方不得为自己的利益擅自堵截自然流水。一方擅自堵截自然流水，影响他方正常生产生活的，他方有权排除妨碍，因此给一方造成损失的，受损方有权要求赔偿。

本案中，张某和李某因用水发生相邻关系，在发生冲突时，双方应当按照有利生产、方便生活、团结互助、公平合理的原则，合理分配灌溉用水。但张某在河中筑了一条水坝，使下游的水量减少了三分之二，违反了处理相邻关系的基本原则。因此，李某可以要求张某拆除水坝，李某如有损失的，还可以请求张某赔偿损失。

【案例思考】

1. 房地产供热开发有限责任公司开始在某东友谊 22 号街坊 2 栋楼南面破土动工。当得知此处准备建两栋点式楼和一栋条楼时，考虑到所建楼会影响其采光，2 栋底楼 9 户居民与开发商发生争执。经协调，开发商、居民及施工单位三方达成协议：点式楼距 2 栋 18.9 米，盖五层，高度不得超过 14 米，开发商在距 2 栋南 5 米处建围墙和防护栏杆，墙南留 2.5 米宽的过道。可开发商并未按此协议执行，所建住宅楼达 17 米，且在 2 栋南建起车库。施工过程中，双方争执不断。

问题：该争议应当如何处理？

2. 陈某等 27 人系某小区三栋坐北朝南住宅楼（均为六层）的部分住户，刘某在该小区开办大酒店，从事餐饮业（未办理工商登记）。该酒店所处的裙楼为二层楼房，坐东朝西，位于 2 号住宅楼和 1 号、3 号住宅楼（1 号楼在东、3 号楼在西，两楼相连）之间，与住宅楼垂直连成一体。刘某开设的酒店的灶间引风机的声音对周围的住户形成噪声污染。灶间的烟囱顺楼梯间的墙壁往上延伸，达住宅楼第4层的高度。刘某饭店的工作人员在平台上洗菜、洗碗，以致污水流至小区内。陈某等27人以刘某开设的饭店产生的噪声、排烟等侵害相邻权为由，诉至法院。

问题：陈某等27位业主应如何维护自己的合法权益？

第五节 共 有

一、共有的含义

（一）案例95简介

苏某（男）与张某（女）于2007年2月14日协议离婚，针对双方共同所有的登记在张某名下的一套两居室房屋，双方在离婚协议中约定：南侧一间归苏某所有，北侧一间归张某所有。2007年10月，张某起诉到法院，要求确认离婚协议中有关房屋的约定无效，请求依法分割。

问题：两人关于房屋的约定是否有效？[①]

（二）相关知识点

1. 共有的概念和特征

共有是指两个或两个以上的民事主体对同一物共同享有所有权。在共有关系中，两个或两个以上的民事主体是共有的主体，简称为共有人，共有人既可以是自然人，也可以是法人等自然人之外的其他民事权利主体；同一动产或不动产是共有的客体，称为共有物；各个共有人在共有物上所享有的所有权是共有权的内容，称为共有权。共有具有以下特征：

（1）共有的主体是两个或两个以上的民事主体。共有关系的权利主体具有多元性，这是共有制度和单独所有相区别的一个重要特征。共有是和单独所有相对应的概念。共有和单独所有的根本区别就是权利主体数量的不同，单独所有的主体是单一的，而共有的主体能够同时为两个或两个以上的人，共有的权利主体的数量没有限制。

（2）共有的客体是一项特定的统一的财产。统一财产，也叫同一项财产，这项财产既可以是一个单一物，也可以是一个集合物（例如图书馆），还可以是一个合成物（例如汽车）。在共有关系存续期间，共有的客体在法律上是统一的，不可分的，它只能是各共有人对共有物共同享有所有权，而不是各共有人分别就不同的物各自享有单独的所有权。

（3）各共有人对同一共有物或按一定份额享有权利、承担义务，或依平等原则享有权利，承担义务。多数情况下，共有权利的行使和义务的分担，应该体现全体共有

① 转引自王连合.物权法原理与案例研究.北京大学出版社，2011：121.

人的意志，由全体共有人决定。

(4) 共有是所有权的联合，而不是一种独立的所有权形式。在共有关系中，共有人享有的是一个所有权，而不是多个所有权，共有人对共有物上所有权是一种量的分割，而不是一种质的分割。虽然各共有人可以依据各自的份额对共有物享有权利，承担义务，但共有人对份额的权利本身不是独立的所有权，各个共有人的权利共同构成一个单一的所有权。

2. 共有的成立和分类

(1) 共有的成立。第一，基于当事人的意思而发生。这是共有关系产生的典型原因，即对同一个物具有所有关系的数人，由于具有共同所有的目的、意思而成立共有关系。第二，基于法律的规定产生。在当事人意思自治之外，还存在法律的强制性规定，有的法律就直接规定共有关系的产生，只要是符合法律规定的条件，就依据法律发生共有关系。

(2) 共有的分类。关于共有的分类，近代以来，各国的立法并不相同。在德国民法和日本民法中，所谓共有是指按份共有，没有共同共有。在我国台湾地区民法中，共有不仅包括按份共有，也包括“公同共有”(共同共有)和“准共有”。根据我国相关法律，共有分为共同共有、按份共有和准共有三种形态。

(三) 案例95分析

共有是指两个或两个以上的民事主体对同一物共同享有所有权。共有指的是对于一个所有权，由多个人来享有，而并非说共有是多个所有权。在一个物上只能有一个所有权，这是一物一权原则的根本要求。一套房屋虽然可以由两个或两个以上的人共有，但该房屋的所有权却只有一个，即一套房屋不能由两个或两个以上的人分别所有该套房屋的不同房间。

本案中，苏某与张某在离婚协议中关于房屋的约定，实际上是在一个物上设定了两个所有权。这不仅与共有制度相去甚远，而且也违反了物权法的基本原则。所以，本案中苏某与张某离婚协议中关于房屋的约定是无效的。

二、按份共有

(一) 案例96简介

张某与李某对某套临街商品房享有共有权，各占50%的份额。双方约定，该房轮流分别由张某、李某各使用6个月。张某在居住期间，房屋廊檐因年久失修掉落，砸伤行人刘某。刘某就赔偿问题与张某协商不成，遂向法院起诉要求张某赔偿损失。

问题：本案赔偿责任应怎样分担？

(二) 相关知识点

1. 按份共有的含义

按份共有，又称“分别共有”“通常共有”“共有”，是指两个或两个以上的共有人按照各自的份额对共有物享有所有权。按份共有最主要的特征就是：按份共有的各个共有人，是按照共有份额享有所有权。按份共有中的共有份额，又称应有部分，日本民法称为持分，是指共有人对共有物所有权所享权利的比例，或共有人对共有物所有权在量上应享的部分。在按份共有中，共有份额是显在的、确定的，其直接构成了按份共有人享有所有权、承担共有物上的义务和责任的基础。共有人对共有财产的应有部分，是按份共有区别于共同共有的基本特征。[①]

应有部分是对所有权的量的分割，各按份共有人仅得享有一定的份额。该份额虽然不如所有权大，但在内容、性质和效力上与所有权是一致的，仍然是支配全部的权利，只是各按份共有人行使权利受到份额的限制而已。应有部分既可以是等份的，也可以是不等份的。因此，按份共有应有部分的性质可以概括为：应有部分经过所有权的量的分割，既不是一个完整的所有权，但是又具有所有权效力的权利部分。[②]

2. 按份共有的内部关系

按份共有的内部关系又称按份共有人之间的关系，是指按份共有的各共有人相互之间的权利义务关系。

（1）对共有物的使用、收益。对共有物的使用、收益是共有人的权利之一。按份共有人按其应有部分，对于共有物之全部有使用、收益之权。使用、收益的客体为共有物的全部，而非共有物特定部分，各共有人得就共有物全部，于无害其他共有人权利的限度内，按其应有部分行使使用收益的权利。于其他情形，各共有人如何按其应有部分（行使权利的比例）使用收益，须征得其他共有人全体的同意。[③]

（2）对共有物的管理。这是按份共有的核心问题。这里的管理有广义和狭义之分，广义的管理包括对共有物的处分、保存、改良、使用、收益等。狭义的管理，仅包括保存行为、改良行为和利用行为。此处所指管理是指狭义的管理。

第一，保存行为。共有物的保存行为，是指以防止共有物的灭失、毁损或其权利丧失、受到限制等为目的，维持其现状的行为。[④] 共有物的保存行为目的在于防止共有物的灭失、毁损或其权利丧失、受到限制等，如果不及时行使保存行为，共有物以及存在于共有物上的共有人的权利就有可能毁损或者灭失。保存行为对共有人有利无害，而且多具有紧迫性，故行使保存行为时，无须经过其他共有人的同意，在合理的范围内可以自由行使。

第二，改良行为。共有物的改良行为，是指在不改变共有物性质、形态的前提下，增加共有物的使用效能或者交换价值的行为。[⑤] 例如对共有房屋的装修。改良行为不似保存行为那样紧迫，且所需的费用和对共有物的改变往往都比较大，由单个的共有人决定显然是不行的，需要得到其他多数共有人的同意。

第三，利用行为。是指为满足共有人的共同需要，在不改变共有物性质的前提下，

---

① 梁慧星，陈华彬. 物权法. 法律出版社，2005：260.

② 杨立新. 共有权理论与适用. 法律出版社，2007：90.

③ 王泽鉴. 王泽鉴法学全集——民法物权①（第十五卷），中国政法大学出版社，2003：380.

④ 崔建远. 物权法. 中国人民大学出版社，2011：231.

⑤ 韩松等. 物权法所有权编. 中国人民大学出版社，2007：317.

决定共有物使用与收益的方法的行为，它需要征得三分之二以上的共有人的同意才可进行，这和改良行为是一样的。

(3) 应有部分的处分。在共有关系存续期间，共有人可以自由处分其应有份额，包括应有份额可以分出、转让、抛弃以至提供负担。

第一，应有部分的分出。是指在共有关系存续期间，按份共有人要求把自己的应有部分从共有财产中分割出来，退出共有关系。在不损害共有物的使用性能、物理的完整性以及其他共有人权利的前提下，可以分出实物。若不能分出实物，则只能由其他共有人作价补偿。但是共有人约定不得分割共有的不动产或者动产，以维持共有关系的，应当按照约定，就不能将应有部分分出。分出以后共有人脱离了原来的共有关系，但是在分出之前，共有人在共有关系中基于应有部分应该承担的义务，例如因维修共有物所欠的费用，并不因为分出行为而消失，还应继续承担。

第二，应有部分的转让。是指共有人将其在共有物上的份额转让给第三人，从而使出让人脱离共有关系，受让人成为共有人。应有部分的转让，既可以将全部应有部分转让给他人，也可以将应有部分的部分转让给他人。共有人转让自己的应有部分，体现了各共有人的个人意志和利益，无须其他共有人的同意。但共有人对应有部分的转让如果对其他共有人的利益造成损害的，则应该征得其他共有人的同意。

第三，应有部分设定负担。这是指共有人在其应有份额上设定担保物权和用益物权。既然在上面的分析中可以允许共有人转让自己的应有部分，那么在应有部分上设定一些负担，也就应当准许。但是，如果设定这种负担影响其他共有人的利益，或者违反按份共有设定宗旨的，不得为之。

第四，应有部分的抛弃。是指共有人放弃其在共有物中的份额。应有部分具有所有权的效力，共有人可以作法律上的处分，抛弃其份额。应有部分的抛弃，性质上属于法律上的处分行为，共有人可以自由行使，这一点没有异议。但该抛弃行为因属于法律上的处分行为，因而要求行为人须具有相应的行为能力。应有部分一旦抛弃，共有人的地位即随之消灭。

(4) 共有物的处分。处分是所有权的一种权能，是依法对物进行处置，决定物的命运的行为，包括事实上的处分和法律上的处分。对共有物的处分，与所有共有人的利益密切相关，因此传统民法规定应当是各共有人协商一致。但随着时代的发展，全体同意原则产生很多弊端，因此，我国《物权法》采用多数决原则，规定按份共有人处分共有物，只要经占份额三分之二以上的按份共有人同意即可。但是，共有人有约定的，首先按其约定。

(5) 共有物的费用分担。按份共有关系中，各共有人依据各自的应有部分，对共有物整体享有权利外还要承担相应的义务，这其中就包括共有物在使用过程中产生的费用。对共有物的管理费用以及其他负担，有约定的，按照约定；没有约定或者约定不明确的，按份共有人按照其份额负担，共同共有人共同负担。在按份共有情况下，如果某共有人所承担的共有物的费用，超出了其所享有的应有份额的比例，那么该共有人有权请求其他共有人返还超过的部分。其他共有人的返还范围，以其各自所享有的应有份额的比例来确定。

3. 按份共有的外部关系

按份共有的外部关系，是指按份共有人就共有物与第三人之间的权利义务关系。

(1) 对第三人的权利。在按份共有法律关系中，各共有人基于应有份额对共有物享有相当于所有权的权利，而且其权利及于整个共有物。因此，共有人基于其对共有物的应有部分，为全体共有人的利益，可以就共有物的全部单独向第三人行使请求权。共有人这种基于应有份额权而可以向第三人行使的请求权，学说上称为应有份额权的对外扩张。

(2) 对第三人的义务。因共有物产生的对第三人的义务，共有人对外承担连带责任，这对于保护受害人的合法利益具有非常重要的意义。例如共有房屋倒塌导致他人受害。但是法律另有规定或者第三人知道共有人不具有连带债权债务关系的除外。

4. 共有物的分割

(1) 共有物分割的方法。共有物的分割，是指在共有关系存续期间，共有人以一定的方式，变原先的共有为各自的单独所有。共有关系因共有物的分割而终止。

第一，实物分割。所谓实物分割，是指将共有物分割为数个独立之物，每一共有人获得其一的分割方式。采用实物分割，不影响共有物的使用价值和特定用途，即只有在共有物“可以分割且不会因分割减损价值”的情况下，才能采用这种分割方式。可以进行实物分割的共有物，一般是可分物。

第二，变价分割。所谓变价分割，是指拍卖、变卖共有物，获得价金，在共有人之间依据共有份额加以分配的分割方式。在共有物能够实际分割而无损于物之使用价值的情况下，法院必须采用实物分割的方式，而不得径行变价受偿。

第三，折价补偿。所谓折价补偿，是指某一共有人所得之部分，超过其共有份额比例时，该共有人应当以金钱补偿其他共有人，从而实现各自之所得与其共有份额比例之相等。

(2) 共有物分割的效力。包括：第一，各共有人取得单独所有权。共有物被分割，共有关系即归于消灭。当分割方法为实物分割时，各共有人即各自取得分割后部分的单独所有权。当裁判分割时，判决发生法律效力时，各共有人不必登记即可立即取得分得部分的单独所有权。只是若原共有物为不动产时，共有人对其所取得的分得部分的单独所有权，未经登记，不得处分。第二，共有人之间的担保责任。首先，权利瑕疵担保责任。权利瑕疵担保责任又称追夺担保责任，即各共有人对其他共有人分得的物，应担保无第三人对其主张任何权利，否则应承担担保责任。例如，“甲乙各出10万元购买某画而共有之，经协议分割，由甲单独取得所有权，甲以10万元补偿乙。不久发现该画为盗赃，由其所有人向甲请求回复其物”①。其次，物的瑕疵担保责任。物的瑕疵担保责任，即某（或某些）共有人所分得的物在分割前已有瑕疵的，未分得该瑕疵物的共有人应对分得该瑕疵物的共有人承担担保责任。例如，“甲乙共有某建地，经协议（或裁判）为原物分割。设甲分得部分之建地，地层下陷，不适于建筑，乙应

① 王泽鉴. 民法物权(通则·所有权). 中国政法大学出版社，2001:370.

负物之瑕疵担保责任"[①]。

（三）案例96分析

根据我国《物权法》第一百零二条规定，因共有的不动产或者动产产生的债权债务，在对外关系上，共有人享有连带债权、承担连带债务，但法律另有规定或者第三人知道共有人不具有连带债权债务关系的除外；在共有人内部关系上，除共有人另有约定外，按份共有人按照份额享有债权、承担债务，共同共有人共同享有债权、承担债务。偿还债务超过自己应当承担份额的按份共有人，有权向其他共有人追偿。

本案中，张某与李某对该房享有共有权。修缮房屋则是张某和李某的共同义务。共有房屋年久失修，致使廊檐脱落将行人刘某砸伤，这应为不可分之债。在对外关系上，共有人张某与李某应承担连带赔偿责任。

三、共同共有

（一）案例97简介

某村村民姜某、刘某系夫妻，共同购买了一辆龙马牌农用车，以姜某的名义办理了车辆入户登记手续。后来夫妻俩因琐事发生纠纷，姜某外出为朋友开车。刘某气愤之余将农用车以1.2万元的价格卖给王某，并为王某办理了过户手续。之后，刘某携带款出走。姜某月余后返回，发现农用车不知去向，其妻也下落不明。后姜某将其妻和购买方王某诉至法院，诉称妻子在未经其同意的情况下，擅自将夫妻共同财产农用车卖给他人，侵害了自己的合法权益。请求确认该买卖关系无效，追回自己的农用车。

问题：刘某卖农用车的做法是否符合法律的规定？王某能否取得农用车的所有权？

（二）相关知识点

1. 共同共有概述

（1）共同共有的概念。共同共有是指两个或两个以上的共有人基于某种共同关系，对共有物不分份额享有权利、承担义务的一种共有关系。共同共有具有以下特征：

第一，共同共有的发生以数人间共同关系的存在为前提。共同共有关系，是建立在共有人之间的共同关系基础之上。这种共同关系包括婚姻关系、其他家庭关系、合伙关系以及继承关系等。共同共有以当事人之间存在某种特殊关系为前提，它一般发生在互有特殊关系的当事人之间。超出这一领域的共有因各共有人间不存在共同关系，所以不是共同共有，而是按份共有。

第二，共同共有是不分份额的共有。

第三，共同共有中各共有人对共有财产共同享有权利，共同承担义务。

（2）共同共有与按份共有的区别。主要有：

第一，成立的原因不同。共同共有的成立，须以存在共同关系为前提，共同共有

① 王泽鉴.民法物权（通则·所有权）.中国政法大学出版社，2001：371.

人间存在人的结合关系是共同共有成立的原因，而按份共有人之间并没有这种关系。

第二，权利的享有不同。在按份共有，共有人系依应有部分享有所有权，也就是按其应有部分对共有物加以使用、收益。在共同共有，共有人的权利及于共有物的全部，而不是按应有部分享有所有权，故原则上应当在获得全体共有人的同意后，才可对共有物加以使用、收益。

第三，处分应有部分的不同。在按份共有，各共有人得自由处分其应有部分；而在共同共有，则无应有部分处分可言。

第四，分割限制的不同。在共同共有，各共有人不得请求分割共有物。而在按份共有，共有人除因共有物的使用目的不能分割或合同规定了不可分割的期限外，可以随时请求分割。

第五，共有物管理的不同。在按份共有，除合同另有约定外，一般而言，共有物的简易修缮与保存行为，共有人可以单独为之，改良行为则需获得共有人过半数或应有部分合计过半数的同意后才可为之。而在共同共有，除法律规定或合同另有约定外，共有物的管理，均应得到全体共有人的同意后，才可为之。

第六，存续期间的不同。共同共有的存在通常具有共同的目的，故一般而言，共同共有关系的存续期间较长；而按份共有关系，就其本质而言，具有暂时性。①

2. 共同共有的类型

（1）夫妻共有财产。基于夫妻关系产生的共有，是指夫妻双方对其在婚姻关系存续期间所取得的财产，未约定各自所有或部分归各自所有、部分属于共同所有的，或者虽有此种约定但不甚明确的，形成共同共有。

（2）家庭共有财产。家庭共有财产，是指家庭成员在家庭共同生活关系存续期间共同创造、共同所得，用于维持家庭成员共同生产、生活的财产。家庭成员对于家庭财产的共有，以家庭成员之间的亲属身份关系为基础。在家庭共有财产中，应该把家庭财产和家庭共有财产区别开来，家庭财产除包括家庭共有财产，还包括家庭成员的个人财产，并非所有的存在于家庭中的财产，都是家庭共有财产。

（3）遗产分割前的共有。被继承人死亡后，遗产分割前，如果有两个或两个以上继承人的，则由继承人对该遗产享有共同共有权。遗产分割后，共有关系消灭。

3. 共同共有的内部关系

共同共有是基于共同关系而发生，共同共有人的权利和义务，自然也就要受到共同关系影响，在共同关系存续期间共同共有人不得请求分割共有财产，除非有重大理由需要分割时可以请求分割。共同共有人对权利的享有与义务的承担除有约定外，都是以共同为原则，处分共有的不动产或者动产的，应经全体共同共有人同意，部分共有人擅自处分共有财产的，一般认定无效。但第三人善意有偿取得该财产的，适用善意取得制度。

4. 共同共有的外部关系

共同共有的对外效力主要内容是关于因共有物而产生的债权享有与债务的承担问

① 梁慧星，陈华彬. 物权法. 法律出版社，2005：254.

题。通说认为各共有人承担连带债务、享有连带债权。[①] 但法律另有规定或者第三人知道共有人不具有连带债权债务关系的除外。当第三人侵害共有物时，任何一个共同共有人都有权行使基于所有权产生的请求权，在行使所有物返还请求权场合，对共有物占有的恢复应归于全体共有人。

（三）案例 97 分析

共同共有是指两个或两个以上共有人不分份额、平等地对共有物享有所有权。在共有法律关系存续期间，除共有人另有约定外，各共有人对共有物享有平等的权利，承担共同的义务。处分共有的不动产或者动产的，应经全体共同共有人同意，部分共有人擅自处分共有财产的，一般认定无效，但第三人善意有偿取得该财产的，由善意第三人依照善意取得制度取得共有物的所有权。

在本案中，姜某、刘某系夫妻，形成夫妻共有关系，该农用车是在婚姻存续期间购置的，而且没有对财产进行约定，所以属于夫妻共有财产。刘某擅自处分共同共有财产，违反了法律的规定，属于无权处分。但是王某的行为符合善意取得的规定。加之王某已经办理了农用车的过户登记手续，其合法地取得了农用车的所有权，所以应当维护王某合法权益。同时，姜某与刘某为夫妻，其财产关系为共同共有，刘某获得的买车款也为共同共有，二者共同享有对该车款的所有权，因而不存在对姜某的财产损失的赔偿问题。

【案例思考】

1. 甲、乙、丙、丁四人以相同比例出资购买一辆卡车从事运输。甲负责外出长途运输时，碰到有人出售汽车豪华坐垫。

问题：甲能否决定购买新坐垫以代替旧坐垫？如果出售的是普通坐垫，且卡车的原有坐垫已损坏，甲能否决定购买该普通坐垫？

2. 某县陈某、王某、李某三人按份共有一套小区的商品房，陈某拟抛弃自己应有的份额。

问题：陈某抛弃的这部分份额是否归其他共有人——王某、李某取得？

第六节 所有权取得的特别规定

一、善意取得制度

（一）案例 98 简介

金和与金平系兄弟俩，其母赵某有一处房产。2007 年 3 月，金和谎称母亲赵某去世（事实上 2007 年 11 月才去世），骗取派出所出具了赵某的死亡证明。5 月，金和持

---

① 梁慧星，陈华彬. 物权法（第四版），法律出版社，2007：240.

赵某的死亡证明，谎称自己是赵某的独子，到房管部门将赵某的房产过户到自己名下，并领取了房产证。9月，金和持骗领的房产证，与何某签订房屋买卖合同一份，将该房屋卖给何某（何某不知金和的房产证是骗来的），10月，何某领取了该房的房产证。2008年1月，金平以金和的房产证是骗领的、金和事实上非该房屋的唯一所有人为由向法院起诉，要求确认金和与何某签订的房屋买卖合同无效。[①]

问题：本案中何某能否依法取得该房屋的所有权？

（二）相关知识点

1. 善意取得的概念和意义

所谓善意取得，又称即时取得，是指无权处分人在将其占有的他人之物让与买受人时，如果买受人取得该物时系出于善意，则取得该物之所有权，原所有权人不得要求受让人返还其物。善意取得是所有权及其他物权取得的一种特殊方式，我国以前在民法领域主要通过司法解释的方式对其作出了一定的规定，2007年3月16日颁布的《物权法》首次对善意取得作出了比较全面而细致的规定，将善意取得的适用财产范围从动产扩展到不动产，适用领域从所有权领域扩大到用益物权和担保物权领域。

在罗马法中，由于奉行“无论何人不能以大于其所有权的权利让与他人”的绝对所有权原则，因此“发现己物，我必收回”是十分重要的原则，它侧重对所有权人的保护。因此，在整个罗马法时代，都不承认善意取得制度。一般认为，近现代各国民法善意取得制度起源于日耳曼法中“以手护手”原则。根据这一原则，权利人如果将自己的财产让与他人占有的，那么仅能向占有人请求返还占有物，如果占有人将财产让与第三人，则只能向占有人（转让人）请求损害赔偿，但无论如何不能向第三人请求返还。“以手护手”原则虽未提及保护交易的安全，但其维护了物权的公示公信原则，从客观上促进了经济的发展，也为善意取得制度的建立奠定了基础。

善意取得制度旨在权衡原所有权人与善意第三人之间财产利益的冲突，即权衡财产静的安全与财产动的安全。当二者发生冲突时，侧重于保护交易安全。这是因为：在现代社会，商品交易日益频繁，交易安全已成为市场经济有序发展的重要需求。如果只是对原所有权人的权利进行完全保护，必然造成善意第三人在交易中的恐慌，其不得不在每次交易时，都要对财产的来源进行详尽的事前调查。这样，不但将增加交易成本，影响交易效率，甚至有可能从根本上破坏市场经济。因此，善意取得制度的确立有着现实需要的基础，保证安全、促进交易是善意取得制度创立的核心价值之所在。

2. 善意取得的构成要件

（1）出让人无权处分他人的财产。善意取得以出让人无权处分为要件，所谓无权处分，是指没有处分权而处分他人的财产。无权处分包括以下三种情形：一是无所有权，例如借用人、承租人、保管人将占有之动产让与他人的情形；二是所有权受限制，共有物之处分须经其他共有人的同意，未经同意的处分为无权处分；三是出让人的处

① 转引自王连合. 物权法原理与案例研究. 北京大学出版社，2011：141.

分权限欠缺。例如代理人转让未经授权的特定财产，即属于无权处分。

(2) 受让人取得财产时出于善意。善意取得制度的核心在于保护受让人的合理信赖，因此其核心要件就是受让人在取得财产时必须是善意的。所谓善意，是指受让人在受让财产时不知道或不应当知道让与人无处分权。

由于善意只是受让人取得财产时的一种心理状态，这种状况很难为局外人所知，因此，确定受让人是否具有善意，应考虑当事人从事交易时的客观情况。第一，第三人在交易时是否已知道转让人为无权处分人。第二，要考虑转让的价格。第三，要考虑交易的场所和环境。第四，要考虑受让人在交易时是否形迹可疑。第五，要考虑转让人与受让人之间的关系。此外还应结合受让人的专业、文化知识水平、生活经验等，来判断受让人是否为善意。

(3) 以合理的价格有偿转让。受让人须以合理的价格取得财产，方可受善意取得制度的保护。所谓以合理的价格转让，是指受让人取得财产时须支付一定的对价，而且对价是合理的。对于无偿的行为，不适用善意取得。对价是否合理，应当综合转让财产本身的价值及市场价格等多种因素来判断。而且善意取得的适用，原则上必须以实际支付为要件，如果仅仅是达成了协议，不能认为是已经符合善意取得的构成要件。

(4) 完成了法定的公示方法。公示方法的完成为善意取得的要件之一。依传统民法理论及我国《物权法》规定，不动产的物权变动公示方式为登记，动产的物权变动公示方式为交付。

3. 善意取得的法律效果

(1) 原所有权人和受让人之间。受让人取得让与财产的所有权，原所有权人不得向受让人主张所有物返还请求权。

(2) 原所有权人和让与人之间。原所有权人可向让与人行使损害赔偿请求权或者不当得利返还请求权。

(3) 让与人与受让人之间。让与人享有要求受让人支付价金的权利。

(三) 案例98分析

所谓善意取得，又称即时取得，是指无权处分人在将其占有的他人之物让与买受人时，如果买受人取得该物时系出于善意，则取得该物之所有权，原所有权人不得要求受让人返还其物。善意取得的构成要件是：出让人无权处分他人的财产；受让人取得财产时出于善意；以合理的价格有偿转让；完成了法定的公示方法。只要具备善意取得的构成要件，善意受让人取得让与人转让财产的所有权。原所有权人不得向善意受让人主张所有物返还请求权或不当得利返还请求权。原所有权人可主张让与人承担违约责任，也可向让与人主张不当得利返还请求权，还可以依侵害其所有权而主张侵权损害赔偿。

本案中，赵某去世后留下的房产，是金和、金平兄弟俩的共有财产，金和隐瞒金平擅自将该房屋出售，属于无权处分。通常情况下，在未经金平同意的情况下，金和处分该房屋的行为是无效的，金平有权追回该房屋。但在该案中，受让人何某取得该房屋符合善意取得构成要件，何某基于善意取得制度取得该房屋的所有权，因此，原房屋共有人之一的金平无权要求何某返还该房屋。至于原房屋共有人之一的金平的损失，可以基于不当得利返还请求权请求金和返还不当得利，还可以依侵害其所有权而主张金和侵权，赔偿其损失。

二、拾得遗失物制度

（一）案例 99 简介

一个双休日，王某在公园游玩时，发现有人将一架进口高级照相机遗忘在水池边的石凳上。当时检查发现紧贴照相机匣内的一块胶布上载有所有人李某的姓名、住所及工作单位，王某联系上李某并答应一定交还。可出乎意料的是，王某在楼下洪群开的小吃店吃早餐时，将照相机挂在旁边的墙壁上，结果照相机被人偷走（挂照相机时没有嘱咐洪群照看）。李某得知后，要求王某赔偿。

问题：王某是否应当承担赔偿责任？

（二）相关知识点

1. 拾得遗失物的概念

拾得遗失物，是指发现他人的遗失物而予以占有的法律事实。在人们的日常生活中遗失物品的现象时有发生。法律对此予以明确规定，使遗失物的归属及拾得人、遗失人的权利义务关系更为明确。[①]

拾得行为属于法律事实中的事实行为，拾得人有无行为能力，在所不问，即使无民事行为能力的未成年人和精神病人，也可以拾得遗失物。若拾得人是受他人指示而为拾得行为的，该作出指示的他人为拾得人。

2. 拾得遗失物的构成要件

（1）须为遗失物。所谓遗失物，是指非基于占有人的意思而丧失占有，现又无人占有且非无主的动产。[②] 构成遗失物一般应具备以下要件：一是应为有主动产而非不动产。不动产不存在遗失问题。二是须无人占有。无人占有是指丧失对物的占有，不为任何人所占有，如果有人占有，则不是遗失物。三是遗失人丧失对该物的占有不是基于自身的意思。

（2）须有拾得行为。拾得是发现、占有两个要素相结合的行为。发现遗失物是指认识遗失物之所在。至于是何物以及价值如何则在所不问。发现是一种事实状态，无须意思表示的存在。发现遗失物是拾得遗失物构成的前提。二是占有，占有是指对遗失物的事实上的控制。仅仅发现遗失物还尚未构成遗失物拾得，还必须占有遗失物。

3. 拾得人的权利和义务

（1）拾得人的权利。第一，必要费用偿还请求权。拾得人在拾得遗失物后至返还期间，常常需要支出一定的保管费、公告费以及其他必要的费用。拾得人、有关部门

---

① 王全弟. 物权法. 浙江大学出版社，2007：147.

② 谢在全. 民法物权论（上）. 中国政法大学出版社，1999：237.

保管遗失物而支出的必要费用，应当由主张返还原物的所有权人、遗失人给予补偿，但补偿的费用以遗失物保管期间的必要支出为限。第二，悬赏报酬请求权。拾得人在拾得遗失物后，是否可以要求失主支付一定的报酬，理论上观点有分歧。我国《物权法》规定了悬赏广告报酬请求权。权利人悬赏寻找遗失物的，领取遗失物时，权利人应当按照悬赏广告的承诺，向拾得人支付报酬，遭权利人拒绝支付报酬时，保管人可以主张同时履行抗辩权，留置遗失物。拾得人基于悬赏广告的报酬给付请求权不因将遗失物送交有关部门而受影响。拾得人侵占遗失物的，无权请求支付因保管遗失物而支出的必要费用和悬赏广告承诺支付的报酬。

（2）拾得人的义务。第一，通知义务和报告义务。拾得人在拾得遗失物后应及时通知遗失物所有人，但不限于所有人，其他有权受领人均可包括在内。如果遗失物的所有人或其他有权受领人不明，拾得人可以免除通知义务，但拾得人应当及时报告相关部门并交付遗失物。有关部门收到遗失物后，知道遗失物权利人的，应当及时通知其领取；不知遗失物权利人的，应当及时发布招领公告。第二，保管义务。拾得人在将遗失物送交有关部门前，有关部门在遗失物被领取前，应当妥善保管遗失物。因故意或重大过失对遗失物的毁损、灭失承担损害赔偿责任。在保管期间如出现遗失物保管费用高于原遗失物价值或由于遗失物性状的要求不能继续保管时，应允许对遗失物进行拍卖、变卖，并以所得价款代替遗失物。第三，返还义务。遗失物并非无主物，所以各国法律均规定，拾得人应将遗失物返还给有权受领人。在遗失物返还时，拾得人还应尽到查询的义务，按照常理来确定认领人是否有领取遗失物的权利。拾得人如不依法返还遗失物，并将遗失物据为己有，则构成侵权，应当向遗失物的权利人承担侵权责任。

4．拾得遗失物的归属

关于遗失物的归属，各国主要有两种立法例：罗马法中的不能取得所有权主义与日耳曼法中的取得所有权主义。近代以来的各国立法，均承认拾得遗失物可以取得所有权。我国《物权法》第一百一十三条规定：“遗失物自发布招领公告之日起六个月内无人认领的，归国家所有。”采用的是传统罗马法的立法模式。这种立法规定对市民社会的人的行为提出了过高的要求，不利于鼓励人们在拾得遗失物时去寻找失主。同时也不利于有效地利用社会财富，增加了国家监督管理国有资产的成本。因此，我国应当借鉴现代多数国家的做法，有条件地承认拾得人取得遗失物的所有权。

（三）案例 99 分析

拾得人在遗失物送交有关部门前，有关部门在遗失物被领取前，应当妥善保管遗失物。因故意或者重大过失致使遗失物毁损、灭失的，应当承担民事责任。

本案中，王某拾得相机后，在将相机交还给李某之前，负有妥善保管相机的义务。但王某在小吃店吃早餐时，将照相机挂在旁边的墙壁上，导致相机被人偷走。小吃店是公共场所，王某应妥善照管相机，但王某没有尽到该义务，因此，王某对相机的丢失负有重大过失，应当赔偿李某的损失。

三、发现埋藏物、隐藏物制度

（一）案例100简介

甲在盖房挖地基时，发现一个瓦罐，内有100个银锭及一块棉布，棉布上面写着：“为防日寇搜查，特埋此。乙，1938年7月5日。”乙为丙的爷爷，1938年7月8日被日寇杀害。甲丙因该100个银锭的所有权归属诉至法院。①

问题：该100个银锭应归谁所有？

（二）相关知识点

发现埋藏物、隐藏物，是指认识埋藏物、隐藏物之所在。仅有发现并不能构成发现埋藏物、隐藏物，还须对发现的埋藏物、隐藏物予以占有，发现与占有的结合才构成发现埋藏物、隐藏物。埋藏物、隐藏物以动产为限，不动产因其自身的特点，一般不会发生埋藏或隐藏的问题。若动产已成为土地的一部分，不能构成埋藏物。埋藏物、隐藏物是有主物，只是所有人不明，而非无主物。如果有明确的所有人，则发现人应将财产返还给所有人。

发现行为是一种事实行为，发现人无须具备行为能力，未成年人也可以为发现人。发现行为应依法进行，不能违背善良风俗，否则就会纵容他人利用非法手段获取埋藏物、隐藏物。

关于埋藏物、隐藏物的取得，近代各国立法上有三种立法例：一是发现人取得所有权主义。罗马法采此体例。二是公有主义。埋藏物、隐藏物归国家或者诸侯所有，发现人不能取得埋藏物、隐藏物的所有权。日耳曼法采此体例。三是报酬主义。发现埋藏物、隐藏物的所有权归包藏物的所有权人所有，发现人仅可取得不超过埋藏物、隐藏物价值半数的报酬。瑞士采此体例。

根据我国法律，对于所有人不明确的埋藏物、隐藏物，发现人应当将其交存于有关部门，由国家有关部门发布招领公告，埋藏物、隐藏物自发布招领公告之日起六个月内无人认领的，归国家所有。如果发现物为文物，文物保护法规定等法律另有规定的，依照其规定。

在现代市场经济条件下，立法要求发现埋藏物、隐藏物归国家所有的法律制度不符合市场经济效率的要求。阻断了私权主体获得埋藏物所有权的通道，从而使公权力主体（国家）成为埋藏物唯一且合法的所有权主体，导致了埋藏物立法方面国家利益至上的价值抉择。因此，除具有历史、艺术、文化和科学价值的文物归国家所有外，其他的埋藏物、隐藏物应采大多数国家通行的规则，归埋藏物、隐藏物的发现人所有或者允许发现人取得埋藏物、隐藏物价值的一半。

---

① 马新彦主编. 中华人民共和国物权法法条精义与案例解析. 中国法制出版社，2007：252.

（三）案例 100 分析

埋藏物、隐藏物是有主物，只是所有人不明，而非无主物。如果有明确的所有人，则发现人应将财产返还给所有人。

本案中，甲发现埋藏物后，从棉布上写的字可以确定银锭属于乙所有，丙作为乙的继承人，应依法取得这些银锭的所有权。甲虽然是这些银锭的发现人，但因为银锭的所有人并非不明，其所有权人是乙，并且乙去世后有法定继承人丙，因此银锭应归丙所有。

【案例思考】

1. 甲因长期出国工作，将所藏的一幅名人字画交给好友乙代为保管。乙将该字画挂在自己家中欣赏，来访的客人也都认为该字画是乙的。后来乙的母亲生病，需用钱做手术，乙四处筹钱未果，遂将该字画以 5 万元的价格卖给不知情的丙。一年之后，甲归国前夕，乙将自己无权处分之事告诉丙，但丙未予理会。甲回国后，发现自己的字画在丙家中，便向丙索要。

问题：该字画的所有权归属何人？

2. 甲有天然奇石一块，不慎丢失。乙误认为无主物捡回家，配以基座，陈列于客厅。乙的朋友丙十分喜欢，乙遂以之相赠。后甲发现，向丙追索。

问题：甲能否索回遗失物？丙有何抗辩？

第十二章 CHAPTER 12 用益物权

第一节 用益物权概述

一、用益物权的含义

(一) 案例 101 简介

张某与村委会签订了村头5亩稻田的承包经营合同，在耕种的第二年，张某打算将该5亩稻田转包，于是找到了同村的王某，签订了土地转包合同。村委会知道后，找到张某，表示村委会作为稻田的所有人不同意张某转包稻田，认为该转包合同无效。双方产生争执，诉至法院。[①]

问题：村委会的做法是否合法?

(二) 相关知识点

1. 用益物权的概念和特征

用益物权是权利主体对他人所有的物依法享有占有、使用和收益的定限物权，是以支配标的物的使用价值为内容的物权。用益物权制度肇始于罗马法，并为近代大陆法系国家所普遍继受。用益物权制度是物权法中的一项非常重要的制度，它与所有权制度、担保物权制度一起构成了物权制度的完整体系。在现代社会，土地资源越来越稀缺，为充分发挥土地资源的效用，各国物权法由物的“归属”向物的“利用”转变。随着市场经济的发展，用益物权在物权体系中的地位和作用将日益凸显。用益物权具有以下特征：

① 马新彦主编. 中华人民共和国物权法法条精义与案例解析. 中国法制出版社，2007：266.

（1）用益物权是一种定限物权。物权以其对标的物的支配范围为标准，可以分为完全物权和定限物权。完全物权是指在法律规定的范围内，对于所有物加以全面支配的物权，所有权是其典型代表；定限物权是指在某一方面或某几方面对标的物进行支配。以其支配的内容为标准，可分为用益物权和担保物权。区别于所有权的完全性，用益物权的权利人对他人所有的物只有某一方面或某几方面的支配权。

（2）用益物权是以使用、收益为内容的物权。物具有价值和使用价值双重属性，用益物权设立的目的，就是利用标的物的使用价值，即通过支配标的物的使用价值，实现对物的使用和收益。用益物权中的“用益”是使用、收益的合称，但这并不意味着用益物权必须同时兼具使用和收益两项内容，因为，对于物的使用价值的利用形态千差万别，可以是单独的使用或收益，也可以是基于使用而获得收益。①

（3）用益物权的客体主要是不动产。传统民法认为，用益物权的标的物主要是不动产。这是因为动产种类繁多，其价值远远小于不动产，如果需要利用他人的动产，完全可以采用借用、租赁甚至购买的方式满足自己的需要。但我国《物权法》却规定用益物权的标的物包括不动产和动产。然而我国《物权法》和其他法律规定的用益物权类型中，仅包括：土地承包经营权、建设用地使用权、宅基地使用权、地役权，这些用益物权的标的物均为不动产。究竟何种情况下何种动产能够成为用益物权的标的物尚有待实践的发展。

（4）用益物权是一种独立的物权。独立物权是指不以主体享有的其他民事权利为前提而能够独立存在的物权。用益物权派生于所有权，以所有权为权源，但用益物权一经产生，就成为独立的权利，权利人依法行使用益物权可以排除任何人的非法干涉，包括来自物的所有权人和公权力对用益物权的侵害。

（5）用益物权是有期限的物权。与所有权没有期限可以永久存续不同，用益物权具有期限性。只是用益物权的存续期间比较复杂。

2. 用益物权的功能

（1）促进物的有效利用。这是用益物权制度最为主要的功能。随着人类社会的发展，一方面是人的需求的不断扩大，另一方面是社会物质资源的相对稀缺，人类社会为了发展，必须不断提高对物的有效利用。在用益物权法律制度条件下，用益物权人可以通过对他人之物的使用获得利益，从而使人们在不能取得或不必取得某些物的所有权时，也能利用该物获得利益。所有人通过设定用益物权，以取得一定利益为条件，将其所有物交由他人使用收益，因此所有人可以不必直接或亲自使用其所有物也能获得利益。如此整个社会的物质资源就会得到有效的利用，社会性的整体利益也将不断提高。

（2）维护物的利用秩序。用益物权制度通过将在物的利用过程中发生的不同的权利义务关系予以归纳，设定不同种类的用益物权，法律主体设定或取得了某种用益物权，即在其间建立了法定的权利义务关系。另外，用益物权制度通过不动产登记的方式，对已设立的用益物权予以公示，以此向社会表明特定物上的权利状态，以达到明

① 房绍坤. 论用益物权的法律属性. 现代法学，2003(6).

确权利归属、保障交易安全、保护社会资源、维护物的长久效用的目的。

(3) 保障生存利益。用益物权的保障生存利益功能，也就是用益物权所具有的社会保障的功能。由于用益物权的客体是土地、房屋等不动产，而这些财产是人类生存的基础，因此，用益物权就不仅具有配置资源和提高不动产利用效益的功能，而且还具有保障生存利益的功能，是社会保障的重要措施。

（三）案例101分析

用益物权是权利主体对他人所有的物依法享有占有、使用和收益的定限物权，是以支配标的物的使用价值为内容的物权，用益物权人可以处分用益物权本身。用益物权一经产生，就成为独立的权利，权利人依法行使用益物权可以排除任何人的非法干涉，包括来自物的所有权人和公权力对用益物权的侵害。

本案中，张某与村委会签订土地承包经营合同，依法取得了5亩稻田的承包经营权。承包经营权是用益物权的一种，张某作为承包经营权人，有对这5亩稻田占有、使用、收益的权利，并在他人侵害其承包经营权时，有权排除其侵害。张某有权依照农村土地承包法的规定，将其享有的土地承包经营权采用转包的方式流转，而且在行使该权利时，不受任何人的干涉，包括土地所有人。因此，村委会虽然是稻田的所有人，但亦无权干涉土地承包经营权人张某对承包的5亩稻田进行转包。

二、用益物权的种类

（一）案例102简介

王某在李家做了四十多年的保姆，现年事已高无力劳作，且无其他亲属可以投靠，李大爷念及王某几十年来的辛劳，打算为王某设定居住权，使王某余生可以居住在李家。为避免日后子女产生异议，遂就此事咨询律师。

问题：如果你是该律师，应该怎样解答？

（二）相关知识点

用益物权概念可溯源于古罗马法，其各种形态已为各国民法典所接受。但由于世界各国经济发展道路不同，历史文化有所差异，在用益物权体系构建上各国各有特色，深具固有法色彩。在我国，土地等自然资源都属于国家或集体所有，自然资源的用益物权只能在土地等自然资源公有制的基础上设置。新中国建立之后，我国在将近40年的时间里，不仅在法的理论上否认了用益物权制度，而且在法的实践上也一直没有建立用益物权体系，我国用益物权制度，是通过《民法通则》、相关司法解释及相应的特别法建立的，其内容繁杂、缺乏体系性，难以适应社会发展的需要。我国《物权法》第三编对用益物权进行了科学化、体系化的整合，用益物权体系包括了土地承包经营权、建设用地使用权、宅基地使用权、地役权。

我国《物权法》还明确规定了海域使用权、探矿权、采矿权、取水权、养殖权和捕捞权的用益物权性质。

传统的用益物权体系还包括典权和居住权，但立法时考虑到我国社会的实际情况，这两种权利没有直接写入我国《物权法》。总之，我国已经建立了比较完善的用益物权体系，随着社会的发展，用益物权定会发挥其应有的作用。

（三）案例 102 分析

用益物权是权利主体对他人所有的物依法享有占有、使用和收益的定限物权，是以支配标的物的使用价值为内容的物权。在我国，用益物权体系包括了土地承包经营权、建设用地使用权、宅基地使用权、地役权、海域使用权、探矿权、采矿权、取水权、养殖权、捕捞权等。

本案中，李大爷打算为王某设定“居住权”这一物权类型是不符合物权法规定的。在我国，《物权法》第五条明确规定：“物权的种类和内容，由法律规定。”在我国《物权法》中没有将“居住权”规定为物权的一种类型。所以，李大爷不能为王某设定“居住权”。但是李大爷可以和王某签订合同，通过租赁关系解决王某余生的居住问题。

【案例思考】

李某是某农村集体经济组织的成员之一，经过批准获得了一处土地的宅基地使用权。在建房之前，李某因在某城市打工而在城郊定居下来。考虑到自己可能不再继续在农村居住，李某遂打算将其手中的宅基地使用权转让给他人。

问题：李某是否有权转让其宅基地使用权？

第二节　土地承包经营权

一、土地承包经营权的含义

（一）案例 103 简介

原告傅某出生在被告某镇的村民组，户口也在被告村民组，并在被告的村民组生活。1991 年原告与在浙江省杭州市服役的志愿兵许某结婚（许 1990 年底转为志愿兵，其农业户口转为非农业）。结婚后原告未将户口迁至其丈夫所在的村民组。1993 年 5 月原告傅某生育一子许小某，许小某也落户在被告的村民组。1995 年进行第二轮土地承包改革，被告村民组未分农田给原告母子承包。

问题：该村民组的做法是否合法？

（二）相关知识点

1. 土地承包经营权的概念

土地承包经营权又称农村土地承包经营权，是指农业生产经营者以从事农业生产为目的，对集体所有或国家所有的由农民集体使用的土地进行占有、使用和收益的权利。土地承包经营权的产生有两种方式：一是以家庭承包经营为基础产生的土地承包经营权，下文称土地承包经营权；二是对于不宜采取家庭承包方式的荒山、荒沟、荒丘、荒滩等农村土地，大多采取招标、拍卖、公开协商的方式成立土地承包经营权，下文称“四荒”土地承包经营权。

2. 土地承包经营权的特征

（1）土地承包经营权的主体是农业生产经营者。土地承包经营权的主体是从事农业生产的自然人、法人或其他组织。以家庭承包方式设立的土地承包经营权，其主体具有身份性，必须是本集体经济成员所组成的农户，即农村承包经营户。在某些情形下，集体经济组织以外的单位和个人也可以成为土地承包经营权的主体，但这仅限于“四荒”土地的承包，这类土地可以采取招标、拍卖、公开协商等方式承包。且集体组织以外的单位和个人承包集体所有的土地，必须履行一定的程序。我国《农村土地承包法》第四十八条规定：“发包方将农村土地发包给本集体经济组织以外的单位和个人承包，应当事先经本集体经济组织成员的村民会议三分之二以上成员或者三分之二以上村民代表的同意，并报乡（镇）人民政府批准。”土地承包经营权的主体在获得土地承包经营权后，必须从事农业生产。

需注意的是：妇女享有的承包经营权人的身份问题。我国《农村土地承包法》第六条规定：“农村土地承包，妇女与男子享有平等的权利。承包中应当保护妇女的合法权益，任何组织和个人不得剥夺、侵害妇女应当享有的土地承包经营权。”该法第三十条规定：“承包期内，妇女结婚，在新居住地未取得承包地的，发包方不得收回其原承包地；妇女离婚或者丧偶，仍在原居住地生活或者不在原居住地生活但在新居住地未取得承包地的，发包方不得收回其原承包地。”即使在妇女结婚、离婚、丧偶的情况下，除非另外取得承包地，否则发包方不得收回承包地。但是如果其在新的居住地又取得了承包地，则其原先的承包地可以由发包方收回。

（2）土地承包经营权的客体是集体经济组织所有或国家所有由农民集体使用的农用地。土地承包经营权的客体为农用地。所谓农用地，是指直接用于农业生产的土地，包括耕地、林地、草地以及其他用于农业的土地。也包括荒山、荒沟、荒丘、荒滩等“四荒”土地。

（3）土地承包经营权的目的是在他人土地上从事农业生产经营活动，并保有收获物的所有权。与建设用地使用权是在他人土地上建造建筑物、构筑物及其附属设施并保有所有权不同，土地承包经营权的目的仅限于：承包人对承包的耕地、林地、草地等享有占有、使用和收益的权利，从事种植业、林业、牧业、渔业等农业生产活动，保有收获物的所有权。即使在进行农业生产的过程中，需要建造一些构筑物，例如农田水利设施，这些设施也是辅助农业生产的。

（三）案例 103 分析

农村土地承包，妇女与男子有平等的权利。承包中应当保护妇女的合法权益，任何组织和个人不得剥夺、侵害妇女应当享有的土地承包经营权。承包期内，妇女结婚，在新居住地未取得承包地的，发包方不得收回原承包地。

本案中，傅某与许某结婚后，未将户口迁至其丈夫所在的村民组，也未在其丈夫所在的村民组取得承包地，因此，傅某在1995年10月第二轮土地承包前至今一直属被告村民组的村民，应享有与该村村民同等待遇，包括土地承包经营权。然而在进行第二轮土地承包，在分配给其他村民承包地时，却将傅某排斥在外，显然与法相悖，侵害了妇女的合法权益。所以，该村民组的做法不合法。

二、土地承包经营权的效力

（一）案例104简介

某县农民俞某、屠某是同一村民组农民。俞某自农村实行家庭联产承包责任制时起，就从村集体获得一块0.9亩土地的承包经营权。1998年农村土地二轮承包时，俞某继续承包这块地，并获得了《农村集体土地承包经营权证书》，有效期为30年。1999年，俞某全家外出做生意，将这块承包地交给屠某夫妇代为耕种，并口头约定可随时收回。2004年，俞某回乡后向屠某夫妇索要这块耕地，但屠某夫妇认为自己耕种这块土地多年，土地承包关系早已发生改变，所以拒绝了俞某的要求。无奈之下，俞某将屠某夫妇告上法庭，要求他们立即退还耕地。

问题：屠某是否取得了该土地的承包经营权？

（二）相关知识点

1. 承包方（土地承包经营权人）的权利和义务

（1）承包方的主要权利。

第一，占有、使用和收益权。土地承包经营权是一种用益物权，其设立的主要目的是在他人土地上从事农业生产经营活动。占有承包地是其从事农林牧渔生产经营活动的前提，是土地承包经营权人实现使用、收益等其他权能的基础。使用权，是指承包方有权按照承包地的自然属性和合同的约定用途，对承包地进行使用的权利。使用是土地承包经营权最直接的目的。为实现使用目的，应根据承包经营的土地的自然属性和合同约定为耕地、林地、草地以及从事其他农业生产活动，但不能在承包地上修建住宅、砖窑等。承包方可在土地上修建必要的附属设施，并保有其所有权。收益权是指承包方获取土地上所产生的利益的权利。收益是设立土地承包经营权的最终目的。此处所指的收益，既包括天然孳息，也包括法定孳息，例如出租土地收取租金等。

第二，自主经营权。是指承包方依据自己的意志组织农业生产经营活动和处置产品的权利。承包方有权自主组织农业生产经营活动，自主决定种植什么作物、种植多少面积或者安排什么种植、养殖项目，只要不改变农业用地性质，不建造永久性建筑，不影响邻人的种植，任何人都不得以所谓“规模经营”“特色经营”“一县一品”“一乡一品”为由干涉农民的经营。[①] 承包人还有权自由处置产品，其他任何人包括发包人都无权干涉。

第三，依法流转权。是指土地承包经营权人有权将土地承包经营权依法通过转包、

① 王利明.物权法研究(修订版)(下卷).中国人民大学出版社，2007:71.

互换、转让等方式流转。土地承包经营权作为用益物权，承包人没有处分承包地的权利，但是其有处分土地承包经营权的权利。通过家庭承包取得的土地承包经营权的流转方式主要有：转包、出租、互换、转让或者其他方式；通过招标、拍卖、公开协商等方式承包农村土地，经依法登记取得土地承包经营权证或者林权证等证书的，其流转方式主要有：转让、出租、入股、抵押或者其他方式。土地承包经营权流转的主体是承包方，承包方有权自主决定土地承包经营权是否流转和流转的方式。

第四，承包地被依法征收的，有权依法获得相应的补偿。为了公共利益的需要，国家征收集体所有的土地，该集体所有土地上存在的土地承包经营权亦随之消灭。征收机关既要足额补偿集体土地所有权人，亦应足额补偿土地承包经营权人。

第五，法律、行政法规规定的其他权利。其他法律、行政法规也赋予承包方一定的权利。例如承包方有权拒绝发包方或者其他组织和个人针对承包地收取法律、法规规定以外的费用，或者违法进行集资、摊派、罚款等。

（2）承包方的主要义务。

第一，维持土地的农业用途，不得用于非农建设。由于我国耕地有限，而人口众多，必须确保国家粮食生产安全，因此，承包方对承包土地的使用，应当维持土地的农业用途，不得私自将承包地用于非农建设。我国实行土地用途管制，严格限制农用地转为建设用地，如建厂房、建住宅、建砖窑等，承包方违法将承包地用于非农建设的，由县级以上地方人民政府有关行政主管部门依法予以处罚。

第二，依法保护和合理利用土地，不得给土地造成永久性损害。在现代社会，农地资源极为宝贵，将承包地用于非农建设，是对农地资源的损害，同样，即使不改变土地的用途，不合理利用土地，给土地造成永久性损害的，也是对农地资源的破坏。所以，承包方在承包经营期间，应当注意保持承包地的土地生态及其环境的良好性能和质量，防止水土流失和盐碱化等，保护和提高地力，严禁对土地的不合理利用、掠夺式开发，给土地造成永久性损害。违反此项义务，承包方给承包地造成永久性损害的，发包方有权制止，并有权要求承包方赔偿由此造成的损失。

第三，法律、行政法规规定的其他义务。我国《农业法》《草原法》《土地管理法》等法律、行政法规中也规定了承包方的义务。例如《土地管理法》第三十七条第三款规定："承包经营耕地的单位或者个人连续二年弃耕抛荒的，原发包单位应当终止承包合同，收回发包的耕地。"

2. 发包方的主要权利和义务

（1）发包方的主要权利。

第一，发包本集体所有的或者国家所有依法由本集体使用的农村土地。集体经济组织对集体土地享有所有权，对国家所有依法由集体使用的农业土地，享有使用、收益权，集体经济组织有权对这些土地进行发包。但对土地的发包，只是使用、收益权的变动，并不改变土地的所有权。

第二，监督承包方依照承包合同约定的用途合理利用和保护土地。基于土地承包经营权的特殊性，承包方负有依照合同约定的用途合理利用和保护土地的义务，发包方对此有监督权，但发包方的监督应当合理，不能进行粗暴干涉，更不能借监督权干涉承包方的自主经营权，例如强行要求承包方种植某种农作物或经济作物等。

第三，制止承包方损害承包地和农业资源的行为。承包方取得土地承包经营权后，如果对承包地进行杀鸡取卵式经营，或者损害农业资源的，发包方有权加以制止。

第四，法律、行政法规规定的其他权利。发包人在特定情况下有权收回承包地或者调整承包地。例如《农村土地承包法》第二十六条第二款规定："承包期内，承包方全家迁入设区的市，转为非农业户口的，应当将承包的耕地和草地交回发包方。承包方不交回的，发包方可以收回承包的耕地和草地。"第二十七条第二款规定："承包期内，因自然灾害严重毁损承包地等特殊情形对个别农户之间承包的耕地和草地需要适当调整的，必须经本集体经济组织成员的村民会议三分之二以上成员或者三分之二以上村民代表的同意，并报乡（镇）人民政府和县级人民政府农业等行政主管部门批准。承包合同中约定不得调整的，按照其约定。"

(2) 发包方的主要义务。

第一，维护承包方的土地承包经营权，不得非法变更、解除承包合同。

第二，尊重承包方的生产经营自主权，不得干涉承包方依法进行正常的生产经营活动。

第三，依照承包合同约定为承包方提供生产、技术、信息等服务。

第四，执行县、乡（镇）土地利用总体规划，组织本集体经济组织内的农业基础设施建设。

第五，法律、行政法规规定的其他义务。例如《农村土地承包法》第六十三条规定："本法实施前已经预留机动地的，机动地面积不得超过本集体经济组织耕地总面积的百分之五。不足百分之五的，不得再增加机动地。本法实施前未留机动地的，本法实施后不得再留机动地。"

（三）案例 104 分析

通过家庭承包取得的土地承包经营权可以采取转包、出租、互换、转让或者其他方式流转，流转的主体是承包方，承包方有权依法自主决定土地承包经营权是否流转和流转的方式。承包方如有稳定的非农职业或者有稳定的收入来源的，经发包方同意，可以将全部或者部分土地承包经营权转让给其他从事农业生产经营的农户（双方应签订书面合同），由该农户同发包方确立新的承包关系，原承包方同发包方在该土地上的承包关系即行终止。

本案中，俞某依法取得了争议土地的承包经营权，因生意繁忙无暇耕种而将承包地临时交给屠某夫妇代为耕种，俞某、屠某夫妇之间土地承包经营权的流转属于临时代耕性质，而非经发包方同意后的正式转让，俞某仍是该块土地的承包方，屠某夫妇与发包方之间并没有形成新的承包关系。屠某夫妇虽因此取得了该块土地的耕种、收益的权利，但这种权利只是临时的，并不是土地承包经营权，俞某可以随时收回。所以，屠某夫妇没有取得该土地的承包经营权。

三、土地承包经营权的变动

（一）案例105简介

2001年12月，村民李某与当时的村委会签订了一份土地承包合同。合同约定，村委会将村属的15亩承包地承包给李某经营，承包期限为30年。合同签订后，李某对所承包的土地进行了重新规范和整理，并在投资近3000元的承包土地上新打了一眼深井。2002年10月，李某所在的村委会进行了换届选举。换届后的村委会以原村委会与李某所签订的土地承包合同没有召开村民大会，违反民主议定原则为由，将李某所承包的土地强行收回。李某将村委会告上法庭，要求确认合同有效，被告继续履行合同。

问题：李某是否取得该土地的承包经营权？

（二）相关知识点

1. 土地承包经营权的取得

（1）通过家庭承包方式设立土地承包经营权。是指集体经济组织的成员以农户的名义，与集体经济组织签订承包合同，创设土地承包经营权的行为。农村经济组织的成员以每一个农户的全体家庭成员作为一个生产经营单位，作为承包人与发包人建立承包关系，承包耕地、林地、草地等用于农业生产的土地。基于订立土地承包经营权合同即与发包方订立书面承包合同是取得土地承包经营权的最主要的方式。

我国《农村土地承包法》第十九条规定了土地承包的程序：本集体经济组织成员的村民会议选举产生承包工作小组；承包工作小组依照法律、法规的规定拟订并公布承包方案；依法召开本集体经济组织成员的村民会议，讨论通过承包方案；公开组织实施承包方案；签订承包合同。其中承包方案应当依法经本集体经济组织成员的村民会议三分之二以上成员或者三分之二以上村民代表的同意，方可通过。

土地承包经营合同由发包方和承包方平等协商订立。如果农民集体所有的土地依法属于村农民集体所有的，村集体经济组织或者村民委员会是发包方；已经分别属于村内两个以上农村集体经济组织的农民集体所有的，村内各该农村集体经济组织或者村民小组是发包方。国家所有依法由农民集体使用的农村土地，农村集体经济组织、村民委员会或者村民小组是发包方。承包方是本集体经济组织的农户。

由发包方和承包方订立的土地承包经营合同应当采用书面形式，承包合同从成立之日起生效。承包合同一般包括以下条款：发包方、承包方的名称，发包方负责人和承包方代表的姓名、住所；承包土地的名称、坐落、面积、质量等级；承包期限和起止日期；承包土地的用途；发包方和承包方的权利和义务；违约责任。

为了稳定农村土地承包关系，保障农民的土地承包经营权，我国法律规定了较长的承包期限，当事人的约定不得违反法律的规定。《农村土地承包法》第二十条规定：“耕地的承包期为三十年。草地的承包期为三十年至五十年。林地的承包期为三十年至七十年；特殊林木的林地承包期，经国务院林业行政主管部门批准可以延长。”《物权法》第一百二十六条进一步确认：“耕地的承包期为三十年。草地的承包期为三十年至五十年。林地的承包期为三十年至七十年；特殊林木的林地承包期，经国务院林业行政主管部门批准可以延长。前款规定的承包期届满，由土地承包经营权人按照国家有关规定继续承包。”

农村土地承包经营权依据生效合同直接设立。我国《农村土地承包法》第二十二条规定：“承包合同自成立之日起生效。承包方自承包合同生效时取得土地承包经营权。”根据该条规定，土地承包经营权的设立不以登记为生效要件，但为了对土地承包经营权进行确认和管理，县级以上地方人民政府应当向承包方颁发土地承包经营权证或者林权证等证书，并登记造册，确认土地承包经营权。《物权法》第一百二十七条进一步确认：“土地承包经营权自土地承包经营权合同生效时设立。县级以上地方人民政府应当向土地承包经营权人发放土地承包经营权证、林权证、草原使用权证，并登记造册，确认土地承包经营权。”农村土地承包经营权依据生效合同直接设立，不以登记为生效要件，其原因主要是承包方案经村民会议或村民代表会议讨论同意，集体经济组织成员相互熟悉，承包人的地块人所共知，能够起到相应的公示作用。[①]

（2）通过招标、拍卖、公开协商等方式，设立“四荒”土地承包经营权。对于不宜采用家庭承包方式的“四荒”土地，可以通过招标、拍卖、公开协商等方式，设立“四荒”土地承包经营权。“四荒”土地是指荒山、荒沟、荒丘和荒滩，不包括其他类型的农村土地。由于“四荒”土地属于未利用地，不具有农业生产条件，可能需要进行特别的投入，支付较大的开发成本才能耕种。如果由农村集体经济组织成员进行开发，可能并不一定具有相应的资金、技术、劳动力等开发能力。因此，法律对“四荒”土地的承包设定了不同的规则，允许在经过集体经济组织民主程序决定后，由集体经济组织成员以外的自然人、法人或其他组织承包，取得土地承包经营权。

“四荒”土地承包经营权的设立可以直接通过招标、拍卖、公开协商等方式实行承包经营，也可以将土地承包经营权折股分给本集体经济组织成员后，再实行承包经营或者股份合作经营。招标、拍卖、公开协商等方式只是签订承包合同的方式，“四荒”土地承包经营权的设立仍需要签订承包合同，当事人的权利和义务、承包期限等，由双方协商确定。以招标、拍卖方式承包的，承包费通过公开竞标、竞价确定；以公开协商等方式承包的，承包费由双方议定。

虽然对“四荒”土地承包经营权的设立采用的是公开透明的竞争方式，但是为维护本集体经济组织及其成员的利益，在同等条件下，本集体经济组织成员享有优先承包权。给本集体经济组织以外的单位或者个人承包，应当事先经本集体经济组织成员的村民会议三分之二以上成员或者三分之二以上村民代表的同意，并报乡（镇）人民政府批准。而且应当对承包方的资信情况和经营能力进行审查后，再签订承包合同。

承包合同生效时，土地承包经营权成立。《物权法》第一百二十九条规定：“土地承包经营权人将土地承包经营权互换、转让，当事人要求登记的，应当向县级以上地方人民政府申请土地承包经营权变更登记；未经登记，不得对抗善意第三人。”《农村

① 全国人大常委会法工委民法室编. 中华人民共和国物权法条文说明、立法理由及相关规定. 北京大学出版社，2007：236.

土地承包法》第四十九条规定："通过招标、拍卖、公开协商等方式承包农村土地，经依法登记取得土地承包经营权证或者林权证等证书的，其土地承包经营权可以依法采取转让、出租、入股、抵押或者其他方式流转。"从上述规定可知，登记不是土地承包经营权成立的生效要件。但上述两条规定存在不协调之处，从《物权法》第一百二十九条规定看，登记是对抗善意第三人的要件；而从《农村土地承包法》第四十九条规定看，登记是土地承包经营权转让、出租、入股、抵押或者其他方式流转的前提条件，不登记不发生土地承包经营权移转的效力。未来在修改法律或制定民法典时应当统一规定。

（3）依继承取得土地承包经营权。我国法律对于家庭承包方式取得的土地承包经营权，规定只有林地的承包人死亡，其继承人才可以在承包期内继承承包权，对于耕地或草地等其他农用地的土地承包经营权是不能继承的。但对于通过招标、拍卖、公开协商等方式取得的土地承包权，承包人的继承人则可以在承包期内继承承包权。[①]

2. 土地承包经营权的流转

（1）土地承包经营权流转的含义和方式。土地承包经营权的流转，是指土地承包经营权人将土地承包经营权或其中的部分权能转移给他人的行为。土地承包经营权流转应当遵循以下原则：第一，平等协商、自愿、有偿，任何组织和个人不得强迫或者阻碍承包方进行土地承包经营权流转；第二，不得改变土地所有权的性质和土地的农业用途；第三，流转的期限不得超过承包期的剩余期限；第四，受让方须有农业经营能力；第五，在同等条件下，本集体经济组织成员享有优先权。土地承包经营权采取转包、出租、互换、转让或者其他方式流转，当事人双方应当签订书面合同。采取转让方式流转的，应当经发包方同意；采取转包、出租、互换或者其他方式流转的，应当报发包方备案。土地承包经营权流转合同一般包括以下条款：第一，双方当事人的姓名、住所；第二，流转土地的名称、坐落、面积、质量等级；第三，流转的期限和起止日期；第四，流转土地的用途；第五，双方当事人的权利和义务；第六，流转价款及支付方式；第七，违约责任。土地承包经营权采取互换、转让方式流转，当事人要求登记的，应当向县级以上地方人民政府申请登记。未经登记，不得对抗善意第三人。土地承包经营权流转的转包费、租金、转让费等，应当由当事人双方协商确定。流转的收益归承包方所有，任何组织和个人不得擅自截留、扣缴。

（2）通过家庭承包方式设立的土地承包经营权的流转。第一，转包。土地承包经营权的转包是指土地承包经营权人与其他有农业生产经营能力的人（受转包人）签订合同，把自己承包期内的土地，在一定期限内全部或部分转交给受转包人从事农业生产经营的行为。转包只适用于家庭承包经营权，并且只能在同一集体经济组织的农户之间进行。转包无须发包方同意，但转包合同应向发包方备案。第二，出租。土地承包经营权的出租是指承包方将其承包的土地以一定期限租赁给其他有农业生产经营能

① 我国《农村土地承包法》第三十一条规定："承包人应得的承包收益，依照继承法的规定继承。林地承包的承包人死亡，其继承人可以在承包期内继续承包。"第五十条规定："土地承包经营权通过招标、拍卖、公开协商等方式取得的，该承包人死亡，其应得的承包收益，依照继承法的规定继承；在承包期内，其继承人可以继续承包。"

力的人从事农业生产经营的行为。承租人既可以是本集体经济组织的成员，也可以是本集体经济组织以外的自然人、法人和其他组织。出租无须经发包方同意，但出租合同须向发包方备案。第三，互换。土地承包经营权的互换是指同一集体经济组织内部的承包方将各自的土地承包经营权交换，从而使当事人丧失原有的土地承包经营权，取得对方的土地承包经营权。双方达成互换协议后，还要与发包方变更原土地承包合同。第四，转让。土地承包经营权的转让是指土地承包经营权人将其土地承包经营权让渡给他人，由该他人成为土地承包关系的主体，原承包人退出土地承包关系的行为。根据我国法律规定，对通过家庭承包方式设立的土地承包经营权的转让，设定了相对严格的限制条件，即承包方有稳定的非农职业或者有稳定的收入来源的，经发包方同意，可以将全部或者部分土地承包经营权转让给其他从事农业生产经营的农户，由该农户同发包方确立新的承包关系，原承包方与发包方在该土地上的承包关系即行终止。

(3) 通过招标、拍卖、公开协商等方式设立的"四荒"土地承包经营权的流转。根据我国《农村土地承包法》第四十九条规定，通过招标、拍卖、公开协商等方式承包农村土地，经依法登记取得土地承包经营权证或者林权证等证书的，其土地承包经营权可以依法采取转让、出租、入股、抵押或者其他方式流转。《物权法》沿袭了这一规定，但没有将出租列举出来，从解释学上，仍应承认出租是流转方式之一。通过招标、拍卖、公开协商等方式设立的"四荒"土地承包经营权的流转方式中，入股和抵押是不同于以家庭承包方式设立的土地承包经营权流转方式的两种方式。

3. 土地承包经营权的消灭

(1) 土地承包经营权消灭的原因。土地承包经营权的消灭，是指既存的土地承包经营权因一定法律事实的出现而不复存在，土地承包经营权人因此丧失土地承包经营权，承包地由发包人收回的情形。主要有以下几种：

第一，土地承包经营权的提前收回。在土地承包经营权合同约定的承包期限届满之前，发包方在发生特定事由时，将承包地提前收回，使土地承包经营权归于消灭。根据我国《农村土地承包法》的规定，土地承包经营权的提前收回有两种情形：一是承包经营耕地的单位或者个人连续二年弃耕抛荒的，原发包单位应当终止承包合同，收回发包的耕地。土地承包经营权在承包地被收回时消灭，土地承包经营权已登记的，应当注销登记。二是承包期内，承包方全家迁入设区的市，转为非农业户口的，应当将承包的耕地和草地交回发包方。承包方不交回的，发包方可以收回承包的耕地和草地。土地承包经营权在承包地被收回时消灭，土地承包经营权已登记的，应当注销登记。

第二，土地承包经营权的提前交回。在土地承包经营权合同约定的承包期限届满之前，承包方将承包地交回发包方，其土地承包经营权归于消灭。根据我国《农村土地承包法》的规定，土地承包经营权的提前交回分两种情形：一是承包期内，承包方全家迁入设区的市，转为非农业户口的，应当将承包的耕地和草地交回发包方。承包方不交回的，发包方可以收回承包的耕地和草地。二是承包期内，承包方可以自愿将承包地交回发包方。承包方自愿交回承包地的，应当提前半年以书面形式通知发包方。承包方在承包期内交回承包地的，在承包期内不得再要求承包土地。

第三，土地承包经营权的期限届满，不再继续承包的。

第四，承包地被征收。国家基于公共利益的需要征收集体所有的土地时，被征收的土地所有权消灭，在其上设立的土地承包经营权自然归于消灭。但国家在征收承包经营的土地时，应当给予合理的补偿。

第五，承包地灭失或使用价值丧失。承包地灭失，土地承包经营权因失去客体归于消灭。在承包期届满前，如果由于自然原因的变化，导致该承包地上的使用价值丧失，土地承包经营权也随之消灭。例如耕地沙漠化等。

第六，承包方死亡无继承人或继承人放弃继承。

(2) 土地承包经营权消灭的法律后果。包括：第一，承包方将土地返还给土地所有权人。第二，承包方的取回权。土地承包经营权消灭，承包方有权取回自己在承包地上兴建的农田水利等设施、农作物、林木等；上述工作物也可以留给发包人，但有权请求按价补偿；如果发包方愿意以市场价格购买的，承包方不得拒绝。第三，特别改良费用或有益费用的补偿。承包方为增加地力或为增加土地利用的便利而支出的特别改良费用或其他有益费用，有权请求相应的补偿。

（三）案例 105 分析

我国相关法律规定了土地承包的程序：本集体经济组织成员的村民会议选举产生承包工作小组；承包工作小组依照法律、法规的规定拟订并公布承包方案；依法召开本集体经济组织成员的村民会议，讨论通过承包方案；公开组织实施承包方案；签订承包合同。其中承包方案应当依法经本集体经济组织成员的村民会议三分之二以上成员或者三分之二以上村民代表的同意，方可通过。农村土地承包经营权依据生效合同直接设立，承包方自承包合同生效时取得土地承包经营权，不以登记为生效要件。

本案中，原告李某与原村委会之间签订土地承包合同之前没有依法召开本集体经济组织成员的村民会议讨论通过承包方案，违反了民主议定原则，所签合同属于无效合同。基于无效合同，不能成立承包经营权。因此，李某并未取得土地承包经营权。

【案例思考】

1. 刘某取得 6.3 亩土地的承包经营权，后刘某外出打工，把该地交给其所在的行政村村委会，村委会把土地承包给了任某，任某耕种至今。在第二轮土地承包时，村委会又与任某续签了土地承包合同。2008 年刘某外出务工回来，向村委会索要土地未果而诉至法院，请求村委会和任某返还土地。该 6.3 亩土地中的 1.5 亩在诉讼前已经被国家征用，补偿费 18000 元由任某领取。

问题：刘某请求村委会和任某返还土地是否会得到支持?

2. 2004 年，甲父死亡留下二亩承包地，因甲年幼，而抚养甲的外公年老，都无法耕种因而使承包地荒芜。于是甲的伯父乙从 2005 年开始主动耕种此地，并经过村委会的同意。乙每年向发包方履行承包义务。2008 年，甲以乙耕种此田有一定的收益，其有权继承承包经营权为由，要求其伯父乙支付粮食收益。乙不同意，诉至法院。

问题：甲的诉讼请求是否应得到支持?

第三节　建设用地使用权

一、建设用地使用权的含义

（一）案例 106 简介

某市甲公司拟在闹市区的两座“姊妹”楼各30层的地方修建一空中走廊。该公司通过出让的方式取得修建空中走廊所需的地上建设用地使用权，并获得修建批准，建成的空中走廊视野非常开阔，可鸟瞰全市，成为甲公司的“城市广告牌”。其后，乙公司通过出让的方式取得“姊妹”楼之间的建设用地使用权，拟建造一座28层的办公大楼。甲公司认为乙公司拟建的办公大楼将极大地影响到甲公司空中走廊的观光效果以及商业价值，对此提出异议。①

问题：乙公司的做法是否符合法律的规定?

（二）相关知识点

1. 建设用地使用权的概念

建设用地使用权是指自然人、法人或其他组织依法享有在国有土地及其上下建造建筑物、构筑物及其附属设施的用益物权。

2. 建设用地使用权的特征

（1）建设用地使用权主体具有广泛性。法律对建设用地使用权人的主体身份没有加以限制，因而其主体具有广泛性的特点，凡是经依法批准取得建设用地使用权的单位和个人，均可以成为建设用地使用权人。

（2）建设用地使用权的客体是国家所有的土地。建设用地使用权人为建设所使用的土地只能是城市国有土地，或者依据法律规定属于国家所有的农村或城市郊区的土地。我国集体所有的土地使用权不能直接进入市场流转，如果需要使用集体土地，必须先将集体土地征收，转化为国有土地，才能设立建设用地使用权。

（3）建设用地使用权设立的目的是建造并保有建筑物、构筑物及其附属设施。建筑物是指定着于土地上或地面之下，具有顶盖、梁柱、墙壁，供人们在其中进行生产、生活的居住用房、生产用房、办公用房等设施。构筑物是指人们一般不直接在里面进行生产和生活活动的建造物，主要包括道路、桥梁、隧道、堤坝、水渠、水池、水塔等设施，人工养殖设施，以及地窖、地下管网等人工构筑物。附属设施主要指附属于建筑物、构筑物并辅助其发挥功效的设施，例如电线杆、电缆、变压器等电力、广播、通讯设施，以及雕塑、纪念碑等均属此类。②

---

① 马新彦主编. 中华人民共和国物权法法条释义与案例解析. 中国法制出版社，2007：292.

② 梁慧星，陈华彬. 物权法. 法律出版社，2005：282.

(4) 建设用地使用权的内容具有限制性。根据我国相关法律的规定，建设用地使用权出让的最高年限为：居住用地七十年；工业用地五十年；教育、科技、文化、卫生、体育用地五十年；商业、旅游、娱乐用地四十年；综合或者其他用地五十年。住宅建设用地使用权期间届满的，自动续期。

(三) 案例 106 分析

建设用地使用权是指自然人、法人或其他组织依法享有在国有土地及其上下建造建筑物、构筑物及其附属设施的用益物权。随着现代科学技术的发展，土地的地表、地上或者地下空间可以具备独立的利用价值，因而可以分别成为用益物权的客体。但是，新设立的建设用地使用权，不得损害已设立的用益物权。

本案中，甲公司通过合法方式取得了“姊妹”楼 30 层高度之间的地上建设用地使用权，该建设用地使用权先于乙公司取得的在“姊妹”楼之间的地表建设用地使用权。乙公司在“姊妹”楼之间取得建设用地使用权用以建造 28 层的办公大楼，显然影响到了甲公司空中走廊的观光效果和商业价值，损害了甲公司设立的建设用地使用权，是不符合我国法律规定的。

二、建设用地使用权的效力

(一) 案例 107 简介

某市一国有家电公司为提高企业竞争力，开拓新的经济增长点和解决企业下岗职工的安置问题，未经批准擅自将位于城市郊区的一块用途为仓储用地的国有划拨土地改作经营性用地，该块划拨土地面积为 2.5 万平方米。该公司于 2004 年 4 月正式动工建设“领域休闲会所”，该项目工程已于 2006 年 4 月竣工，目前已投入使用和经营。

问题：该公司的做法是否适当？

(二) 相关知识点

1. 建设用地使用权人的权利

(1) 对建设用地的占有、使用和收益权。建设用地使用权设立的目的即是在建设用地上建造建筑物、构筑物及其附属设施，因此权利人对该宗建设用地必须享有占有、使用的权利，否则建设行为就无从谈起。同时，法律也允许权利人将建设用地使用权及其上建筑物出租获取租金，这即是建设用地使用权收益权的具体体现。

(2) 保有建筑物、构筑物及其附属设施的所有权。我国《物权法》第一百四十二条规定：“建设用地使用权人建造的建筑物、构筑物及其附属设施的所有权属于建设用地使用权人。”据此，权利人对建造于建设用地之上的建筑物、构筑物及其附属设施保有所有权。

(3) 建设用地使用权流转的权利。建设用地使用权的依法流转，是我国土地有偿使用制度的重要内容。通过流转，建设用地使用权的交换价值得以实现，我国土地二级市场的形成成为可能。①

2. 建设用地使用权人的义务

(1) 支付出让金等费用的义务。所谓出让金，是指建设用地使用权人应当向土地所有权人支付的土地使用费。根据我国法律规定，建设用地使用权的设立分有偿和无偿两种：以行政划拨方式设立的建设用地使用权，权利人无须缴纳出让金；以出让方式设立的建设用地使用权，受让人必须依法缴纳出让金。支付出让金是建设用地使用权人的义务，而非建设用地使用权的成立要件。受让人未按照约定支付出让金的，只应承担违约责任，建设用地使用权并不消灭。

(2) 合理使用土地的义务。建设用地使用权人应当合理利用土地，依照土地的自然属性和法律属性开发、利用、经营土地，不得使土地闲置。

(3) 返还土地的义务。建设用地使用权期限届满，建设用地使用权消灭时，建设用地使用权人应当将土地返还给所有人，并负有恢复土地原状的义务。

(三) 案例 107 分析

建设用地使用权人应当按照土地使用权出让等有偿使用合同的约定或者土地使用权划拨批准文件的规定使用土地；确需改变该幅土地建设用途的，应当经有关人民政府土地行政主管部门同意，报原批准用地的人民政府批准。其中，在城市规划区内改变土地用途的，在报批前，应当先经有关城市规划行政主管部门同意。

本案中，该国有家电公司取得划拨建设用地使用权的用途是进行商业性仓储使用，他人无权干涉。然而，该公司在未经有关人民政府土地行政主管部门同意，并报原批准用地的人民政府批准的情况下，就擅自改变土地用途，将仓储用地改为经营性用地，违反了我国《物权法》及相关法律规定，该公司的做法显然不当。

三、建设用地使用权的变动

(一) 案例 108 简介

某房地产开发公司通过出让的方式取得城南一块土地的建设用地使用权，欲利用该块地皮进行住宅小区的开发。由于资金紧张，遂找到某投资开发公司合作。双方签订协议书，约定：合作开发住宅小区项目，其中房地产开发公司以建设用地使用权作价1亿元人民币出资，投资开发公司以1亿元出资。该住宅小区建成后，双方对住宅楼的权属发生了争议。房地产开发公司认为，自己享有建设用地使用权，根据我国《物权法》第一百四十二条的规定，整个住宅小区的楼房应归其所有。投资开发公司则认为，自己出资与房地产公司合作开发的小区，理应按照投资比例享有楼房的产权。

问题：本案中住宅楼的产权应归哪一个公司所有?

① 王连合. 物权法原理与案例研究. 北京大学出版社，2011：193.

（二）相关知识点

1. 建设用地使用权的取得

取得建设用地使用权，主要有两种方式：出让和划拨。我国实行土地有偿使用制度，以划拨方式设立的建设用地使用权被严格限制。

（1）以出让方式设立建设用地使用权。以出让方式设立建设用地使用权，是指国家以土地所有人的身份将建设用地使用权在一定期限内出让给土地使用人，由土地使用人向国家支付土地出让金的行为。

通过出让方式设立建设用地使用权，出让方和受让方应当签订建设用地使用权出让合同，在该合同中，出让方是代表国家行使权利的市、县人民政府的土地管理部门，受让方除法律另有规定外，可以是中国境内的公司、企业、其他经济组织或公民个人。建设用地使用权出让合同一般包括下列条款：当事人的名称和住所；土地界址、面积等；建筑物、构筑物及其附属设施占用的空间；土地用途；使用期限；出让金等费用及其支付方式；解决争议的方法。

我国学界对于建设用地使用权出让的性质众说纷纭，主要有“行政行为说”“民事行为说”“经济法律行为说”“民事行政行为说”等。笔者认为，建设用地使用权出让是民事行为，而非行政行为。在这一行为中，国家是以民事主体而非主权管理者的身份出现的。在建设用地使用权出让中，各级政府的土地管理部门代表国家以土地所有人的身份与土地使用者订立合同，是以民事主体的身份与其他民事主体从事交易行为，双方地位平等，意志自由，他们之间发生的关系属于平等主体之间的民事关系。

（2）以划拨方式设立建设用地使用权。建设用地使用权的划拨，是指县级以上人民政府依照相关法律规定的权限和审批程序，将国有土地无偿地交付给符合法律规定条件的土地使用者使用，土地使用者因此取得建设用地使用权的行为。划拨的建设用地使用权具有以下特点：第一，公益目的性。第二，无偿性。第三，无期限性。第四，流通的限制性。

无论是以出让方式还是划拨方式设立的建设用地使用权，都应当向县级以上地方人民政府土地管理部门申请登记，经县级以上地方人民政府土地管理部门核实，由同级人民政府颁发土地使用权证书。

（3）通过继承取得建设用地使用权。建设用地使用权属于财产权，在建设用地使用权的剩余期限内可以由建设用地使用权人的继承人继承。因继承取得的建设用地使用权属于当然取得，无须登记。

2. 建设用地使用权的流转

（1）转让。建设用得使用权的转让，是指转让人和受让人签订转让合同，将其建设用地使用权转移给受让人，受让人支付相应对价的行为。建设用地使用权的转让包括买卖、互换、出资、赠与等方式，一般所说的转让主要指买卖方式。从取得方式来说，转让属于继受取得方式，与之相对应，出让和划拨等方式属于原始取得方式。

建设用得使用权的转让行为发生在公民、法人之间，国家不能作为建设用地使用权转让合同的当事人，转让合同是纯粹的民事交易行为。建设用地使用权进行转让，必须订立书面转让合同，一般包括下列条款：第一，当事人的名称和住所；第二，土地界址、面积等；第三，建筑物、构筑物及其附属设施占用的空间；第四，土地用途；第五，使用期限；第六，出让金等费用及其支付方式；第七，解决争议的方法。

以划拨方式设立的建设用地使用权原则上不得转让，划拨建设用地使用权一般是基于公益目的，无偿或低偿获得的，如果允许划拨土地使用权任意转让，国家采用划拨方式供应土地的公益目的就会落空。而且，划拨土地不加限制进入市场交易，会严重冲击土地一级市场和二级市场，因此我国法律一般不允许划拨土地使用权转让。但经有批准权的人民政府审批，准予转让的，应当由受让方办理土地使用权出让手续，并依照国家有关规定缴纳土地使用权出让金。

建设用地使用权转让必须进行变更登记，未经登记，不发生转让的效力。转让方和受让方订立建设用地使用权转让合同后，未办理变更登记手续的，不影响合同的效力。土地使用权人作为转让方与受让方订立土地使用权转让合同后，当事人一方以双方之间未办理土地使用权变更登记手续为由，请求确认合同无效的，不予支持。

（2）抵押。建设用地使用权的抵押，是指抵押人以其建设用地使用权向抵押权人提供债务履行的担保，债务人不履行到期债务或出现当事人约定的实现抵押权的条件时，抵押权人有权依法从抵押的建设用地使用权的变价款中优先受偿。

以出让方式取得的建设用地使用权可以抵押，但是以划拨方式取得的建设用地使用权只有在办理出让手续后，才可以设定抵押。建设用地使用权抵押必须订立书面合同，还须在土地登记部门进行登记后，才成立抵押权。

（3）出租。建设用地使用权的出租是指建设用地使用权人作为出租人，将建设用地使用权与其地上建筑物、其他附着物租赁给承租人使用，由承租人向出租人交付租金的行为。

单纯的建设用地使用权出租是不存在的，建设用地使用权人必须对土地进行投资、开发，达到一定条件才能出租建设用地使用权。这是为了防止通过租赁的方式“炒地皮”，防止土地使用人在获得建设用地使用权后，不对土地做任何实际投资，造成土地的闲置和浪费。

建设用地使用权出租时，出租人与承租人应当签订书面租赁合同。租赁期限应由当事人协商确定，但不得超过建设用地使用权的剩余期限。根据《城镇国有土地使用权出让和转让暂行条例》规定，土地使用权和地上建筑物、其他附着物出租，出租人应当依照规定办理登记。不过这种登记并非变更登记，因为出租并不改变建设用地使用权人（出租人）的地位。

（4）建设用地使用权流转中的房地权属一并转移。根据“房随地走”和“地随房走”原则，建设用地使用权和建筑物所有权这两种分别独立的不动产，必须共同作为交易的标的，而不能分别对待。房地产转让、抵押、出租时将房屋所有权和建设用地使用权捆绑在一起，即建设用地使用权转让、抵押、出租时，地上建筑物随之转让、抵押、出租；反之，建筑物转让、抵押、出租时，其使用范围内的建设用地使用权也随之转让、抵押、出租。也就是说，房屋产权与房屋占用土地的使用权实行权利人一致原则，除法律另有规定之外不得分离。

3. 建设用地使用权的消灭

（1）建设用地使用权消灭的原因。第一，存续期限届满。建设用地使用权作为一种用益物权，属于有期限物权。住宅建设用地使用权期限届满，自动续期；非住宅建设用地使用权期限届满之时，如果使用权人没有申请续期，或者申请续期没有获得批准的，建设用地使用权终止，土地所有人重新获得对土地的圆满支配权，重新享有占有、使用、收益、处分等全部权能。第二，国家因公共利益的需要而提前收回。国家作为土地的所有者，基于公共利益考虑，在符合法定条件下，可以对建设用地使用权予以收回。我国现行土地使用制度规定了三种提前收回制度：一是土地使用者未按合同约定的期限和条件开发和利用土地，情节严重的，可以无偿收回建设用地使用权。① 二是建设用地使用权期间届满前，因公共利益需要提前收回该土地的，应当依照本法第四十二条的规定对该土地上的房屋及其他不动产给予补偿，并退还相应的出让金。② 三是以出让方式取得土地使用权进行房地产开发的，必须按照土地使用权出让合同约定的土地用途、动工开发期限开发土地。超过出让合同约定的动工开发日期满一年未动工开发的，可以征收相当于土地使用权出让金百分之二十以下的土地闲置费；满二年未动工开发的，可以无偿收回土地使用权。③ 第三，土地灭失。建设用地使用权要以土地的存在或土地能满足某种需要为前提，因土地灭失而导致使用人实际上不能继续享受土地，建设用地使用权自然终止。在部分灭失的情况下，建设用地使用权就剩余的部分继续存在。第四，建设用地使用权人抛弃。建设用地使用权是一种财产权，建设用地使用权人对于所拥有的建设用地使用权当然可以抛弃，但建设用地使用权的抛弃不得违反法律、行政法规的强制性规定，不得违反公序良俗和诚实信用原则。建设用地使用权的抛弃必须办理注销登记，否则，抛弃不生效力。第五，约定建设用地使用权消灭的事由发生。当事人双方约定建设用地使用权消灭事由的，只要不违反法律、行政法规的强制性规定，不违反公序良俗和诚实信用原则，应当承认其效力。建设用地使用权的消灭必须办理注销登记，否则，不发生效力。

（2）建设用地使用权消灭的法律后果。第一，土地上房屋、其他不动产的处理。建设用地使用权消灭后，对建设用地上的房屋、其他不动产的处理，按照建设用地使用权期限是否届满分为两种情况：一是建设用地使用权期间届满前，因公共利益需要提前收回该土地的，应当对该土地上的房屋及其他不动产给予补偿，并退还相应的出让金。二是建设用地使用权期满未续期而消灭的，原土地使用人失去了合法占有依据，应将建设用地交还国家，该土地上的房屋及其他不动产的归属，有约定的，按照约定；没有约定或者约定不明确的，原土地使用人可以取回地上建筑物、构筑物及其附属设施，恢复土地的原状。原土地使用人也可以不取回地上建筑物、构筑物及其附属设施，而是以市场价格将之出售给出让人。第二，及时办理土地注销登记。建设用地使用权消灭后，出让人应及时办理建设用地使用权注销登记，建设用地使用权自办理注销登

① 参见《国有土地使用权出让和转让条例》第十七条第二款，《土地管理法》第三十七条第一款，第六十五条第二款。

② 参见《物权法》第一百四十八条。

③ 参见《房地产管理法》第二十六条。

记，将建设用地使用权从不动产登记簿上清除时发生消灭效力。如原使用权人拒不交还土地，土地管理部门可以给予处罚。对未申请注销登记的，土地管理部门可以直接办理注销土地登记，注销土地证书。[①]

（三）案例 108 分析

根据我国法律规定，建设用地使用权人有权对其权利依法进行流转，建设用地使用权流转的方式主要有：转让、互换、出资、赠与、抵押和出租。建设用地使用权转让、互换、出资、赠与、抵押必须进行变更登记，未经登记，不发生转让的效力。

本案中，某房地产开发公司将自己的建设用地使用权用于投资，与某投资开发公司合作进行住宅小区的开发，双方虽然签订了合作协议书，但并没有对该块土地的建设用地使用权进行变更登记，不发生建设用地使用权流转的效力。因此，双方设立共有该块土地建设用地使用权的行为是无效的，某投资开发公司不享有该块土地的建设用地使用权，自然也不享有在该块土地上建造的住宅楼的产权，其产权仍属于某房地产开发公司所有。但某投资开发公司可通过债权方式维护自己的合法权益。

【案例思考】

1. 甲公司为了取得银行贷款，在未经有关部门批准的情况下，经与银行协商，以其无偿划拨的 100 亩土地使用权作抵押（价值 300 万元），在银行申请贷款 200 万元，双方还办理了抵押登记。借款到期后，甲公司不能如期履行债务。银行起诉至法院请求判处甲公司偿还借款本息，并对抵押物 100 亩土地使用权享有优先受偿权。

问题：无偿划拨土地设定的建设用地使用权能否设定抵押？

2. 某轧钢厂在 1982 年 3 月通过出让方式取得市中心 10 亩土地的建设用地使用权，2006 年 7 月由于市政府的市政规划，该建设用地使用权被提前收回，市土地管理部门对被拆迁的房屋进行了拆迁补偿，并退还了相应的土地出让金。但是市土地管理部门并没有对该 10 亩建设用地使用权进行注销登记，也没有收回建设用地使用权证书。2006 年 8 月，某房地产开发公司与该轧钢厂签订了建设用地使用权转让合同，并交付了 2000 万的土地使用权转让金，其后在办理建设用地使用权变更登记时，被告知该 10 亩土地的建设用地使用权已被提前收回，遂起诉至法院。

问题：该案有哪些不合法之处？

① 参见《土地管理法》第八十条，原国家土地管理局《土地登记规则》第五十八条。

第四节 宅基地使用权

一、宅基地使用权的含义

（一）案例 109 简介

陈某原系A县人，在B县境内做小生意，因无处居住，与被告C村七组达成协议，由C村七组给陈某解决一处宅基地，陈某以青苗赔偿费支付给C村七组2600元钱。C村七组给陈某的宅基地属于可耕地，陈某在该处宅基地上建房居住，并在此做生意，个体经营。后C村七组收回该处宅基地。陈某向B县人民法院起诉，要求法院维护自己对宅基地的使用权，并要求被告赔偿全部损失。

问题：陈某能否获得C村七组的宅基地使用权？

（二）相关知识点

1. 宅基地使用权的概念

宅基地使用权，是指农村村民（农户）依法在集体所有的土地上建造住宅及其附属设施，并保有其所有权的用益物权。宅基地使用权作为一种物权，是我国物权法体系中特有的用益物权，是农民基于集体经济组织成员身份而无偿取得的一种物权。

2. 宅基地使用权的特点

（1）宅基地使用权的主体具有特定性。申请农村宅基地使用权的只能是该集体经济组织的成员，本集体经济组织以外的其他单位和个人除法律特别规定外不能申请取得宅基地使用权。其主体的特殊性还表现在，宅基地使用的申请人不能以个人身份申请宅基地，必须以户为单位，且一户只能申请一处宅基地。

（2）宅基地使用权的客体具有特定性。农村宅基地使用权的客体是农村集体经济组织所有的土地，且限于宅基地，不包括国有土地。

（3）宅基地使用权的目的具有特定性。宅基地使用权的目的是农户在宅基地上建造住宅及其附属设施，并保有其所有权。所谓住宅，是指农村村民的生活用房。所谓附属设施，是指辅助住宅发挥效用的与村民生活相关的建筑物、构筑物等设施，包括厕所、沼气池、牛棚、猪圈等。宅基地使用权是为了解决农村集体经济组织成员的安居问题而设的。农村村民取得宅基地使用权的目的是为了建造自用住宅，除此之外均不能取得宅基地使用权。

（4）宅基地使用权的取得具有无偿性。农民取得宅基地的主要方式是通过集体无偿分配，而不是通过有偿交易来完成的。宅基地具有福利的性质，通常认为这是对农民的一种福利保障措施。[①] 由于我国农村缺乏相应的社会保障体系，土地仍然是农村居

---

① 杨立新，王轶，程啸. 民法学. 法律出版社，2005：356.

民的主要生活保障，通过分配给农村居民宅基地，能够有效地保障其生活居住条件，最终维护农村社会秩序的稳定。

(5) 宅基地使用权没有期限限制。我国法律没有明确规定宅基地使用权的期限。宅基地使用权以农户为单位，不因户主的更替或某个家庭成员的死亡而失去宅基地使用权，农村村民可以对宅基地长期占有、使用。由于房屋可以继承，宅基地使用权实质上也可以继承，村民因升学、提干、搬迁等原因丧失集体经济组织成员权的，其宅基地使用权仍然长期存在，因此宅基使用权是一种无期限限制的权利。

(三) 案例 109 分析

宅基地使用权，是指农村村民（农户）依法在集体所有的土地上建造住宅及其附属设施，并保有其所有权的用益物权。申请农村宅基地使用权的只能是该集体经济组织的成员，本集体经济组织以外的其他单位和个人除法律特别规定外不能申请取得宅基地使用权。村宅基地使用权的客体是农村集体经济组织所有的土地，且限于宅基地，而非耕地。

本案中，陈某并非C村七组的村民，不能在C村七组享有宅基地使用权，而且其占用的耕地未经法定程序转化为宅基地，所以陈某并不享有合法的宅基地使用权，陈某不能获得C村七组的宅基地使用权。

二、宅基地使用权的效力

(一) 案例 110 简介

村民甲以无房居住为由，向乡人民政府申请宅基地建房，经过批准，甲却在指定位置建造了洗浴中心，并将该洗浴中心出租给乙经营，收取租金。村委会将此事报告给乡人民政府，乡人民政府决定收回该块宅基地，于是甲诉至法院。

问题：乡人民政府收回宅基地的决定是否正确？

(二) 相关知识点

1. 宅基地使用权人的权利

(1) 占有、使用宅基地的权利。对宅基地进行占有是宅基地使用权人享有其他权利内容的前提和基础。对宅基地占有的目的是在宅基地上建造房屋及其附属设施。宅基地使用权人也可以在其取得的宅基地使用权范围内，在房屋前后或四周种植树木。宅基地使用权人享有在其宅基地上建造的房屋及其附属设施的所有权。

(2) 有限的处分权。根据我国目前的法律规定，禁止宅基地使用权单独转让、抵押、继承或出租。但宅基地使用权人对其宅基地上的房屋及其附属设施享有所有权，并且可以自由处分。因此，在转让房屋及其附属设施的所有权时，宅基地使用权随之一同转让。由于房屋可以继承，因此，宅基地使用权实质上可以继承。但宅基地使用权人出卖、出租住房后，再申请宅基地的，不予批准。

2. 宅基地使用权人的义务

（1）不得擅自变更用途的义务。宅基地使用权人按照规定的用途使用宅基地是其主要义务。宅基地使用权人在依法取得的宅基地上只能建造生活用房及其附属设施，不得擅自将宅基地挪作他用。宅基地使用权人取得宅基地使用权后，应充分发挥宅基地的效用，对于宅基地使用权人长期闲置或者抛弃宅基地的，集体经济组织有权收回宅基地。但根据我国农村的实际情况，宅基地使用权人利用自家住房附带从事小规模、家庭式的生产经营活动，不属于改变宅基地的用途。

（2）按照批准的面积建造住宅及其附属设施的义务。通过审批取得的宅基地使用权，对宅基地的面积有着明确的规定，宅基地使用权人应当严格按照批准的面积利用宅基地。对于宅基地的面积超过当地政府规定标准的，可在土地登记卡和土地证书内注明超过标准面积的数量。以后分户建房或现有房屋拆迁、改建、翻建或政府依法实施规划重新建设时，应按当地政府规定的面积标准重新确定使用权，其超过部分退还集体。

（3）不得非法转让、抵押、出租宅基地使用权。我国现行法律禁止宅基地使用权转让、抵押、出租，宅基地使用权人不得单独对宅基地使用权进行转让、出租、抵押。农村村民出租、出卖住房后，再申请宅基地的，不予批准。

（三）案例 110 分析

宅基地使用权人申请到宅基地后，其目的是在宅基地上建造房屋及其附属设施。宅基地使用权人也可以在其取得的宅基地使用权范围内，在房屋前后或四周种植树木。但宅基地使用权人在依法取得的宅基地上只能建造生活用房及其附属设施，不得擅自将宅基地挪作他用，例如建造酒店、厂房等生产经营用房等。但根据我国农村的实际情况，宅基地使用权人利用自家住房附带从事小规模、家庭式的生产经营活动，不属于改变宅基地的用途。在我国，由于土地资源非常紧张，村民取得宅基地使用权后，必须严格按照土地的用途使用土地，不得擅自违反规划改变土地用途。

本案中，村民甲在申请到宅基地后，可以在其宅基地上建造生活用房及其附属设施。但是甲在申请到宅基地后并没有建造住宅，供自己生活居住所用，而是建造了洗浴中心，用于出租收取租金，改变了宅基地的用途，背离了宅基地使用权设立的目的，因此乡人民政府收回宅基地的决定是正确的。

三、宅基地使用权的变动

（一）案例 111 简介

村民刘某在县城做生意并在县城购买了住房，因他在村子里的住房一直闲置，便将住房卖给了同村村民王某。后来，刘某不想经商，又想回村定居。于是，他向乡人民政府申请再重新要一块宅基地盖新房。

问题：根据我国相关法律规定，刘某的申请应否被批准？

（二）相关知识点

1. 宅基地使用权的取得

（1）宅基地使用权取得的原则。第一，一户一宅原则。即农村村民一户只能拥有一处宅基地，其宅基地的面积不得超过省、自治区、直辖市规定的标准。“由于土地资源的有限性，不可能给每个村民提供更多的宅基地，而且宅基地一般为无偿使用，带有一定的社会福利或集体组织成员的团体福利性质。因此，一户居民只能分配一处宅基地。”① 第二，合理规划原则。即农村村民建住宅，应当符合乡（镇）土地利用总体规划，并尽量使用原有的宅基地和村内空闲地。第三，法定程序原则。即农村村民住宅用地，经乡（镇）人民政府审核，由县级人民政府批准；其中，涉及占用农用地的，依照我国《土地管理法》第四十四条②的规定办理审批手续。

（2）宅基地使用权申请人的条件。根据我国《土地管理法》《土地管理法实施条例》等现行法律、行政法规以及地方法规的规定，申请人所在的集体经济组织对宅基地使用权申请予以审查，看是否符合准予宅基地使用权的以下条件：第一，申请人必须是本集体经济组织的成员。第二，申请人及其所在农户必须存在合理的住宅需求。第三，不存在法律法规规定的禁止申请事由。例如，我国《土地管理法》第六十二条第四款规定：“农村村民出卖、出租住房后，再申请宅基地的，不予批准。”

（3）宅基地使用权取得的程序。申请人提出申请后，农村集体经济组织依据法律法规的规定，按照民主议事程序对申请进行审查。申请经农村集体经济组织审查通过后，报所在乡人民政府审核，再报县级人民政府批准。

我国现行法未把登记作为宅基地使用权的生效要件，登记与否，不影响宅基地使用权的设立。宅基地使用权自县级或乡级人民政府批准时设立。这是因为我国农村幅员辽阔，很难对宅基地使用权进行全面的实质性审查登记，而且，我国农村是熟人社会，批准程序本身就具有一定的公示功能。但是我国《物权法》第一百五十五条规定：“已经登记的宅基地使用权转让或者消灭的，应当及时办理变更登记或者注销登记。”

2. 宅基地使用权的流转

关于宅基地使用权的流转，理论界观点存在很大分歧。主要观点有二：

第一种观点主张宅基地使用权应当与出让国有土地使用权一样可以自由地流转，包括向农村集体经济组织以外的主体流转。只有进行自由流转，才能完全实现宅基地使用权的交换价值，解决农民发展农业生产融资难的现状，促进农村经济的发展。至于失地农民可以通过建立和完善相应的社会保障体系来解决。第二种观点主张宅基地

---

① 王全弟. 物权法. 浙江大学出版社，2007：271.

② 《土地管理法》第四十四条规定：“建设占用土地，涉及农用地转为建设用地的，应当办理农用地转用审批手续。省、自治区、直辖市人民政府批准的道路、管线工程和大型基础设施建设项目、国务院批准的建设项目占用土地，涉及农用地转为建设用地的，由国务院批准。在土地利用总体规划确定的城市和村庄、集镇建设用地规模范围内，为实施该规划而将农用地转为建设用地的，按土地利用年度计划分批次由原批准土地利用总体规划的机关批准。在已批准的农用地转用范围内，具体建设项目用地可以由市、县人民政府批准。本条第二款、第三款规定以外的建设项目占用土地，涉及农用地转为建设用地的，由省、自治区、直辖市人民政府批准。”

使用权只能在农村集体内部成员之间流转。上述两种观点争论的焦点在于宅基地使用权能否向集体经济组织以外的主体流转。

我国《物权法》最终确认了第二种观点。认为宅基地使用权的流转应当限制在农村集体经济组织成员内部，而且也不是完全自由的，必须符合以下条件：第一，宅基地使用权必须与宅基地上的房产一起流转，未建房的宅基地使用权不得转让、抵押和继承。第二，受让人须符合宅基地使用权申请条件。其他情形下的宅基地使用权必须明确禁止流转。法律之所以做出这样的规定，原因如下：首先，宅基地使用权是具有典型身份属性的财产权利，不适合自由流转。其次，建立严格的耕地保护措施，保护农业稳定发展。再次，宅基地使用权是农民的基本生活保障和安身立命之本，在农村社会保障体系尚未全面建立的情况下，放开宅基地使用权流转的条件尚不成熟。

3. 宅基地使用权的消灭

（1）宅基地使用权消灭的原因。第一，宅基地的收回或调整。土地所有人根据城镇或乡村的发展规划，可以收回或调整宅基地使用权。土地所有人收回或调整宅基地使用权的，应当另行批准相应的宅基地使用权，以保证居民的生活需要。第二，宅基地的征收。国家为了社会公共利益的需要，可以征收宅基地使用权，并就宅基地上的建筑物给予相应的补偿。宅基地使用权被征收的，经原宅基地使用权人申请，土地所有权人应当另行给予相应的宅基地使用权。

（2）宅基地使用权消灭的法律后果。第一，重新分配宅基地。宅基地因自然灾害等原因灭失的，宅基地使用权消灭。对失去宅基地的村民，应当重新分配宅基地。第二，宅基地使用权人取得补偿权。宅基地使用权消灭，在符合法律法规规定的情形下，宅基地使用权人可以获得相应的补偿。例如国家征收宅基地时，应当对于宅基地上的房屋即其他建筑物给予相应的补偿。

（三）案例111分析

根据我国《土地管理法》《土地管理法实施条例》等现行法律、行政法规以及地方法规的规定，申请人所在的集体经济组织对宅基地使用权申请予以审查，看是否符合准予宅基地使用权的以下条件：第一，申请人必须是本集体经济组织的成员。第二，申请人及其所在农户必须存在合理的住宅需求。第三，不存在法律法规规定的禁止申请事由。例如，我国《土地管理法》第六十二条第四款规定："农村村民出卖、出租住房后，再申请宅基地的，不予批准。"

本案中，刘某已经申请过一次宅基地，由于搬迁宅基地闲置，将宅基地卖给了同村的王某，根据我国相关法律法规规定，农村村民出卖、出租住房后，再申请宅基地的，不予批准。因此，刘某申请宅基地不会被批准。

【案例思考】

1. 张某与李某是朋友关系。2003年5月，张某以无房居住为由，向乡人民政府申请宅基地建房，同年7月，乡人民政府批准张某在该乡小学操场西侧建北房两间。因张某手头无钱，于是将建房之事交给李某，11月，建成北房两间、西房一间。该房建成后，一直由李某居住到2006年10月底。张某则搬到李某原先的宅院居住，没有提出任何异议。2005 年 5 月，李某又建成两间南房，施工期间，张某不仅未提出异议，而且在南房建成后，又搬进去居住。2006 年 9 月，乡人民政府依据我国土地管理法的相关规定，认定张某非法转让宅基地使用权，李某私自违章建房，决定收回该宅基地，并限期搬出。

问题：乡人民政府的做法是否妥当？

2. 李某一家的宅基地位于山脚下，2005 年 8 月，一场暴雨导致发生泥石流，从山上倾流而下，李某的房子和院子被泥石流所毁，该块宅基地不复存在。于是，李某向乡人民政府申请新的宅基地，但是乡政府迟迟不给答复。

问题：李某能否申请到新的宅基地？

第五节　地役权

一、地役权的含义

（一）案例 112 简介

甲房地产开发公司从他人手中购得位于市中心广场附近一块土地，以“观景”为理念，设计并建造高层观景商品住宅楼。该地前边有一学校乙，双方协议约定：乙在 20 年内不得在该处兴建高层建筑，为此甲每年向乙支付 10 万元作为补偿。一年后学校迁址，将房屋全部转让给丙房地产开发公司，乙未向丙提及其与甲之间的协议约定。丙购得该房屋后建高层住宅。甲得知这一情况后，要求丙立即停止兴建，遭到拒绝后便向法院提起诉讼，请求法院确认乙与丙之间转让房屋合同无效，并要求赔偿损失。

问题：本案属于相邻关系还是地役关系纠纷？甲房地产开发公司的诉讼请求是否应得到支持？

（二）相关知识点

1. 地役权的概念

地役权是指按照合同约定，利用他人的不动产，以提高自己的不动产的效益所享有的用益物权。地役权产生于两个不动产之间，为自己土地的便利而使用他人土地的一方称为地役权人（又称需役地人），将自己的土地供他人使用的一方称为供役地人。因使用他人的土地而获得便利的土地称为需役地，为他人土地的便利而使用的土地称为供役地。

2. 地役权的法律特征

（1）地役权是存在于他人不动产之上的物权。地役权是在他人的不动产上设立的负担，这是地役权最基本的特点。地役权是利用他人不动产的权利，因此，在自己的不动产之上无设立地役权的必要。设立地役权的目的是调节土地的利用关系，在此，“自己不动产”和“他人不动产”应指自己或他人享有所有权或使用权的不动产，而不仅仅指享有所有权的不动产。因此，“只要存在设定地役权之必要，虽为同一人所有的两笔土地，而现今由不同之人使用时，只要彼土地有供此土地便宜之用的必要，便仍可设定地役权”。[①]

（2）地役权是为需役地的便利而设定的物权。所谓“需役地的便利”，并不以经济上的利益为限，还包括精神或情感上的利益，舒适、愉悦、美观亦包括在内，例如眺望地役权。这些便利，既可以是需役地的直接利益，也可以是需役地的间接利益；既可以是现实的，也可以是将来的。地役权的便利内容可由当事人自由约定，但是不得违反法律、行政法规的强制性规定，不得违背公序良俗。

（3）地役权不以对供役地的占有为要件。地役权设立的目的是为了需役地的便利，而对供役地加以不同程度的利用，不必对供役地进行实际占有。积极地役权的行使会对供役地施加一定范围的占用，但对于消极地役权，其仅是施于供役地上的一种负担，对供役地人的权利形成一种限制，因而无须占有供役地。

（4）地役权具有从属性。地役权的从属性又称为附从性、随伴性，是指地役权不得与需役地所有权或使用权（需役地权利）相分离而单独存在，不得保留地役权而处分需役地权利。这是地役权区别于其他用益物权的一个重要特征。地役权是为了需役地的利益而存在的，必须以需役地的存在为前提，与需役地相伴而生，共伴始终。所以，地役权具有从属性。

（5）地役权具有不可分性。这是指地役权存在于需役地和供役地的全部，不能被分割为各个部分或仅仅以一部分单独存在。地役权是为提高需役地的价值而设立的权利，所以该权利及于需役地的全部。地役权是为了需役地全部利用而设定，地役权不能部分地设立，因为它所允许的对物的享有表现为单纯的使用权，这种使用权当然不能分割。[②] 地役权的不可分性实际上是其从属性的延伸，既然地役权是从属于需役地的权利，就应当及于全部的需役地之上，而不能及于需役地的某一部分。但地役权的不可分性和地役权的从属性是两个不同的规则。从属性主要是确定地役权转让的规则，而不可分性主要确定的是地役权存续及其权利义务的范围。[③]

3. 地役权与相邻关系

相邻关系是相邻近的不动产人在行使权利时，因相互之间应当给予方便或接受限制而由法律直接规定产生的权利义务关系，是对所有权内容的一种扩张或限制。地役权则是地役权人为了提高自己不动产的效益，而根据地役权合同对他人不动产进行利用的权利。地役权与相邻关系是非常相似的两种法律制度，都涉及对他人不动产的利用，但它们却是两种不同的制度，地役权在相邻关系制度之外为人们处理相邻不动产的利用提供了更充分的余地，对于相邻关系具有弥补其不足的作用。具体而言，两者存在着以下区别；

（1）两者的法律性质不同。相邻关系并非一项独立的民事权利，亦非一种独立的

① 刘乃忠. 地役权法律制度研究. 中国法制出版社，2007：5.

② ［意］彼德罗·彭梵得. 罗马法教科书. 黄风译. 中国政法大学出版社，2005：192.

③ 王利明. 物权法论. 中国政法大学出版社，2008：301.

物权类型，而是属于所有权的内容，是不动产所有权内容的当然扩张或限制。而地役权，则是不动产所有人或使用人之间超出法律赋予的所有权范围之外，基于合同关系产生的，因此，地役权是一项独立的他物权，是用益物权的一种。

（2）两者产生的原因不同。相邻关系是法定的，是基于法律的直接规定而产生的。相邻的不动产所有人和使用人在行使权利过程中，只要符合相邻关系的条件，一方就必须为另一方提供必要的便利，并不得以双方不存在合同关系为由而拒绝提供便利。而地役权必须由双方通过约定产生。因此，相邻关系无须登记即可成立，并对抗第三人，而地役权未经登记，不得对抗善意第三人。

（3）两者的调节限度不同。相邻关系作为不动产所有权或使用权的法定扩张，是法律基于自身的强制性对邻近不动产使用给予的最低限度调节，以避免当事人在日常生活和生产中发生一些不必要的纠纷，避免当事人因细微小节进行协商，从而大大节约社会成本。[①] 地役权设定的目的并非为了满足不动产权利行使过程中的最低要求，而是为了使自己的权利更好地得到行使，对对方提出了更高的提供便利的要求。

（4）两者在有无对价上不同。由于相邻关系属于法定的对所有权的限制或扩张，是对当事人利益需要的最低限度的调整，强制一方必须对另一方提供必要的便利，所以权利人在行使权利时只要不造成邻人的损失，通常为无偿；而地役权可以有偿，也可以无偿，而大都是有偿的。

（5）两者的期限性不同。由于相邻关系和地役权产生的原因不同，使得相邻关系和地役权的期限性差异很大。地役权是双方合意的结果，因此，地役权是有期限的。当事人在地役权合同中约定期限，在期限届满时，地役权归于消灭。而相邻关系的产生是由法律强行规定的，只要相邻不动产毗邻的事实得以存在，那么相邻关系则可以永续下去而无期限。

（三）案例 112 分析

相邻关系是相邻近的不动产人在行使权利时，因相互之间应当给予方便或接受限制而由法律直接规定产生的权利义务关系，是对所有权内容的一种扩张或限制。地役权则是地役权人为了提高自己不动产的效益，而根据地役权合同对他人不动产进行利用的权利。地役权与相邻关系是非常相似的两种法律制度，都涉及对他人不动产的利用，但它们却是两种不同的制度：相邻关系是法定的，是基于法律的直接规定而产生的；地役权的取得则必须通过约定而设立。因此，相邻关系无须登记即可成立，并对抗第三人，而地役权未经登记，不得对抗善意第三人。

本案中，甲房地产开发公司与乙学校的协议，是一种为增加甲房地产开发公司的效益而限制学校兴建高层建筑的行为。这种为增加自己不动产的效益利用他人不动产的行为，是一种设定地役权的行为。所以，本案属于地役权纠纷。在本案中，乙将房屋全部转让给丙房地产开发公司，也未向丙提及其与甲之间的协议约定。而甲房地产开发公司与乙并没有办理地役权登记，所以该地役权不能对抗善意第三人。因此，甲

① 王利明. 民法(第四版). 中国人民大学出版社，2008：290.

无权阻止丙兴建高层住宅，但是甲可以要求乙承担违约责任，赔偿损失。

二、地役权的效力

（一）案例 113 简介

甲乙二人分别拥有A和B两块宅基地。两人在土地上分别修建了自己的房屋，甲的土地与公路相邻，乙离开自己土地的唯一办法是经过甲的土地，于是双方签订了合同。乙每天出门较早，而此时甲还在家休息。于是甲在A和B两块土地的交界处修了一道铁门，只有自己醒来之后才将铁门打开，这样乙也只有在甲醒来之后才能出门，给乙的工作和生活造成了很大的不便。因此，乙要求拆除铁门，甲则主张在自己家的土地上修门并没有什么不对。双方争执不下，诉至法院。[①]

问题：甲修铁门的做法是否合适？

（二）相关知识点

1. 地役权人的权利和义务

（1）地役权人的权利。第一，使用供役地的权利。地役权人按照合同约定的目的和方法使用他人的土地，是地役权人最主要的权利，但地役权人对供役地的使用不得超过地役权设立的目的和范围。如果合同对地役权利用的方法没有约定或约定不明，则应当以实现利用目的为限，在对供役地损害最小的范围内进行一切必要的利用。第二，为必要附属行为与附属设施的权利。地役权人为行使其权利，在供役地内可以为必要的附属行为。所谓必要的附属行为，是指为达到地役权的目的，而不得不实施的行为，如为灌溉开挖沟渠等。地役权人为必要的附属行为时，应选择对供役地损害最小的方式为之。第三，物权请求权。地役权人在设定目的范围内，基于其享有的物权，对于侵夺其地役权者，可请求返还；对于妨害其地役权者，可请求除去；对于侵夺其地役权之虞者，可请求防止。即地役权人可准用所有权的物上请求权，以排除他人的不法侵害或妨害，恢复其权利的圆满支配状态。

（2）地役权人的义务。第一，保全供役地人利益的义务。地役权的存在是对供役地人权利的限制，因此，地役权人应选择损害最少的方式行使其权利，尽量地保全供役地人的利益。第二，供役设施的维护及允许供役地人使用供役设施的义务。地役权人对于其在权利行使的必要范围内修建的附属设施，负有维护的义务，未尽维护义务致使供役地人受到损害的，应当承担赔偿责任。第三，支付费用的义务。如果当事人约定地役权为有偿的，地役权人应当依照约定的数额、期限和支付方式，履行向供役地人支付约定费用的义务。

2. 供役地人的权利和义务

（1）供役地人的权利。第一，对附属设施的共同使用权。供役地人在不妨碍地役权行使的范围内，对于供役地上所设置的附属设施，有共同使用的权利。例如取水设

① 马新彦主编. 物权法法条精义与案例解析. 中国法制出版社，2007：339.

备、排水设施使用权等。第二，供役地使用场所和方法的变更请求权。地役权设定的目的是提高不动产的利用效率，因此，在地役权设定之后，如果出现了变更既存地役权行使或实现方法的需要时，在不影响地役权实现的情况下，为了更有利于发挥不动产的整体效益，可以请求需役地人予以变更。例如请求变更取水地点、改架设空中管线为深埋等。第三，费用支付请求权。如果地役权设立时，当事人约定了费用数额、期限和支付方式的，则供役地人有权按照约定要求地役权人支付。如果地役权人长期拖欠费用，供役地人有权依法解除地役权设定合同，终止地役权。

(2) 供役地人的义务。第一，容忍与不作为义务。地役权的设立是为了需役地人的便利，地役权设立后，需役地人在供役地上获得的某种便利，供役地人在此范围内即有容忍和不作为的义务。这种容忍义务，在积极地役权中，表现为供役地所有人或使用人负有容忍地役权人在其土地上从事一定行为的义务。第二，分担共用设施的维护费用的义务。供役地人使用地役权人建造的设施，应按其受益的程度分担共用设施的维护费用。如果当事人之间就该费用另有约定的，可以根据该约定执行。

(三) 案例 113 分析

地役权的设立是为了需役地人的便利，地役权设立后，需役地人在供役地上获得的某种便利，供役地人在此范围内即有容忍和不作为的义务。这种容忍义务，在积极地役权中，表现为供役地所有人负有容忍地役权人在其土地上从事一定行为的义务。

本案中，甲乙双方签订了通行地役权的协议，设定了地役权，A 土地是供役地，甲为供役地人，B 土地为需役地，乙为需役地人。乙有通行于甲土地的权利，对甲来说，则负有容忍乙通行于自己土地的义务。而且，针对通行这种积极的义务，甲负有不作为的容忍义务。因此，甲修建铁门的行为违反了容忍义务，乙有权要求甲拆除铁门。

三、地役权的变动

(一) 案例 114 简介

甲乙两公司均为房地产开发公司，分别通过出让的方式获得了 A 和 B 两块土地的建设用地使用权。甲公司准备开发住宅公寓，而乙公司准备开发大型的购物中心。在动工之前，甲乙公司签订合同，约定购物中心一旦建成，其营业时间不得超过 21 点，同时保证购物中心与住宅楼之间的距离为 200 米以上，并且双方进行了登记。乙公司在开发购物中心的过程中向银行贷款 2000 万，同时将该块土地的使用权进行抵押，并且进行登记。后由于乙公司破产，无法支付所欠银行的贷款，银行遂将土地使用权进行拍卖，丙房地产公司取得该块土地的使用权，决定继续按照乙公司的构想修建购物中心，但是购物中心距离甲公司开发的住宅楼只有 150 米。购物中心建成后，其经营时间至 21 点结束。甲公司认为丙公司也应遵守原甲乙之间关于建筑物的相关约定，但是丙公司认为自己是通过拍卖的方式获得的土地使用权，没有任何负担，所以有权决定购物中心的规模和位置。

问题：丙公司是否应遵守原甲乙之间关于建筑物的相关约定？

（二）相关知识点

1. 地役权的取得

地役权的取得方式有许多种，根据是否依据法律行为而取得，可以分为基于法律行为取得和非基于法律行为取得。基于法律行为而取得的地役权，主要有基于设定行为和基于转让行为两种。基于转让行为取得地役权将在“地役权的流转”中阐述，此不赘述。

（1）基于法律行为取得地役权。地役权的设定，通常采用合同方式，也有以遗嘱的方式设立。采用合同方式设立地役权，是指需役地人和供役地人通过订立书面地役权合同的方式设立地役权。地役权合同是要式合同，当事人应当采用书面形式订立合同。地役权合同一般包括下列条款：当事人的姓名或者名称和住所；供役地和需役地的位置；利用目的和方法；利用期限；费用及其支付方式；解决争议的方法。地役权自地役权合同生效时设立。当事人要求登记的，可以向登记机构申请地役权登记；未经登记，不得对抗善意第三人。

（2）基于法律行为以外的原因取得地役权。第一，时效取得。又称取得时效，是罗马私法中市民法上的一种古老的所有权取得方式。我国现行法律没有对此制度进行规定。第二，继承取得。地役权属于财产权，不具有专属性，所以地役权可因继承取得，地役权人死亡后，地役权随需役地的使用权一同由地役权人的继承人继承。

2. 地役权的流转

地役权的流转，是指地役权人将地役权移转给他人的行为。根据相关法律规定，地役权的流转方式有：转让、抵押、租赁等。但地役权是一种特殊的用益物权，具有从属性和不可分性，因此地役权不能被单独转让。若需役地或供役地上的权利进行部分转让时，如果转让部分涉及地役权的，受让人同时享有或负担地役权。已经登记的地役权变更、转让的，应当及时办理变更登记。

3. 地役权的消灭

（1）地役权消灭的原因。第一，约定的存续期限届满或其他约定的消灭事由发生。在当事人约定地役权存续期限的情况下，在地役权期限届满而地役权人不续期时，地役权消灭。地役权期限届满时，如果地役权人在供役地上设置了附属设施，应按照土地使用权届满时的有关规定，处理附属设施。地役权的设定负有解除条件时，因条件的成就，地役权消灭。第二，土地灭失。地役权的存在，以供役地和需役地的同时存在为前提条件，当需役地或供役地灭失时，地役权消灭。但当供役地或需役地仅一部分灭失的，除事实上不能行使外，地役权不消灭。第三，地役权的目的事实上已不能实现。由于客观情况的变化，导致设定地役权的目的已不能实现时，地役权的继续存在对地役权人已经没有任何价值，地役权消灭。第四，地役权的抛弃。地役权作为一种民事权利，可以由权利人予以处分，因此，权利人有权抛弃地役权。如果是有偿地役权，地役权人抛弃地役权后，仍应支付地役权剩余期间的租金；如果是无偿地役权，地役权人可随时抛弃。第五，混同。当需役地和供役地同属于一人时，地役权因混同而消灭。

（2）地役权消灭的法律后果。第一，办理注销登记。地役权消灭后，已登记的地役权应当及时办理变更登记或者注销登记。第二，对于地役权人所占有、使用的供役地，在地役权消灭后，地役权人应当将该供役地返还供役地人。不占有供役地又没有建造附属设施的，恢复原状。第三，已经依法建造附属设施的，需役地人有权取回供役地上的附属设施，或由供役地人作价补偿给需役地人。但对于供役地人无利益的，供役地人有权责令需役地人拆除设施，恢复原状。

（三）案例114分析

我国《物权法》第一百六十四条规定："地役权不得单独转让。土地承包经营权、建设用地使用权等转让的，地役权一并转让，但合同另有约定的除外。"若需役地或供役地上的权利进行部分转让时，如果转让部分涉及地役权的，受让人同时享有或负担地役权。已经登记的地役权变更、转让的，应当及时办理变更登记。

本案中，乙丙公司在没有约定的情形下，丙公司受让供役地的地役权。因此，丙公司应当遵守地役权合同中的相关规定，保证购物中心和住宅楼之间的距离为200米以上。但丙公司没有遵守该约定，购物中心与住宅楼之间的距离只有150米，因此导致甲公司开发的住宅价格下降，丙公司对甲公司造成的损失应当承担赔偿责任。

【案例思考】

1. 张先生签约买下某市南城一处高级外销公寓，年底一家人喜迁新居。入住后他们发现，开发商原本设计要建绿茵足球场的一块地方竟建起了一座楼房，成了小区变电站。张先生在多次要求停工未果的情况下，把房产商告到了法院，认为开发商擅自改变设计，与原宣传不符，且昼夜施工扰民，侵犯了他们的知情权、眺望权、通风和防噪声污染权，要求开发商立即拆除新楼并赔礼道歉。

问题：张先生是否有权请求开发商拆除新楼并赔礼道歉？

2. 甲所有的土地被乙所有的土地包围，长期以来，甲自乙地步行通行的道路是一条弯曲的小路。现甲新购一辆大卡车，欲从乙地新开一条宽阔大道。

问题：甲能否不经过乙的同意而从乙地新开一条宽阔大道？

第十三章 CHAPTER 13

担保物权

第一节 担保物权概述

一、担保物权的含义

(一) 案例 115 简介

甲向乙借款 100 万元，约定于 3 月 3 日还款。同时，甲以其价值 120 万元的房屋一幢作为担保。该房屋于 3 月 1 日失火烧毁，甲因此获得保险金 100 万元。到 3 月 3 日，甲未能按约定归还 100 万元给乙。①

问题：乙可否要求就该 100 万元保险金优先受偿？

(二) 相关知识点

1. 担保物权的概念

担保物权，是指为担保债务的履行而在债务人或者第三人特定的财产上所设立的，在债务人不履行到期债务或者发生当事人约定的情形时，权利人依法就该财产变价并优先受偿的权利。该财产叫担保物、担保财产。该权利人是担保权人。该债务人或者第三人都是担保人。我国《物权法》主要规定有抵押权、质权、留置权三种担保物权。担保物权并不以标的物实体利用价值实现为目的，乃以取得其交换价值，确保债务之清偿为目的，故亦称价值权。②

① 王全弟. 物权法. 浙江大学出版社，2007：361.

② 郑玉波. 民法物权. 三民书局，1982：195.

2. 担保物权的特性

担保物权作为一种物权，具有物权的特征。但同时又具有自己的特点，主要有：

（1）从属性。担保物权的从属性，是指担保物权的设立、移转和消灭，都从属于债权。担保物权的目的是确保债务的清偿，担保物权的成立以主债权的成立为前提，受担保的债权是主权利，担保物权是从权利。具体来说，担保物权的从属性表现为设立上的从属性、移转上的从属性及消灭上的从属性。

担保物权的从属性是由其保障债务清偿的目的所决定的，随着近代担保物权的发展和社会经济进步的要求，担保物权的融资功能越来越得到重视，担保物权的从属性也逐渐得到缓和。

（2）不可分性。担保物权的不可分性，是指担保物权人在其债权未受完全清偿之前，可就担保物的全部行使其权利，担保物的价值变化及债权的变化不影响担保物权的整体性。具体而言，担保物权的不可分性表现在：担保物部分灭失或价值减少时，其余部分或剩余价值仍担保债权的全部；担保物因共有物的分割等原因而分割时，分割后的各部分仍担保债权的全部；债权的一部分因清偿、抵销、混同等原因而消灭时，担保物权并不相应地缩减，担保物权人仍可就担保物的全部行使其权利；债权之一部分分割或转让时，担保物权不因此而分割，数个债权人按其债权额共享原来的担保物权。①

（3）物上代位性。设定担保物权的目的不是对标的物本身加以利用，而是取得标的物的交换价值。因此，当标的物的价值形态发生变化时，担保物权的效力及于担保物的变形物或代替物，即担保物因灭失、毁损、征收等原因而获得的赔偿金、保险金或补偿金成为担保物的代替物，担保物权的效力及于这些代替物，担保物权人可以就这些代替物行使担保权。

3. 担保物权的分类

（1）法定担保物权与意定担保物权。这是以担保物权发生的原因为标准而作的分类。法定担保物权是指在一定条件下，因法律的规定而当然发生的物权，例如留置权、法定抵押权。法律直接规定某种担保物权的发生通常是基于社会政策的价值考虑，保障特定债权的安全性，因此法定担保物权具有强烈的从属性。意定担保物权是指基于当事人的约定产生的担保物权，例如抵押权、质权。意定担保物权通常具有融资媒介的作用，以担保物权的设定作为获取融资的手段，因此，又称为融资性担保物权。

（2）留置性担保物权和优先受偿性担保物权。这是以担保物权的主要效力为标准而作的分类。留置性担保物权是指债权人占有债务人主观价值较高的财物，间接给予债务人以心理上的压力，从而促使其清偿债务的担保物权，例如留置权。优先受偿性担保物权是指将担保物的使用价值归债务人保留，而债权人仅支配其交换价值，将来以其优先受偿的担保物权，例如抵押权。而质权兼具留置性与优先性。留置性担保物权虽然更为可靠，但有损物的使用价值，因此，其适用有一定限制；而优先受偿性担保物权能使物的使用价值和交换价值各得其所，因而备受推崇，在近代担保制度中已

---

① 刘保玉，吕文江. 债权担保制度研究. 中国民主法制出版社，2000：248.

具于王座地位。[①]

(3) 动产担保物权、不动产担保物权、权利担保物权和非特定财产担保物权。这是以担保物权的标的物为标准而作的分类。动产担保物权是指以动产作为担保物而设立的担保物权，例如动产抵押权和动产质权；不动产担保物权是指以不动产为担保物设立的担保物权，例如不动产抵押权；权利担保物权是指以权利为担保物而设立的担保物权，例如权利质权、权利抵押权等；非特定财产担保物权是指以内容不确定的总财产为担保物而设立的担保物权，例如浮动抵押等。

(4) 占有担保物权与非占有担保物权。这是以是否移转担保物的占有为标准所作的分类。占有担保物权，是指以将担保物移转于债权人占有为其成立与存续要件的担保物权，例如留置权和质权；非占有担保物权，是指无须将担保物移转给债权人占有的担保物权，例如抵押权。

(5) 典型担保与非典型担保。这是以是否为法律所明文规定为标准所作的分类。典型担保，是指法律所明文规定的，以担保债权实现为目的的担保形式，例如抵押权、质权和留置权。但典型担保因其制度化、物权法定等原因，存在不可回避的缺陷和不足。因此，在社会实践中自发产生了若干法律未规定的，但其后逐渐为判例和学说所承认的担保形式，被称为非典型担保，例如让与担保等。

（三）案例 115 分析

担保物权，是指为担保债务的履行而在债务人或者第三人特定的财产上所设立的，在债务人不履行到期债务或者发生当事人约定的情形时，权利人依法就该财产变价并优先受偿的权利。当标的物的价值形态发生变化时，担保物权的效力及于担保物的变形物或代替物，即担保物因灭失、毁损、征收等原因而获得的赔偿金、保险金或补偿金成为担保物的代替物，担保物权的效力及于这些代替物，担保物权人可以就这些代替物行使担保权。

本案中，甲以房屋一幢设定抵押权，后该房屋由于失火获得保险金 100 万元，该 100 万元即是该房屋交换价值的变化了的形态，是该房屋交换价值的不同体现。乙可以基于担保物权的物上代位性就 100 万元的保险金优先受偿。

二、担保物权的取得和消灭

（一）案例 116 简介

孙某高中毕业后打算自谋出路，向个体户王某借款 2 万元，约定借款期限为一年，月息 7 分。张某表示以其现在经营的餐馆为孙某借款作抵押，并办理了抵押权登记。一年后合同到期，孙某无力还款。王某多次催要无果，向张某主张实现抵押权，但张某却认为王某所要的借款利息太高，已高于同期的银行经营性贷款利率的六倍多，遂不同意清偿所约定的利息债权，王某就向人民法院起诉。

① 王利明. 民法. 中国人民大学出版社，2008：301.

问题：孙某是否应按约定支付借款利息？

（二）相关知识点

1. 担保物权的设立

担保物权设立的方式主要有两种：一是通过当事人订立担保合同设立担保物权，这主要是针对意定担保物权而言，例如抵押权、质权的设立；二是直接依照法律的规定设立担保物权，这主要是针对法定担保物权而言，例如留置权的设立。前者是社会生活中取得担保物权最为普遍、最为常见的方式。担保物权除留置权是依法律规定而产生的以外，均系依当事人之间的合意（担保合同）而成立。

所谓担保合同，是指债权人与债务人或第三人之间就担保物权的设立、变更或消灭达成的协议。与一般合同相比，担保合同具有从属性特征，是从属于主债权债务合同（主合同）的从合同，以主合同的成立而成立，以主合同的转移而转移，以主合同的消灭而消灭，离开了主债权债务合同，担保合同便不具有独立的存在价值。因此，担保合同的有效以主合同的有效为前提，主合同无效，担保合同亦无效，但法律另有规定的除外。

担保合同被确认无效之后，将导致合同自始无效，其约定的担保权利义务不发生法律效力，但并不等于没有任何法律后果。基于无效合同的违法性或当事人的过错性，当事人也要承担一定的法律后果。

2. 担保物权的担保范围

担保物权的担保范围，是指担保物权在其所担保的债权届期未获清偿或出现当事人约定的实现担保物权的情形时，担保物拍卖或者变卖的价金可以用来清偿的债权范围。当事人可以就担保的债权范围在担保合同中约定，有约定的，按其约定，没有约定的，按法律规定。按照我国《物权法》第一百七十三条的规定，担保的范围是：

（1）主债权。又称原债权、原本债权，是相对于利息债权和其他附随债权而言，是指债权人和债务人之间因一定法律关系而产生的，在担保物权设定之初经特定化而成为担保物权所担保实现的债权。

（2）利息。利息是指主债权的孳息，包括法定孳息、约定孳息以及迟延利息。法定利息是以国家规定为标准而支付的利息，银行贷款的利息多属法定利息。约定利息是以双方当事人约定标准支付的利息，约定利息的高低并不是随意的，它受国家财政、金融宏观政策的调控。最高迟延利息是债务人不按期履行金钱债务时，所应支付的利息，该利息的计算标准可以是法定利率，也可以是约定利率，但约定利率最高不得超过法定最高利息，否则超出部分的利息不受法律保护。

（3）违约金。违约金是债务人一方不履行债务时，依照法律规定或合同约定应向债权人一方支付的一定数额的金钱。违约金制度的价值在于由违约方向守约方补偿因自己的违约行为而造成的损失，从而增强当事人双方履行合同的积极性。[①]

（4）损害赔偿金。损害赔偿金是指债务人不履行或不完全履行债务对债权人造成

---

① 王连合. 物权法原理与案例研究. 北京大学出版社，2011：238.

了一定损失，债务人应向债权人支付的赔偿损失的费用。损害赔偿金和违约金都是主债权遭受侵害时的转化形式，其区别在于违约金是事先约定的，损害赔偿金是根据实际损失确定的。

（5）保管担保财产的费用。在移转担保物占有的担保物权中，例如动产质权和留置权，担保物权人负有妥善保管担保物的义务。为保管担保物而支出费用，是有利于担保人、债务人和其他债权人之举，由担保人负担是合理的。所以，该项费用应纳入担保物权所担保的范围。[①] 但该保管费用应以必要为原则，即应以担保物保全完好、功能无损所必需的保管费用支出为限度，超出必要限度的费用，不属于担保物权担保的范围。

（6）实现担保物权的费用。这是指债务人不履行债务时，债权人依法实现其担保物权所需支出的费用，例如担保物的估价费用、拍卖和变卖担保物所支付的费用、诉讼的费用等。实现担保物权的费用完全是因债务人不履行债务所造成的，所以实现担保物权的费用自应纳入担保物权的担保范围。

3. 担保物权的消灭

担保物权的消灭，是指担保物权对于担保财产所具有的支配力终止。能够引起担保物权消灭的法律事实是担保物权消灭的原因，主要有：

（1）主债权的消灭。担保物权以担保主债权的实现为目的，所以主债权的存在，是担保物权存在的前提。主债权因清偿、混同、抵销、免除等原因而消灭时，担保物权也归于消灭。

（2）担保物权实现。当债务人到期不履行债务或者发生了当事人约定的实现担保物权的事由时，担保物权人可以就担保财产实现担保物权，对担保物进行变价并就该变价优先受偿。此时，担保物权支配担保财产的交换价值确保债权受偿的目的已实现，无论债权是否得到完全清偿，担保物权均归于消灭。

（3）债权人放弃担保物权。担保物权属于财产权利，权利人可以予以放弃。放弃是担保物权人作出的单方法律行为，担保物权人放弃担保物权，担保物权即归于消灭。放弃是指担保物权人的明示放弃，主要包括两种情形：一是担保物权人采用书面形式明确表示放弃担保物权；二是担保物权人以行为放弃。如果是因担保物权人自己的行为导致担保财产毁损、灭失的，视为担保物权人放弃了担保物权。但是，放弃担保物权不得损害他人利益。

（4）法律规定的担保物权消灭的其他情形。除上述三种情形外，法律规定有担保物权消灭的情形的，担保物权也归于消灭。例如《物权法》第二百四十条规定的留置权人丧失对留置物的占有或接受债务人另行提供担保的，留置权消灭。

（三）案例 116 分析

担保物权的担保范围包括主债权及其利息、违约金、损害赔偿金、保管担保财产和实现担保物权的费用。当事人另有约定的，按照约定。其中利息是指主债权的孳息，

① 胡康生. 中华人民共和国物权法释义. 法律出版社，2007：431.

包括法定孳息、约定孳息以及迟延利息。所应支付的利息，其计算标准可以是法定利率，也可以是约定利率，但约定利率最高不得超过法定最高利息，否则超出部分的利息不受法律保护。

本案中，孙某和王某签订的借款合同是合法有效的，而且就抵押财产办理了抵押权登记，因此，抵押权成立。借款期满未还，王某可以向张某主张实现抵押权。抵押权的范围包括主债权2万元、利息以及实现抵押权的费用，上述费用均应就抵押物变卖或拍卖的价款优先受偿。但是双方当事人约定的利率远远高于同期银行经营性贷款利率，只能以同期银行经营性贷款利率为准，超过部分无效。

【案例思考】

1. 甲向乙借款100万元，约定借款期限是3个月。甲以其自有房屋一幢向乙提供担保。还款期限届至，甲不能还款。

问题：乙应如何实现自己的债权?

2. 甲公司向乙公司借款900万元，定于9月1日还款。甲以其厂房三幢，估价1000万元作为担保。7月台风大作，其中一幢厂房被风刮倒，剩余两幢房屋。

问题：在该案中，担保权所及的担保财产有哪些?

第二节 抵押权

一、抵押权的含义

(一) 案例117简介

甲房地产开发公司向乙银行贷款1000万元用于开发新项目，双方订立抵押合同，甲公司用已经开发的商品房抵押，明确约定两年后还本付息，并且办理了相关抵押登记。两年后，甲房地产开发公司预定的开发项目失败，导致房地产公司持续亏损，而此时该公司欠乙银行的贷款加上利息已达1200万元，甲房地产开发公司根本无法偿还，乙银行向法院申请甲房地产公司破产，并且申请拍卖该公司已经建成的商品房，就拍卖所得价款优先受偿。在对该公司破产清算过程中，法院还发现房地产公司的其他债权人：丙装修公司和丁广告公司，各拥有200万元的无担保债权。后来拍卖甲房地产公司的商品房共获得价款1286万元。[①]

问题：对本案中的三方债权人应如何清偿?

(二) 相关知识点

抵押权，是指债权人对于债务人或第三人不移转占有而供债权担保的财产，于债务人不履行债务时，依法享有就该财产的变价优先受偿的权利。提供担保财产的债务

① 王连合. 物权法原理与案例研究. 北京大学出版社，2011：245.

人或第三人叫作抵押人，享有抵押权的债权人为抵押权人，抵押人提供的担保财产为抵押财产，也叫抵押物。

从抵押权的概念看，抵押权具有如下含义：

(1) 抵押权为担保物权。抵押权通过支配债务人或第三人提供的抵押物的交换价值担保债权的实现，在债权已届清偿期而未获清偿时，抵押权人可径行就抵押物变价，不需要经过抵押人的同意。因此，它属于担保物权。

(2) 抵押权是不移转抵押物占有的担保物权。抵押权的发生不以占有抵押物为要件，抵押人无须移转抵押物的占有于抵押权人。

(3) 抵押权是在债务人或第三人的财产上设定的担保物权。作为抵押物的财产在我国现行法上包括不动产、动产、不动产物权以及它们的集合所形成的集合物。但这些财产必须是债务人或第三人所有或有权处分的财产。

(4) 抵押权是就标的物所卖的价金而优先受偿的担保物权。优先受偿是抵押权的核心，抵押权的担保功能正是通过赋予抵押权人优先受偿权实现的。抵押权设定的目的在于债务人不清偿债务时，通过对抵押物予以变价并就所得价金直接受偿。优先受偿权的表现有：一是就抵押物变卖所得的价金，抵押权人有权优先于无抵押的普通债权人受清偿；二是与债务人的其他债权人相比，先次序的抵押权人有权优先于后次序的抵押权人受清偿；三是当债务人被宣告破产时，抵押权人有别除权，仍得就抵押物卖得价金优先受偿。抵押权的行使必须以债务人不履行债务或发生当事人约定的实现抵押权的情形为前提。

（三）案例 117 分析

抵押权，是指债权人对于债务人或第三人不移转占有而供债权担保的财产，于债务人不履行债务时，依法享有就该财产的变价优先受偿的权利。提供担保财产的债务人或第三人叫作抵押人，享有抵押权的债权人为抵押权人，抵押人提供的担保财产为抵押财产，也叫抵押物。优先受偿是抵押权的核心，抵押权的担保功能正是通过赋予抵押权人优先受偿权实现的。优先受偿权的表现有：一是就抵押物变价所得的价金，抵押权人有权优先于无抵押的普通债权人受清偿；二是与债务人的其他债权人相比，先次序的抵押权人有权优先于后次序的抵押权人受清偿；三是当债务人被宣告破产时，抵押权人有别除权，仍得就抵押物卖得价金优先受偿。

本案中，甲房地产开发公司与乙银行之间设定了抵押担保，房地产开发公司是抵押人，乙银行是抵押权人，已经开发的商品房是抵押物。丙装修公司和丁广告公司是甲的普通债权人。在甲公司破产时，乙银行就设定抵押权的商品房享有别除权，应拍卖该商品房，并就其价款优先受偿。对商品房拍卖所得价款共 1286 万元，应先偿还乙银行本金及利息共 1200 万元，剩余 86 万元偿还甲公司的普通债权人，但因为不足以清偿丙装修公司和丁广告公司各 200 万元的债务，在此情形，剩余 86 万元在丙、丁之间按照债权比例受偿，每人只能获得 43 万元的受偿款。

二、抵押权的取得

（一）案例 118 简介

2005 年 10 月 9 日张某以陈某的房屋作为抵押向 A 银行贷款人民币 10 万元，借款期限为五年，张某将陈某的房产证和土地证交付 A 银行保管，但双方未到房地产管理部门办理抵押登记。借款期满后 A 银行曾多次向张某催讨，但从未向陈某主张权利。截至 2011 年 9 月 30 日，张某尚欠 A 银行借款本息人民币 65421 元未还。为此，A 银行于 2011 年 10 月 8 日以张某、陈某为被告诉至法院。

问题：本案中的不动产抵押权何时成立？

（二）相关知识点

1. 依法律行为取得抵押权

（1）抵押权的设立。这是取得抵押权的最常见的方式。抵押权的设立涉及以下问题：

第一，设立抵押权，需要债权人和债务人或第三人签订抵押合同。抵押合同是抵押权人和抵押人之间为明确相互权利和义务关系而订立的协议。抵押合同既可以单独订立，也可以通过在主债权文书上列入抵押条款的方式设立，但都必须采用书面形式。抵押合同的当事人，一方是抵押权人即债权人，另一方为抵押人，即债务人或第三人。抵押权人可以是自然人，也可以是法人或非法人团体（其他组织）。抵押合同的条款，根据我国《物权法》第一百八十五条第二款规定，一般包括下列几项：被担保债权的种类和数额；债务人履行债务的期限；抵押财产的名称、数量、质量、状况、所在地、所有权归属或者使用权归属；担保的范围。对于不完全具备以上内容或约定不明确的，当事人可以通过协商予以补正。因此，抵押合同缺失如上条款的，并不一定导致抵押合同无效。抵押权人在订立抵押合同时，不得约定流押条款或流押合同，否则该条款或该合同无效。所谓流押条款或流押合同，是指债权人和债务人在订立抵押合同时约定，债务人不履行债务时，抵押物归抵押权人所有。

第二，抵押权的标的。抵押权的标的即抵押权的客体，是抵押人提供用以设定担保的财产。根据我国《物权法》的规定，可以设定抵押权的标的物有：建筑物和其他土地附着物；建设用地使用权；以招标、拍卖、公开协商等方式取得的荒地等土地承包经营权；生产设备、原材料、半成品、产品；正在建造的建筑物、船舶、航空器；交通运输工具；法律、行政法规未禁止抵押的其他财产。同时规定，以下标的物不得设立抵押权：土地所有权；耕地、宅基地、自留地、自留山等集体所有的土地使用权，但法律规定可以抵押的除外；学校、幼儿园、医院等以公益为目的的事业单位、社会团体的教育设施、医疗卫生设施和其他社会公益设施；所有权、使用权不明或者有争议的财产；依法被查封、扣押、监管的财产；法律、行政法规规定不得抵押的其他财产。对抵押财产的范围采取正面列举和反面排除的方法，颇具中国特色。

第三，抵押权的登记。抵押权登记，是指登记机关根据当事人的申请，依照法定程序，将抵押财产上设定的抵押权及抵押权变更、终止等记载于特定的抵押财产登记簿上的行为。抵押权是物权之一种，而物权之变动（得、丧、变更）须有足以从外部可辨认之表征，始可透明其法律关系，避免第三人遭受损害，保护交易安全。由于抵押权不移转抵押财产的占有，不能以交付作为公示方法，只能采取登记的方法。抵押登记是抵押权获得公信力的必要途径，它对于充分发挥抵押的担保功能，维护交易安全，保护第三人利益，避免纠纷发生，都具有非常重要的意义。对于抵押权登记的效力问题，我国《物权法》上根据抵押财产是动产还是不动产规定了不同的规则，对于不动产抵押权和权利抵押权采取登记生效主义，对于动产抵押权采取登记对抗主义。需指出的是：我国在很长一段时间内，把抵押合同的生效和抵押权的生效混为一谈，这种混淆集中体现在我国《担保法》第四十一条的内容。该条规定，当事人设定抵押的，“应当办理抵押物登记，抵押合同自登记之日起生效”。这种混淆无论在理论上还是实践中都有很大的危害。①

（2）抵押权的转让。抵押权是财产权，因此可以进行转让。抵押权转让时，因抵押权具有从属性，抵押权不得与债权分离而单独转让，必须连同所担保的债权一并转让。即使在转让债权时并未明示一并转让抵押权，受让人也因此取得抵押权，除非当事人之间另有约定。因转让而取得的抵押权，须经登记方可发生效力，未经登记，不发生抵押权取得的效力。

2. 依法律行为以外的原因取得抵押权

（1）基于法律规定而取得抵押权。依照法律规定取得的抵押权，称为法定抵押权，不需登记，即发生抵押权取得的效力。但法定抵押权仅限于个别情形，非有法律的明文规定，不得发生。例如《物权法》第一百八十二条规定：“以建筑物抵押的，该建筑物占用范围内的建设用地使用权一并抵押。以建设用地使用权抵押的，该土地上的建筑物一并抵押。抵押人未依照前款规定一并抵押的，未抵押的财产视为一并抵押。”即属于对法定抵押权的规定。

（2）依继承取得抵押权。抵押权为非专属性财产权，自然可以成为继承的标的，被继承人一旦死亡，继承人即取得作为遗产的继承权及其担保的债权。因继承取得抵押权的，无须登记即发生抵押权取得的效力。但继承人转让抵押权的，须为登记方可生效。

（三）案例 118 分析

以建筑物和其他土地附着物，建设用地使用权，以招标、拍卖、公开协商等方式取得的荒地等土地承包经营权，正在建造的建筑物、船舶、航空器等设立抵押权，除须签订书面抵押合同外，还必须进行抵押登记，才能有效设立抵押权。

本案中，张某、陈某和 A 银行没有对陈某的房屋办理抵押登记手续，本案的不动产抵押权并没有设立，银行不能对陈某的房屋行使抵押权。

---

① 王连合. 物权法原理与案例研究. 北京大学出版社，2011：33.

三、抵押权的效力

（一）案例 119 简介

甲欠乙 20 万元，以自己的一间小平房设定抵押。抵押期间，甲的邻居丙和甲约定将该平房翻盖成二层小楼，丙取得小楼，并支付 10 万元给甲作为补偿。

问题：甲未能按期履行债务，乙是否可以就该小楼行使抵押权？

（二）相关知识点

抵押权为担保债权的实现，具有优先受偿性，并有直接支配抵押物交换价值的效力。抵押权的效力，包括抵押权所担保债权的范围、抵押权效力所及的标的物的范围、抵押人的权利和抵押权人的权利。其中，抵押权所担保债权的范围，没有不同于担保物权所担保债权的范围之处，此处不赘。

1. 抵押权的效力所及于标的物的范围

抵押权的效力所及于标的物的范围，是指抵押权人实现抵押权时可以依法变价的标的物的范围。明确抵押权的标的物的范围，不仅关系到抵押权的实现，而且影响到后顺位抵押权人和一般债权人的利益，因此，对于衡平抵押权人、抵押人和一般债权人的利益具有重要意义。

（1）抵押财产。抵押财产是抵押权设定时当事人约定作为主债务担保的特定物，抵押权设定的目的就是以抵押财产的交换价值担保主债务的履行。因此，主债务人不履行到期债务，债权人行使抵押权时，抵押权的效力当然及于抵押财产，债权人可以就抵押财产的变价款优先受偿。

（2）从物和从权利。从物是指非主物之成分，常助主物效用而同属一人之物；被从物辅助效用的物为主物。抵押权设定前为抵押财产的从物的，抵押权的效力及于从物，抵押权人实现抵押权时，可将从物一并拍卖，并以其变价款优先受偿。但当事人有特别约定或法律另有规定的除外。将从物置于抵押权效力之下，一方面可以增大抵押权人的控制范围，强化抵押权的效力，另一方面在抵押权实行时主物、从物一并变价处分，可获得有利的价格，对抵押人也同样有一定利益。[①] 抵押权设立后新产生的从物，抵押权的效力是否及于该从物，涉及抵押权人和一般债权人之间的利益平衡。为兼顾各方当事人的利益，原则上应认为抵押权的效力不及于抵押权设立后新增加的从物，但抵押权人实行抵押权时，可以将抵押物和从物一同拍卖，但无权就该从物优先受偿。从权利，即辅助主权利效力的权利。主权利和从权利的关系，一如主物和从物的关系。因此，从权利也应为抵押权效力所及。

（3）添附物。抵押物的添附物，是指因附和、混合、加工等原因与抵押物成为一体的物。由于添附物与抵押物已成为一体，如果分离则可能导致经济上费用过巨，或客观上已不可能。因此，如果添附物的所有权为第三人所取得，则抵押权的效力不及

---

① 叶金强. 担保法原理. 科学出版社，2002：130.

于该添附物，但可以及于该添附物的补偿金；如果添附物的所有权为抵押人取得，则抵押权的效力及于该添附物；如果第三人和抵押人共有该添附物的，则抵押权的效力及于抵押人对该添附物所享有的份额。[①]

抵押权设立后新增的建筑物，是否是抵押权的效力所及的范围，我国《物权法》第二百条作出规定："建设用地使用权抵押后，该土地上新增的建筑物不属于抵押财产。该建设用地使用权实现抵押权时，应当将该土地上新增的建筑物与建设用地使用权一并处分，但新增建筑物所得的价款，抵押权人无权优先受偿。"

（4）孳息。孳息是作为抵押物的原物所生的收益，包括天然孳息和法定孳息。抵押权设立后，抵押人并未丧失其使用、收益权，所以抵押人仍有收取孳息的权利，抵押权人原则上不发生孳息的收取问题。但在债务人不履行到期债务或发生当事人约定的实现抵押权能的情形，导致抵押财产被法院扣押时，自扣押之日起，抵押权人有权收取该抵押财产的天然孳息和法定孳息。但抵押权人未通知应当清偿法定孳息的义务人的除外。[②] 抵押权人收取的孳息按照下列顺序清偿：一是收取孳息的费用；二是主债权的利息；三是主债权。

（5）代位物。抵押财产毁损、灭失，其价值转化为其他形态，则其他形态的价值载体就成为抵押财产的代位物，抵押权人就该代位物行使抵押权，是抵押权的物上代位性的具体体现。在抵押财产灭失、毁损或者被征用的情况下，抵押权人可以就该抵押财产的保险金、赔偿金或者补偿金优先受偿。抵押人转让抵押财产所得价款，应当向抵押权人提前清偿所担保的债权或者向与抵押权人约定的第三人提存。

2. 抵押权人的权利

（1）优先受偿权。优先受偿权是指债务履行期届满债务人不清偿债务或发生当事人约定的实现抵押权的情形时，抵押权人以抵押财产折价，或以拍卖、变卖抵押财产所得价款优先受偿的权利。优先受偿权具体体现在以下几个方面：一是抵押权人的债权优先于一般债权人受偿。二是在抵押人破产时，抵押权优先于一切债权，抵押权人享有别除权。[③]

（2）抵押权的次序权。又称抵押权的顺位，是指在同一抵押财产上存在两个或两个以上的抵押权时，各抵押权人优先受偿的先后顺序。抵押权不同于用益物权，不以占有抵押财产为必要，因而允许在同一抵押财产上设立多个抵押权。抵押权的次序直接关系到各抵押权人的利益，后次序的抵押权实质上是就前一次序抵押权优先受偿后剩余的标的物价值的受偿权，因而抵押权的次序也是一种权利，学者们称之为次序权。

我国确立抵押权次序的规则如下：一是抵押权已登记的，按照登记的先后顺序清偿；顺序相同的，按照债权比例清偿。二是抵押权已登记的先于未登记的受偿。三是抵押权未登记的，按照债权比例清偿。上述确定抵押权次序的标准是法定的，当事人不得以其意思表示将之排除或改变。

---

① 参见最高人民法院《关于适用〈中华人民共和国担保法〉若干问题的解释》第六十二条。

② 参见《担保法》第四十七条、《物权法》第一百九十七条。

③ 参见《民事诉讼法》第二百零三条、《企业破产法》第一百零九条。

（3）抵押权人的保全权。抵押权人的保全权，是指抵押权人为保全其抵押权而可行使的权利。抵押权的设定并不移转抵押财产的占有，如果在抵押期间，因抵押财产受到侵害致使其价值减少，抵押权人在实行抵押权时，将可能无法完全受清偿，抵押权将丧失其债权担保的价值。因此，法律上赋予抵押权人保全抵押财产交换价值的权利，其内容包括：一是抵押财产价值减少防止权。二是恢复价值和增加担保请求权。三是抵押权人损害赔偿给付请求权。

（4）抵押权人的处分权。抵押权人的处分权，是指抵押权人处分其抵押权和抵押权顺位的权利。包括抵押权人让与、抛弃抵押权，以及抵押权顺位的让与、抛弃和变更等。狭义的抵押权人的处分权仅指抵押权的让与、供作担保及抛弃。抵押权顺位的让与、抛弃和变更等在上文已阐述，在此不再重复。这里所指的抵押权人的处分权，仅指狭义上的。在抵押权处分时，原则上应以主债权的处分为前提，抵押权和主债权不能分离。抵押权应当随主债权的转让一同转让，也可随债权作为其他债权的担保而一同作为担保。

3. 抵押人的权利

（1）抵押人对抵押财产的处分权。抵押财产之上虽已设定抵押权，但抵押财产的所有权仍属于抵押人，抵押人仍可对抵押财产进行处分。但抵押人对抵押财产的处分不是一种充分的处分权，而是受限制的、有条件的处分权。此时抵押人对抵押财产的处分权，主要指法律上的处分。对于事实上的处分，只有在不影响抵押财产价值的情况下，才可以进行，并必须征得抵押权人的同意。抵押人未经抵押权人同意，不得转让抵押财产，但受让人代为清偿债务消灭抵押权的除外。抵押人经抵押权人同意转让抵押财产的，应当将转让所得的价款向抵押权人提前清偿债务或者提存。转让的价款超过债权数额的部分归抵押人所有，不足部分由债务人清偿。

（2）抵押人的出抵权。为充分发挥抵押财产的价值，保障资金融通，抵押人可以为担保多个债权在同一抵押财产上设定多个抵押权。在《物权法》颁布之前，我国曾禁止超额抵押，这与我国当时的国情是相适应的，但是这种规定在某种程度上限制了当事人的意思自治，不利于债务人利用抵押财产发挥融通资金的功能。因此在我国《物权法》中明确废弃了对超额抵押的禁止性规定，允许抵押人以价值低的抵押财产担保价值高的债权。在同一抵押财产上存在多个抵押权时，依照登记的先后确定其顺序，先顺序抵押权不受后顺序抵押权的影响，权利不致因此而受损害。

（3）抵押人的出租权。抵押人设定抵押后，仍可对抵押财产为占有、使用及收益，因此，抵押人可以出租抵押财产。我国《物权法》第一百九十条规定：订立抵押合同前抵押财产已出租的，原租赁关系不受该抵押权的影响。抵押权设立后抵押财产出租的，该租赁关系不得对抗已登记的抵押权。抵押人将已抵押的财产出租时，如果抵押人未书面告知承租人该财产已抵押的，抵押人对出租抵押财产造成承租人的损失承担赔偿责任；如果抵押人已书面告知承租人该财产已抵押的，抵押权实现造成承租人损失的，由承租人自己承担。

（4）在抵押物上设定用益物权的权利。抵押权是对抵押财产交换价值的利用，并不妨碍抵押人利用抵押财产的使用价值，在抵押财产上设定用益物权。我国现行法上禁止将土地和海域作为抵押财产，但允许建筑物抵押，因此，在抵押财产上可以设定以建筑物为需役地或供役地的地役权。

（三）案例119分析

抵押权的效力所及于标的物的范围，是指抵押权人实现抵押权时可以依法变价的标的物的范围。抵押权的标的物的范围，除了设定抵押权时的抵押标的物外，还包括抵押物的从物和从权利、抵押物的添附物、抵押物的孳息和抵押物的代位物。抵押物的添附物，是指因附和、混合、加工等原因与抵押物成为一体的物。由于添附物与抵押物已成为一体，如果分离则可能导致经济上费用过巨，或客观上已不可能。因此，如果添附物的所有权为第三人所取得，则抵押权的效力不及于该添附物，但可以及于该添附物的补偿金；如果添附物的所有权为抵押人取得，则抵押权的效力及于该添附物；如果第三人和抵押人共有该添附物的，则抵押权的效力及于抵押人对该添附物所享有的份额。

本案中，甲以自己的一间小平房设定抵押，在抵押期间，甲的邻居丙和甲约定将该平房翻盖成二层小楼，该翻盖的二层小楼即为添附物，该小楼的所有权为丙取得，因此，抵押权的效力不及于该添附物，即二层小楼。但丙取得小楼支付10万元给甲作为补偿，该10万元补偿款作为小平房的代位物，应作为抵押的标的。因此，乙就该二层小楼不能行使抵押权，但可以就10万元补偿金行使抵押权。

四、抵押权的实现和消灭

（一）案例120简介

A为了兴办外语辅导学校，向B银行贷款100万元，主要用于兴建校舍和购买桌椅，约定3年后还本付息。为了担保到期清偿贷款，A将自己公司的价值约150万元的生产设备向银行设定抵押。三年后，A不能偿还所欠银行的100万元贷款的本息共计119万元，A与B协商双方决定变卖生产设备来实现债权。三年的使用导致设备磨损很大，而且技术的进步导致生产设备已经不是先进的设备，所以变卖所有的生产设备之后共获得价款78万元。B银行主张，A应当偿还剩余的41万元贷款。A认为，当时银行同意就所有的设备设定抵押，那么B银行应当承担生产设备贬值的风险，遂拒绝支付。B银行向法院起诉。①

问题：法院是否应支持B银行的诉讼主张？

（二）相关知识点

1. 抵押权的实现

抵押权的实现，又称抵押权的实行，指抵押权人在债权已届清偿期而未获清偿时，为求优先受偿的实现，而处分抵押物的行为。抵押权的实行，既为抵押权最主要的效

① 马新彦主编. 中华人民共和国物权法法条释义与案例解析. 中国法制出版社，2007：439.

力，也为抵押权人最主要的权利，如无此效力，则抵押权将无存在的价值。[①]

(1) 抵押权实现的条件。第一，须抵押权有效存在。存在有效的抵押权，是抵押权行使的必备条件，抵押权的设定如果为无效或者已被撤销，则抵押权的实现无从谈起。所谓存在着有效的抵押权，在基于合同设立动产抵押权、浮动抵押权的情况下，是指抵押合同成立并生效；在基于合同设立其他抵押权的场合，是指抵押合同生效，并办理了抵押登记；在基于法律规定直接取得抵押权的情况下，是指具备了法定的取得抵押权的条件。[②] 第二，债务人不履行到期债务或发生当事人约定的实现抵押权的情形。抵押权在于担保债权的实现，是在债权未能按期受清偿时的救济性权利。主债务的履行期限是决定主债务人有无履行责任的时间标准。在债务未届清偿期时，债务人是否按期履行债务尚不可知，如果此时允许抵押权人实现抵押权，债务人依法享有的期限利益就会被侵害。所谓的“未清偿”，既包括全部未受清偿，也包括部分未受清偿。第三，须非因债权人的原因而使债权未获清偿。在因债权人的原因如债权人迟延受领时，导致债务人不能按期清偿债务的，债权人此时不能实行抵押权。第四，抵押权人应在主债权诉讼时效期间内行使抵押权。否则，人民法院不予支持。但抵押权人在主债权诉讼时效经过后，仅丧失胜诉权，并未丧失实体抵押权。

(2) 抵押权实现的方式。第一，折价。抵押权人可以和抵押人约定由抵押权人以商定的价格取得抵押财产的所有权。以抵押财产折价的方式实现抵押权可简化手续，节约成本，有利于物尽其用。当事人双方协议价格的，不得损害抵押人的其他抵押权人或债权人的利益。协议损害其他债权人利益的，其他债权人可以在知道或者应当知道撤销事由之日起1年内请求人民法院撤销该协议。第二，拍卖。拍卖是指以公开竞价的形式，将特定物品或者财产权利转让给最高应价者的买卖方式。拍卖具有公开、公平、竞争的特点，以公开竞价的方式出卖标的物，有利于避免暗箱操作，其成交价格能够最大限度地体现拍卖物的价值，从而维护抵押权人的利益。第三，变卖。抵押财产的变卖是以一般买卖形式出售抵押财产，以所得价款优先受偿抵押债权的方式。变卖抵押财产具有成本较低、效率高的优点，但是由于透明度和公开性不高，程序比较随意，容易造成暗箱操作，容易损害债权人的利益。因此，必须对变卖的适用范围进行严格的限制。这些限制措施包括：一是除非债权人或债务人申请，不采取变卖的方式；二是变卖方式原则上只能适用于动产、有价证券和一些特殊的情形；三是变卖必须参照市场价格。[③]

2. 抵押权的消灭

(1) 抵押权消灭的事由。抵押权的消灭，是指抵押权人对抵押物具有的支配力的终止。

抵押权消灭的事由主要有：第一，主债权消灭。抵押权是为担保主债权而存在，具有从属性，主债权消灭，抵押权随之消灭。但主债权只是部分消灭时，因抵押权具

---

① 梁慧星，陈华彬．物权法(第三版)．法律出版社，2005：352．

② 崔建远．物权法．中国人民大学出版社，2011：479．

③ 王利明，尹飞，程啸．中国物权法教程．人民法院出版社，2007：486．

有不可分性，抵押权仍为担保剩余的债权而存在。第二，抵押权实现。抵押权实现后，无论抵押权人是否受充分清偿，其抵押权均归于消灭。抵押权人未受清偿的部分债权，成为普通债权而不再享有优先受偿权。所谓抵押权的实现，不仅指抵押权人依实行方法实现其抵押权，而且抵押权人声明参与分配的，也属于抵押权的实现。另外，先次序的抵押权人实行抵押权时，后次序的抵押权人无论是否实行抵押权（包括声明参与分配），或者债权是否受清偿，其抵押权均归于消灭。[①] 第三，抵押物灭失。抵押物是抵押权的标的，抵押物灭失，抵押权无所依附也归于消灭。

（2）抵押权消灭的法律后果。无须登记的抵押权消灭，在抵押权人和抵押人即债务人之间，在抵押权人和第三人之间，都发生抵押权消灭的后果。登记的抵押权，其消灭时，应当办理注销登记；若未办理注销登记，抵押权在抵押权人和抵押人之间归于消灭，但对于善意第三人，抵押人、抵押权人均无权主张抵押权消灭。

（三）案例 120 分析

抵押权的实现，又称抵押权的实行，指抵押权人在债权已届清偿期而未获清偿时，为求优先受偿的实现，而处分抵押物的行为。抵押权实现的条件包括：抵押权有效存在；债务人不履行到期债务或发生当事人约定的实现抵押权的情形；非因债权人的原因而使债权未获清偿；抵押权人应在主债权诉讼时效期间内行使抵押权。抵押权实现后，无论抵押权人是否受充分清偿，其抵押权均归于消灭。抵押权人未受清偿的部分债权，成为普通债权而不再享有优先受偿权。

本案中，A 和 B 之间的贷款合同和抵押合同均为有效。在抵押权到期，A 不能清偿债务时，具备抵押权实现的条件，B 可以实现抵押权。但在实现抵押权时，抵押物贬值，导致 B 的债权不能完全清偿。无论抵押权人 B 是否受充分清偿，B 的抵押权已归于消灭。在未能完全受偿时，抵押权的消灭并不能使债权消灭，此时，A 对剩余的 41 万元债权依然要负责清偿，只是这 41 万元的债权不能作为有担保的债权，只能以普通债权和 A 的其他债权人平等受偿。

【案例思考】

1. 甲公司以自有的一套价值 4 万元左右的高级音响和王某同学杨某的一套两居室的住房作抵押，向城市合作银行申请贷款 16 万元，双方签订了借款抵押合同，并分别在相关部门办理了抵押登记手续。后王某向银行先行偿还了 10 万元贷款，并预测半年内能还清剩余贷款。鉴于此，提供房产的杨某认为自己的房产抵押已无必要，遂将该房屋卖给了苗某，并向其告知了抵押事项。但甲公司随后无力偿还城市合作银行剩余的 6 万元贷款。城市合作银行几经催款未果，便以甲公司、杨某、苗某为被告向法院起诉，请求甲公司偿还贷款并拍卖抵押的音响和房产，以拍卖所得的价款优先受偿。在该案审理过程中，另有张某主张，甲公司早就以该音响为抵押物向张某借款 4 万元。该笔借款尚未到期，但张某得知诉讼事实后，也提出就音响拍卖价款优先受偿的请求。

问题：（1）抵押权的设立需具备哪些条件？登记有何效力？

① 梁慧星，陈华彬．物权法（第三版），法律出版社，2005：355—356.

(2) 抵押权存续期间，抵押人是否可以转让抵押物?

(3) 债权人在债务人已清偿部分债务的情况下，是否有权要求拍卖全部抵押物以清偿全部债权?

(4) 同一物上存在多个担保物权时，担保物权人的受偿顺序如何确定?

2. 甲欠乙100万元债务，以其价值200万元的厂房一幢作为抵押，并办理了抵押登记手续。抵押期间，甲欲将厂房卖给丙，但乙不同意。

问题：甲是否可以出卖该厂房?

第三节 质 权

一、动产质权

(一) 案例121简介

2011年3月1日，甲向乙借款2000元，并将一头母牛交给乙作为质押。2011年4月1日，母牛生下一只牛犊。2011年6月1日，甲不能清偿到期债款。其中母牛卖得1800元，牛犊卖得500元。这期间，乙为喂养母牛花费100元，为接生、喂养牛犊花费150元。

问题：乙的债权应如何受偿?

(二) 相关知识点

1. 质权概述

质权是指债权人为担保其债权而占有债务人或第三人提供的动产或权利，于债务人不履行债务时或者发生当事人约定的实现质权的情形时，债权人以该动产或权利折价或拍卖、变卖所得价款优先受偿的权利。其中，提供动产或权利设立质权的债务人或第三人称为出质人；债权人称为质权人；供设立质权的财产称为质押财产或质物。

质权作为担保物权的一种，除具有担保物权的共有属性外，还有其自身的特征。主要有：

(1) 质权须转移质物的占有。质权的产生以质权人占有质物为要件。在被担保债权受清偿之前，质权人因其占有质物而享有留置质物的权利，质权人占有质物，包括直接占有设质的财产权利的权利证书。质权人之所以占有质物，是因为质权的标的为动产或财产权利，其流动性大，权利变动频繁，只有对出质人享有任意地使用、收益、处分权利加以限制，质权人的优先受偿才能得到保证，并防止损害第三人的利益。这是质权区别于抵押权的本质特征。

(2) 质权的标的为动产或财产权利，但不包括不动产。根据我国《物权法》的规定，质押分为动产质权和权利质权两种，我国法上不承认不动产质权。所以，质权的标的物可以是动产，也可以是依法可设定质权的财产权利，但不包括不动产。动产属于有体物，可以通过交付并转移占有而设立质权。而其他类型的财产权利，例如知识产权中的财产权，可转让的证券权利、普通债权等，由于其具有交换价值，同时在可移动性上又与动产相似，因而被归入质权的范畴，称为权利质权。[①]

（3）质权具有留置效力，并就标的物直接支配以实现质权。债务履行期届满，质权人未受清偿，质权人可以继续留置质押财产而拒绝质押财产所有人的返还请求，此即质权的留置效力。债务人届期不履行债务或者发生当事人约定的实现质权的情形的，债权人有权依法拍卖或变卖质押财产，无须出质人的同意，但就质押财产折价受偿，则必须与出质人协商一致。债务履行期届满，出质人请求质权人及时行使权利，而质权人怠于行使权利致使质押财产价格下跌的，由此造成的损失，质权人应当承担赔偿责任。

2. 动产质权的含义

动产质权是指债权人为担保其债权而占有债务人或第三人提供的动产，于债务人不履行债务时或者发生当事人约定的实现质权的情形时，债权人以该动产折价或拍卖、变卖所得价款优先受偿的权利。

动产质权具有质权的一切特征，主要有：

（1）动产质权是以他人的动产为标的物的质权。动产质权的标的物是动产，且必须是属于债务人或者第三人所有，债权人不能在自己的动产上为自己设定质权。设定质权的动产必须具有可让与性，因为动产质权在实现时需要将质押财产拍卖、变卖或折价，从而发生所有权的变化。否则，若不能让与，则当然不能将质押财产变价，质权人也就无法实现其权利。

（2）动产质权须移转质物的占有。动产的物权归属和变动状态是以占有和占有的移转来公示的，因此，质权人占有债务人或第三人的动产是动产质权的生效要件。移转质物的占有是动产质权和抵押权的重要区别，这一特征使得动产质权的设立手续简便、费用低廉，但从一方面来讲，也限制了出质人对质物的使用价值的发挥。

（3）动产质权具有留置效力和优先受偿效力。动产质权是将质物移转给质权人占有，在债务清偿前，动产质权具有留置质物的效力。在债务人不履行到期债务或发生当事人约定的实现质权的情形时，质权人可以与出质人协议以质押财产折价，也可以拍卖、变卖质押财产所得的价款，使被担保债权优先受偿。

3. 动产质权的取得

（1）基于法律行为取得动产质权。第一，动产质权的设立。动产质权的设立是动产质权的原始取得，是取得动产质权的最主要的方式。动产质权的标的物是出质人移转于质权人占有，供作债权担保的质押财产。动产充作质押财产必须具备以下条件：一是该动产须为特定物。二是该动产具有可让与性且不为法律所禁止。设立质权，当事人应当采取书面形式订立质权合同。质权合同既可以是独立于主债权的质权合同，也可以是主债权合同中的质押条款。质权合同是质权产生的前提，也是将来处理当事人之间纠纷的重要根据。质权合同应当包括以下内容：被担保债权的种类和数额；债

---

① 陈本寒. 担保法通论. 武汉大学出版社，1998：219.

务人履行债务的期限；质押财产的名称、数量、质量、状况；担保的范围；质押财产交付的时间。该时间决定着动产质权的设立及时间点。当事人可依意思自治确定质权合同的内容，合同中上述内容没有约定或约定不明的，可依据有关法律规定补充，不能因其缺少某项内容而否认其效力。第二，依让与而取得动产质权。动产质权为非专属性的财产权，自可让与。但因动产质权视为担保债权而存在，具有从属性，故而动产质权不得与其所担保的主债权分离而单独转让或另行提供担保，而只能与其所担保的债权一并让与，受让人遂因此取得质权。

（2）基于法律行为以外的原因而取得。第一，依善意取得方式而取得。所谓动产质权的善意取得，是指出质人将其占有但无权处分的动产出质，如果质权人在取得该动产的占有时，不知道或不应当知道出质人无权处分该动产的，则质权人取得该动产质权。我国理论和司法实践中均承认质权的善意取得。第二，因继承而取得。动产质权是财产权，且不具有专属性，因此可以通过继承而取得。动产质权因继承取得时，不以继承人是否知其事实或是否占有质物为必要。第三，因法律规定和时效而取得。债权人因法律规定而取得动产质权，为法定质权。动产质权因时效的完成而取得，为时效取得。我国现行法上没有法定质权和时效取得动产质权。

4. 动产质权的效力

（1）动产质权所担保的债权的范围。动产质权所担保的债权的范围由当事人在质权合同中约定，如果当事人没有约定或约定不明的，动产质权所担保的债权的范围包括主债权及利息、违约金、损害赔偿金、质物保管费和实现质权的费用。

与抵押权所担保的债权的范围相比，动产质权所担保的债权的范围具有特殊之处：第一，质权人占有质物是质权的成立要件和存续要件，因此，质权人对质物的保管费用也应属于动产质权所担保的债权范围。第二，质权所担保的损害赔偿金包括因质物隐有瑕疵而造成的损害赔偿。

（2）动产质权标的物的范围。因动产质权的设定必须移转质物的占有，因此，动产质权标的物的范围与抵押权标的物的范围存在差异。除质物本身外，动产质权的效力还及于：第一，从物。动产质权的从物若移转给质权人占有，则质权的效力及于从物。若从物未随同主物移转于质权人占有，质权的效力不及于从物。第二，孳息。除质押合同另有约定外，质权的效力及于孳息，质权人有权收取质物的孳息。因质权人占有质物，所以由质权人收取孳息比较方便经济，对出质人和债权人都有利。质权人收取质物的孳息，并非取得孳息的所有权，而是首先冲抵收取孳息的费用，尚有剩余的，应作为清偿被担保债权的财产，以此冲抵原债权的利息、原债权。第三，代位物。质权具有物上代位性，质权的效力当然及于质物的代位物。质押期间，质物毁损、灭失或者被征收等，质权人可以就获得的保险金、赔偿金或者补偿金等优先受偿。被担保债权的履行期未届满的，也可以提存该保险金、赔偿金或者补偿金等。第四，添附物。在质物因附和、混合、加工而发生添附时，若出质人取得添附物所有权的，则质权效力及于该添附物；若添附物的所有权为第三人取得的，则该添附物上的质权消灭，但如果出质人有补偿金的，则该补偿金作为代位物为质权效力所及；如果出质人和第三人共有添附物所有权的，则质权的效力及于出质人对该添附物享有的份额。

5. 出质人的权利与义务

（1）出质人的权利。第一，质物的处分权。出质人虽将质物出质于质权人，并且移转于质权人占有，但并未丧失对质物的所有权。因此，出质人在法律上仍有权对质物进行处分。但是，出质人处分质物时，对于质物的交付只能采取简易交付和指示交付的方式。因此，质权设定后，出质人对质物的处分权受到一定的限制。至于事实上的处分权，因出质人已丧失对质物的占有，无从为事实上的处分，且这样做也有害于质权人的利益，故应理解为出质人不得享有该权利。[①] 第二，孳息收取权。原则上，孳息的收取权由质权人行使，但在质权合同中约定由出质人收取质物的孳息的，依其约定。第三，质物的保全权。质权人负有妥善保管质押财产的义务；因保管不善致使质押财产毁损、灭失的，应当承担赔偿责任。质权人的行为可能使质押财产毁损、灭失的，出质人可以要求质权人将质押财产提存，或者要求提前清偿债务并返还质押财产。第四，物上保证人的代位权。若出质人不是债务人而是第三人，则该第三人为“物上保证人”。在其代位清偿债务后，或因质权实现而丧失质物的所有权后，对主债务人即有代位求偿权。

（2）出质人的义务。第一，损害赔偿义务。质物有隐蔽瑕疵造成债权人其他财产损害的，应由出质人承担赔偿责任。质权人在质物移交时明知质物有瑕疵而予以接受的，也应赔偿，但这种损害赔偿不属于质权担保的范围。第二，偿还必要费用的义务。出质人对于质权人保管质物支出的必要费用，出质人作为质物的所有人，负有偿还的义务。对于质权人取得出质人同意为有益行为而支出的费用，出质人也负偿还义务。

6. 质权人的权利与义务

（1）质权人的权利。第一，占有质物的权利。动产质权以移转标的物的占有为成立要件，因此，对质物的占有是质权人最基本的权利。质权人对质物的占有是合法的他主占有，在债权人的占有受侵害时，质权人可以凭借占有制度请求排除妨害、消除危险、返还原物、损害赔偿等。第二，收取孳息的权利。除当事人另有约定外，原则上质物的孳息由质权人收取。质权人收取质物所生孳息，并不是取得孳息的所有权，而只是取得孳息的质权。收取的孳息应先冲抵收取孳息所支出的必要费用，后冲抵主债权利息，最后冲抵主债权原本。第三，留置质物的权利。质权人于其债权受清偿前，对其占有的质物有留置的权利。只要债权人未受全部清偿，质权人就有权拒绝出质人返还质物的请求。第四，转质权。转质权是指质权人为担保自己或他人的债务，将质物交与债权人而设定新的质权。因转质而取得质权的权利人，称为转质权人。究其实质，转质是质权人在债权未届清偿期前处分所占有的质物的行为。[②] 第五，费用返还请求权。质权成立后，质权人占有质物并负有妥善保管质物的义务，质权人对于妥善保管质物所支出的必要费用，有请求出质人予以偿还的权利。第六，质权保全权。质权设立的目的是以质物的交换价值担保债权的受偿，如果因不能归责于质权人的事由可能使质押财产毁损或者价值明显减少，足以危害质权人权利的，质权人有权要求出质

① 梁慧星，陈华彬. 物权法（第三版），法律出版社，2005：373—374.

② 梁慧星，陈华彬. 物权法. 法律出版社，2005：374.

人提供相应的担保。第七，优先受偿权。当债务人不履行到期债务或发生当事人约定的实现质权的情形时，质权人有权对质物进行变卖、拍卖或折价，并就所得价款优先受偿。第八，质权的处分权。动产质权属于财产权，质权人对于自己的质权有处分的权利，包括质权的抛弃、质权的让与或供其他债权担保，但质权人处分其质权不得损害第三人的权利。

(2) 质权人的义务。第一，保管质物的义务。质权人占有质物，负有妥善保管质押财产的义务。所谓"妥善保管"，是指应以善良管理人的注意义务保管质物。因保管不善致使质押财产毁损、灭失的，应当承担赔偿责任。第二，不得擅自利用和处分质物的义务。质权人在质权存续期间，未经出质人同意，擅自使用、处分质押财产，给出质人造成损害的，应当承担赔偿责任。第三，返还质物的义务。债务人于清偿期届满履行了债务或者出质人提前清偿了所担保的债权的，质权人即应将质物返还给出质人。不能返还时，出质人可请求损害赔偿。

6. 动产质权的实现和消灭

(1) 动产质权的实现。在债务人届期不履行债务或者发生当事人约定的情形时，质权人可通过折价、拍卖、变卖质物的方式实现质权，就质物变价所得优先受偿。质权的实现是质权最主要的效力，是质权人最重要的权利，也是质权人设定质权的最主要目的。[①]

动产质权实现的条件。一是须质权有效存在，即有设定质权的合意且质物仍为质权人占有；二是须债权已届清偿期而未获清偿或发生了当事人约定的实现质权的情形。未获清偿不仅指债权全部未受清偿，也包括债权部分未受清偿。如果是因债权人的原因导致债务人不能按约履行到期债务的，则债权人不得行使质权。[②]

动产质权实现的方式。根据我国《物权法》第二百一十九条的规定，动产质权的实现方法有三种，即折价、拍卖、变卖。质物折价、变卖或者拍卖后，所得价款高于质权担保的债权数额，质权人必须向出质人返还差额；如果低于质权所担保的债权数额，不足以清偿全部债权的，质权人仍有权请求债务人清偿差额部分，不过，该差额部分为无担保的债权。

(2) 动产质权的消灭。第一，质物的任意返还。动产质权以质权人占有质物为生效和存续要件，质权人因自己的意思，任意将质物返还给出质人时，质权人不再占有质物，则质权消灭。第二，质物占有丧失而无法恢复的。当质权人非基于自己的意思丧失对质物的占有的，得请求不法占有者返还质物，质权并未消灭。但如果此时质物因事实上或法律上的原因而无法返还时，则质权消灭。例如质物为第三人善意取得。若第三人取得的不是所有权而是限制物权，质权并不消灭，但第三人的权利优于质权。[③]

① 王连合. 物权法原理与案例研究. 北京大学出版社，2011：297.

② 王全弟. 物权法. 浙江大学出版社，2007：424.

③ 申卫星. 物权法原理. 中国人民大学出版社，2008：377.

（三）案例121分析

除当事人另有约定外，原则上质物的孳息由质权人收取。质权人收取质物所生孳息，并不是取得孳息的所有权，而只是取得孳息的质权。收取的孳息应先冲抵收取孳息的费用，后冲抵主债权利息，最后冲抵主债权原本。质权成立后，质权人对于妥善保管质物所支出的必要费用，有请求出质人予以偿还的权利。

本案中，就质物的孳息牛犊，甲乙双方并没有作出特别约定，因此，质权人乙有权收取该孳息，即牛犊，牛犊成为质押效力所及的标的物。当甲不能清偿到期债务时，乙有权变卖质押物母牛和牛犊。其中变卖牛犊的500元中，首先应拿出150元冲抵接生、喂养牛犊的费用；其次，冲抵乙喂养母牛的费用100元及主债权2000元；最后尚有50元剩余，返给债务人甲。

二、权利质权

（一）案例122简介

张斌向甲化工厂借款20万元自行开发污水净化的专利技术，约定张斌获得专利技术后立即清偿全部借款。后来张斌果然获得专利，但是未投放市场使用，所以张斌无能力偿还20万元的借款。于是张斌与甲化工厂协商，将该项专利技术质押给甲化工厂，约定2年之内还清欠款。双方签订了质押合同，办理了相关登记手续。在设定质押后的第一年，乙造纸厂与张斌签订为期1年的污水净化专利技术的使用合同，使用费30万元。两年后，甲化工厂得知此事，认为张斌没有与自己协商，即将专利技术许可他人使用，该使用行为是无效的。双方争执不下，诉至法院。

问题：本案中甲化工厂的观点是否正确？[①]

（二）相关知识点

1. 权利质权概述

（1）权利质权的概念。权利质权是指以财产所有权以外可让与的财产权为标的而设定的质权。除有特别规定外，权利质权一般准用动产质权的规定，故又被称为“准质权”。权利质权与动产质权已经发展成我国质押制度中两个彼此独立的权利类型。其具有的法律特征有：第一，权利质权的标的为所有权和用益物权之外的财产性权利。权利质权的标的是财产性权利，而非人身权利，但并非所有财产权利均可成为权利质权的标的。首先，可以出质的财产权利应当是可让与的财产性权利。其次，设定质权的财产权利不得与质权的性质相矛盾，例如不动产的用益物权虽可作为抵押权的标的，但不得作为质权的标的。[②] 第二，权利质权须经交付权利凭证或者登记而生效力。权利质权的标的具有多样性，其权利公示的方式因其标的的不同而不同。以具有权利凭证

---

① 王连合. 物权法原理与案例研究. 北京大学出版社，2011：307.

② 史尚宽. 物权法论. 中国政法大学出版社，2000：390.

的财产权利设定质权的，需将权利凭证交付给质权人占有，以便公示质权的设定；难以通过交付财产权利的载体设定质权的，应进行登记以表明质权的设定。否则，质权不能设立。

（2）权利质权与动产质权的区别。第一，标的不同。动产质权的标的为有形动产，权利质权的标的是无形的权利。第二，质权设定方式不完全相同。动产质权设定方式为质押合同和移转质物的占有于质权人；权利质权的设定除质押合同外，有的以交付权利凭证方式设定，有的以登记方式设定。第三，质权保全与实行方式不同。动产质权保全的主要方式是通过质权人对质物的实际掌握、控制；权利质权保全的主要方式是对出质人处分权利的限制。在质权实现方式上，动产质权的实现只能采取折价、拍卖和变卖的方式；而权利质权的实现除上述方式外，还可由质权人取代出质人的地位，向出质权利的义务主体直接行使权利，使自己的债权优先受偿。

（3）可以出质的权利。根据我国《物权法》第二百二十三条规定，可以作为权利质权的标的的权利具体有以下几种：汇票、支票、本票；债券、存款单；仓单、提单；可以转让的基金份额、股权；可以转让的注册商标专用权、专利权、著作权等知识产权中的财产权；应收账款；法律、行政法规规定可以出质的其他财产权利。

2. 有价证券质权

有价证券是代表某种财产性权利并具有一定价格的凭证。广义的有价证券包括商品证券（仓单、提单等）、货币证券（汇票、本票、支票等）和资本证券（股票、债券及其衍生品种）。在我国，可以质押的有价证券包括：汇票、本票、支票；债券、存款单；仓单、提单。

（1）各种证券的含义。所谓汇票，是指由出票人签发的，委托付款人在见票时或者在指定日期无条件支付确定的金额给收款人或者持票人的票据。支票是指由出票人签发的，委托办理支票存款业务的银行或其他金融机构在见票时无条件支付确定的金额给收款人或者持票人的票据。本票是指由出票人签发的，承诺自己在见票时无条件支付确定金额给收款人或持票人的票据。债券是指依一定程序发行的，约定在一定期间内还本付息的一种有价证券，例如政府债券、公司债券、金融债券等。存单，又称存款单，是指存款人在银行等储蓄机构存了一定数额的款项后，由该银行等储蓄机构开具的到期还本付息的债权凭证。[①] 仓单，是指仓库保管人依据寄托人的请求所填发的证明寄托人所寄存物品的单据，是提取仓储物的凭证。提单，是指用以证明海上货物运输合同和货物已经由承运人接收或者装船，以及承运人保证据以交付货物的单证。

（2）证券质权的设立。同动产质权的设立一样，证券质权的设立主要也是有两个重要步骤，即订立质权合同和交付权利凭证或进行登记。根据我国《物权法》，设立证券质权，当事人必须订立书面质权合同。合同内容一般包括被担保债权的种类和数额、债务人履行债务的期限、出质权利的名称和数额、担保的范围等。权利质权的设立，为物权变动的一种，必须进行公示，其公示有两种方式：有权利凭证的，质权自权利

① 胡开忠. 权利质权制度研究. 中国政法大学出版社，2004：171.

凭证交付质权人时设立；没有权利凭证的，质权自有关部门办理出质登记时设立。[①]

（3）证券质权的实现。证券质权的实现又叫证券质权的实行，是指在债权已届清偿期，但债权人未获清偿或者发生了当事人约定实现质权的情形时，质权人对以证券为标的的设质权利进行处分以获得的价金优先受偿的行为。其实现方式，一方面可通过拍卖、变卖和折价的方式实现；另一方面，质权人可以直接取代出质人的地位，向入质权利的义务主体行使入质权利，并就所得价款优先受偿。

3. 基金份额、股权质权

（1）基金份额、股权质权的概念。基金份额质权是指以基金份额为标的物的质权。基金份额，是指向投资者公开发行的，表示持有人按其所持份额对基金财产享有收益分配权、清算后剩余财产取得权以及其他相关权利，并承担义务的凭证。[②] 股权质权，是指以公司的股权为标的物而设立的质权。股权，是股东权利的简称，是指股东依其股东身份和地位从公司获取经济利益和公司经营管理的权利。作为质权标的的股权必须具备两个条件：一是具有让与性；二是不为法律所禁止。

（2）基金份额、股权质权的设立。基金份额、股权质权的设立须具备两个条件：一是订立书面质押合同；二是向证券登记结算机构或者工商行政管理部门办理出质登记。

（3）基金份额、股权质权的效力。基金份额、股权质权除具有动产质权的效力外，还具有以下两个特殊效力；第一，基金份额、股权出质后，不得转让，但经出质人与质权人协商同意的除外。第二，质权人取得公司或合伙企业的盈余分配权及剩余财产分配权。

（4）基金份额、股权质权的实现。基金份额和股权质权的实现，是指在债权已届清偿期，但债权人未获清偿或者发生了当事人约定的实现质权的情形时，质权人对以基金份额和股权为标的设质的权利进行处分以获得价金优先受偿的行为。基金份额、股权质权的实现，其结果是发生基金份额和股权的转让，因此，出质股权的处分必须符合我国《公司法》关于股权转让的规定。因股权质权的实现而使股权发生转让后，应进行股东名册的变更登记，否则该转让不发生对抗公司的效力。

4. 知识产权质权

（1）知识产权质权的概念。知识产权质权，是指以注册商标专用权、专利权、著作权等知识产权中的财产权为标的设立的质权。

（2）知识产权质权的设立。知识产权质权的设立，必须具备两个要件：一是出质人与质权人订立书面质权合同；二是向有关部门办理出质登记。设立知识产权质权时，当事人应当订立书面合同。合同内容一般包括：被担保债权的种类和数额、债务人履行债务的期限、知识产权的相关信息、担保的债权范围等。合同签订后，当事人还须到有关主管部门办理出质登记，知识产权质权自办理出质登记时设立。

（3）知识产权质权的效力。知识产权中的财产权出质后，出质人不得转让或者许

① 王连合. 物权法原理与案例研究. 北京大学出版社，2011：303.

② 胡康生主编. 中华人民共和国物权法释义. 法律出版社，2007：478.

可他人使用，但经出质人与质权人协商同意的除外。出质人转让或者许可他人使用出质的知识产权中的财产权所得的价款，应当向质权人提前清偿债务或者提存。出质人未经质权人同意而转让或者许可他人使用已出质权利的，应当认定为无效，因此给质权人或第三人造成损失的，由出质人承担民事责任。

5. 应收账款质权

(1) 应收账款质权的概念。应收账款质权，是指以应收账款为标的物而设立的质权。所谓应收账款，是指权利人因提供一定的货物、服务或者设施而获得的要求义务人付款的权利，不包括因票据或其他有价证券而产生的付款请求权。应收账款在性质上属于一般债权，包括尚未发生的将来债权，但仅限于金钱债权。①

(2) 应收账款质权的设立。以应收账款出质的，当事人应当订立书面合同，质权自信贷征信机构办理出质登记时设立。目前，信贷征信机构是中国人民银行征信中心。

(3) 应收账款质权的效力。以应收账款出质后，出质人不得随意转让应收账款，这主要是为了保护质权人的利益，防止出质人随意处置应收账款，保证其所担保的债权的实现。

(4) 应收账款质权的实现。以应收账款出质的，质权人在债务人不履行债务，或者发生当事人约定的实现质权的情形时，可以对应收账款进行变价，以价金优先受偿。

(三) 案例122分析

设立知识产权质权，当事人应当订立书面合同，质权自有关主管部门办理出质登记时设立。知识产权中的财产权出质后，出质人不得转让或者许可他人使用，但经出质人与质权人协商同意的除外。出质人转让或者许可他人使用出质的知识产权中的财产权所得的价款，应当向质权人提前清偿债务或者提存。出质人未经质权人同意而转让或者许可他人使用已出质权利的，应当认定为无效，因此给质权人或第三人造成损失的，由出质人承担民事责任。

本案中，张斌与甲化工厂签订了合法有效的质押合同，并且办理了质权登记，以污水净化专利技术设立的知识产权质权依法成立。质权成立后，张斌未经甲化工厂同意，不得许可他人使用其污水净化专利技术。而张斌未经甲化工厂同意，即将自己已出质的污水净化专利技术许可乙造纸厂使用，该行为是无效的，因此，张斌与乙造纸厂之间的专利许可使用合同是无效的。但由于乙造纸厂已实际使用该专利技术，应支付专利技术使用费30万元。张斌在得到30万元的使用费后，应当将其用于清偿甲化工厂的债务。

【案例思考】

1. 甲欠乙5万元，约定2010年7月1日归还。2010年6月1日甲将价值5万元的1.5吨香蕉交付给乙作为质押。2010年6月12日，乙发现香蕉有腐烂现象，遂要求甲取回香蕉，代之以甲的汽车作为担保，遭甲拒绝。乙只好于2010年6月20日将香蕉变卖，得款4.5万元，提存于县公证处。

---

① 胡康生主编. 中华人民共和国物权法释义. 法律出版社，2007：480.

问题：乙的做法是否合适？

2. 甲县政府为修建公路，向乙银行贷款20亿元，并约定以公路建成后的过往车辆收费权作为质押。

问题：该约定是否有效？

第四节 留置权

一、留置权的含义

（一）案例123简介

某仪器公司因转产致使一台价值1000万元的精密机床闲置。该公司董事长王某与某机械公司签订了一份机床转让合同。机床转让之前，仪器公司的机床由某仓库保管，保管期限至2007年10月31日，保管费50万元。11月1日，仪器公司将机床提走并约定10天内付保管费，仓库可对该机床行使留置权。10天过去后，机械公司遭遇意外损害，表示没有能力购买机床，要求解除合同，仪器公司也没有资金来源，未能清偿仓库的保管费用。仓库主张行使留置权。[①]

问题：本案中仓库能否行使留置权？

（二）相关知识点

留置权，是指债权人合法占有债务人的动产时，债务人不履行到期债务，债权人依法享有留置该动产，并可就该动产折价或以拍卖、变卖该动产的价款使其债权优先受偿的权利。该动产叫作留置物或留置财产，债权人为留置权人。

留置权是担保物权的一种，除具有担保物权的一般特征外，还具有自己的特征：

(1) 留置权是法定担保物权。与抵押权和质权大多基于当事人的约定设立不同，留置权是依法律规定直接产生的担保物权，只要具备法定条件，无须当事人的合意，也无须登记，留置权当然产生。因此，留置权是法定担保物权。

(2) 留置权与原始债权具有牵连性。债权人留置的财产与债权属于同一法律关系，如果债权人的债权并非基于留置财产上的关系而产生，则不得留置该财产。但应当注意的是，我国《物权法》对上述牵连关系作了例外规定，即“企业之间留置的除外”，承认了商事留置权的特殊性。

(3) 留置权以依法占有债务人的动产为要件。质权人占有属于债务人的动产，是留置权成立和存续的要件。

(4) 留置权的效力具有双重性。在债务人不履行到期债务时，债权人有权就其已合法占有的债务人的动产为继续占有，直到债务履行完毕。在留置权人的债权未受清

① 转引自王连合.物权法原理与案例研究.北京大学出版社，2011：313.

偿之前，均有权留置债务人的动产，这是留置权的留置效力，又称留置权的第一次效力，是留置权的主要效力。留置权人通过留置债务人的财产，剥夺债务人对留置财产的使用权，以造成债务人的心理压力，促使其履行债务。在债务人超过一定期限仍不履行债务时，留置权人可以依法以留置财产折价或变卖、拍卖留置财产所得价款优先受偿，这是留置权的优先受偿效力，又称留置权的第二次效力。

（三）案例 123 分析

留置权，是指债权人合法占有债务人的动产时，债务人不履行到期债务，债权人依法享有留置该动产，并可以该动产折价或以拍卖、变卖该动产的价款使其债权优先受偿的权利。质权人占有属于债务人的动产，是留置权成立和存续的要件。如果债权人丧失了对债务人动产的占有，留置权即归于消灭。

本案中，仪器公司已经将机床提走，某仓库作为该笔保管费用的债权人，对债务人仪器公司机床的占有已经丧失，留置权归于消灭，留置权的行使自然无从谈起。所以，本案中仓库不能行使留置权。

二、留置权的成立与效力

（一）案例 124 简介

甲公司租用乙公司的一处场地作为停车场，租赁期满，因甲公司尚欠乙公司租金5.6万元未付，乙公司遂扣留甲公司的货车一辆，以此迫使甲公司交付租金。甲公司诉至法院，要求乙公司归还车辆并赔偿因车辆停运造成的损失，乙公司辩称其是依法行使留置权，并反诉要求甲公司给付租金。①

问题：乙公司的主张是否合法?

（二）相关知识点

1. 留置权的成立

留置权为法定担保物权，只能依照法律规定而发生而不以当事人的合意产生。法律将留置权成立所具备的要件分为积极要件和消极要件。留置权成立应当具备的条件，称之为积极要件；当其存在时留置权就无法产生的条件，称之为消极要件。

（1）留置权成立的积极要件。第一，债权人须合法占有债务人的动产。债权人对债务人动产的占有，是留置权成立和存续的最基本要件。这一要件包含以下几层意思：一是留置的标的物必须是动产。留置财产是否仅为动产，各国（地区）立法规定不尽相同。我国《物权法》明确规定留置的标的只能是动产，不动产上不能成立留置权。二是留置的动产必须是债务人的动产。这里“债务人的动产”应理解为基于合同关系由债务人交付债权人占有的动产，并非专指债务人所有的动产。三是必须是债权人占有动产。单纯的持有不能成立留置权。例如，受雇的保姆对雇用人的财物并不成立占

① 王全弟. 物权法. 浙江大学出版社，2007：435.

有，而是持有，其不能于雇用人的财产上成立留置权。[①] 四是必须是合法占有动产。第二，债权人占有的动产与债权属于同一法律关系。所谓“同一法律关系”，是指债权人因与债务人发生某种法律关系获得债权，而债权人恰恰是基于该债权产生的同一个法律关系获得对债务人财产的合法占有，即债权和占有发生的基础法律关系具有同一性。[②] 但企业之间的留置权除外。第三，债务人不履行到期债务。

（2）留置权成立的消极要件。通常情形下，具备上述各项要件时，留置权即成立。但如果存在下列情形时，则不能成立留置权。因此，下列阻止留置权发生的情形或因素称为留置权成立的消极要件或对留置权成立的限制。主要有：第一，留置权的行使违反法律规定或者公序良俗的。第二，留置债务人的动产与债务人交付动产前或交付动产时所为的指示相抵触。第三，留置权的行使与债权人所承担的义务相抵触。

2. 留置权的效力

（1）留置权人的权利。第一，留置财产的占有权。留置权人留置财产，是留置权人的基本权利，是留置权的基本效力和主要作用，是行使其他权利的基础。第二，留置物孳息的收取权。在留置权人占有留置物期间，留置权人有权收取留置物所生之天然孳息和法定孳息。留置权人收取留置物孳息，只是取得对该孳息的留置权，其效力是以该孳息抵偿其债权。第三，必要费用求偿权。留置权人在留置期间对留置财产负有妥善保管的义务，由此所支出的合理费用，留置权人有权请求债务人偿还，也可以作为债权从留置财产的变价款中优先受偿。第四，留置物的必要使用权。在下列两种情况下，留置权人得使用留置物：一是为保管留置物的需要，留置权人在必要范围内有权使用留置物；二是留置权人经债务人同意，有权使用留置物。第五，留置权人的优先受偿权。留置权人就留置财产的价值优先受偿，是留置权效力的集中表现，是留置权人的最基本的权利，也是保障其债权实现的根本手段。[③]

（2）留置权人的义务。第一，留置权人对留置物的保管义务。留置期间，留置权人对留置物负妥善保管义务。所谓妥善保管，应理解为留置权人以善良管理人的注意义务保管留置财产。第二，不得擅自使用、利用留置物的义务。留置权人除为保管上必要和经所有人同意外，不得擅自使用、利用留置物。第三，返还留置物的义务。当债务人履行债务或另行提供担保而使留置权消灭，或留置权因其他原因而消灭时，留置权人应将留置物返还给债务人。留置权人违反返还留置物义务的，构成非法占有，应向债务人或所有人承担民事责任。

（3）留置物所有人的权利和义务。第一，损害赔偿请求权。在留置权人因保管不善致使留置财产毁损、灭失的，留置权人应当承担赔偿责任。第二，留置物返还请求权。在主债务受清偿后，留置权消灭，留置权人应向债务人返还财产，否则，债务人有权请求留置权人返还并追究其迟延返还所造成的损失。第三，留置物处分权。留置权成立后，留置物所有人虽然丧失了对留置物的占有，但并未丧失其所有权，所以仍

① 郭明瑞. 担保法(第二版)，法律出版社，2004：222.

② 郭明瑞. 中华人民共和国物权法释义. 中国法制出版社，2007：419.

③ 王利明. 民法. 中国人民大学出版社，2008：338.

可将留置物让与第三人，在不影响留置权的情况下，债务人仍可自主处分留置物。第四，留置权所有人有提供相当担保而使留置权消灭的权利。第五，请求留置权人行使留置权的权利。在债务履行期届满，留置权人不行使留置权时，债务人有权请求人民法院拍卖、变卖留置物，以消灭留置权。第六，返还保管费用的义务。留置权人因保管留置物支付了必要费用的，留置物所有人应返还该费用。第七，损害赔偿义务。留置物因隐有瑕疵而给留置权人造成损害的，留置物所有人应当负责赔偿。该损害赔偿债权的发生与留置物属于同一法律关系，属于留置权担保债权的范围。①

（三）案例124分析

留置权成立的目的在于通过留置债务人的财产，迫使债务人履行债务，保障债权的实现。但如果允许债权人任意留置与债权的发生没有关系的债务人的财产，则会损害其他债权人的利益和整个社会的交易安全。所以，我国《物权法》明确规定，留置物应当与债权属于同一法律关系。所谓“同一法律关系”，是指债权人与占有发生的基础法律关系具有同一性。否则不能成立留置权。

本案中，甲公司欠乙公司的租金是一个独立的债权债务关系，甲公司的货车和甲乙之间的租赁合同不是同一法律关系，不具备留置权成立的要件，不能成立留置权，因此，该货车不能作为乙的留置标的。乙公司扣留甲公司货车的行为是违法行为，应予返还，至于甲公司欠乙公司的租金问题，应另案处理。

三、留置权的实现与消灭

（一）案例125简介

李某是某村村民，其拥有一头耕牛，经常借给其他村民耕地使用，并收取一定的费用。某日，该牛生病，李某将该牛送至邻村兽医沈某处，由沈某医治。沈某将该牛治愈后，通知李某来取牛。李某以暂时没有现金为由，请求暂缓支付治疗费用。沈某不同意，并要求李某立刻支付医疗费用。李某仍然没有支付治疗费，于是沈某将该牛留置。两个月后，沈某见李某仍未交付治疗费，便将该牛出售，获得价款5000元，将其中1000元留作治疗费，另外500元作为两个月的饲料费用，把剩余的3500元返还给李某。李某认为沈某不应擅自将该牛出售，而且500元的饲养费用不应当由其承担。于是，双方发生争议，李某诉至法院。②

问题：沈某行使留置权的行为是否妥当？

（二）相关知识点

1. 留置权的实现

留置权的实现又称留置权的实行，是指留置权人对留置物依法进行处分，以使自

① 崔建远. 物权法. 中国人民大学出版社，2011：585.

② 马新彦主编. 中华人民共和国物权法法条精义与案例解析. 中国法制出版社，2007：537.

己的债权优先受偿的行为，是留置权二次效力的实现。

(1) 留置权实现的条件。第一，留置权人须给予债务人履行债务的宽限期。债务已届清偿期债务人未履行债务时，留置权人必须经过一定的期间后才能实现留置权。此“一定期间”，被称为宽限期。宽限期分为约定宽限期和法定宽限期。第二，债务人在宽限期内仍未履行债务且未能另行提供担保。债务人不在宽限期内履行义务，即可就留置物行使留置权。

(2) 留置权实现的方式。根据我国物权法的规定，留置权的实现方式包括折价、拍卖、变卖等三种方法。

2. 留置权的消灭

留置权的消灭，是指留置权成立后，因为一定法律事实的发生而使得留置权不再存在。作为担保物权的一种，物权乃至担保物权的一般消灭原因对留置权均适用，另外留置权还有自己特殊的消灭原因，主要有：

(1) 债务人另行提供新的担保。因债务人另行提供担保而消灭留置权的，需具备以下两个条件：一是另行提供之担保与留置物价值相当；二是留置权人同意。债务人提供的担保不论价值是否相当，只要债权人不接受，担保的效力就无从发生，留置权不能因为担保之提出而消灭。①

(2) 留置权人丧失对留置物的占有。所谓丧失占有，指丧失对留置物事实上的管领力。丧失对留置物的占有的，不论是否基于留置权人的意思，留置权皆因占有的丧失归于消灭。但如果留置权人只是一时丧失对留置物的控制力，留置权不因此消灭。

(三) 案例 125 分析

留置权的实现，又称留置权的实行，是指留置权人对留置物依法进行处分，以使自己的债权优先受偿的行为。留置权实现必须具备一定的条件，即留置权人须给予债务人履行债务的宽限期；债务人在宽限期内仍未履行债务且未能另行提供担保。在满足留置权实现的条件时，留置权人就可以折价或者拍卖、变卖留置物，拍卖、变卖留置物的价款用于优先受偿。留置财产折价或者拍卖、变卖后，其价款超过债权数额的部分归债务人所有，不足部分由债务人清偿。

本案中，沈某在留置该牛两个月后，李某仍未支付治疗费，沈某将该牛出售，符合留置权行使的条件和程序。留置权行使，即耕牛被出售后，沈某以获得的价款清偿治疗费用和饲料费用，尚有3500元的剩余价款，沈某将剩余价款返还给李某。沈某的上述行为符合法律的规定，因此沈某行使留置权的行为是妥当的。

【案例思考】

1. 甲与乙签订运送合同，甲委托乙将其父急救之用的心脏病用药从他那里运送其家乡四川。双方约定药品送至四川时甲即付运费。当乙将药品送至四川时，甲未支付运费。

问题：乙是否可以留置所运送的药品？

---

① 转引自申卫星. 物权法原理. 中国人民大学出版社，2008：402.

2. 甲委托乙修理彩电 10 台，每台修理费 100 元，每台彩电的价值均在 1000 元以上。乙修理完毕后，甲拒不付费。乙将全部 10 台彩电留置，要求甲支付修理费 1000 元。

问题：乙是否有权留置全部 10 台彩电？

第十四章 CHAPTER 14
占有

第一节　占有的概述

一、占有的含义

（一）案例 126 简介

甲今年 16 岁。一日，甲在大街上捡到一块精美的女士手表。后来，甲将手表带在自己手腕上并向周围人极力炫耀。乙也非常喜欢这块手表，遂趁甲不备之机，强行夺走之。甲向乙索要，乙以该表非甲所有且甲是未满 18 岁的非完全民事行为能力人为由拒绝之。

问题：乙是否构成了对甲的侵害？理由是什么？

（二）相关知识点

1. 占有的概念

占有，是指对物有事实上管领力的状态，即对不动产和动产有实际控制与支配的事实。对物为管领的人称为占有人，被管领的物称为占有物。①

2. 占有的特征

（1）占有的性质是一种事实。关于占有的性质，立法与理论中主要有两种观点：事实说和权利说。事实说认为，占有为一项事实而非权利。此项事实在民法上有一定的效力，具有一定法律意义。这种保护是对物的事实支配状态的保护，是否具有法律上的正当权利在所不问。② 权利说认为，一切权利系由法律保护的事实关系而发生，占

① 王连合. 物权法原理与案例研究. 北京大学出版社，2011：329.

② 谢在全. 民法物权论（下册）. 三民书局，1992：481.

有本身虽系一种事实，但法律既予以保护而赋予一定效力，使占有人得以享有占有所发生的利益，即不得不谓之权利。① 目前事实说为通说。② 我国《物权法》亦采事实说观点。采用事实说而非权利说，一方面有利于维护占有物的事实秩序；另一方面省却占有人举证之累。

(2) 占有的主体是占有人。由于占有是一种事实，占有人不受民事主体的民事行为能力限制。

(3) 占有的客体是物。占有反映的是人对物事实的控制、支配关系。因此，占有的客体局限于物，包括不动产与动产。对于不以物的占有而成立的财产权，属于准占有范围，不能成立占有。我国《物权法》没有规定准占有制度。

(4) 占有为对物有事实上的控制与支配。所谓控制，是指物处于占有人的管理与影响之下。所谓支配，是指占有人能够对物加以一定的利用。关于占有人对相关物是否形成事实上的控制、支配关系，需要依据社会上的一般观念认定，而非纯粹的物理接触关系。关于具体判断标准，有学者认为，应当主要从空间关系、时间关系和法律关系三方面分析：第一，占有人与物具有空间上的结合关系。一般情形下，占有表现为空间上的直接支配关系；但占有并不以占有人对物的直接支配为必要。第二，占有人与物具有时间上的结合关系。从时间上讲，占有事实应当具有持续性特征，不能是瞬间行为。第三，占有人与物具有某种法律关系的结合。占有人对于物的占有并不以亲自支配为必要，基于某种法律关系也可以成立占有。③

(5) 占有人有占有的意思。④ 欲成立占有，占有人应当存在主观占有的意图，否则，不能成立占有。关于占有意思，学界主要有三种观点：主观说、客观说和纯客观说。主观说由德国法学家萨维尼首创。该说认为，占有人主观上应当具备占有意思，即占有人对于占有物具有据为己有的意思，才能构成占有并受法律保护。客观说由德国法学家耶林首创。该说认为，占有人对占有物有实际控制支配的意思或者说一种管理的意思即可，无须对占有物具备所有的意思。纯粹客观说以德国法学家贝克为代表。该说认为，占有仅仅为客观的事实支配状态，占有意思全无必要。⑤

3. 占有制度的意义

(1) 稳定现实占有关系，保障社会经济秩序。⑥ 占有制度作为一项法律制度，表现为占有人对物的事实支配状态，这种状态可能来源于合法的授权，例如，权利人依法将标的物交付给占有人保管；也可能基于占有人的非法侵占行为，例如，占有人非法侵占他人财物形成的无权占有。但是，一旦占有关系确定，法律推定该占有为合法占有，即使权利人提出异议，占有人不负举证责任；同时，在无权占有情形下，法律一般不允许权利人采取自力救济的方式实现权利，权利人只能寻求公力救济。所以，占

① 王利明. 物权法论. 中国政法大学出版社，1998：810.

② 王利明. 物权法研究. 中国人民大学出版社，2002：635.

③ 谢在全. 民法物权论(下册). 中国政法大学出版社，511.

④ 王利明. 民法(第四版). 中国人民大学出版社，2009：343.

⑤ http://www.365lvshi.com/lilun/04a/2556.html.

⑥ 王利明等. 民法学(第二版). 法律出版社，2010：446.

有制度的规定有利于稳定社会现有关系，维护社会经济秩序。

(2) 维护市场交易安全，促进市场经济发展。[①] 依据占有制度的权利推定效力规定，一切占有关系推定为适法占有。即使是无权处分情形下，善意第三人依据占有的公示方法进行市场交易的行为也受到法律保护。如此一来，占有制度有利于保障第三人权利，维护市场交易安全与效益。

(3) 完善物权理论，指导立法实践。[②] 占有制度的构建有利于完善物权法理论。物权法中，先占制度、取得时效制度、善意取得制度、占有物的使用收益、占有人与回复请求人的权利义务关系以及占有的转移等众多问题均需要占有制度予以规制。所以，完善占有制度有利于指导立法实践，弥补现行立法的不足。

（三）案例 126 分析

占有性质上属于民事事实。占有制度设立的目的是为了保护物的事实支配制度而非法律秩序。因此，只要存在占有关系，占有制度就会保护占有人的占有利益。占有制度并不关心占有人是否具备民事行为能力和享有正当的法律权利，这点契合了占有制度存在的意义，即占有制度之要旨在于维护现实占有关系，保障社会稳定秩序。

本案中，虽然甲未满 18 周岁，不具备完全民事行为能力，但根据占有制度原理，占有主体并不受民事行为能力的限制。因此，甲可以成为手表的占有人。甲捡得手表后并未返还原所有人或交付公力机关，而是自行使用，形成了占有关系。虽然甲非遗失物手表的所有人，但甲与占有物手表之间的占有关系受占有制度的保护，第三人不得随意侵犯甲的占有利益。因此，乙采用私力手段非法强占手表时，破坏了甲对占有物手表的占有关系，构成了对甲的侵害。至于甲与失主之间的关系，是另一层法律关系，与本章无关，不再论述。

二、占有的种类

（一）案例 127 简介

2000 年春节期间，甲借用乙的彩电看春节晚会。春节后不久，甲突遇车祸逝世。甲的儿子丙从城里回家继承了甲的遗产。由于并不知悉彩电系乙之物，丙将彩电带回城里。由于长久不用，彩电受潮损坏。一年后，乙要求丙返还彩电并赔偿因彩电毁损造成的损失，丙表示拒绝。

问题：该案中丙是否侵害了乙的权利？理由是什么？

（二）相关知识点

1. 有权占有和无权占有

依据占有人是否具有本权，可将占有划分为有权占有和无权占有。有权占有又称

---

① 马俊驹，余延满. 民法原论(第四版). 法律出版社，2010：482.

② 王连合. 物权法原理与案例研究. 北京大学出版社，2011：330.

为有权源的占有、本权占有、正权源占有等①，是指有本权的占有。所谓本权，是指占有人所享有的可以占有某物的权利，它可以是物权、债权、亲权等权利。无权占有，是指占有人无本权的占有，例如，拾得人对遗失物的占有，盗赃者对于赃物的占有，租赁期限届满后承租人对租赁物的占有。

区分有权占有和无权占有的意义：第一，有权占有人受到法律的保护程度较无权占有人强。有权占有可基于本权而受到法律的保护，无权占有则仅能依据占有制度而受保护。第二，有权占有人可基于本权抗辩第三人的返还请求权；无权占有人如果遇本权人请求返还占有物时，具有返还义务。第三，留置权仅适用于有权占有领域。②

2. 善意占有与恶意占有

依据占有人主观心理状态的不同，可以将无权占有划分为善意占有和恶意占有。善意占有是指无权占有人不知道、也不应当知道自己的占有为无权占有的占有。恶意占有是指无权占有人知道或应当知道自己的占有为无权占有的占有。

区分善意占有与恶意占有的意义：第一，善意占有适用于善意取得制度，恶意占有不适用该制度。第二，不动产取得时效中的时间要求不同。我国《物权法》未规定不动产取得时效制度。第三，占有物损毁、灭失的，善意占有人不承担赔偿责任，而恶意占有人则应当承担赔偿责任。第四，权利人请求占有人返还占有物及孳息时，应当支付给善意占有人必要的保管费用；而恶意占有人则无法获得必要费用的补偿。

3. 直接占有与间接占有

依据占有人是否直接占有标的物，可以将占有划分为直接占有和间接占有。直接占有指占有人直接控制和支配占有物。间接占有指占有人虽未直接控制和支配占有物，但可以依法请求直接占有人返还占有物。例如，寄存人对保管物的占有即为间接占有。

区分直接占有与间接占有的意义：直接占有可以独立存在；间接占有不能独立存在，没有直接占有则不可能存在间接占有。③

4. 自主占有与他主占有

依据占有人是否以所有的意思占有标的物，可以将占有划分为自主占有和他主占有。自主占有指占有人以自己所有的意思占有标的物。应当注意的是，自主占有不等于所有权人的占有。

区分自主占有与他主占有的意义：先占制度与取得时效制度以自主占有为构成要件。

5. 自己占有与辅助占有

依据占有人是否亲自占有标的物，可以将占有划分为自己占有和辅助占有。自己占有指占有人自己对物进行事实上的控制与支配。辅助占有之外的占有均为自己占有。辅助占有指基于特定从属关系，受占有人的指示对物进行事实上的控制与支配。

区分自己占有与辅助占有的意义：辅助占有人并非占有人，而是以他人为占有人。

---

① 王连合. 物权法原理与案例研究. 北京大学出版社，2011：331.

② 王利明，杨立新，王轶，程啸. 民法学（第二版）. 法律出版社，446.

③ 王利明. 民法. 中国人民大学出版社，2009：347. 但也有学者认为，间接占有并非占有，见刘保工. 物权法学. 中国法制出版社，2007：457.

因此，辅助占有人并不承受占有人的权利义务。例如，公司的收款员丢失支票，只有该公司（占有人）而非该收款员（辅助占有人）才可以申请公示催告。①

6. 单独占有与共同占有

依据占有人占有同一物时为一人还是多人，可以将占有划分为单独占有和共同占有。单独占有指同一物只有一个占有人的占有。共同占有指同一物有两个以上占有人的占有。

区分单独占有与共同占有的意义：共同占有法律关系复杂，涉及内部关系与外部关系，即对内关系方面，共同占有人之间不得互相请求占有保护；对外方面，共同占有人可以单独请求占有保护。

（三）案例 127 分析

占有属于一种事实而非权利。占有制度基于占有事实保护占有人。即使无权占有人也应当受到相应的法律保护。无权占有包括善意占有与恶意占有两种情形，法律对善意占有者的保护要强于恶意占有者。这也体现了法律公平、正义的理念。

本案中，由于丙误认彩电为父亲甲的遗产而予以继承，丙与占有物彩电形成了无权占有关系。当本权人乙要求无权占有人丙返还彩电时，丙应当返还该物。对于乙主张的彩电损失，应当以占有人的主观情况加以区别对待。由于丙在乙没有明示其为彩电所有人并要求返还前并不真正知悉该彩电权属状况，误认彩电为自己继承所得，属于善意占有人，就乙彩电的损失无须向乙承担赔偿责任；但在丙知悉实情却拒绝返还时，丙从善意占有人转化为恶意占有人，丙就应对从乙主张权利时起造成的彩电损失承担赔偿责任。所以，该案中丙侵害了乙的财产权。

【案例思考】

1. 一日，甲散步时遗失一部苹果牌手机。乙拾得后放于家里，同时在大街上张贴了招领启事。此后不久，丙入乙室盗窃，偷走该手机，卖与不知情的丁，丁出质于戊。

问题：该案中乙、丙、丁对手机的占有分别为何种占有？为什么？

2. 甲从某处盗得一头牛，一匹马，将牛卖给不知情的乙，而将马留给自己使用。乙在使用牛耕田的过程中，牛腿不慎扭伤，尽管乙支出相当的医疗费，但这头牛最终还是成为瘸腿，后生产出一头小牛。丙从甲处盗走马匹，甲在一年后始得知马为丙所盗的事实，多次要求丙还马未果，在向法院起诉前该匹马被洪水冲走。后失主将甲诉至法院，法院判决甲承担相应的赔偿责任。判决生效后，执行人员前往执行甲的财产，见甲家徒四壁，问甲有无其他财产，甲称曾将一头驴借给丁，丁至今未还。执行人员前往丁处果然发现一头驴，由于丁不能证明对驴的所有权，遂将这头驴作为甲的财产进行了强制执行。②

问题：请运用占有制度分析该题。

---

① 王泽鉴. 民法物权(通则·所有权). 中国政法大学出版社，2001：191.

② 张玉敏. 民法. 高等教育出版社，2007：284.

第二节 占有的效力

一、占有效力的含义

（一）案例 128 简介

一日，甲抢劫珠宝店钻石一颗，隐藏于家。一年后，朋友乙来访，趁甲不备，将该钻石偷走。甲知道后，向乙索要，乙不许。后，甲向法院提起占有之诉，要求返还钻石。

问题：甲的诉讼请求是否会得到法院的支持?

（二）相关知识点

1. 占有效力的概念

占有的效力指占有所具有的法律上的证明力和强制力。[①] 占有的效力问题直接涉及占有人、权利人与社会的利益平衡问题，属于占有制度的核心内容。法律为了维护现有社会秩序，保障交易安全与便捷，而特别赋予占有制度一定的法律效力。占有形态非常复杂，不同形态的占有效力也各不相同。依据传统民法看，占有效力的内容主要包括占有的权利推定效力、占有的状态推定效力、占有人的权利和义务等。

2. 占有效力与占有权能

占有权能指所有权等物权中存在本权的占有权能。占有效力与占有权能存在不同，[②] 二者的区别主要表现为：

（1）二者来源与消灭的依据不同。无论是否存在本权，占有均可独立存在。占有效力随着占有事实的产生而发生，同时依据占有事实的消灭而随之消灭。占有权能属于本权的一项权能，随本权的产生而产生，亦随着本权的消灭而消灭。

（2）二者的内容不同。占有效力的内容十分复杂，不同种类的占有其效力也不一样。例如，占有物毁损时，善意占有人不负赔偿责任，而恶意占有人则应当承担赔偿责任。占有权能的内容则均为确定的，都表现为对物进行控制与支配的权利。

（3）二者与占有的关系不同。占有作为一项事实，是占有效力发生的基础条件。也就是说，没有占有就没有占有效力。占有权能则是占有的前提基础，占有是占有权能的外在表现形式。

（三）案例 128 分析

占有效力是占有事实的必然结果。占有效力具有法律强制力。占有人基于占有事

---

① 柳经纬. 物权法(第二版). 厦门大学出版社，2005：294.

② 也有学者将占有效力称之为占有权。见张玉敏. 民法. 高等教育出版社，2007：281.

实对第三人享有占有利益，任何人不得非法侵犯占有人的利益。否则，占有人有权追索占有物，也可以提起占有之诉。在占有之诉中，强盗与小偷亦受法律保护。

本案中，甲所得钻石，为抢劫所得，甲为无权占有人。根据占有效力规定，即使无权占有，也会受到占有制度保护，乙无权随意侵犯甲的占有利益。乙盗窃该钻石后，甲作为占有人有权追回。在乙不愿返还的情况下，甲可以寻求公力救济，提起占有之诉来达到保护占有利益的目的。因此，甲的诉讼请求可以得到法院的支持。

二、占有效力的内容

（一）案例 129 简介

甲捡到一头牛，牵回家边饲养边寻找失主。一个月后，该牛生下一头小牛。一年后，失主乙找到甲，要求返还母牛与小牛。甲答应返还母牛，但拒绝返还小牛，并且要求乙偿还母牛的饲养费用。

问题：甲能否拒绝返还小牛并要求乙承担饲养费用？

（二）相关知识点

1．占有的事实推定效力

占有的事实推定制度，又称为占有的状态推定制度，指在无相反证明的情况下，法律推定占有人的占有为自主、善意、和平、公开的占有，以及在能证明前后两端为占有时推定为无间断的持续占有。[①] 占有的事实推定制度，免除了占有人的举证责任。当然，无瑕疵占有仅仅为一种事实推定，民事主体自然可以提出反证推翻该事实推定。

占有的事实推定制度包括四层含义：第一，占有人为自主占有的推定。也就是说，法律推定占有人以所有的意思进行占有。第二，占有人为善意、公然、和平占有的推定。这也是出于保护占有人利益进行的法律推定。第三，在占有前后两端，有占有证据的，推定其为继续占有。法谚云，经证明两端者，得推定中间。今昔为占有者，常为占有者。[②] 第四，占有人为无过失占有。

2．占有的权利推定效力

占有的权利推定效力制度起源于日耳曼法，是基于占有表彰本权的功能而产生的。[③] 由于该制度对财产秩序保护有极大的作用，为现代民法制度所采纳。例如，《瑞士民法典》第九百三十条第一款规定，动产的占有人，应推定为该动产的所有人。

占有的权利推定效力指占有人于占有物上行使之权利，推定其适法有此权利。[④] 也就是说，占有人对占有物行使所有权的，推定占有人享有所有权；占有人对占有物行使他物权的，推定占有人享有他物权；占有人对占有物行使借用权等债权的，推定占有人享有该债权。至于占有人是否是真正的本权人，除非出现相反证据，在所不问。

---

① 王连合．物权法原理与案例研究．北京大学出版社，2011：340．

② 陈华彬．物权法原理．国家行政学院出版社，1998：779．

③ 谢在全．民法物权论（下）．中国政法大学出版社，1999：567．

④ 姚瑞光．民法物权论．大中国图书公司，1988：403．

占有的权利推定效力存在的依据在于其事实基础。也就是说，一般情况下，占有为有权占有，无权占有属于例外情形。所以，占有的权利推定效力是就一般情形而作的法律设定。

占有的权利推定效力从占有人占有事实推定民事主体享有相应的权利。其具体含义如下：

（1）权利推定下的占有人，不负有权占有的举证责任。也就是讲，相对人须对自己为本权人负举证责任。所以权利推定具有防御性特征，① 即在实体权利发生争议情形下，占有人根据权利推定效力原则直接对抗相对人，不必证明自己是本权人，除非相对人提出反证证实自己是本权人，否则推定占有人为本权人。

（2）占有人与第三人均可援用占有权利推定效力。占有权利推定效力推定占有人为适法权利主体。占有人基于自身利益可以援用该规定，第三人基于自身利益也可主张。例如，债权人可以主张债务人占有的动产为其所有从而请求法院查封该财产。

（3）对占有人有利益与不利益情形下均可适用权利推定效力。权利的推定，通常适用于对占有人有利益情形下。例如，推定占有人为所有人时，占有人享有所有权益。但对占有不利益情形下，也可适用该规则。例如，推定占有人为所有人时，则物上的负担也应由占有人承受。②

（4）权利推定效力具有消极性。权利推定规则目的是为了免除占有人与他人对抗时的举证责任，占有人不能利用该规则作为享有本权的积极证明。例如，占有人不得利用该规则进行所有权登记。

（5）权利推定效力适用于一切形式的占有制度，包括恶意占有与瑕疵占有。适用客体为占有期间内的动产和未登记不动产。已登记的不动产，适用登记公示规则，不发生权利推定问题。③

3. 占有人的权利义务

占有人的权利义务包括有权占有人的权利义务和无权占有人的权利义务。有权占有人可依其本权获得法律救济而不必另行规制。例如，我国《物权法》第二百四十一条规定，基于合同关系等产生的占有，有关不动产或者动产的使用、收益、违约责任等，按照合同约定；合同没有约定或者约定不明确的，依照有关法律规定。所以这里涉及的主要是无权占有人的权利义务问题。无权占有人的权利义务主要发生在两个方面：一是无权占有人基于占有物而发生的权利义务；二是无权占有人对于真正权利人的权利义务。④

（1）占有人对物的使用和收益权。民事主体占有某物时会发生占有物的使用与收益问题。善意占有人与恶意占有人在使用权与收益权方面的规定不同。善意占有人有权对占有物使用、收益。民法理论称之为“善意占有人的用益权”。⑤ 恶意占有人不享

① 马俊驹，陈本寒主编. 物权法. 复旦大学出版社，2007：524.

② 刘保玉. 物权法学. 中国法制出版社，2007：412.

③ 郭明瑞. 民商法原理（二）. 中国人民大学出版社，1999：401.

④ 郭明瑞. 物权法. 中国法制出版社，2009：373.

⑤ 梁慧星，陈华彬编. 物权法（第三版）. 法律出版社，2005：426.

有该权利。

善意占有人的使用、收益权范围以占有的权利推定范围为限。例如，我国台湾地区“民法典”第九百五十二条规定，善意占有人，依推定其为适法所有之权利，得为占有物之使用及收益。如果推定的权利内容未包括用益权，则占有人不能对占有物享有该权利。例如，如果推定占有人对物享有质权、留置权，占有人则无用益权。

善意占有人可以享有占有物的使用收益及取得的孳息而不必返还。这是由于善意占有人不知其为无权占有，对于收取的孳息，依自己的意志随意消费。如果在权利人请求返还时，再使其返还所得利益，无异于使无辜者受害。[①] 我国台湾地区“民法典”第九百五十二条规定，善意占有人依推定其为适法所有之权利，得为占有物之使用及收益。日本《民法典》第一百八十九条规定，善意占有人取得由占有物产生的孳息。但我国立法规定有所不同，《物权法》第二百四十三条规定，不动产或者动产被占有人占有的，权利人可以请求返还原物及其孳息，但应当支付善意占有人因维护该不动产或者动产支出的必要费用。根据该条规定，权利人可以请求善意占有人返还孳息。

恶意占有人应当返还占有物的孳息。如果孳息被消费了或因过失而损失了或应当收取而没有收取的，应当赔偿损失。

（2）占有人在占有物毁损、灭失时的赔偿责任。在占有物毁损、灭失时，占有人对于物权人负有赔偿责任。赔偿责任的范围因占有人是善意还是恶意而有所不同。

因可归责于占有人的原因占有物毁损、灭失时，善意占有人不承担赔偿责任，仅以返还现存利益为限。而恶意占有人应当承担足额赔偿责任。例如，我国《物权法》第二百四十二条规定，占有人因使用占有的不动产或者动产，致使该不动产或者动产受到损害的，恶意占有人应当承担赔偿责任。

关于赔偿责任的具体范围，我国《物权法》第二百四十四条规定，占有的不动产或者动产毁损、灭失，该不动产或者动产的权利人请求赔偿的，占有人应当将因毁损、灭失取得的保险金、赔偿金或者补偿金等返还给权利人；权利人的损害未得到足够弥补的，恶意占有人还应当赔偿损失。

（3）占有人的费用偿还请求权。费用偿还请求权指权利人请求返还原物时，占有人享有的请求其偿还有关费用的权利。该费用包括必要费用和有益费用两部分。必要费用指保存、管理占有物所支出的费用。必要费用又分为通常必要费用与临时必要费用。通常必要费用指通常情况下保存占有物所支出的费用。例如，占有物的保存费、维修费。临时必要费用指因不可预期的原因致使占有物损坏而进行大修缮所支出的费用。有益费用指改良占有物支出的费用。[②] 例如，占有物的改建费用。我国物权法未规定有益费用。

关于费用偿还请求权问题，依占有人主观善意或恶意及费用性质而有所不同。善意占有人有权请求权利人偿还通常必要费用，但占有人有收益的除外。对于临时必要费用，善意占有人有请求抵销收益后差额的权利。通说认为，恶意占有人也有必要费

---

① 刘保玉．物权法学．中国法制出版社，2007：413．

② 马俊驹，陈本寒主编．物权法．复旦大学出版社，2007：527．

用偿还请求权，但恶意占有人的必要费用偿还请求权应依无因管理的规定为之。对于有益费用，善意占有人请求偿还时以原物返还时仍存在的增加价值为限；恶意占有人则不存在有益费用的偿还请求权问题。目前，我国仅规定了善意占有人的必要费用偿还请求权。《物权法》第二百四十三条规定，不动产或者动产被占有人占有的，权利人可以请求返还原物及其孳息，但应当支付善意占有人因维护该不动产或者动产支出的必要费用。笔者认为，应当增加相关规定。

（4）返还占有物的义务。

（三）案例 129 分析

占有人基于占有事实享有权利义务，这是占有效力的内容之一。有权占有人的权利义务依照本权处理。无权占有人的权利义务依照占有制度规制。无权占有人都负有返还原物与孳息的义务。当然，无权占有人的权利义务因占有人的主观状态不同而有所不同。善意占有人享有费用偿还请求权，恶意占有人则无。

本案中，甲捡得一头牛并在寻找失主未果的情形下牵回家饲养。甲的行为属于无权占有行为，甲为善意占有人。小牛为母牛所生，属于母牛之孳息。乙作为失主，为母牛的所有人。根据我国《物权法》规定，甲负有返还义务，应当将母牛及小牛返还与乙；同时，乙应当偿还甲的饲养费用。因此，甲不能拒绝返还小牛的请求并有权利要求乙偿还牛的饲养费用。

【案例思考】

1. 甲、乙分别同丙签订购房合同。丙一房二卖，同时收取了甲、乙的价金。之后丙向甲交付了房子，但未办理产权登记。乙知情后，遂向法院提起诉讼，要求丙交付房子。

问题：运用占有制度的权利推定效力分析，法院应当如何判决该案？为什么？

2. 甲有一猫，乙将之盗走。不久，乙将该猫送给女友丙，丙对猫的来历不知情。后来该猫产下一黑一白两只小猫。黑色小猫由于丙照看不周死亡。后来甲得知实情，向法院提起诉讼，要求丙返还母猫和小白猫并赔偿小黑猫死亡的损失。

问题：该案中甲是否有权要求丙返还白色小猫并赔偿黑色小猫死亡的损失？为什么？

第三节　占有的取得、保护和消灭

一、占有的取得

（一）案例 130 简介

2000 年，甲胁迫乙签订房屋租赁合同并占用乙的房子。2010 年，甲去世。甲的儿子丙以继承为由继续占有房子。乙向丙主张返还房屋，丙声称自甲占有之日起至今取得时效已届满，现丙已拥有所有权无须返还。

问题：该案中丙合并计算前后手占有期间主张取得房屋所有权合法吗？为什么？

（二）相关知识点

占有的取得，又称为占有的发生，指占有人因某种事实的出现对占有物产生了事实上的管领与控制。依据占有是否取决于他人既存占有为标准，占有取得可分为原始取得与继受取得。

1. 占有的原始取得

占有的原始取得指非基于他人既存之占有而取得的占有。① 只要不是继受他人的占有而对物具有事实上的支配力的占有都属于原始取得的占有。原始取得占有的行为乃具有法律意义的事实行为而非法律行为，不要求行为人具备民事行为能力，亦不要求行为具备适法性。例如，拾得遗失物形成的占有、无主物的先占、无行为能力者盗赃形成的占有。

2. 占有的继受取得

占有的继受取得指基于他人既存之占有而取得的占有。占有的继受取得可以划分为占有的创设取得和占有的移转取得。

占有的创设取得指基于他人既存之占有再行创设占有而取得。它主要针对间接占有而言。占有的创设取得主要包括以下三种情形：第一，直接占有人为自己创设间接占有。例如，出质人享有的占有。第二，直接占有人为他人创设间接占有。例如，占有改定情形下买受人的占有。第三，直接占有人将直接占有移转给他人，同时为第三人创设间接占有。例如，融资租赁关系中出租人对租赁物的占有。②

占有的移转取得指受让他人既存之占有。占有的移转取得主要包括让与和继承两种情况。占有的让与指当事人通过法律行为方式将占有物交付他人。占有的让与，一般要具备下列要件：一是移转占有的意思表示；二是占有物的交付。占有属于对物的事实管领力，交付后才能发生占有的法律效力。当然，占有的交付包括现实交付与观念交付两种情况。占有的继承指被继承人死亡后，其生前对物的占有因继承转移至继承人。③ 占有属于一种法律利益，该利益并非具有人身专属性，故占有可以成为继承的标的。

占有的继受取得的效力主要表现为法律允许继受人单独主张自己的新占有，或与前占有人的占有合并而为主张。至于选择合并还是分离占有，由当事人根据利益进行选择。如果当事人选择合并占有的，则要继受前占有存在的瑕疵。例如，前占有为恶意占有的，继受人选择合并占有的，其取得占有也属于恶意占有。

（三）案例 130 分析

占有事实是占有取得的原因。占有的取得可以因继承而发生。继承人有权利选择

---

① 崔建远，申卫星，王洪亮，程啸编. 物权法. 清华大学出版社，2008：96.
② 温世扬. 物权法要义. 法律出版社，2007：362.
③ 王连合. 物权法原理与案例研究. 北京大学出版社，2011：335.

合并前后手的占有时间主张占有效力。主张合并占有时间的继承人应当继受前手占有的瑕疵，没有人可以取得比前手占有人之占有范围更大或性质更佳的占有。

本案中，甲通过胁迫手段占用乙的房子，形成了恶意占有，甲的占有取得是存在瑕疵的。甲去世后，儿子丙通过继承方式继受取得对乙房子的占有。丙可以选择合并计算甲原先占有的时间来主张取得时效。选择合并占有后，丙之占有必须承受甲先前的占有瑕疵，即丙的占有亦为恶意占有，乙有权利要求恶意占有人丙返还房子。同时，由于甲先前占有取得的仅仅是租赁房屋的用益权，即使丙以取得时效届满为由拒绝返还，也不能取得所有权，只能享有用益权。当然，我国并未规定取得时效制度，这里仅为学理讨论。所以，本案中丙合并计算前后手占有期间主张取得房屋所有权不合法。

二、占有的保护

（一）案例 131 简介

一日，甲在马路上行走，见乙携带一挎包，遂快步上前将之抢走。乙追之，未果。一周后，甲携带该包逛街，恰巧被乙遇见。因该包属他人所赠，乙异常珍惜之，遂上前将包夺回。一警察路过，甲请警察帮忙恢复占有该包。

问题：该案中甲是否享有占有物返还请求权占有该挎包？为什么？

（二）相关知识点

占有虽非民事权利，但为稳定财产的占有关系，维护社会生活秩序，法律对占有也给予保护。占有的保护分为物权法上的保护与债权法上的保护两种情况。债权法上的保护包括不当得利请求权与侵权损害赔偿请求权，由债权法调整，本书不涉及。就物权法上的保护，主要存在两种方式，即占有人的自力救济权与占有人的物上请求权。

1. 占有人的自力救济权

占有人的自力救济权指占有人对物的占有受到他人侵夺或妨害时可以自行排除妨害的行为。法治社会，为确保法律秩序，原则上禁止自力救济。但为了维护占有人既存的事实上管领力，保障社会的安定，法律赋予了占有人自力救济权。

占有人的自力救济权包括占有物防御权与占有物取回权两种。占有物防御权指占有人以自己的力量防御他人侵夺或防害其占有的行为。它是一种消极的自力救济权。防御权利主体可以是直接占有人，也可以是辅助占有人，但不包括间接占有人。这是因为占有防御权的设置目的在于确保占有人对占有物的事实管领力，间接占有人不直接占有标的物，不存在事实管领力问题。就构成要件而言，占有的自力救济权应当以占有物被侵夺或妨害为要件。例如，占有人将侵入房屋者驱逐。

占有物自力取回权指占有人以自己的力量取回被他人侵夺的占有物。与占有物防御权相比，它是一种积极的自力救济权。同样，取回权的权利主体可以是直接占有人，也可以是辅助占有人。取回权应当在占有物被侵夺后及时取回，否则只能进行公力救济。例如，台湾地区“民法典”第九百六十条第二项规定，占有物被侵夺者，如系不动产，占有人得于侵夺后，即时排除加害人而取回之，如系动产占有人得就地追踪向加害人取回之。

2. 占有人的物上请求权

占有人的物上请求权，也称占有保护请求权，指占有被非法侵害时，占有人对侵害人或法院提起保护其占有圆满状态的权利。与占有人的自力救济权相比，它属于公力救济权。占有人的物上请求权不仅具有维护社会和平秩序的作用，更含有维护占有本权的机能，法律价值重大。它包括占有物返还请求权，占有妨害排除请求权和占有妨害防止请求权三种情况，后二者又合称为占有保全请求权。

占有物返还请求权指在占有物被侵夺时，占有人请求返还其占有物的权利。该请求权设置的目的在于恢复物的占有状态。因可归责于加害人事由致占有物毁损时，仅可请求损害赔偿。同时，恢复占有后，占有物的取得时效不发生中断。

占有妨害排除请求权系指在他人妨害占有时，占有人请求排除妨害的权利。所谓妨害指以侵夺以外的方法妨碍占有人管领占有物。例如，丢弃垃圾于他人庭院等。它不属于损害赔偿请求权，其法律效果在于恢复占有的原状，但不发生金钱赔偿问题。

占有妨害防止请求权指在占有可能被他人侵害情形下，占有人请求防止妨害的权利。关于占有是否存在被妨害之虞，应依社会一般观念加以判断，不得直接以占有人的主观认定为标准。

上述三种请求权，为避免因随时援用占有人的物上请求权而扰乱社会安定，法律规定自侵夺或妨害占有或危险发生后一年间如不行使则请求权消灭。笔者主张此期间是消灭时效。

（三）案例 131 分析

占有保护制度是对社会安宁的保护。对于恶意占有，占有制度也予以保护。占有保护可以采取自力救济方法，也可以选择公力救济方式。占有物自力取回权属于自力救济方式，其行使时间强调及时性，以便恢复占有不当给业已稳定的占有状态作再一次变更的行为提供可乘之机。占有物返还请求权属于公力救济方式，旨在经公力机关恢复物之占有，其行使方式并不以诉讼为必要。

本案中，乙包属于他人所赠，故乙对该包享有所有权，乙对该包的占有为有权占有。甲强行夺取乙包，侵害了乙的占有利益，乙有权自力救济。乙当场追甲夺包，符合占有物自力取回权的时间及时性要求，属于行使取回权的行为。乙未能夺回挎包，丧失对包的占有；甲恶意夺取他人之包，为恶意占有人。此后，乙因丧失了私力救济的时间性要求，故不得进行私力救济，只能寻求公力救济。恶意占有也受到法律保护。一周后，乙通过私力方式夺取己包，但侵害了甲对挎包的占有。所以甲享有占有物返还请求权，可请求警察帮助恢复占有该包。

三、占有的消灭

（一）案例 132 简介

甲有一台老彩电，经年不修，已经无法正常播放。一日，甲因觉得该彩电无用而丢至垃圾箱。后，乙捡到该彩电。经修理后，乙将彩电搬回家用。甲知情后，要求乙返还。乙不许。二人遂起纠纷。

问题：该案中甲对彩电的占有是否已经消灭？为什么？

（二）相关知识点

占有的消灭指占有人因丧失对物的事实上的管领力而丧失占有。占有人非基于自己的意思而丧失占有的，在一年内提起占有物返还诉讼并恢复占有的，占有视为未消灭。占有的消灭可分为基于占有人意思的消灭和非基于占有人意思的消灭。

1. 基于占有人意思的消灭

基于占有人意思的消灭是指占有人基于自己的意思表示放弃占有而形成的占有丧失。基于占有人意思的占有消灭包含两要件：一是占有人具有放弃占有的意思表示；二是占有人须对占有物丧失实际控制。例如，占有人将占有物交付第三人，第三人取得对物的占有，原占有人丧失占有。

基于占有人意思的消灭包括两种形态：占有物的交付与占有物的抛弃。[①] 在占有物的交付情形下，实际上占有物被第三人继续占有。对于原占有人而言，属于占有的消灭；对于被交付人而言，属于占有的继受取得。在占有物的抛弃情形下，占有物可能灭失，占有绝对消灭；占有物也可能被第三人拾得，形成占有物的原始占有。

2. 非基于占有人意思的消灭

非基于占有人意思的消灭是指占有人非因为自己的意思表示而丧失了占有物。基于占有人意思的消灭以外的占有消灭，均属于非基于占有人意思的消灭。例如，占有物遭侵占，占有物的消灭等。

（三）案例132分析

占有人因对占有物丧失占有而导致占有消灭。基于占有人放弃占有的意思会发生占有消灭的后果。基于占有人意思的消灭应当具备丧失实际控制的要素。占有消灭后，占有物被第三人占有的，第三人对占有物构成占有的原始取得，原占有人无权要求第三人返还占有物。

本案中，甲抛弃老彩电，具备放弃占有的意思表示；同时，甲将老彩电丢至垃圾箱，丧失了对占有物的实际控制。故甲对占有物老彩电的占有已经消灭。老彩电被丢至垃圾箱后，已经属于无主物。乙捡到老彩电后，对该彩电形成了占有的原始取得，乙为占有人。对于占有物的原始占有人，第三人无权要求返还占有物。所以，本案中甲对老彩电的占有已经消灭。

【案例思考】

1. 因出国留学，甲将一祖传古董交付乙保管。一日，丙到乙家串门，碰巧看见该古董并趁机盗走。一周后，乙发现实情，遂要求丙返还古董。

问题：乙是否有权请求丙返还古董？为什么？

---

① 于海涌，丁楠主编. 物权法(第三版). 中山大学出版社，2007：332.

2. 甲将房屋出租与乙。租期届满后，乙继续居住，双方未续签租赁合同。一日，甲告知乙欲转让出租房，乙表示放弃优先购买权。后，甲将房屋转让与丙并通知乙解除租赁关系，乙则拒绝交房。后，甲起诉乙要求交房，乙辩称甲已非所有权人，无权要求返还房屋。法院追加丙为第三人，但丙拒绝介入诉讼。

问题：甲是否有权提起占有物返还之诉？为什么？

参考文献

[1] 史尚宽. 民法总论. 中国政法大学出版社,2000.
[2] 史尚宽. 物权法论. 中国政法大学出版社,2000.
[3] 梅仲协. 民法要义. 中国政法大学出版社,1998.
[4] 郑玉波. 民法总则. 中国政法大学出版社,2003.
[5] 王泽鉴. 民法总则(增订版). 中国政法大学出版社,2001.
[6] 王泽鉴. 民法物权(通则·所有权). 中国政法大学出版社,2001.
[7] 王泽鉴. 民法概要. 中国政法大学出版社,2002.
[8] 林诚二. 民法总则(上册). 法律出版社,2005.
[9] 黄立. 民法总则. 中国政法大学出版社,2002.
[10] 施启扬. 民法总则. 台湾大地印刷厂,1993.
[11] 谢怀栻. 外国民商法精要. 法律出版社,2002.
[12] 佟柔主编. 中国民法学(民法总则). 人民法院出版社,2008.
[13] 佟柔主编. 民法原理. 中国人民大学出版社,1990.
[14] 佟柔. 中国民法. 法律出版社,1990.
[15] 周枏. 罗马法原论(上、下册). 商务印书馆,1994.
[16] 陈朝璧. 罗马法原理(上册). 商务印书馆,1936.
[17] 江平主编. 法人制度论. 中国政法大学出版社,1994.
[18] 江平主编. 民法学. 中国政法大学出版社,2000.
[19] 江平主编. 中国物权法教程. 知识产权出版社,2007.
[20] 江平主编. 物权法教程. 中国政法大学出版社,2007.
[21] 江平,米健. 罗马法基础. 中国政法大学出版社,1987.
[22] 梁慧星. 民法总论(第四版). 法律出版社,2011.
[23] 梁慧星,陈华彬编. 物权法(第三版). 法律出版社,2005.
[24] 梁慧星. 中国物权法草案建议稿. 社会科学文献出版社,2000.
[25] 梁慧星主编. 中国物权法研究(上、下). 法律出版社,1998.
[26] 王利明. 民法总论. 中国人民大学出版社,2009.
[27] 王利明. 物权法教程. 中国政法大学出版社,2003.
[28] 王利明. 物权法论(修订本). 中国政法大学出版社,2003.
[29] 王利明,杨立新,姚辉. 人格权法. 法律出版社,1997.
[30] 王利明,杨立新,王轶,程啸. 民法学(第二版). 法律出版社,2008.
[31] 王利明. 物权法研究. 中国人民大学出版社,2007.

[32] 王利明,尹飞,程啸.中国物权法教程.人民法院出版社,2007.
[33] 王利明主编.民法.中国人民大学出版社,2008.
[34] 郭明瑞主编.民法.高等教育出版社,2003.
[35] 郭明瑞主编.中华人民共和国物权法释义.中国法制出版社,2007.
[36] 郭明瑞,房绍坤,唐广良.民商法原理(一):民商法总论、人身权法.中国人民大学出版社,1999.
[37] 郭明瑞,杨立新.担保法新论.吉林人民出版社,1996.
[38] 郭明瑞.担保法原理与实务.中国方正出版社,1995.
[39] 魏振瀛主编.民法(第四版).北京大学出版社、高等教育出版社,2010.
[40] 彭万林主编.民法学(修订版).中国政法大学出版社,2007.
[41] 张俊浩主编.民法学原理.中国政法大学出版社,2000.
[42] 李由义.民法学.北京大学出版社,1988.
[43] 杨立新.共有权研究.高等教育出版社,2003.
[44] 孙宪忠.中国物权法总论.法律出版社,2003.
[45] 孙宪忠.德国当代物权法.法律出版社,1997.
[46] 孙宪忠编.物权法.社会科学文献出版社,2005.
[47] 孙宪忠.中国物权法原理.法律出版社,2004.
[48] 孙宪忠.争议与思考——物权立法笔记.中国人民大学出版社,2006.
[49] 孙宪忠.中国物权法研究.中国政法大学出版社,2004.
[50] 刘凯湘.民法总论(第二版).北京大学出版社,2008.
[51] 尹田.法国物权法.法律出版社,1998.
[52] 尹田.民事主体理论与立法研究.法律出版社,2003.
[53] 尹田.物权法理论评析与思考(第二版).中国人民大学出版社,2008.
[54] 王全弟主编.物权法.浙江大学出版社,2007.
[55] 徐国栋.民法总论.高等教育出版社,2007.
[56] 崔建远主编.我国物权立法难点问题研究.清华大学出版社,2005.
[57] 崔建远.土地上的权利群研究.法律出版社,2004.
[58] 崔建远.物权法.中国人民大学出版社,2011.
[59] 崔建远.物权:生长与成型.中国人民大学出版社,2004.
[60] 崔建远,申卫星,王洪亮,程啸.物权法.清华大学出版社,2008.
[61] 马俊驹,余延满.民法原论(第三版).法律出版社,2007.
[62] 李永军.民法总论.法律出版社,2006.
[63] 高富平.物权法原论.中国法制出版社,2001.
[64] 温世扬.物权法要义.法律出版社,2007.
[65] 马俊驹,陈本寒.物权法.复旦大学出版社,2007.
[66] 刘保玉.物权体系论——中国物权法上的物权类型设计.人民法院出版社,2004.
[67] 刘保玉.物权法学.中国法制出版社,2007.

[68] 刘保玉.物权法.上海人民出版社,2003.
[69] 房绍坤.物权法用益物权编.中国人民大学出版社,2007.
[70] 陈华彬.物权法原理.国家行政学院出版社,1998.
[71] 陈华彬.建筑物区分所有权研究.法律出版社,1995.
[72] 龙卫球.民法总论(第二版).中国法制出版社,2002.
[73] 周林彬.物权法新论.北京大学出版社,2002.
[74] 陈小君等.农村土地法律制度研究.中国政法大学出版社,2004.
[75] 曲茂辉.用益物权制度研究.中国方正出版社,2005.
[76] 程啸.物权法·担保物权.中国法制出版社,2005.
[77] 程啸.中国抵押权制度的理论与实践.法律出版社,2003.
[78] 孔祥俊.民商法新问题与判解研究.人民法院出版社,1996.
[79] 高圣平.动产抵押制度研究.清华大学出版社,2007.
[80] 高圣平.物权法担保物权编.中国人民大学出版社,2007.
[81] 梅夏英,高圣平.物权法教程.中国人民大学出版社 2007.
[82] 梅夏英.物权法·所有权.中国法制出版社,2005.
[83] 申卫星.物权法原理.中国人民大学出版社,2008.
[84] 尹飞.物权法·用益物权.中国法制出版社,2005.
[85] 王卫国,王广华主编.中国土地权利的法制建设.中国政法大学出版社,2002.
[86] 曹士兵.中国担保诸问题的解决与展望.中国法制出版社,2001.
[87] 胡康生主编.中华人民共和国物权法释义.法律出版社,2007.
[88] 肖厚国.所有权的兴起和衰弱.山东人民出版社,2003.
[89] 叶金强.担保法原理.科学出版社,2002.
[90] 于海涌,丁南.民法物权.中山大学出版社,2002.
[91] 陈本寒.担保物权法比较研究.武汉大学出版社,2003.
[92] 王连合.物权法原理与案例研究.北京大学出版社,2011.
[93] 王效贤,刘海亮.物权法——总则与所有权制度.知识产权出版社,2005.
[94] [德]梅迪库斯.德国民法总论.邵建东译.法律出版社,2001.
[95] [德]卡尔·拉伦茨.德国民法通论.谢怀栻等译.法律出版社,2002.
[96] [德]卡尔·拉伦茨.德国民法总论.王晓晔等译.法律出版社,2003.
[97] [德]西美尔.货币哲学.陈戎女等译.华夏出版社,2002.
[98] [德]茨威格特,克茨.比较法总论.潘汉典,米健,高鸿军,贺卫方译.法律出版社,2003.
[99] [德]鲍尔·施蒂尔纳.德国物权法.申卫星,王洪亮译.法律出版社,2006.
[100] [日]四宫和夫.日本民法总则.唐晖,钱孟珊译.台湾五南图书出版公司,1995.
[101] [日]山本敬三.民法讲义(1).解亘译.北京大学出版社,2004.
[102] [日]田山辉明.物权法.陆庆胜译.法律出版社,2001.
[103] [意]彼德罗·彭梵得.罗马法教科书.黄风译.中国政法大学出版社,1992.
[104] [美]彼得·海.美国法概论.许庆坤译.北京大学出版社,1983.

[105] 德国民法典.郑冲，贾红梅译.法律出版社，2001.
[106] 法国民法典.罗结珍译.中国法制出版社，1999.
[107] 日本民法典.王书江译.中国法制出版社，2000.
[108] 瑞士民法典.吴兆祥，石佳友，孙淑妍译.法律出版社，2002.
[109] 李永军.论权利能力的本质.比较法研究，2005:2.
[110] 刘保玉.物权概念二要旨:对物支配与效力排他.政治与法律，2005(5).
[111] 刘保玉.试论物权法基本原则的体系.孟勤国，黄莹主编.中国物权法的理论探索.中国武汉大学出版社，2004.
[112] 张学文.董事越权代表公司法律问题研究.中国法学，2000(3).
[113] 董学立.物权变动立法模式的历史演进与我国物权立法的选择.王利明主编.中国民法年刊(2006—2007).法律出版社，2008.
[114] 董学立.浮动抵押的财产变动与效力限制.法学研究，2010.
[115] 王连合.法人制度理论与实践若干问题的思考.王作全主编.昆仑法学论丛(第二卷).北京大学出版社，2005.
[116] 王连合.浅谈我国无效民事法律行为法律规定的瑕疵.青海师专学报，2004(2).
[117] 王连合.论盗赃的善意占有问题.临沂师范学院学报，2004(2).

图书在版编目(CIP)数据

民法(总论　物权)/王连合主编.—济南:山东人民出版社,2013.7

ISBN 978-7-209-07395-0

Ⅰ.①民…　Ⅱ.①王…　Ⅲ.①物权法—研究　Ⅳ.①D913.04

中国版本图书馆 CIP 数据核字(2013)第 152685 号

责任编辑:杨　刚

民法(总论　物权)

王连合　主编

山东出版集团

山东人民出版社出版发行

社　址:济南市经九路胜利大街 39 号　邮　编:250001

网　址:http://www.sd-book.com.cn

发行部:(0531)82098027 82098028

新华书店经销

山东临沂新华印刷物流集团印装

规　格　16 开(184mm×260mm)

印　张　22.5

字　数　500 千字

版　次　2013 年 7 月第 1 版

印　次　2013 年 7 月第 1 次

ISBN 978-7-209-07395-0

定　价　45.00 元